儿童视角
教数学

王伟群　著

Children's
Perspective
on
Teaching
Mathematics

经济管理出版社
ECONOMY & MANAGEMENT PUBLISHING HOUSE

图书在版编目（CIP）数据

儿童视角教数学 / 王伟群著 . -- 北京：经济管理
出版社 , 2024. -- ISBN 978-7-5096-9993-5

Ⅰ . G623. 502

中国国家版本馆 CIP 数据核字第 2024H57V17 号

组稿编辑：高　娅
责任编辑：高　娅
责任印制：许　艳

出版发行：经济管理出版社
　　　　　（北京市海淀区北蜂窝 8 号中雅大厦 A 座 11 层　　100038）
网　　　址：www.E-mp.com.cn
电　　　话：（010）51915602
印　　　刷：唐山昊达印刷有限公司
经　　　销：新华书店
开　　　本：710mm×1000mm/16
印　　　张：25
字　　　数：476 千字
版　　　次：2025 年 1 月第 1 版　2025 年 1 月第 1 次印刷
书　　　号：ISBN 978-7-5096-9993-5
定　　　价：88.00 元

前言

　　本书以日记形式记录了一位小学数学教师在日常教学中的行与思，每篇日记围绕一个主题展开，分别进行课前思考、课中与学生的思维碰撞，以及课后自身的反思与升华。本书共记录了这位教师 6 年的教学历程，完整地展现了一位一线教师不断思考、不断追寻教学真理的过程，字里行间透出对教育教学、对学生无限的热爱。

　　在这本精心编撰的书籍中，我们得以窥见一位小学数学教师深邃的教学思考，以及其在课堂中与学生进行的活泼的对话。这本书，如同一幅细腻的画卷，用文字与图片共同描绘出教学的生动场景，让读者仿佛置身于那些充满智慧与欢乐的课堂中。

　　本书最大的特点是展示了图文并茂的教学记录，它不仅是简单的文字叙述，而且还融合了丰富的图像，使教学过程跃然纸上，栩栩如生。这种独特的记录方式，不仅能够让读者更直观地感受到教学的魅力，更能够引发深刻的教学反思。在书中，读者仿佛成了一名旁观的学子，亲身经历了一节节充满趣味与挑战的数学课堂。那些生动的对话、巧妙的引导，以及学生们充满好奇与探索的反馈，都让我们仿佛置身现场，感受到了教学的力量。

　　通过阅读这本书，家长们能够更深入地理解儿童思维的独特性，对如何辅导孩子学习数学有了更深刻的认识。这不仅有助于减少亲子关系中的数学辅导冲突，更能够激发孩子对数学的兴趣与热爱。

　　对于一线教师来说，这本书更是一份宝贵的财富。它告诉我们，教学研究并不是遥不可及的高山，而是可以通过真实记录自己的困惑、解决途径以及再实践的过程来实现的。只要我们用心去感受、去实践、去探索，就能够找到属于自己的教学之路。

目录

有效的教师专业发展所具有的特征

（写于 2018 年 5 月 10 日）

今天去王栋昌名教师工作室听了广东省教研员鲍银霞的讲座，受益匪浅，有如下启发：

有效的教师专业发展具有五个特征：

（1）关注特别的内容，比如概念教学、运算教学、几何和图形教学。

（2）数学基于学生学习与思维。国际上达成的共识是：教师对学生思维状况了解得越清楚，教学效果越好。学生在课堂上越挣扎，他们学到的东西就越多。

这点体会很深刻。一年级的学生为什么在做总数和部分的关系，尤其是在做减法的时候，总会搞错？学生做题背后的思维特征是什么？我想这是本学期最重要的一个调查项目。我会尽快去做这项调查。

（3）专业发展内容与课堂实践紧密结合。

（4）形成一个团队。

（5）数学是一个持续的过程。

鲍老师尤其还提到"情感智慧"这个新名词。它是指通过改变孩子的情感，让他们愉悦地学习。这是一个全新的视角，通过非认知的干预来达到认知的改变。

这一新视角正合我意。一年级的孩子对新奇事物最为感兴趣，要想让孩子们专注于课堂，对数学作业有兴趣，就需要不断地变换教学手段。

今天学习的竖式就是一个很好的例子。学生在学习过程中会觉得很枯燥，在写的时候又会出现很多的错误，这时候教师运用桥梁书《没头脑和不高兴》里面的人物让学生找找碴儿，学生在找的过程中，发现了很多错误，既能激发学生的兴趣，又能让学生知道哪些错误是容易犯的。

在写竖式的时候，容易犯以下错误：

（1）漏写横式上的得数。

（2）看错运算符号。

（3）抄错数字。

还容易犯以下格式上的错误：

（1）数位没对齐。

（2）不用直尺画线。

通过这一活动对学生进行测试，发现以上的错误减少了很多。

我布置的家庭作业里面每次都有计算游戏，小学阶段计算占比较大，频繁练习必然会感觉枯燥无味，所以通过游戏来调动学生计算的积极性再好不过。火箭游戏是有关数的拆分游戏，如果学生掌握了数的拆分，那学生必然会很好地掌握计算。

后期我还会做进一步调查，探索火箭游戏 4000 分以上，以及 3000（含）~4000 分、2000（含）~3000 分、2000 分以下，与计算测试的关系，相信它们之间有正相关关系。

儿童币的魅力

（写于 2018 年 5 月 11 日）

今天是活动课——汉诺塔，同时也是对孩子们每周的表现做一个总结，以发儿童币作为奖励措施，孩子们非常喜欢这种奖励。实施这种奖励措施也是有用意的。其一，现在的孩子出门购物从来不用带钱，只需要微信或者支付宝，所以他们的脑海里对钱完全没有概念，通过这个活动能让孩子们认识人民币；其二，数学之所以称为数学，与数关系最大，因此培养孩子们的数感尤为重要！孩子们在积累自己的钱币时都会迫不及待地数出钱币的总量，无形中培养了孩子们的数感，有趣、有用。

但没带汉诺塔的小朋友估计就不会那么开心了。一直都告诉孩子们周五的活动课要记得带汉诺塔，但每次总有十几个孩子忘记带来，这次对没带的孩子最大的惩罚就是罚款"100 元"，从孩子们的表情中就能看出十分不舍，但我知道只有这样，才能让孩子们长点记性，相信下次他们不敢再忘带了。

今天的汉诺塔重在模拟比赛。没带汉诺塔的同学当评委，负责监督两位比赛者，看有无犯规情况。比赛者激动万分，评委认真负责。一轮下来十几位同学在 2 分 30 秒之内完成，可惜时间仓促，没来得及记下同学们的名字。

课堂最后的十分钟留给孩子们写作业。昨天课堂上的做法让自己认识到充分调动孩子积极性的重要性，于是我将课本第 58 页分成了三部分：能够完成第 1~2 题的为"小小学霸"，完成第 1~4 题的为"中级学霸"，完成第 1~5 题的为"高级学霸"。孩子们很快投入"学霸争霸赛"中，下课都想要留下给我批改作业。总分 15 颗星，全对的就为"高级学霸"，有的孩子错了一个，急切地问老师他是什么学霸？我告诉他们："中高级学霸，如果改过来就升为高级学霸。"

令我惊喜的是，他们都跑回座位改正，看到我写的评价是“高级学霸”都高兴地跳了起来。我才逐渐地明白情感智慧是如此的重要。我会逐步探索这一领域。

不过，在批改作业的时候还是有点头疼，从作业中能发现一部分孩子在家里写作业不太认真，不愿意读题，从今天开始还是要在布置作业栏里备注手指读题。

孩子永远都充满童趣，他们的身上有读不完的故事，只要你有一双善于发现的眼睛，就会体验到做老师真的很幸福。

下课的时候孩子们总喜欢跑到办公室来看老师改作业，五班的小张一直在我旁边，于是就让她帮我把改好的作业发下去，小家伙不乐意。小戴、小贺也在一旁，问他们也不乐意。好吧！毕竟是你们课间时间，不可强求，那就用“50 元”奖励。此语一出，孩子们一个个跑得比兔子还快，争先恐后要去发作业。机会就给第一个表态的小张吧。一个人忙前忙后来回三趟才挣得“50 元”，真是不容易啊。我心中偷笑。

七班的小陈最近进步特别大，下课的时候问他：“小陈，最近进步好大，能告诉老师怎么做到的吗？”小陈害羞地低声说：“我妈妈嫌我得的钱太少了。”你真是个孝顺儿子。同学们都在奋力拼搏“高级学霸”的时候，小陈跑过来给我改 1、2 题。“怎么只写两道题呢？只想当小小学霸吗？”“嗯，是的。我觉得小小学霸也挺好的。”好，老师尊重你的选择。

探寻不读题背后的原因

（写于 2018 年 5 月 14 日）

今天七班语文考试，将数学课调到了明天。所以没有在七班上数学课，但最先改了七班的数学作业。第 61 页最后一题“聪明屋”错误率比较高，这道题比较抽象，一年级的孩子较难完成；而第 62 页第 1 题的错误有些令人诧异（见下图）。

1. 我会列竖式计算。
64－32=32　38－24=14　76－53=23　39－14=25

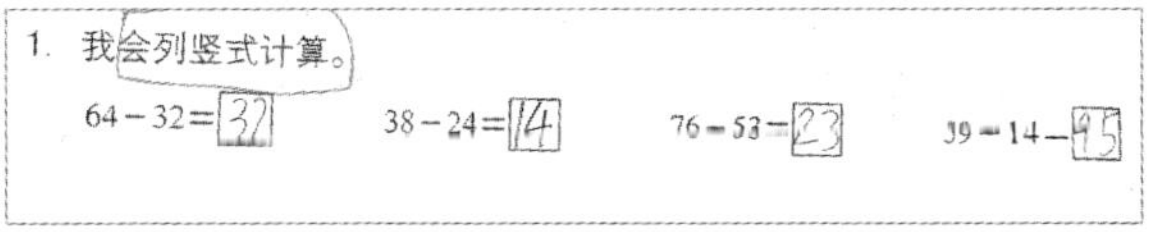

全班几乎一半的学生没有列竖式就直接计算了。以往的我看到这种情况会有点生气，但这次转变了想法，与其生气不如找出问题所在！我在五班做了一个调查，不出所料，五班有 16 名学生没有列竖式。我让孩子们自己说说为什么

没有列出竖式。孩子们的回答几乎都是家长没有读题，自己不认识字。其中还有一位可爱的小男生，绘声绘色地描述了做作业的情形。

"老师，我在写作业的时候，我妈妈正躺在床上看手机。"

"那你不认识字，为什么不问妈妈呢？"我问道。

"我问了啊！我妈说：'走开，别烦我！'"

此语一出，很多小手都高高举起，纷纷说道："我在写作业的时候，我妈妈也在看手机。"

一群"坑妈"的小能手啊。

有的娃这么说："我在写作业时，奶奶让我去吃饭，结果匆匆写完作业就去了。"

还有的娃这么说："我正在读题时，妹妹闯进来打扰我，被她闹得我都忘记读的题是啥了。"

总之，各种理由都有。

我认可孩子们的理由，但同时又告诉孩子们，要学会用智慧的眼睛看问题。这道题在做的时候就应该注意到第1题与第2题之间的间隔很大，如果是直接写得数，就不可能空出这么大的间隔。最近又在学竖式，所以这道题有可能就是写竖式，然后将你的猜想告诉妈妈，看是否正确。

还有一个解决办法就是学会识字，我将"列竖式"三个字写在黑板上，并标注拼音，让孩子们一起读、一起认，相信下次孩子们就会认识。

看似粗心的问题，往往都有隐含的问题。这道题至少反映了一部分孩子的思维特点：他们在做题的时候，以直观思维为主，看到等号后面需要填得数，就立即写上，绝对不会关注到题目要求。这类孩子平时的行事风格绝对豪迈，不拘小节，但与此同时就会带来细节处理不当的问题。如果再进行深层次的分析，那这类孩子的父母性格也偏豪迈，关注细节较少。所以，要想改变这样的情形，父母需要在生活中对自己做出改变，在平时的行为上关注细节，这样才能有意识地改变孩子的行为方式。

这次与孩子们的对话，也折射出另一个问题：父母看手机。看似"坑妈"的娃说的话虽然有点找借口的意思，但也正是现实的一种现象。父母希望孩子阅读，但自己从不阅读；希望孩子不玩游戏，但自己总捧着手机。这是大部分家庭生活的缩影，所以，我们如果真希望孩子成为什么样的人，那么，首先父母自己也得做到。

第61页的"聪明屋"关于军军排队的问题，我也做了一些处理，但因为时间不够，做得还不够到位。

题目如下：

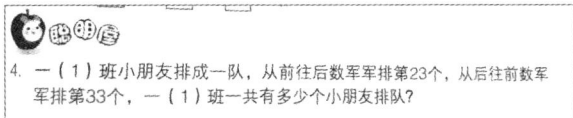

请了小牛老师到讲台上讲解，他的讲解在我看来很清晰，而且是一边讲一边画图（可惜没有拍下照片）。他认为军军前面有 22 人，后面有 32 人，所以最后的结果是 22+32+1 = 55（人），这 1 人就表示军军自己。这个在我看来很清晰的讲解，却引来其余学生的反对，孩子们都觉得不是加 1，而是减 1。刚开始我认为孩子没有认真听小牛的讲解，后来发现并不是。这题很抽象，对于以直观思维为主的一年级孩子，要在两种思维间相互转换，实在是太难了。于是，我将军军换成班级的小田，并请出另外 3 个孩子一起上台，从前往后小田排在第二位，从后往前，他排在第三位，那这一排一共有几人？台下的孩子很直观地看到是 4 人，如果算式列成 2+3 = 5（人），怎么会多出 1 人呢？学生很快就发现多算了小田一次，如果是 1+2 = 3（人），那小田就没有被算进去。通过如此直观的方式，能让孩子们看到两种思维方式的不同之处。唯一不足的是临近下课，有些孩子来不及消化，还未能完全理解。下节课会做一些补充。

一年级的教学最重要的就是化抽象为直观。让孩子多画图、多表演，这对于数学也很重要。

愿我的教学能更丰富、更丰满。

游戏的魅力

（写于 2018 年 5 月 15 日）

感觉每一天都过得很快，早上早读附带改完一（七）班的作业，上午连上两节课，又改了一节课的作业，就已经 11:05，一转眼就到了 11:50 吃饭时间了。下午上课，做家长义工，一下午结束了，很充实！如果不做回顾与反思，永远都会觉得周而复始地在工作，却没有太多的感悟与收获。所以，写文章也是逼迫自己思考。

上午的新课内容是一年级下册第 59 页"回收废品"，主要是解决"求比一个数多（少）几的问题"，这是解决实际问题的内容，相比前面的单纯计算会更难一些，所以在上课的时候做了一些处理。先是给出情景图，然后只给出两个条件，让孩子们自己找出数学信息，再根据信息提出数学问题。大部分孩子会提出：小红收集了多少个矿泉水瓶？小红和小林一共收集了多少个矿泉水瓶？还有的孩子提出：小红比小林多收集了几个？此问题一出，马上有小朋友提出异议，已经知道了小红比小林多出了3个，问这样的问题不是很没有意义吗？

这时，孩子们又在思考，提出了另一个问题：小林比小红少收集了几个？又有小朋友反对，他们认为这个问题同样没有意义，比谁多，反过来不就是比谁少吗？不还是和刚才的问题一样没有意义吗？

整个过程中，我并没有过多地参与，就是为了让孩子们自己来对话，在对话中，他们才能体会到哪些是有意义的问题。

这两个问题解决后，出示了第三条信息，是关于小青的。学生采用同样的方式，并结合前面的信息，提出了四个问题：

（1）小青收集了多少个？

（2）小青和小红一共收集了多少个？

（3）小青和小林一共收集了多少个？

（4）他们三人一共收集了多少个？

在前面两个问题解决的基础上，孩子们已经知道，求某一个小朋友有多少个矿泉水瓶，必须先知道收集的瓶子与谁有关，然后才能求出来。我将这四个问题让孩子们去做，能全部做出来的就是"高级学霸"，做出两三个的就是"中级学霸"，做出一个的就只能是"小小学霸"了，孩子们的挑战欲望被激发，个个都"埋头苦干"。

通过面批，发现大部分的孩子能完成，满意地被评上了"高级学霸"，这时还有时间，又想让孩子们再做点课后的练习，但又怕他们不乐意，脑中又想出了一个办法：如果完成了课后习题第3、4题，那就是"顶级学霸"，孩子们一听觉得好刺激，原来还有比"高级学霸"还高级的，于是又投入挑战中。

下课铃声响起，五班前两排有三个小家伙，小陈、小余和小段都没有离开座位，我疑惑地问他们为什么不出去玩，孩子们说："不会做。"因此他们很自觉地留在教室，等待我的"救援"。很奇怪的是，我并没有教他们怎么做，只是很慢地一字一句地指着题目读给他们听，没想到这些孩子听完之后，就知道用加法还是减法了，这样的情况在七班也同样发生过。

这两节课带给自己最大的感触就是：游戏的魅力以及耐心培养的重要性。

我一直都在思索，为什么我们的孩子那么喜欢玩游戏？很大一部分原因就是游戏充满了挑战，孩子们在不断升级中体验到了成就感。我们的教学是不是也可以引入一些游戏的成分？所以，我才会在教学中不断地变换学霸名称，由"小小学霸""中级学霸""高级学霸"上升到"顶级学霸"，这样孩子们就不会再把作业当成负担，而是当成了一种游戏。虽然是同样的任务，但意义已经完全不同。

很多孩子在做题时，其实并不是不会做，而是不够有耐心，不愿去读题，这其中当然会有不识字的原因，但更多的是想直接看图片以及问题，而不去看题目所给出的信息，不愿意去思考问题背后提供的信息。这个过程不仅需要在学校有意识地培养，也需要家长意识到这样的问题，然后有意识地培养。

下午一（七）班有一节课，小王悄悄来问我，可不可以上一次活动课，我才恍然想起最近总是在玩汉诺塔，他们可能觉得玩腻了，需要一点新鲜元素。所以，我爽快地答应，下午玩起了超脑麦斯"千变万化"，只需要我提供各种颜色的扣条，然后他们再自由、尽情地创作。每完成一个作品，就兴奋地跑过来拍照留言。而我一边欣喜地欣赏他们的作品，一边脑中浮现"给他们一个杠杆，就能撬起整个地球""给一点阳光，就会笑得无比灿烂"这样的话语。

我总在想，我们教书之人就一定要在每节课上教那么点知识吗？或者说知识真的很重要吗？当然重要。但它不是唯一，知识的前面应先有儿童，当儿童的兴趣被唤醒，你所要做的便不是教，而是欣赏。愿我的孩子们能在数学的王国中自由地遨游，而不仅限于书本的那点知识。

一道题引发的思考（一）

（写于 2018 年 5 月 16 日）

今天上课的时候让孩子们做练习，意外地遇到了一个问题，原本觉得并不是太难的题目，但学生各种各样的答案，让我充满疑惑，我需要进一步调查隐藏在每种答案后面的学生的想法。

这道题是课本第 60 页第二题，如下图所示：

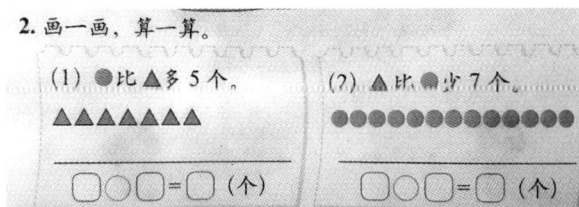

教材给出的标准答案，以及刻在我们老师脑海里的答案理所当然的应该是

这样：

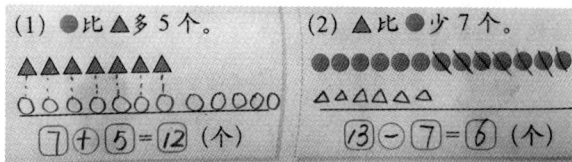

第（1）题应该是求●的数量，而第（2）题是求▲的数量。然而，学生的答案却千奇百怪，除了标准答案之外，第（1）题有如下几种答案：

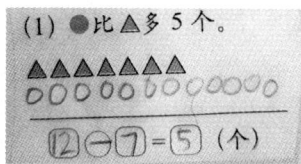

第一种

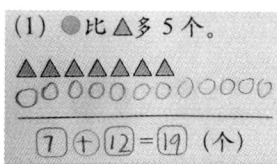

第二种

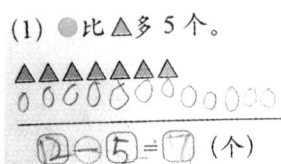

第三种

学生作业的相同之处：图画得都一样，都画出来 12 个圆形。原因：一年级的学生以正向思维为主，题目给出圆形比三角形多 5 个，所以，学生自然会依照题目意思画出 12 个圆形。

不同点：算式不同。具体如下：

（1）7+5 = 12，得数表示圆形数量的计算过程。

（2）12−7 = 5，得数表示两种图形相差的个数。

（3）12−5 = 7，得数表示三角形的个数。

（4）7+12 = 19，得数表示两种图形的总数。

在整理、分析孩子们的算式以及访谈之后，产生如下问题：

（1）这四种算式难道就真的只有第一种算式是对的吗？学生依照两种图形的个数的确可以写出如上算式。题目并没有要求一定要写出圆形数量的计算过程。

（2）这四种算式背后真的隐藏着学生不同的思维水平吗？

我将自己的疑惑告诉了我的科组长，科组长对我说："学生之所以出现这么多错误，并不在学生自己，而是老师的责任。要明确告诉孩子们，列算式是为了表达或记录刚才求圆形数量的过程。"

学生做错的最主要原因就在这里，他们并不知道要列什么样的算式，所以才会出现各种各样的算式。

第（2）题除了标准答案之外，还有如下答案：

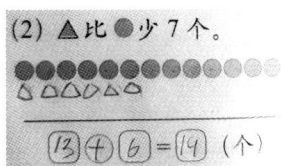 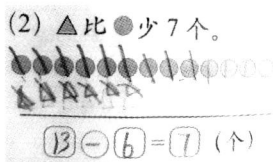 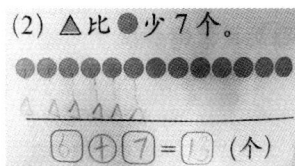

第一种　　　　　　　　第二种　　　　　　　　第三种

其他：

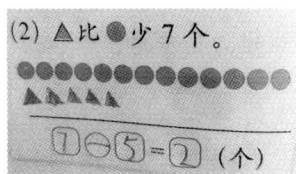 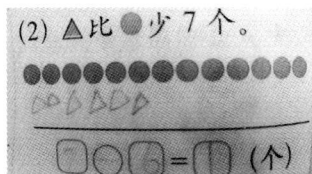

第（2）题相比第（1）题更难，因为是逆向思维，孩子们需要画去7个圆形。在画的时候，就出现了失误，有的孩子只画了5个三角形。虽然是极少一部分，但反映出逆向思维的情况更容易出错。

列出的五种算式意义也各有不同，五种算式如下：

（1）13+6 = 19　　　（2）13-6 = 7

（3）6+7 = 13　　　（4）7-5 = 2

（5）7-6 = 1

对于6+7 = 13的意义，我做了一个简单的访谈，问小陈："这个算式表示什么意义？"小陈回答不出来，突然他说懂了，赶紧回去改，改完之后一看是13-6 = 7。紧接着我又问他："这里13、6、7各表示什么意思？"

小陈说13表示圆的数量，但说到6的意思时却说不上来。看我笑了，他就赶紧又说道："那就是减7，我再去改改吧。"说完又噔噔地跑回座位。

我又问小程："6+7 = 13表示什么意义？"他想了一会儿，说道："表示6个三角形和7个圆形的和。""那为什么只表示7个圆形呢？"他害着地挠头。

从访谈中能感受到学生的困惑，他们完全不知道要怎么列式，所以只有不断地猜测。问题之所在也正是我没有引导他们：列式是为了记录或者表达求未知数的过程。

以前看到这么多错误，我可能会很牛气，但现在的我怀着深深的歉意。以后我需要更多地倾听孩子内心真实的想法，不断地反思自己的教学。教学相长，路漫漫兮。

评价反馈的时效性

（写于 2018 年 5 月 17 日）

今天是回家最早的一天，因为女儿生病了。午休的时候就说不舒服，但是狠心的妈妈还是让她写一点作业（晚上有舞蹈课）。写完数学就催促着睡觉，可直到两点孩子还是没有睡着，只有哄着她独自一个人待一会儿。下午第一节课一（七）班组织汉诺塔初选，必须两点十分赶到，满满一节课后又要赶去五班上课，回到办公室后还要立马布置作业。还在敲打着键盘时，电话铃响起，催促着我去接生病的女儿（在同事的办公室休息），看到女儿无精打采的样子没来得及心疼就赶紧带她到校医室量体温，烧到 38.5℃。吃了小柴胡后赶紧把女儿送回家休息。整个下午就像陀螺一样不停地旋转着，真是累啊。

现在女儿睡着了，我静静地躺在她身边才有时间回顾自己这一天都做了什么。

今天令自己最满意的是解决了如何让学生有效订正，即当场反馈的方法。以往改完作业，总将有错误的作业聚到一块，准备下课时分别找孩子订正，但谈何容易！下课后孩子们都去玩了，好不容易找到一两个却已经上课。如果带回家改，有些孩子便不能及时订正或者得到当面讲解。如果在课堂上集体讲解，那些会做的孩子就无事可做。最好的方式就是让孩子们到办公室来一对一讲解或订正。可如何才能快速地找到这些孩子呢？只有发动来办公室的"小信使"的力量了。总有一些小朋友特别愿意来办公室看老师改作业，但每次让他们去叫其他小朋友过来订正作业时，他们总显得不那么热情。但今天不一样了，我奖励儿童币，小张、小肖两个小家伙都是学习小能手，让她们把错误的作业拿下去找小朋友订正，订正结束后再交回来，尽管来回一趟只有"五角钱"，可似乎她们并不在意面值，两个娃（还有其他几个，来去太匆忙忘记是谁了）积极无比，一下子六本全部订正，几人捧着"五角钱"乐滋滋地离开了。

小郑上午上课告诉我他还不会汉诺塔，这个孩子很沉稳，我知道他一旦主动来找我就肯定能学会，于是教了三遍基本全会。可下午临到比赛时，同桌小孙告诉我小郑又不会了，看小郑两眼挂着泪珠，心疼极了。但我又需要组织孩子们比赛，情急之下请小孙做师傅教他，小家伙有点不乐意，只得"高薪"聘请，如果教会他就奖励"五元"。小家伙听完，眼睛发亮立马投入工作中，没一会儿就告诉我小郑学会了，当小郑在教室外候场时，"孙师傅"很负责地陪同左右，当得知他三分多钟便完成比赛，开心地跳了起来！看得出来师傅为徒儿骄傲。

五班的孩子上课前一分钟最为闹腾，好在有“对付”他们的撒手锏，最怕扣分的娃们一旦看到小组被扣分，瞬间全场安静下来，那样的感觉非常美妙。因为五班的特点是一旦安静下来，爆发力特别大，上课的专注度也特别高，而且很多孩子通过为小组加分建立起信心，收敛住自己的淘气，将能量全部用在课堂上。

从晚上六点写到现在，其间无数次要为老大倒水，老二回来后要洗澡、陪睡，现在才有时间记完这笔流水账，也算是给这繁忙的一天画上句号。但愿女儿明天就康复。

一道题引发的思考（二）

（写于2018年5月21日）

最近一周一直在关注孩子们学习当中的两个问题：第一，关于解决“求比一个数多（少）几的问题”；第二，关于竖式中常见的问题。

在学完“回收废品”这堂课之后，很自然地让学生做一做后面的练习：

练一练

1. 看图提出两个数学问题，并解答。

2. 画一画，算一算。

(1) ●比▲多5个。　(2) ▲比●少7个。

7 + 5 = 12（个）　13 − 7 = 6（个）

3. 笑笑折了多少颗？

4. 给希望小学捐书。

5.

42 + 34 =	34 + 5 =	65 − 2 =	78 − 60 =
56 − 21 =	40 + 23 =	6 + 32 =	59 − 4 =

60

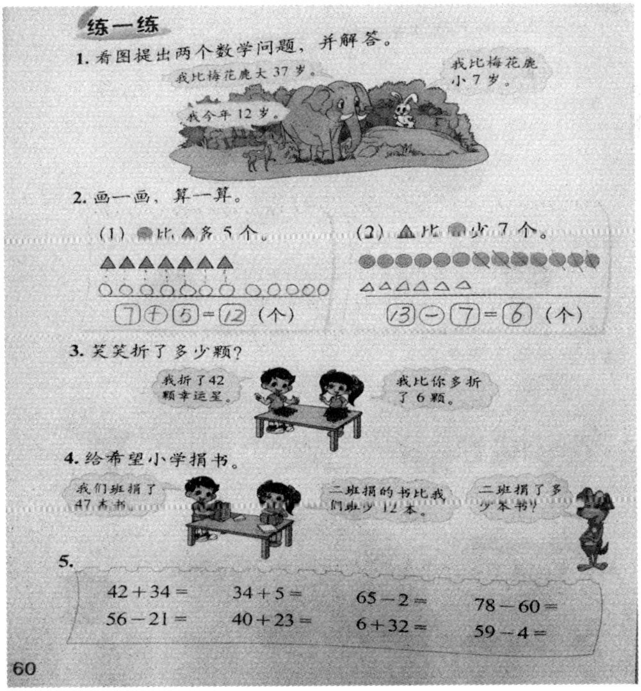

因时间关系我挑着题目做,原以为第3、4题是文字题较难理解,就让他们做了这两题,结果准确率很高,但是第二节课再做第2题的时候,错误率奇高。这让我很惊讶,看似不抽象的题目孩子们反而做错了很多。没有调查就没有发言权,经过一番调查与分析之后,我才逐步发现了问题所在。

虽然第3、4题是文字题,但问题指向非常明确。孩子们只需要根据已知的信息就可以求出未知数。而第2题相较这两题较为开放,题目要求"画一画,算一算",孩子们在画的时候都画对了。对于第2题第(1)小题,给出了三角形,就差圆形没有画,所以理所当然是要画出圆形,但在列算式的时候学生就疑惑了,明明已经画好了圆形,还要我算什么呢?于是求两种图形之差、两种图形之和等算式全部出来了,他们尚不清楚算式是要表达或记录刚才求圆形数量的过程。

尽管后来一节课,我做了补充,而且是很细致的说明。但孩子经过老师的一次讲解,真的都会了吗?于是,又做了如下调查:

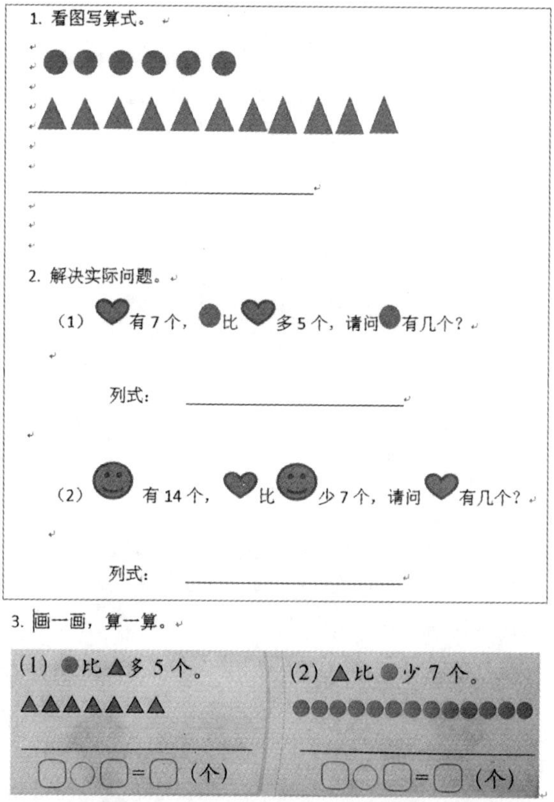

1. 看图写算式。

⬤ ⬤ ⬤ ⬤ ⬤ ⬤

▲ ▲ ▲ ▲ ▲ ▲ ▲ ▲

_____

2. 解决实际问题。

(1) ❤ 有7个, ⬤ 比 ❤ 多5个,请问 ⬤ 有几个?

列式:_____

(2) ☺ 有14个, ❤ 比 ☺ 少7个,请问 ❤ 有几个?

列式:_____

3. 画一画,算一算。

(1) ⬤比▲多5个。	(2) ▲比⬤少7个。
▲▲▲▲▲▲	⬤⬤⬤⬤⬤⬤⬤⬤⬤⬤⬤⬤
☐☐☐=☐ (个)	☐☐☐=☐ (个)

但又因为自己的考虑不周,导致这三道题的排序有点问题,第1题应该放

在最后，这样三道题就是由封闭到开放，学生的答案必然也会多样化！果不其然，两个班级统计的结果显示，第 2 题全做对，第 3 题两个班还有 11 位同学做错，这就说明这些孩子仍然没有弄明白"算式是为了记录未知数如何求得的过程"这句话的意思，还需要个别的辅导。

而最有意思的是第一题，这一题是完全开放的题，面对两个已经给出的图形以及图形数量，需要写什么样的算式呢？结果发现了一个有趣的现象，在一（七）班收上来 46 份答案中，就有 43 份写的算式是：$11-6=5$ 或者 $11+6=17$，这两个算式的意思已经很明显了，那就是求两种图形数量之差或者之和。然而，一（五）班学生 31 个收上来的测试题中就有 13 个是 $6+5=11$，而且有的孩子是经过涂改得到这样的算式。我不禁想问：为什么两个班级会有这样的差异呢？原来调查卷发下的那一天，刚刚在五班讲了第 3 题，很多小朋友受到这一题的影响，就写出了"$6+5=11$"这样的算式。那这个算式表示什么意义呢？是不是说出来的意义又有点牵强呢？换言之，这一题如果是让看图提问题，孩子们又会提出什么样的问题呢？估计大多数的孩子会问两种图形数量之差或者之和。

出现这样的情况，并不能怪我们的孩子，其实有时候是数学题显得有点莫名其妙，不知道要让孩子们干什么，指向性不明确。还有一种原因是，数学的学科特点是追求唯一性、抽象性。很多题目追求所谓的标准答案，而事实上有时候答案并不是唯一的。答案是次要的，我们更多地需要关注孩子的答案是怎么来的。换言之，要关注思维。

竖式中的问题及原因分析

（写于 2018 年 5 月 23 日）

两个班的孩子在竖式中出现的问题也是千奇百怪的，而且具有普遍性。
（1）题目上的数字抄错。

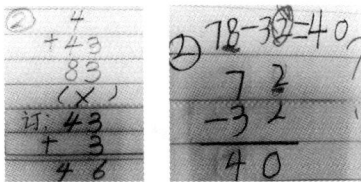

上面两题分别是加数和被减数在抄到竖式中时写错，导致整道题出错。

（2）符号看错。

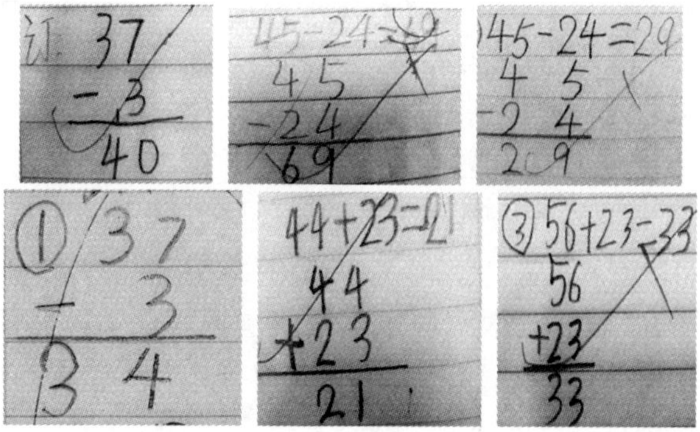

这些孩子在写竖式的时候符号不会写错，但在具体计算中就会把加法看成减法，把减法看成加法，实在是令人吃惊。

（3）横式或者竖式中忘记写得数。

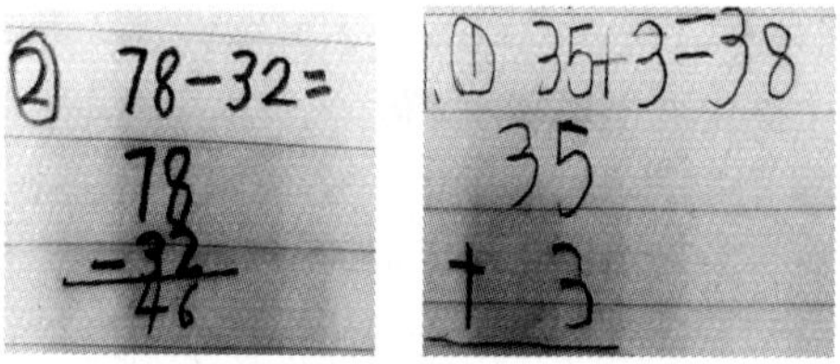

（4）数位写错。

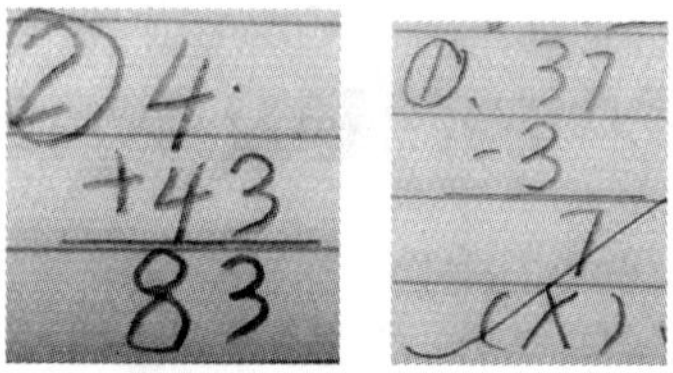

将数的位置写错，个位上的数字写在十位上。

（5）计算出错。

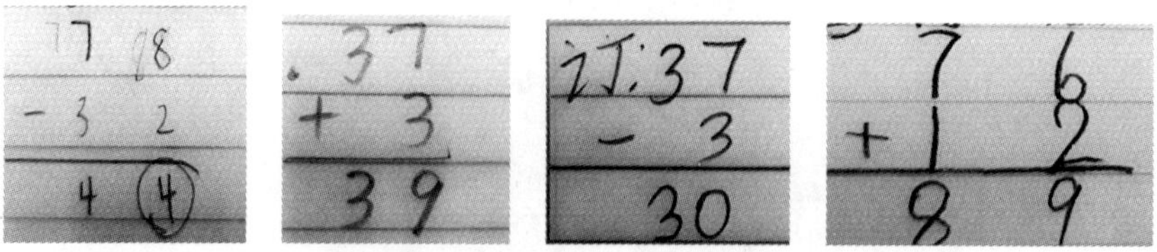

在成人看来，这些错误都是不可思议的，都是粗心的表现。诚然，孩子做题时有不细心的因素存在，但更多的是孩子心理特征的反映。

孩子们在学竖式之前，一直都是在横式上口算，他们已经掌握了横式计算的基本策略——个位加个位，十位加十位，而且经过长期的训练已经很熟悉这样的模式。然而一旦引入了竖式计算，孩子们必然需要有一个适应阶段。他们需要将横向的计算模式转化成纵向模式，虽然计算策略仍然是个位加个位，十位加十位。横向模式转为纵向模式时，学生需要关注的点无形中增多，他们不仅要关注个位上的两个数字、十位上的两个数字，还需要关注符号。在横向计算的时候，符号与数字是连在一起的，学生看数字的时候就能注意到符号。而竖式不同，它跟数字是有距离的，学生需要有意注意。

所以，学生出现这类错误不能单纯地归结为粗心，而是需要分情况的。对于思维水平较高的孩子，他在做这类题目的时候，不需要付出太多的有意注意，就能关注到符号、数字以及数字之间的运算。这一类的孩子往往很聪明，思维活跃，但耐力、专注力不够。在集体中他们需要安静的环境，在家庭中他们需要更多的专注力、耐力的培养。

而思维水平中等偏低的孩子，20 以内的运算没有达到自动化程度，所以认知水平受到制约，对于他们来说需要付出更多的有意注意，稍有疏忽往往顾此失彼，即关注到数字却忽视了符号，关注到符号却又出现了运算问题。他们并不是专注力不够，而是需要更多的时间和更多的有意识的指导。

因此，再也不要随便将"粗心"二字扣在每个孩子的头上。

一道题引发的思考（三）

（写于 2018 年 5 月 29 日）

家中俩娃和自己陆续病倒，导致好几天没有做记录。但有一道题一直萦绕在我脑海中。学生在半个月内中反复做类似的题目，尽管一次次地讲解，但错误仍然不减。这到底是什么原因呢？

题目如下：

2. 画一画，算一算。

(1) ●比▲多 5 个。
▲▲▲▲▲▲▲
_____
□○□○□=□（个）

(2) ▲比●少 7 个。
●●●●●●●●●●●●
_____
□○□○□=□（个）

这是学生在学完"解决'求比一个数多（少）几的问题'"后的第二道练

习题，学生在画图的时候几乎全部画对，却在列算式的时候出现了各种各样的算式。

（1）算式如下：7+5 = 12　　13-7 = 6　　13-6 = 7　　13+6 = 19

（2）算式如下：12-7 = 5　　12-5 = 7　　7+12 = 19

经过访谈，学生的想法基本是以为题目要求求出两种图形之和或两种图形之差。

为什么学生的答案多种多样？并不是我们成人所想的那样？是不是问题的指向性不明确呢？于是，我向学生们出示了一份测试，共两题，如下图所示。

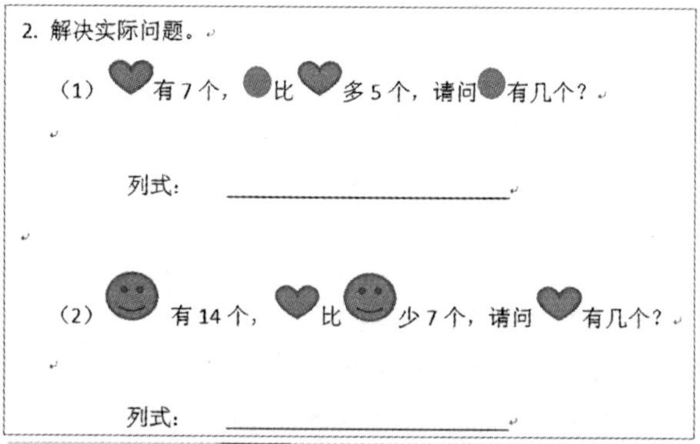

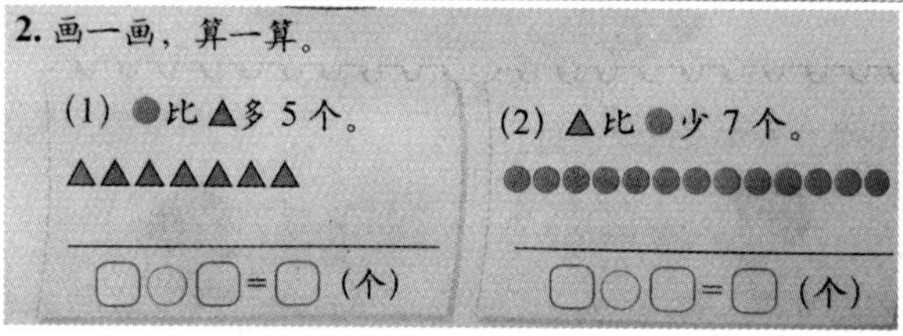

其中第 1 题的条件和问题指向性都很清楚，第 2 题还是原题，仍是要求学生"画一画，算一算"。

测试结果显示，第 1 题两个班级 104 名学生，全部做对，而第 2 题经过一番讲解之后，两个班级仍然有 17 位小朋友做错。

一个星期之后，两个班级测试了第五单元，又有类似的题目出现，如下图所示。

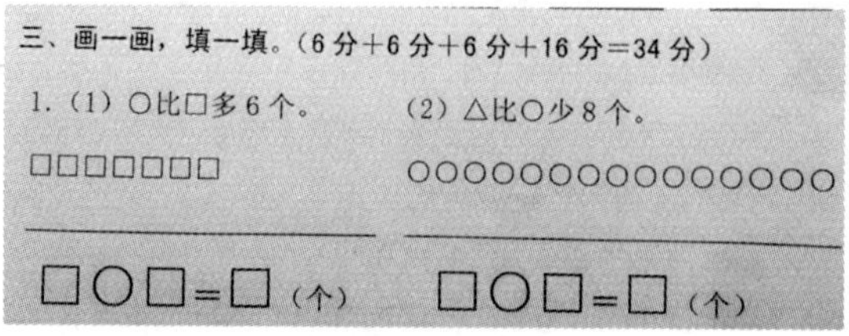

结果大部分出现错误的孩子的算式都是如下这种写法，经调查，七个班级中每个班都有 15~20 位同学是这样的错误。

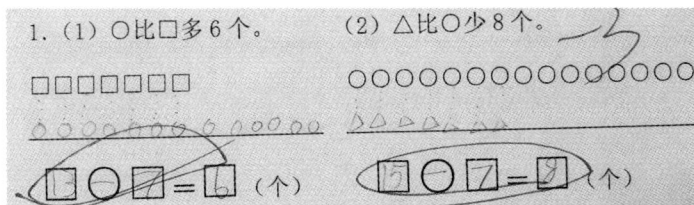

在面对这类题目时为什么我们的学生经过了连续三次的讲解与练习还会出现这么多的错误？真的是我们的老师没有讲好，还是我们的学生没有学好，抑或题目本身就有问题呢？真是疑惑不解。

在第六单元的备课中，意外发现课本第 69 页"试一试"中又有类似的题目出现，如下图所示。

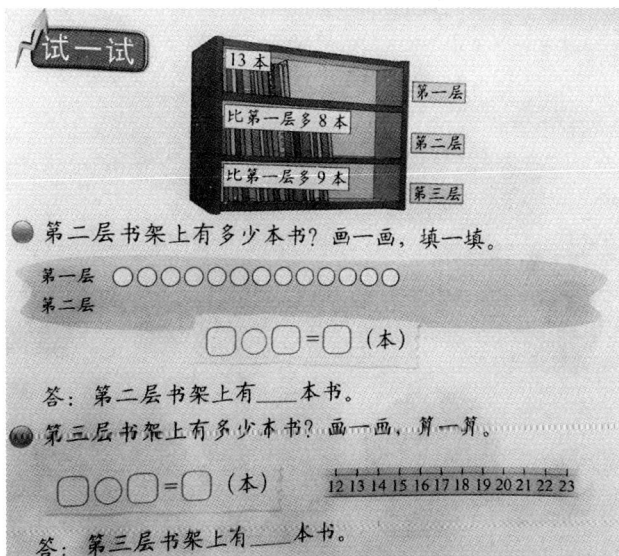

这一题和前面第 60 页第 2 题的最大区别就在于它的问题指向性非常具体，问题和要求一清二楚。如果这一题学生能做对，那就说明前面的第 2 题是有问题的。于是又让孩子独立完成这一题，结果显示：七班 54 名学生，只有 2 名学生写错，其他孩子的算式全部列对。

经过如上四次的调查与访谈，我不禁对教材第 60 页的第 2 题提出了质疑，于是我将这一题做了如下的修改：

（1）●有多少个？画一画，算一算。　　　　（2）▲有多少个？画一画，算一算。

（1）●比▲多 5 个。

▲▲▲▲▲▲▲

_____

◯◯◯ = ◯（个）

（2）▲比●少 7 个。

●●●●●●●●●●●●●●

_____

◯◯◯ = ◯（个）

如果绝大部分孩子能将这题做正确，那就证明了我的猜想是正确的！这是今晚的测试，很期待孩子们的结果。

特别说明：因为疏忽，将问题写错，导致两个班级的结果并不能证明任何结论。

后续：近半个月后（2018 年 6 月 13 日）给孩子们重新测试了一次，让孩子们自己读题，自己做，结果两个班 104 人，只有 13 人出错，错误率仅为 12.5%，可见问题的具体指向性很重要。

不要小看课堂加分

（写于 2018 年 5 月 30 日）

儿童喜欢游戏，在不断的挑战中获得高分，继而能够收获巨大的成就感；而课堂不可能是游戏，但可以将游戏中的加分制度引进课堂。在以往的教学中，喜欢少分值的增加，而经过不断地实践，发现高分值的增加更有利于学生积极性的提高。

不仅如此，高分值加分的方式会无形中培养学生大数的数感，他们需要算出小组得分，慢慢体会到 10 个百是千，20 个百就是两千，等等。通过这些实践，越发觉得数学的学习、数感的培养需要在生活中不断地积累，而不是等到教材上出现这些知识点的时候，我们再来教。例如，认识人民币、钟表、年月日等，这些知识都是需要儿童在日常生活中运用，在运用中体验。等到真正系统学习时，就自然地将零散的经验进行归纳总结，从生活数学上升到学校数学，慢慢抽象化。

回归正题，谈谈课堂加分的"威力"。

第一节课在五班，这节课的教学目的是掌握两位数加一位数进位加法的具体方法。在上节课中已经大致地浏览了三种方法，学生也超前学会计算了。然而会做，并不代表会说出算理。于是，我将三种方法（数小棒、计数器、竖式）

依次呈现，请小老师上台讲解。

以往的小老师一般都是小翟、小刘、小吴等这几位能说会道的小家伙，但需要想办法让更多的孩子敢于上台讲解，通过这样的一个方式来培养孩子的表达力与自信。

我告诉孩子们，第一批小老师已经培养成功，今天这节课要培养新的一批小老师，敢于上台的将为小组加200分。同时台下认真倾听的小组将获得100分，敢于向台上的小老师提出问题的同样获得200分，孩子们听完，眼睛发亮，纷纷举手要发言。第一位小老师，我仍然请出"老教师"小翟，因为她的语言精练，声音洪亮，能起到很好的榜样作用。

果然，这位小老师清晰地讲解了28+4=32的第二种方法，将4拆分成2和2，将其中的一个2与28相加得到结果是30，再将30加上2得到32，台下立刻响起雷鸣般的掌声。

"下面有小朋友对这位小老师提出问题吗？"

"我有。"小王嗖地一下站起来。

"4有很多种拆分方法，你为什么只拆分成2和2呢？"

小翟愣住了，我能从她的表情中看出羞涩和紧张，但她很快稳定了情绪，略想了一会儿就大声说出了两个字："好算。"

"怎么个好算呢？"我推波助澜。

"因为8+2=10，正好可以凑十啊，10+20=30，30+2=32，多好算啊。"

台下又响起了雷鸣般的掌声，能感受到孩子们对于他们对话的认可。

我为这两位能干的孩子各加了200分。提出有质量的问题是最不容易的，但小王做到了。

台下的孩子跃跃欲试，想讲第二种方法。坐在前排的小夏，想讲但又害怕，毕竟他担心自己讲不好。我鼓励他，并让全班小朋友用掌声鼓励他，他终于大胆地走上台。

没想到平时不怎么上台的他，不卑不亢，非常详细地讲解了整个算式的计算过程。站在一旁的我心中窃喜：真是一个好苗子。最后他心满意足地获得了200分。接下来的时间，我特意留意了他，他一丝不苟地倾听和思考的样子，可爱极了。相信这次得分对他是一个巨大的鼓舞。

一年级的孩子注意力有限，需要不断地变换方式，小老师每讲完一次，我都会对台下的小朋友做一次评价，加一次分，并用了好玩的"扫射"方式，边走边发出嗒嗒嗒的声音，仿佛在用枪巡视着做小动作的小朋友，孩子们听到这种声音非常开心，觉得很好玩，为了不被"敌人"发现，表现得更专注。

小尹就是其中一个。平时的他似乎对什么都无所谓，而今天他觉得很有趣，当"扫射"到他面前，摸摸他的头说"这个小家伙表现真不错"时，他憨憨地、害羞地笑了笑，全班随之欢快大笑起来。

接下来讲解计数器、竖式的方法。小段、小李和小张都积极地上台讲解。小李平时上课可没少让人操心，小张上课不太积极，但今天两位居然都愿意讲，还讲得很不错，可见孩子都有向上的心，都有荣誉感和使命感，就看能不能用方法激发出来。

这堂课上得很快，很开心，相信我的孩子们和我是一样的感受。

育人是谁的职责

（写于 2018 年 6 月 2 日）

自从班级有了班主任制度之后，学科老师基本上只负责传授知识，班主任更多地肩负起品德教育了。然而，一直以来自己都不太认同，学科教师同样有着育人的职责。

第二节课还没踏进七班教室门口时，我就看到一堆七班的娃涌向校医室，不只我们班，其他班级也是如此，几乎每天都有小朋友进校医室，破了一点点皮也要去看医生。我深深地感受到，现在学生的意志力薄弱，不能忍受一点点疼痛。

其实，这是社会现象，自家的女儿也总是受了一点伤就大呼小叫，我跟孩子爸爸总感叹现在的孩子没有以前的孩子皮实。孩子爸爸觉得自己就没有同龄人皮实，因为小时候是独生子，爸妈保护得特别厉害，不让在地上随意爬行，不让去外面做冒险性的活动，总之束缚太大，导致对疼痛的感知神经特别敏感。

现在就更是如此，孩子们受到的保护太多，而且想让孩子吃苦还得寻找环境。如此下去，孩子的身体素质令人担忧，身体上的耐挫力不够，必然会导致意志力薄弱，挫折的忍受程度低。

正如中国人民公安大学教授李玫瑾所说：挫折忍耐力的培养，得从体力上的耐力着手。

我没有教孩子们如何培养意志力，这只有家长才能做到。

我只给孩子们讲了红领巾为什么是红色的，以及南京大屠杀、八国联军侵华战争等，孩子们还小，可能似懂非懂，但我希望爱国的种子能慢慢种下！

孩子们听得很认真，最后 20 分钟的练习和讲解非常顺利，不需要有任何的组织教学，孩子们都认真完成。20 分钟完成了 40 分钟的任务，多么美妙。

孩子带着我成长

（写于 2018 年 6 月 4 日）

所谓的教学相长就是老师和学生之间相互影响和促进，双方都得到提高。尽管每天一篇反思看似有点难以坚持，但是当你习惯了去写，有一天想不写还真是难。

三天假期后的第一天上学，不管是孩子还是老师似乎都有点"假期后综合征"，进到教室的那一刻看到孩子们无精打采的样子，心里甚至打起了不上课的主意，但转念一想，作为老师应该想尽办法调动孩子的积极性。于是，我还是使用了"撒手锏"加分制，孩子们一看自己小组的分数在噌噌上涨，个个都眼睛放光，坐得笔直。精气神上来了，课自然就好上了。

在两个班上课都会出现同样的现象，举手发言的永远都是那十几个孩子，更多的孩子选择了默默地倾听。

今天在七班遇到的一件事，更是令我陷入了沉思。七班小袁是位特别聪明的女孩子，字写得很漂亮，作业也总是认真、细致地完成，总之，这样的一个孩子在课堂上是很少需要老师来操心的；但她却很少举手发言，喜欢倾听，课堂有趣就听得更专注，课堂枯燥的时候可能就走点神，好像并不影响她的学业水平。然而，今天的课堂我坚持让她站起来回答问题，这个问题对于她来说应该不算难，但当她看到我叫她的时候，眼神里却流露出惊讶和一丝慌乱。这时，我让全班小朋友用掌声来鼓励她，然而她变得更加慌乱，眼角发红，如果我再坚持的话，估计她会哭的。

她的表现令我很惊讶。但我想并不是孩子的问题，而是课堂的原因。很久以前我看过一篇文章，就提到我们现在的课堂对于孩子们来说是不安全的，孩子们充满恐惧。当时，我不以为然。孩子怎么可能对课堂充满恐惧呢？然而，从小袁的眼神中，我能感受到她的恐惧。

孩子为什么会恐惧呢？因为怕错！我们很多时候都在教导孩子少出错，不出错。课堂上发言好的孩子，就有雷鸣般的掌声，但如果回答不出来或者回答错误，老师一般都是草率地让孩子坐下。坐下的那一刻孩子内心是沮丧的。如果伴有同学异样的眼光或者嘲笑的话语，那以后这个孩子就更不愿意表达。

那作为老师应该做些什么呢？我想没有比给孩子一个安全的学习环境更为重要。不管回答错误与否，让他能感受到一种温暖，可以畅所欲言地表达自己的想法。话虽简单，但做起来需要一番努力，不是单纯地说教，而是需要在细节上下功夫。可以和孩子们交流如下话题：

（1）上课发言你会害怕吗？为什么会害怕呢？

（2）当有同学在发言，其他人需要做什么呢？

（3）当同学回答错误时，你嘲笑他是对的吗？

（4）如果是你遭到同学的嘲笑，你会是什么样的心情？

我想如果经常和孩子交流类似的话题，孩子们会慢慢地感受到老师和同学的善意，也就慢慢获得安全感，敢于表达自己的想法了。

当今评价体制下的教育显得过于粗糙，往往学着学着就没有学生了，仅剩下知识了。这样的教育是没有温度的，身为一名老师，自己只能尽绵薄之力：让我的学生知道他的老师充满爱与关怀，而不是眼里只有分数。这是我所追求的，我希望自己能践行。

孩子带着我成长。

课堂也需要"破冰"

（写于 2018 年 6 月 5 日）

上午虽然只有一节课，但仍然是繁忙到喝口水的时间都是奢侈。早上早读，孩子们唱英语歌，我在讲台前改作业。我很喜欢面批作业，因为这样能直接跟做错的孩子面对面交流，面对面订正，这样效率高很多。

当把七班所有孩子的作业改完并检查订正之后，第一节课的铃声已经响起，匆匆赶到五班上课。走进教室，孩子们刚从外面玩耍回来，仍是乐此不疲地互相交谈着，我在班上足足站了三分钟，但孩子们似乎没有注意到老师的存在。

此时的我有些生气了，严厉地批评了孩子们！大部分孩子还是知道老师发怒了，但还是有几个孩子，很难在一次"呵斥"中安静下来。小李还在左顾右盼、东张西望，不能静心；小陈在拿着尺子认真地切着橡皮擦；小郑坐在第一排仍然动个不停；远在第四排的小刘还在戴着帽子酷酷地趴着。

我让小李把电话手表交给我，他最怕这招儿，泪眼婆娑，很委屈地说："我今天没有说话呀。"

"老师知道你现在很伤心，很难过，是不是？"

小李点点头，眼睛睁得大大地看着我，等着我的下一句。

"老师的行为让你伤心了，你很难过，所以哭了。其实，你的行为也会让老师伤心，老师之所以要你把你最心爱的手表交给老师，就是想让你体会一下老师的感受，你明白吗？"

"明白。可是，我今天并没有闹呀。"

"是没有闹，但没有静心，老师就想起你昨天的表现，又开始伤心了。"

"啊，昨天的事您还记得呀？"小李惊讶地看着我。孩子心里一定很惊讶，在猜想老师怎么和我们小孩不一样，过去的事情小孩很快就会忘掉的呀。

"是啊，昨天的事情，你太让老师伤心了。"昨天上课他一直和后桌的小陈打闹。

这时，我将目光转向全班，大部分孩子在专注地听我们之间的对话；也有小部分孩子趁机干自己的"小活儿"：切橡皮、和同桌小打闹、看课外书。

我突然对孩子们说："孩子们，你们知道吗？王老师从你们在学校的行为表现，就能判断你们在家的状态，你们信不信？"一边说一边走到小刘身边摘下他头上的帽子。

小刘辩称："老师，我戴帽子并没有影响到你上课啊。"

"小刘，你在家应该是一个很喜欢争辩的孩子，老喜欢跟爸妈争辩，对吗？"

"不是啊！"小刘笑着说。

"那我改天要和你妈妈聊聊，看看你在家是什么状态？"

小刘笑得更害羞了。

"小郑，你在家经常被妈妈骂吧？"

正在忙活着的小郑，猛地抬起头，看着我，然后狠狠地点点头。

"是的。老师，您怎么知道的呀？"他一脸崇拜地看着我。

"因为老师在课堂上提醒你，你总是不在乎，一遍两遍还不行，总要等到老师大发脾气，你才会意识到，但转眼又会忘记。所以，老师就会觉得你可能在家经常被批评，都已习惯了，所以不在乎了。是这样吗？"

"嗯。"孩子点点头。

一向调皮的他，那一刻安静了，他似乎找到了懂他的人了。

"小陈，你在家写作业是不是非要妈妈盯着呀？妈妈一走你就开始溜号。"

小陈害羞地点点头。

"小吴，你最近应该很少挨爸爸的打了吧。"

"是的。"小吴认真地回答道。

孩子们觉得我太厉害了，说谁都说得那么准，都纷纷说出在家和爸妈相处的状态。

我语重心长地问他们："孩子们，你们希望王老师变成爱骂人的老师吗？希望王老师变成爱打人的魔鬼老师吗？"

"不希望。"孩子们大声地喊着。

小严说："我希望王老师是天使般的老师！"

沟通了5分钟开始上课，后面的35分钟真的太顺利了。

可能有人会认为课前的"闲聊"是浪费时间，其实不然。上课总在赶，学生总在被动地听，还不如敞开心扉和孩子们聊一聊。这样的课堂孩子们会倍感亲切，主动学习的意识自然就有了。

另外，在和孩子的交流中越发感觉孩子就是家长或者说是家庭环境的一面镜子。我们家长在陪着孩子成长的过程中，需要不断地学习和反思，最终得到改变。因为成人的思想长期固化这一点相比儿童自身的改变，更为艰难，但如果你真爱孩子，那就需要勇敢迈出这一步。

下午第一节是七班的课。上课伊始就发现小廖和小吴两个小家伙总是"鬼鬼祟祟"地偷看抽屉，一开始并没有引起太多注意，但提醒之后仍不改变，可见抽屉里肯定藏着秘密。于是，我走下讲台去看，好家伙，小廖的抽屉里有一张白色纸巾，纸上趴着好几只小蜗牛，还有一片硕大的叶子，叶子上也有一两只蜗牛来回"散步"。怪不得这俩孩子总忍不住看抽屉。

我将那张纸巾以及蜗牛一并拿到讲台，对孩子们说："现在这几只蜗牛要跟我们小朋友比赛，看哪一组听课最认真。"

"如果蜗牛爬出纸张外，说明小蜗牛肯定没认真听讲，那你们就胜利了。"

孩子们一听，别提多兴奋了，一个个坐得笔直，生怕输给了蜗牛。

临到下课孩子们排队批改作业，跟往常不一样，批改结束后还不肯离去，要观察蜗牛，个个围在一起，还想领养蜗牛。最后我与小廖商量将蜗牛放归大自然，这才是对蜗牛最大的爱。

儿童是天使，和他们在一起真好。

我们需要宽容与沟通

（写于2018年6月7日）

今天谈到的话题在很多人看来可能觉得敏感，敏感话题一般都是避而不谈，但我觉得很多情况下我们看待事情都是"极左"或者"极右"，很难停摆到中间。

舆论导向是关键！各大媒体为了吸引读者的眼球，寻找一些极端案例并无限放大，导致我们看到了很多"垃圾老师""奇葩家长""黑心医生"。其实不然，社会上更多的是好老师、好家长和好医生，只是我们之间需要彼此沟通，互相了解才能真正做到相互信任。

这几天发生的几件小事足以论证沟通的重要性。

有一天我在改作业，发现一位孩子又没有交作业，这种现象不是第一次出现，所以，就打电话向家长了解原因，但拨过去之后没人接听。心想：可能家长以为是陌生人打进来的。于是，又发去了一条短信告知她我是王老师，希望看到信息后回一个电话给我。然而，仍没有任何的信息或者电话，于是再次拨打电话，但电话那头居然关机，那一刻心里有点生气了。

心想：这位家长怎么能这样？打电话不接，发信息不回，居然还关机。

我生气了，在群里呼唤其他家长帮忙找她。家长们热心地给我回复，说可能是手机没电了。

之前愤怒的我看到这一句后，心情平静了许多。可能真的是手机没电了，不然没有理由不回老师的电话呀，家长没有必要这么做呀。

果不其然，下午孩子家长就过来找我，见面就说道："王老师，听说您找我？真是不好意思，上午我手机一直没带在身边，后来没电了。"我们对孩子没有交作业的事做了沟通，这几天孩子的作业每天都按时交了。

上午在改五班的作业，一页的题目错误百出，最让人生气的是孩子们不读题，竖式计算直接口算出得数，不用直尺画线，屡次提出订正，仍是原封不动。

我在改的时候心乱如麻，一直在自问：这些孩子为什么不看题？尤其郁闷的是一年级的学生家长为什么不花时间去看一看自己孩子的作业，难道每天真的那么忙吗？总之，被消极情绪团团围住，也发了一条带有责备的信息在班级群！但很奇怪的是，当我看到这群孩子时，居然一点儿都不生气，而是耐心地把每一个孩子的错误一一展示在投影上，并给出时间让孩子订正，再交上来批改。这一过程我很平和地完成了。

为什么后来不生气了呢？因为潜意识里已经知道生气是一种无能的表现，我不希望自己无能。问题出现的时候，我需要做的是分析原因，并想办法解决问题。

孩子的作业没有做好，可能有以下原因：

（1）昨天"红暴"预警，下午不上课，很兴奋，作业胡乱完成。

（2）最近家长工作很忙。

（3）家有二胎，心有余而力不足。

通过这两件事，我认识到人与人之间的宽容与沟通是多么的重要。很多事情都是因为表象而产生误解。当别人没接你电话时，你会觉得别人是故意不接；当孩子的作业没有订正，你会觉得是家长不负责，没有检查孩子的作业。反过来，当家长打电话老师没接，家长会认为是老师故意不接；当孩子在学校与同学发生口角，会觉老师处理不公，矛盾随之而来。

当你冷静下来，你会发现其实这都是心理上的一种臆想。我需要不断地反思和改变。

"阅览室"课堂反思

（写于 2018 年 6 月 8 日）

今天带着孩子们学习了"阅览室"这节内容，是关于两位数减一位数的退位减法。这是本单元乃至整本书上的难点。

首先，课本提供的是表格信息，学生要先学会读表中的信息，知道"原有"和"借走"的意思，进而根据这些信息提出数学问题。在各种问题的基础上，提炼出三个问题：

（1）儿童画报还剩多少本？

（2）故事书还剩多少本？

（3）连环画还剩多少本？

再相应地列出如下算式：

30-7

25-8

46-9

进而要求学生观察三道算式，找出它们之间的共同点。

很多孩子都能说出三个算式都是退位减法。让学生进一步来解释什么叫退位减法。大部分学生知道意思，但很难用清晰的语言表达出来。有的学生说："退位就是要借位。"教师追问："为什么要借位？"学生："因为个位减个位不够减。"

通过层层的追问，学生对退位减法有了更清晰的理解。

其次，聚焦算法算理。

30-7=？

方法一：口算。

10-7=3   20+3=23

方法二：数小棒。

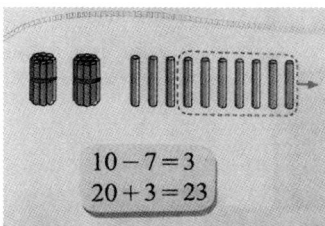

$$10-7=3$$
$$20+3=23$$

方法三：计数器。

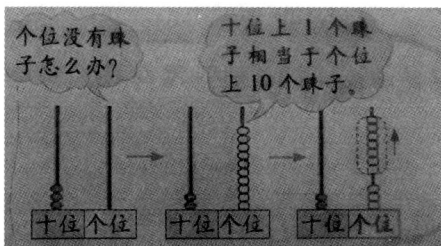

个位没有珠子怎么办？

十位上1个珠子相当于个位上10个珠子。

方法四：竖式。

十位上的3借走了1还剩2。

这个过程不仅是要呈现四种方法，关键是要打通四种方法之间的关系。

以上就是这节课的重点内容。那这节课就上完美了吗？需要改进的地方有哪些？

反思如下：

（1）在让学生读信息并提出数学问题以及列式找出共同点这一过程处理到位，学生对"原有"和"借走"的意思明了，这才会有提问时的顺畅。

（2）让学生自己写出计算的方法，学生有了独立思考的时间，也较为可取。

（3）处理这四种方法的时候，稍有不妥，有如下几点：

1）虽然四种方法从老师的角度来看，都讲解得很清楚，但学生说的机会较少。

2）每种方法都有重点需要突破，但似乎没有做到。

①口算方法：突出拆分思想。为什么需要拆分？为什么要将30拆分成20和10？

②数小棒：强调要从 3 捆小棒中拿出 1 捆，拆开后是 10 根，从 10 根中拿去 7 根，还剩 3 根，与剩下的 2 捆合在一起就是 23 根。

③计数器：要强调个位上没有珠子，引导学生去向十位借 1 个珠子。

④竖式：重点解决个位上 0 不够减怎么办。

（4）在学这节课之前，学生的情况一般有三类：

1）不仅会算还能说出算理。

2）仅仅会竖式计算，但对算理似懂非懂。

3）完全不会。

第一类孩子在班级占少数，第二类孩子比较多，第三类孩子最少，如何在教学中让更多的第二类孩子转为第一类，又如何将第三类的孩子逐步转为第一类？还有对于这些会了的孩子，如何让他们在这节课中同样有所收获？这些都是值得探究的问题。

基于学生教学研究永无止境。路漫漫兮，坚持就有收获和感悟。

创造力的可贵

（写于 2018 年 6 月 8 日）

每天的教学如果只是单纯地面对这些知识，多少会有些枯燥，但如果将焦点转移到学知识的孩子们身上，你会觉得充满了生机活力。

五班的课是第二节，对于孩子们来说他们最喜欢新奇的东西，这节课随身带来了三个风车棒棒糖，很诱人的奖励。我告诉孩子们，三个奖品要奖励给三个孩子，分别是作业书写工整的孩子、讲课厉害且独具创造力的孩子、倾听兼专注力强的孩子，但毕竟只有三个糖，没有得到的小朋友怎么办？

孩子们纷纷说道："等下次再拿。"

"对，以后王老师上课都会带一些小奖品，今天没有获奖，下次还有机会，我们只有经过努力才能得到自己想要的东西。"

孩子们点点头，他们不希望我多说，只期待赶紧上课，好好表现，好获得心仪的奖品。

班级孩子的表达能力都很不错，他们在表述信息以及提问题方面都很明了。

很多平时不爱发言的孩子，在奖品的"诱惑"下也跃跃欲试，小关就是其中的一位。平时很少能见到她举手发言，这个可爱美丽的小公主比较内敛，但今天她敢于举手，而且回答得非常完整，只不过声音略小了一点儿。

小李的小手不停地举过头顶，不止一次地要发言。最调皮的小郑这节课也非常活跃，平时的他很少这么专注，而且他的回答还很到位，让我看到他学数学的潜质。

在进行竖式讨论的时候，小刘写出了如下的竖式，令我惊叹不已。如下图所示。

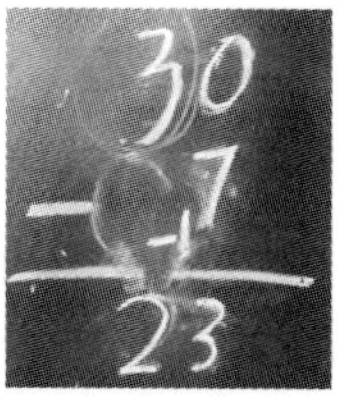

这个孩子显然具有很好的知识迁移能力，在学进位加法时，当个位满十时要进位，标上小 1，但退位减法要借位时怎么标注呢？他就想到在小 1 的前面标上 "–"，这是很有创造力的一个举动。

然而，现在具有创造力的孩子越来越少，超前学习是罪魁祸首。很多孩子早就知道退位是在十位上打上一个点，学生还没来得及探究就被告诉了答案，这是多么可悲的一件事。

当今社会是一个焦虑型社会，家长陷入了集体焦虑，超前学习语数英，当被质疑时都会无奈地诉说别人都学了，所以自己孩子也得学，而全然不顾孩子自己的情况。

其实，在我看来学习能力强的孩子更不应该去超前学习，课本上的知识完全可以在课堂上学会，孩子有更多的课余时间去进行有意义的创造力的活动和更广泛的阅读活动，将学习潜质完全激发出来，而不是一味地应试。到了初中、高中应试成为必然，由于科目的增加导致不得不课外辅导时再来辅导。小学六年，非同小可的六年时间，孩子最具创造力、想象力时，家长不要成为扼杀创造力的元凶。

对于学习能力弱一些的孩子，当家长不能帮助孩子时，可以寻求外面的专业机构，但并不代表可以完全地转交，甄别辅导机构格外重要，家长需要一段时间的观察与跟进。

总之，做家长需要不断地学习，而不是盲从。

最后获奖的小朋友是：小刘——最具创造力奖、小王——书写最优秀奖、小黎——最具专注力奖。

下课后，小夏拦下我，原本以为他要问为什么没有获奖？没想到小家伙来了一句："王老师，你多大了呀？"

"你觉得老师有多大呢？"

"应该 20 多岁吧。"

这小子情商真高，我心里乐坏了。于是，我逗他："你觉得你老师年轻还是你妈妈年轻？"

好家伙，站在那里硬是不吭气。我继续"鼓动"着，他憋了老半天才说："老师年轻！"

"你是不是怕得罪王老师呀？"

"嗯，不是的！"

"那你岂不是得罪了你老妈？"

"得罪就得罪呗，我不怕。"小家伙估计知道亲娘最疼儿子了。

一旁的小刘实在忍不住，说："这还不简单嘛，你在老师面前就要说老师年轻，在老妈面前就要说老妈年轻，两个人都在就说一样年轻！"顿时"笑喷"，真是可爱极了。

小沈一副大义凛然的样子走过来，大声喊道：我觉得我妈妈比王老师年轻，我才不怕得罪老师呢。

哈哈哈，好吧，你知道得罪我也没有多大关系。

切忌功利化阅读

（写于 2018 年 6 月 11 日）

上午第四节课在七班，第四节课往往最难上，因为孩子已经连续上了三节，如何调动这些孩子的激情呢？我又想出了一个抽奖活动，上次超市购物还剩下一些零散的奖品，混在一起放进袋子里。我激动地告诉孩子们（老师得先有激情）：第四节课还能保持持久专注力的小朋友最了不起，我要奖励这些会听课的孩子，凡被写进红榜的孩子将有一次抽奖机会。孩子们听完纷纷调整坐姿，迎接挑战。

小刘就是其中一位获得抽奖机会的孩子。倒不是因为这一节课的表现，而是平时的课堂中她就特别专注，她文静、内敛甚至害羞，当单独跟她交谈时，都不敢正视我。就是这样一位平静的孩子内心却涌动着对数学的无比热爱，她上课从不会开小差，当举手回答问题时即使没被叫到，还是淡定从容地听课，绝对不会因为没被叫到而影响听课的质量。

这样的意志品质真的难得。需要有更多的孩子在意志力上下功夫。

周五下午最后一节思维课是孩子们最喜欢的课，也是我认为最轻松、最有意思的课。因为这是一节数学故事课，每个孩子天生都爱听故事，所以根本不需要组织课堂教学、维持课堂纪律、绞尽脑汁地去激励他们。当开口读故事时，全场便会一片安静，那是多么美妙的事情。我和孩子们一起笑、一起思考，数学故事里的每个问题，孩子们并不能全部解答，但我们能在故事王国中畅游、在故事中体验数学的智慧美，这就足够了。

前面几届学生中，我也讲过这本书，但并没有坚持下来，这届学生差点儿也没能坚持下来。回顾整个过程，我发现以前讲故事功利性太强，总希望孩子能从每一个故事中得到具体的收获，如此一来，享受故事的过程被任务所替代，学生对故事就会丧失兴趣。当我摈弃功利心理，全心投入故事情节中，和孩子们一起享受故事带来的快乐，就会实现"无心插柳柳成荫"。我的孩子们几乎人人都爱这本故事书，小陈、小杨、小牛、小莫等孩子不止一次地问我这本书的名字。

这件事也让自己更加坚定在培养女儿阅读兴趣的时候需要更多的等待，当孩子对故事本身感兴趣后，自然会慢慢去自主阅读，这个过程可能会很漫长，但真的值得坚持。

切记：亲子阅读勿功利化！与君共勉。

一年级竖式计算中的常见错误及原因分析

（写于 2018 年 6 月 12 日）

北师大教材是从一年级下册第五单元开始学习竖式计算。第五单元的主要内容是 100 以内数的不进位加法、不退位减法的计算，第六单元的主要内容是 100 以内数的进位加法和退位减法。

一、100 以内不进位加法、不退位减法竖式中的常见错误及原因分析

学生在一开始学习竖式时，经常会出现各种各样的错误，这些错误从表面上看是"粗心"导致，但背后有着更深层的原因。

1. 竖式计算中的常见错误

（1）题目上的数字抄错（见下图）。

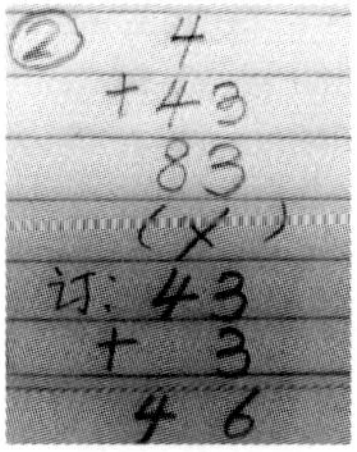

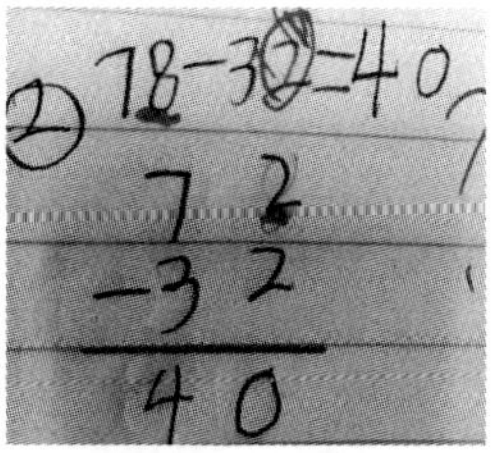

上面两题分别是加数和被减数在抄到竖式中时写错，导致整道题出错。左

图在改错时，将数字"4"写错位置，右图在抄写"78"时将"8"抄成"2"。

（2）计算时将符号看错（见下图）。

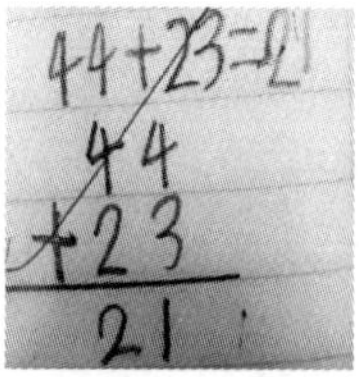

以上两图中，学生将加法做成减法，导致结果错误。

有的是将减法做成加法（见下图）。

还有的是一道题中既做成加法又做成减法（见下图）。

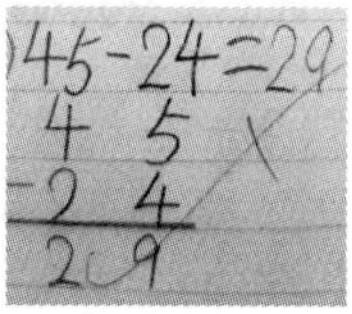

这些孩子在写竖式的时候符号不会写错，但在具体计算中就会把加法看成减法，减法看成加法，甚至运算中两种符号都参与运算。

（3）横式或者竖式中忘记写得数（见下图）。

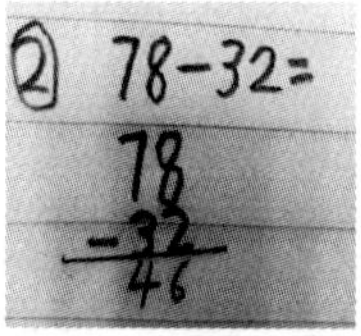

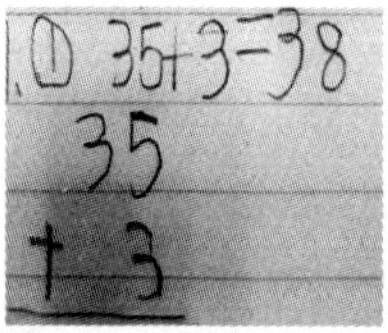

题目中横式和竖式同时出现时，很多学生忘记写横式结果，或者直接写出横式结果再来列竖式，竖式漏写结果。

（4）数的位置写错（见下图）。

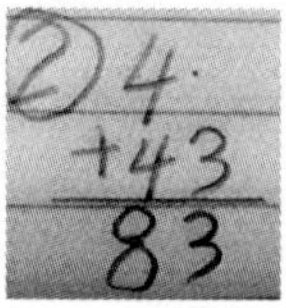

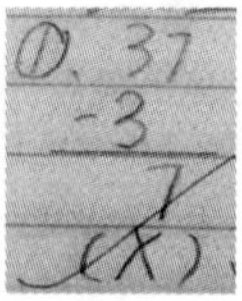

将数的位置写错，个位上的数字写在十位上。

（5）计算出错（见下图）。

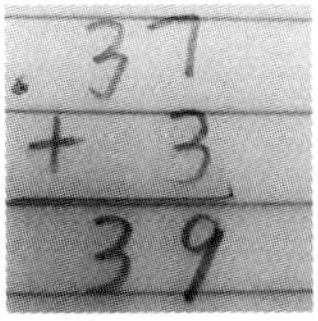

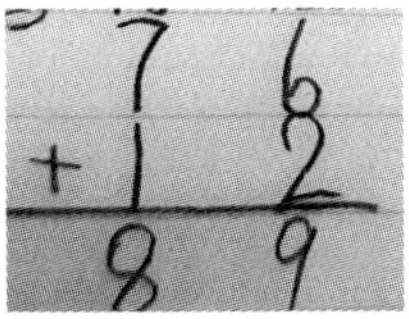

将8-2的得数写成4，7+3的结果写成9，6+2的结果写成9。

2.竖式错误的原因分析

在成人看来，这些错误都是不可思议的，是粗心的表现。诚然，有学生做题时不细心的因素存在，但更多的是学生心理特征及学习能力的反映。

（1）心理特征的反映。学生在学竖式之前，一直都是在横式上口算，他们已经掌握了横式计算的基本策略——个位加个位，十位加十位，而且经过长期的训练已经很熟悉这样的模式了。一旦引入竖式计算，孩子们必然需要一个适应阶段。他们需要将横向的计算模式转成纵向模式，尽管计算策略仍然是个位加个位，十位加十位。

然而在横向模式转为纵向模式时，学生需要关注的点无形中增多，他们不仅要关注个位上的两个数字，十位上的两个数字，还需要关注到符号。在横向计算的时候，符号与数字是连在一起的，学生看数字的时候就能注意到符号；而竖式不同，符号与数字有一定距离，学生需要更多的有意注意。

（2）学习能力的反映。思维水平中等偏低的孩子，10以内的运算没有达到自动化程度，所以认知水平受到制约，对于他们来说需要付出更多的有意注意，稍有疏忽往往顾此失彼，关注到数字却忽视了符号，关注到符号却又出现了运算问题。他们并不是专注力不够，而是需要更多的时间和更多的有针对性的指导。例如，进行10以内的减法专项训练。

二、100以内退位减法竖式计算中的常见错误及原因分析

1.100以内退位减法常见错误

（1）反着计算，不退位（见下图）。

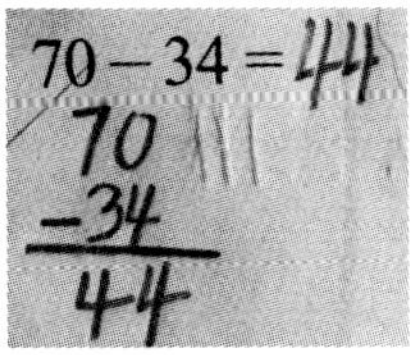

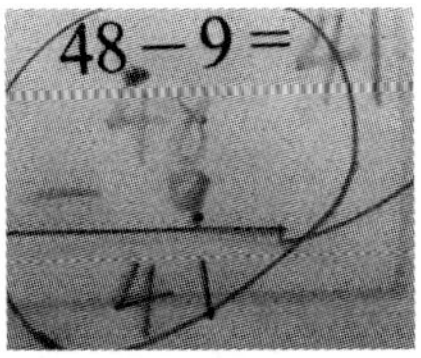

这类学生在做竖式计算时，将个位上0-4看成4-0，8-9看成9-8，反着计算，

十位上不退位。

（2）反着计算却退位（见下图）。

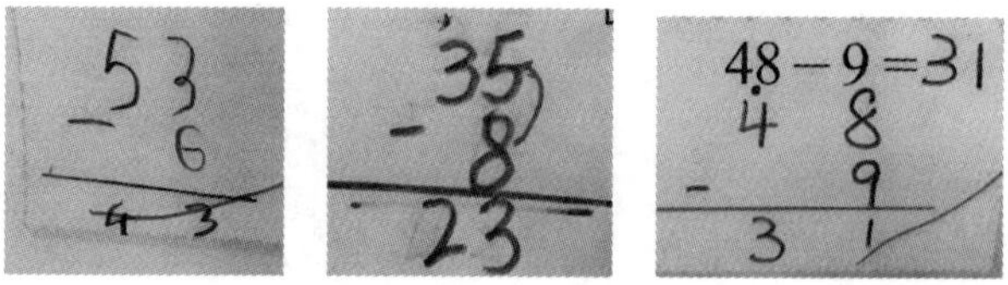

这类学生知道个位不够减，需要在十位上借一个十，但往往标完借位的符号后，又自下而上计算了。

（3）忘记退位（见下图）。

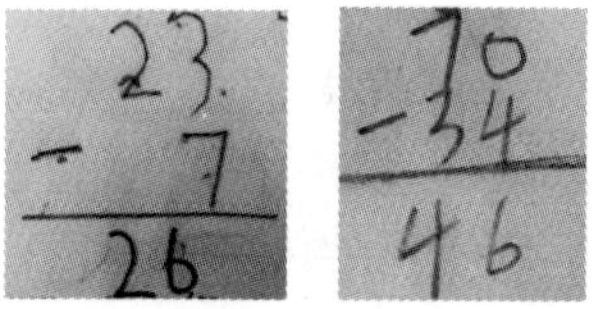

这类学生在计算个位时能正确地算出得数，但十位上往往忘记退位。

（4）个位计算错误（见下图）。

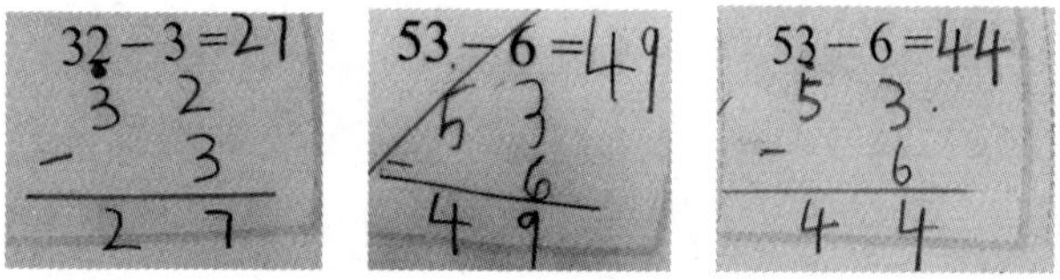

2. 错误原因分析

经过一段时间的竖式计算训练，大部分孩子已经不会轻易抄错数字、看错符号，或者不熟悉 10 以内的减法，但是他们会出现以上一些新的问题。

（1）为什么孩子会反着计算？将 0-4 算成 4-0，8-9 看成 9-8 呢？这同样与孩子的心理特征有关。这是孩子们第一次用竖式来计算退位减法，以往的竖式计算中，都能直接相减。大脑中不需要做出额外的转化，只需要两个数相减，即可得出个位上的结果。然而，竖式的退位减法需要在大脑中进行两步信息加工，先需要判断个位上面一个数是否减得了下面一个数，如果不够减还需要向十位借位，显然程序上复杂了很多。有的孩子没有意识到这种转变，仍然用以前不退位减法的方法，只关注减法而不关注数字的顺序。

（2）为什么学生会打退位点，但还是反着计算？这一类学生较之第一类学生，信息加工的能力会更强一些，他们意识到退位减法中需要先看个位够不够减，如果不够减就要向十位借一当十，但当做完标记再来计算个位得数时，却忘记了要将借来的十和个位上的几个一结合来一起减，又回到了以往的运算模式中。

（3）忘记退位。这类错误也比较常见，学生知道个位不够减时，需要向十位借一当十，也能让借出的十参与个位运算。但在十位运算时，孤立地去看十位上的数字，而忘记提取之前的信息。

（4）个位计算错误。这一类错误更多的是因为 20 以内的减法不熟练。

总之，100 以内退位减法在大脑中信息加工程序的复杂性造成了运算的复杂，导致错误的多样性。退位减法不再像以前的不退位减法，只需要关注各个数位上的运算，它需要同时关注个位、十位上的数字，这样的复杂使学生有点儿应接不暇，他们不仅要关注运算，还要关注是否需要借位，以及借位之后的处理。

3.应对策略

如何提高学生 100 以内不退位减法计算的准确率呢？

（1）再现错误，让学生在辨别中明晰错误。将这几类错误的题目呈现给学生，让学生找出错误。变被动接受错误为主动找出错误，发挥学生的主观能动性，印象会更深刻。

（2）对比退位减法和不退位减法，找出区别。学生出现反向运算的主要原因就是学生用原有的计算方式来计算，产生了负迁移。找出区别，学生就能找到出错的原因，从而改变计算方式。

（3）专项训练 20 以内减法。100 以内的退位减法最基本的计算是 20 以内的减法，如果计算不熟练就会增加错误率。所以，进行如下的专项训练，让学生熟练掌握 20 以内减法，并能迁移到两位数减一位数或两位数减两位数的退位减法。

12−8=4	18−9=9
32−8= ?	88−9= ?
32−18= ?	58−29= ?
72−58= ?	78−69= ?

桂林之行所感所悟

（写于 2018 年 6 月 19 日）

转眼已经有好几天没有写东西了。满满两天的桂林学习收获颇丰，也让自己感叹不已。教师职业尤其是小学教师，看似卑微，但仍然有那么多的老师在孜孜不倦地探索。

王栋昌老师就是其中的一位，他年近五十岁，谦和、儒雅、博学，所有见到他的人都会有这样的评价。他是我们工作室的主持人，这次就是他带着我们去学习，两天中每天早上8点半至下午5点半，雷打不动的学习时间从未见他离开过场地，不是做讲座就是讲课，其余时间就安静地在台下听课，如此的敬业精神如何不让人钦佩。他特别执着，阅书无数，分类别做笔记，并且有自己的专著。他曾经笑称回老家，家乡人总问他是否买车、买房，却没一个人问他是否出过书。

这样一句笑话的背后隐含着这个时代扭曲的价值观。文化的价值被金钱至上的价值远远甩去，这是一件多么可悲的事情。好在，还有那么多的老师在坚持，仍然在追求精神上的富足。

贲友林是我第一次见到的南京名师，他的一节观摩课就是让台下的老师上台来当学生，我有幸成为他的一名"学生"，真正地当了一次三个小时的学生。尽管自己平时比较在乎学生的感受，但这节课下来深感平时做得不足。小组讨论、学生做练习的时间等都没有做到贲友林老师要求的那样细致，他所说所做的每一步都是基于学生角度来完成的，这才是真正的"以学生为中心"。要学习的地方实在太多！他还提到一个例子：低段教师越教越窄，最后只会做六年级以下的题目，这样的老师能教好孩子吗？这也算给自己敲了警钟，下定决心花时间做完一年级至高三的所有练习，这可能需要很长的时间，但的确很有必要。

陈燕虹老师是桂林一个区的教研员，也是一名编辑，她在分享对教师的要求时，特别强调三点：阅读、写作、上好课。好在自己一直没有脱离这三点，深受鼓舞。以后的自己还要继续坚持。

零散地记录下那几天的学习历程，谈不上反思，只为给自己一个提醒。

不管世道如何变幻莫测，一个人总得有一点精神上的追求，不然会风雨飘摇、痛苦万分。

低段复习课怎么上（一）

（写于2018年6月19日）

今天开始要进行全面复习。复习课是最难上的课，因为很多孩子都会觉得学过的东西自己都会，再来听一遍真的很没劲。

在五班就试着带孩子们从第一单元开始逐个单元地过，没想到第一单元没讲到一半，小余就在打哈欠，直接对我说："老师，你这么讲，我都快要睡着了。"

"是啊，的确有点枯燥。那我们换一种方式吧！"这样按部就班地讲连我自己都会觉得无聊，更何况一年级的小娃们。脑海里快速检索，想到第一、五、六单元都是讲计算，而且有着很大的联系，何不把它们串起来讲？

于是，我改变策略，重点讲 20 以内的退位减法。孩子们都能举出退位减法的算式。然而，并不能做到有序，而且更不会完全记住这些算式的结果。所以，这节课的重点就定位在 20 以内退位减法算式的整理与记忆上。

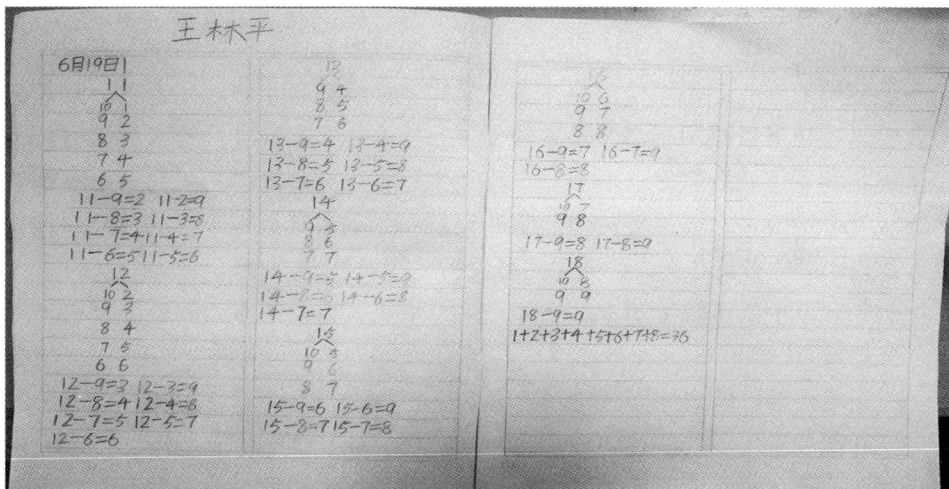

孩子们觉得这项作业很有意思，因为在数的拆分基础上，可以写出很多退位减法算式，而且这些算式的数量是有规律的，由多到少，最后只有一个算式，孩子们觉得很神奇。

接下来的复习也会有的放矢。

明天的复习就主要集中在 20 以内退位减法的专项练习上。

低段复习课怎么上（二）

（写于 2018 年 6 月 20 日）

今天上课主要是带着孩子们一起背出 20 以内的退位减法，一共 36 道算式，然后让学生在此基础上写出 100 以内的退位减法算式，我做了如下的两组示范：

（1）12-3=9　　　　（2）15-7=8

　　32-3=29　　　　　　45-7=38

　　62-43=19　　　　　65-37=28

通过这个示范，孩子们更加明了 20 以内退位减法是 100 以内退位减法的基础。

然后，让孩子们自己按照这样的规律写下几组类似的算式，并鼓励孩子们尽量多地写出几组，有两位数减一位数，也有两位数减两位数。看似简单的一次任务，做起来却没有想象中的简单。两个班级各有十几名孩子写不出来或者写错规律。这也从侧面反映出孩子之间思维水平的差距，因为时间的关系没能将这些作业批改出来，这项工作只好明天继续进行。

我也在想为什么让孩子们自己写会如此困难呢？这与平时的作业有很大的关系，我们的作业都是题目出好，学生来写，很少让学生自己出题目，从长远来看主动构建当然更利于学生思维的发展；然而，从当前功利性目标来看，多做多练更利于考试。总之，很矛盾。我不想让学生成为做题的机器，更不希望一年级整得像高考，试卷漫天飞。那如何能少做题，又能提高学习的效率呢？唯有我这个老师多花功夫，让题目更精致、更有的放矢。

所以，下午都在研究课本，将第一单元至第六单元的重点内容全部梳理下来，具体如下：

（1）能正确计算 20 以内数的退位减法。

（2）能解决与 20 以内退位减法有关的问题。

（3）能辨认从不同方向观察到简单物体的形状，知道从不同方向观察物体所看到的形状可能不同。

（4）能数 100 以内物体的个数，认读 100 以内的数。

（5）能写 100 以内的数，并比较 100 以内数的大小。

（6）能在具体情境中把握数的相对大小。

（7）能辨认长方形、正方形、三角形和圆。

（8）能在具体的活动中，将图形进行分割和组合。

（9）会用七巧板拼图。

（10）能正确熟练地计算整十数加减整十数、两位数加减一位数（不进位、不退位）、两位数加减整十数和两位数加减两位数（不退位、不进位）。

（11）能正确运用所学的知识解决有关的实际问题。

（12）掌握 100 以内进位加法和退位减法。

（13）能根据情景提出简单的数学问题，并根据所学知识解决实际问题。

这 13 个重点知识可以进一步归类成如下四个内容：

（1）100 以内数的认识：读法、写法以及比较大小。

（2）100 以内数的加减。

（3）用100以内的数来解决实际问题。

（4）平面图形的认识：图形特征的认识和割补。

通过这样的解析，发现前三点都是关于数的认识和运算的，是本册内容的重点，所以复习的重点会更多地集中在这里。

看到这里，孩子的复习还会那么焦虑吗？跟着老师的节奏和步伐就可以了。

真心不希望童年过早地淹没在题海中。

低段复习课怎么上（三）

（写于2018年6月25日）

根据深圳市教育局下发的通知，今年的期末成绩评价不再单一看成绩，要看孩子的综合素质，所以就要有其他的参评指标。就数学而言可以让学生讲绘本、故事、题目等。这个通知已经下发了好久，说实话自己迟迟都不愿意去做，因为我觉得这是一件换汤不换药的事情。可拖延并不是解决问题的办法，作为家长的我也是要完成这个任务的。

于是，把这个消息告诉了女儿，没想到女儿很开心。她说最喜欢录制视频了，看到她这么积极，我也一下子有了信心。我们两个一起选取了100减十几的退位减法作为主讲内容。在录制视频之前，先让她讲解了基本思路，但发现她的思路并不是太清晰。接着，我们又一起梳理了一遍，经过两次的梳理，女儿开始正式录视频，这个过程偶尔会"卡壳"，但在我的提醒下还是顺利完成了。然而，再要她录制一遍的时候，就很抵触，不愿意再去把这件事做得更为精致，看她这么不愿意我也就不再勉强了。

我发现自从她录制了这个视频后，再做类似的题目时，她都不会出现错误。真正印证了"自己做过的必然是印象最深刻的"。

上周末，我果断地将这个任务布置给家长们，我也知道临近期末很多孩子都会忙得鸡飞狗跳，必然会有家长反感这样的作业，但迫于老师的"威力"不得不做。两个班级交上来的作业都在80%以上，对于没交的孩子我也并不生气，因为这是必然的，一百多个孩子一百多种家庭情况，怎么可能保证一次性交齐呢？

对于交上来的视频怎么处理呢？难道就是老师看看打个分数了事吗？我想这样做的价值并不大，于是想到播放给孩子们看，让他们来做评委，每天播放三个视频，投票选举最佳讲解者。

今天第三节课是七班的课，我按照视频的排列顺序依次播放了小蔡、小曹和小陈的视频。一年级的小豆丁知道害羞了，播放到自己的视频时，脸色发红，捂住耳朵不敢直视，真是有趣极了。当播放完小蔡的视频后，马上就有小评委点评了。

小华第一个要求发言："小蔡的视频录制的时间选得不对，光听到外面的打雷声，听不见他的讲课声。"其他小朋友都点点头，此时目光转向小蔡，发现他羞涩的表情，很不好意思的样子。那样子真让人忍俊不禁，实在是可爱。

小曹的视频最受欢迎，播放结束后孩子们情不自禁地鼓起了热烈的掌声，她在视频中的表现和平时判若两人，声音洪亮、举止大方，而且一口气讲解了四种计算方法，简单明了、干净利落，让我看到了和在班级中害羞的小曹的另一面！小陈在看自己的视频时，最为紧张，压根儿不敢睁开眼睛，把头埋在桌上，捂住耳朵，他讲的是蜗牛爬井的题目，讲的过程并不紧张，可能是因为题目较为简单。所以，最后票数最高的是小曹。

第四节课在五班，按顺序播放出来是小蔡、小陈和小程的视频。这三位平时都是很少发言的孩子，她们更愿意倾听其他孩子的讲解，而视频中她们是完全的主角，也没有其他孩子在场。所以，她们的言语透露出自信。小蔡的1到10相加的题目很有意思，用巧算算出了最后结果是55，孩子们听到她的讲解很兴奋，纷纷鼓掌。此时的我偷瞄了小蔡，看到她脸上洋溢着欢快的神情，开心极了。原以为小蔡的讲解已经很好了，没想到小陈的讲解更吸引人眼球。她讲的是孩子们很容易出错的购买商品的问题。很多小朋友都没有理解题目的意思就用减法来计算，她的视频中用表演的形式呈现这个购物过程，这样做既形象又具体，还有真钱在手里演示。孩子们看完之后大呼好玩，并说再也不会出现这样的错误了。最后就轮到小程了，她讲解的题目也是孩子们容易犯的错误——乘车问题。在计算总数时，孩子们很容易忘记算上带队的老师，而小程就用了特别的标注来提醒大家。总之，三个视频精彩纷呈，以至于最后的票数都很接近。最终小陈赢得了今天的冠军，为小组获得了2000分，其他两位获得1000分。这样的加分比奖品还受欢迎。

一次简单的活动，却给孩子们带来了不一样的体验！有时候，真的要认真去做，做了就会有不一样的收获。教育教学之路永无止境，我需要学习和改变的地方实在太多。

一次意外的收获

（写于 2018 年 6 月 27 日）

最近根据学习的难点，一直在给孩子们进行有针对性的计算复习，主要是在如下三个方面。

（1）得数是 100 的进位加法。如 14+86、25+75、56+44、37+63、44+56 等，将这些算式呈现在黑板上，让孩子们自己来发现算式的特点，很多孩子都能找到共同点，即两个加数中十位上的数字之和为 9，两个加数中个位上的数字之和为 10，紧接着追问孩子：为什么两个加数中十位上的数之和是 9，而不是 10？孩子们经过思考也能表达出来这个 9 代表 90，还要算上个位上的 1 个 10，最后结果才是 100，否则就是 110 了。

（2）被减数是 100 的两位数退位减法。如 100–25=75、100–34=66、100–59=41、100–88=12 等，让孩子们观察减数和差的特点，孩子们仍能看出差和减数之和就是被减数 100，重点让孩子理解为什么"差十位上的数和减数十位上的数合起来是 9，而不是 10"，很多孩子都立马能知道这种算式其实就是把得数是 100 的进位加法反着来计算，即逆运算。

（3）最容易出现的错误运算方法。如 42–16，很多孩子算出的结果是 14 或者 24，其主要原因就是反着计算个位上的数。

这三种算式都是学生在运算中极容易出错的地方，将这些呈现给孩子，让孩子发现它们的特点，然后让孩子们来自编类似的题目，如果能编写出正确的算式，就表示他们能注意运用算式的特点来编写，再计算时这样的错误一定会大大减少。果不其然，去年的单项计算测试结果显示，这三种类型的错误大大减少，这也给了自己很大的信心。

但在试卷中也出现了很多其他的计算问题，口算问题尤其突出。

主要有如下错误：

（1）20 以内加减法（进位、退位）。

$$12+5=7$$

（2）20 以内加减法（进位、退位）。

$$4+9=12 \qquad 8+7=12 \qquad 7+7=1$$

$$4+9=\cancel{15} \qquad 9+5=\cancel{16} \qquad 5+6=\cancel{7}$$

（3）两位数加减一位数（不进位、不退位）。

$$36-6=\cancel{20}$$

（4）两位数加减一位数（进位、退位）。

$$37-8=\cancel{19} \qquad 37-8=\cancel{9} \qquad 23-6=27$$

$$37-8=3 \qquad 56-7=\cancel{9} \qquad 23-6=7$$

（5）两位数加减两位数（不进位、不退位）。

$$49-36=7 \qquad 24-23=6 \qquad 65-15=5$$

$$69-11=\cancel{78} \qquad 74-20=4\cancel{4} \qquad 66-60=\cancel{6}$$

$$74-20=24 \qquad 49-36=7 \qquad 40+53=53$$

$$30+48=68 \qquad 21+37=\cancel{48} \qquad 49-36=\cancel{78}$$

$$47-40=3\cancel{7} \qquad 74-20=52 \qquad 65-15=10$$

（6）两位数加减两位数（进位、退位）。

$$52-26=\cancel{36} \qquad 52-26=2\cancel{8} \qquad 52-26=\cancel{10}$$

根据教学大纲要求，这六类口算中，第四、六种属于超纲内容，只需要掌握 100 以内进位加法和退位减法的计算方法，并没有要求学生熟练进行口算，所以这一类错误情有可原，然而，两位数加减整十数和两位数加减两位数（不进位、不退位）是要求熟练进行口算的。

刚开始看到这么多口算错误时，很惊讶也很好奇，为什么看似简单的不进位、不退位加减法还会有这么多的错误呢？不仅如此，最简单的 20 以内的进位加法和不退位加减法也有错误，这是为什么呢？

当我将所有的错误进行一一整理时，才恍然大悟！孩子出现这些错误的最主要原因如下：

（1）题目量大。孩子在有限的时间要做这么多的题目，注意力需要高度集中，算法需要高度准确才能做到全对，对于一年级的孩子来说还是有一定难度的。

（2）虽然不同类型的计算方法是一样的，都是从个位算起，但所要关注的点不同，两位数加减两位数显然关注点会更多，在关注与不关注之间进行不停的转换，稍不留意必然会出错。

那么面对这样的情形如何降低学生口算的错误率呢？

（1）熟练背出最基础的 20 以内的进位加法、退位减法。

（2）对于两位数加减两位数的题目一定要让学生用铅笔画出连接线，这样指向性更明确。

这是目前自己能想到的两个方法，接下来就是坚定地去实践了，相信会有改观的。

童言童趣（一）

（写于 2018 年 6 月 29 日）

一周的时间很快就过去了。临近期末，复习会有少许枯燥，但每每想起孩子们说的话，立马会喜笑颜开。

如果不是考试，这些天的开课都会让孩子们看自己录制的视频，播放视频的第二天，正当准备放的时候，坐在第一排的小张立即从抽屉里拿出纸和笔，嘴巴里念道："我得赶紧拿出本子，把讲得好的东西记下来，说不定下次有用呢！"

早操的时候，我喜欢和孩子们一起做操，以往都是在最后一排跟着，这一次换到前面第三排的位置，正巧那天没有领队的大姐姐，忘性大的自己只能跟在一年级的小豆豆后面做，站在第一排的小周看到我在后面不时回头看我，随后做得更认真。结束后，忍不住问他："小周，王老师觉得你今天做操很认真，是不是看到王老师在看你呀？"

"没有啊，我做操一向都很认真的。"

"那你为什么一直看老师呀？"

"我只是确认一下你到底是不是跟在我后面做的。"小家伙淡定地回答道。

"那你确定了吗？"

"应该是吧。"

那害羞的神情实在是可爱。

我的妈妈是老师

（写于 2018 年 6 月 30 日）

　　以往的文章都是以老师的身份在写，今天我想分享一篇作为家长的自己在教育中的所感所悟。

　　我的女儿叫游美，在我工作的学校上学，又和自己教的年级是同一个年级。我和她的三科老师在同一个办公室工作。有的人问我，和自己孩子在同一年级到底好不好？我的回答是：好与不好在于自己的心境，你认为好就是好，认为不好就是不好。

　　有着家长和教师双重身份首先要具备的就是强大的内心和耐心。经常和朋友开玩笑，说自己是在老师和家长之间 360 度无死角切换，往往都是 4 点半给家长发完当天的作业，又转到女儿班级群里查看她的作业。自己笑称自从女儿上了学，每天都要多加班两个小时。

　　这一年有泪有笑。

　　有几件事令自己印象深刻。有一次，女儿语文和英语各考了 91 分，老师找了妈妈谈话，也找了女儿谈话，中午吃完饭一起回到休息室，女儿忧心忡忡地看着妈妈，生怕会挨批，但妈妈并没有说女儿半点儿，只是把她叫到身边，深情地看着她，问她觉得自己考得怎么样？没想到，女儿听完之后大哭，她一直在哭喊着自己没考好。妈妈笑着说道："你考得挺好的呀。比妈妈小时候厉害很多。"

　　女儿一脸疑惑地看着妈妈："真的吗？你考了多少分呀？"

　　"68 分。"

　　"这么差呀！哪一门呀？"

　　"数学。"

　　"不会吧，妈妈，你可是数学老师啊。"女儿惊讶地张大嘴巴说道。

　　"哦，那时候妈妈又不是数学老师。"妈妈镇定地说道。

　　女儿听完妈妈的糗事后，破涕为笑。

　　接着，妈妈还是跟女儿语重心长地聊了，告诉女儿上课还是需要更多专注在老师的讲课内容上，只有课堂上有效率，课后的作业和考试才不会那么痛苦。这个过程会有困难，但只要坚持，就一定会有收获，还是那句老话：认真地玩、认真地学。

　　女儿似懂非懂地点点头，没过多久女儿班级又考了一次英语，英语老师告诉妈妈，让所有孩子写完并检查之后趴下来静息，但女儿还是不放心，趁老师没注意的时候偷瞄试卷，再次检查以确保自己这次能考好。那一刻，妈妈的心里酸酸的，知道女儿的学习背负着巨大的压力，虽然平时并没有表现出来。

从女儿这件事中，我也慢慢明白其实每个孩子都有向上的学习欲望，只不过在一次次的打击中渐渐失去原有的动力与信心。所以，作为父母，无论如何都不能打击孩子的自信心，不仅如此，还要帮助孩子寻找到属于自己的学习方法，具体地帮助孩子。至少对于我来说这条路无比漫长。

都说孩子是天使，但也有"魔鬼"的一面。当她魔性的一面出现的时候，惩罚也是必要的。一次写作业中，女儿完全不在线，用一种"非暴力不合作"的方式抵抗作业，让她把错误的地方擦掉，橡皮擦似乎都拿不动，在那里来回磨蹭。那时的妈妈觉得讲道理已经没有任何意义，果断采取"暴力"措施——拿戒尺打手掌。这时女儿的"魔性"瞬间消失，变成了楚楚可怜的"小毛虫"，一直在求饶。然而，已经无可挽回，我重重地打下去。一旁的爸爸都说感受到了疼痛，女儿默默地流泪。此时的妈妈虽然心疼，但必须坚持下去，不然前面挨的打毫无效果，妈妈告知后面要做的题目，并发出最后通牒：没做完不允许吃饭。

说完，就狠心地把女儿关在房间写作业。爸妈、奶奶和弟弟都在餐厅吃着，没过多久妈妈不放心跑进房间，没想到女儿已经高效地完成了作业，躺在床上。妈妈拉着女儿出来吃饭，但女儿死活不肯出来，这时的妈妈完全明白女儿的心思，挨了打不好意思出来吃饭，于是跟女儿商量让她独自一人在房间用餐，女儿高兴地答应了。独自在房中享受着美食的女儿，吃完后又蹦跳着出来玩耍。

两次都是因为学习发生的事情，有人说学习是亲子关系的最大杀手，一点儿不假。就看这个过程中父母的处理方式是否合理。

我不想我的孩子一直在学习上挣扎，我也不希望她任意放纵。所以，适度最重要。

真心需要不断地反思啊。

如何做到有效复习

（写于 2018 年 7 月 2 日）

还有一周就要期末考试了，每个孩子都想度过一个愉快的暑期，但前提是要有一个理想的期末考试成绩，毕竟这样会玩得心安理得一些，至少作为家长的自己是这么认为的。

那这一周如何才能做到有的放矢呢？

这一学期主要学习了六个单元，有三个单元全部是计算（第一、五、六单元），前面已经做了专项的训练和讲解，应该没有多大问题。第二单元"观察物体"，主要还是看孩子的空间感知能力。

这样一来，只有第三单元和第四单元以及解决实际问题这三个点是这一周的重点。

一、认识生活中的数（100以内数的认识）（第三单元）

1. 100以内数的数法

数法有多种：一个一个地数，如36、37、38等；两个两个地数，如21、23、25、27等，或32、34、36、38等；五个五个地数，如55、60、65、70等；十个十个地数，如50、60、70等；倒着数即一个一个、两个两个、五个五个、十个十个地数。

2. 100以内数的读、写

（1）看计数器读、写数。

（2）看小棒读、写数。

（3）看数的构成来写数。

（4）看数来写数的构成。

（5）数的位置（个位、十位、百位等）。

3. 数的大小比较

通常与第五、六单元结合来比较大小。

4. 100以内数的顺序

百数表的规律：横着看、竖着看、斜着看。

二、有趣的图形（第四单元）

1. 辨认长方形、正方形、三角形和圆

通常就是在一幅图中数出每种图形的个数。

2. 能在具体的活动中，将图形进行分割和组合

如对折一次正方形后所得到的图形是什么？

3. 知道七巧板，会用七巧板

七巧板的构成：三种图形（三角形、正方形、平行四边形）。

三角形5个，正方形、平行四边形各1个。

三、解决实际问题

可以将孩子的错题进行分类，找出最容易出错的地方进行举一反三就可以很有效地提高复习效率。

期末那些事

（写于 2018 年 7 月 5 日）

临近期末，每天试卷漫天纷飞，家长、老师、学生都厌倦这样的生活，但似乎都陷入泥潭不得自拔，好在还有几天就结束了。

虽说枯燥，但一想到可爱的孩子们说的话、做的事，就觉得很有趣，写的时候满脑子情景再现。

小孙、小周、小蔡都是被罚抄过试卷的孩子，幸得他们家长的信任和配合。因为提前交卷不肯检查被罚完整地抄下整张试卷，罚抄的这几个娃最后都是一把鼻涕一把泪完成的，但正是有了这次的罚抄，才有了最近考试的这一幕。

这几次数学考试很密集，但每次考试总见小蔡检查得很认真，平时上课的他都没有如此专注，他会拿支笔，检查完一道就勾一道，仔仔细细地从头勾到尾，他告诉我就是因为那次抄试卷，让他知道了如何做到心细。

小周也是如此，每次交试卷前都要谨慎地问上一句："王老师，现在交卷如果做错还会被罚抄吗？"

小孙这个小家伙被罚的效果没有前两位显著，一个礼拜前一次考试中还是不愿意检查，提前交卷结果被罚，看着班级孩子一个个跑出去玩，小家伙哭得很伤心，纸上都滴满了泪水，"旁观"的我很是心疼，站在一旁内心很纠结，最后让他抄了一大半再出去玩。这几次考试他明显谨慎、仔细了许多。

今天第三节课是五班的课，我知道孩子们看到我发试卷，肯定"遍地哀号"。于是，我想了一个办法，带着上次家委买的脆香米巧克力饼干走进教室，告诉孩子们今天哪位小朋友很乖、很认真地考试，饼干就奖励给他。孩子们听完我的话，都振奋不已，两眼放光地看着我，催促着赶紧发试卷，从未见过如此积极的小家伙们，可见"糖衣炮弹"的魅力。

下课的时候，给每个孩子都发了，并告诉他们可以马上吃掉。台下的孩子纷纷在拆包装袋子，这时，小田跑过来说："老师，我可以现在不吃吗？我要留回家给我的妹妹吃。"还有两位小朋友掰下一块给我吃，可惜那时场面太过激动，大家都吃得很高兴，包括我这个老师，居然把这两位体贴的小家伙的名字给忘记了，现在怎么都想不起来。

这两件事让我更加坚定：既要做一个严格的老师，也要做一个有温度的老师。不能因为孩子小，就完全放纵他们，更不能因为要严格对待他们而忽视了孩子的内心。总之，要做一个温柔又坚定的教师。

开学第一天

（写于 2018 年 9 月 3 日）

今天是孩子们开学的第一天，一年级的小豆丁们已经成了二年级的哥哥姐姐了，虽然还是稚嫩，但对比一年级的小豆豆们，我们的娃还是成熟了不少。

看到孩子们，我满怀欣慰，他们走进校园之前对知识充满渴望，能否继续保持就看我们这些老师了。

作为一名小学数学教师，一辈子都在和简单的数学内容打交道，年复一年地教授着整数加减法、小数乘除法、图形的周长面积等基础知识，同一内容要教许多遍，但时代在变化，现在的孩子见识广、头脑灵活、思想开放，如果老师还是用因循守旧、按部就班式的教学套路，那孩子们显然不喜欢，他们更愿意接受创新的课堂。

每当想到这里，自己就会如履薄冰，深感学识的浅陋，好在有意识想着问题，寻求着改变，这或许是最值得庆幸的吧。

新的学期，我要求自己做到以下几点：

（1）读学生。仍然以学生为本，如何教才能激发学生的学习兴趣？如何走进学生内心，真正帮助到他们，让孩子们的学习能得到真正的提高？

（2）读教材。精细地解读教材教参，在此基础上寻求创新。情景怎么才能更贴切？过程怎样才能更有味？练习如何才会更有效？

（3）多读书。一方面，读数学专业方面的书，尽管教的是小学数学，数学思想在小学阶段更需要渗透给学生，为日后的学习和生活打下基础；另一方面，读文学类的书籍，这是自己的一大爱好，要保持。

开学第三天

（写于 2018 年 9 月 5 日）

开学第三天，孩子和老师都慢慢进入了状态！第一节课是五班的课。

先是回顾昨天的连加内容，带着孩子们一起复习了连加的四种计算方法（见下图）。孩子们一开始只知道前面三种方法，我故意吊孩子们的"胃口"，说道："其实，还有第四种方法，可能比第二、三种方法都好呢？它既没有第二种方法的书写复杂，也没有第三种方法那么容易出错。你们能想出来吗？"

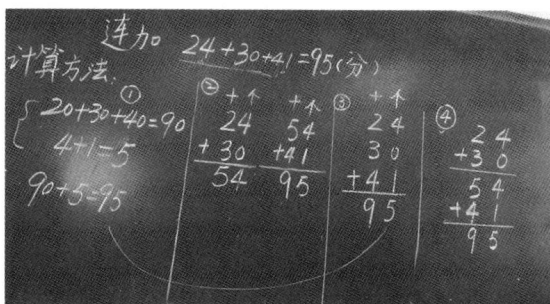

没想到坐在第一排的小余立马说道："把 41 接在 54 的下面来写就很简单。"果然是位聪明、灵活的小家伙，我不禁内心称赞道。于是，我将第四种方法写了下来。

这时，小田兴奋地说："王老师，这个方法真好，我要将它抄在笔记本上。"其他孩子听他这么一说，都拿起笔记本，要抄写下来。我暗喜榜样的力量真是无穷。

刚打算要擦掉这些内容写上新内容的时候，小刘在下面嘀咕："有没有第五种方法呢？"其他小朋友说哪有那么多种方法啊，我鼓励他再想想，没想到不一会儿工夫，他就写了好几种其他的方法（见下图）。

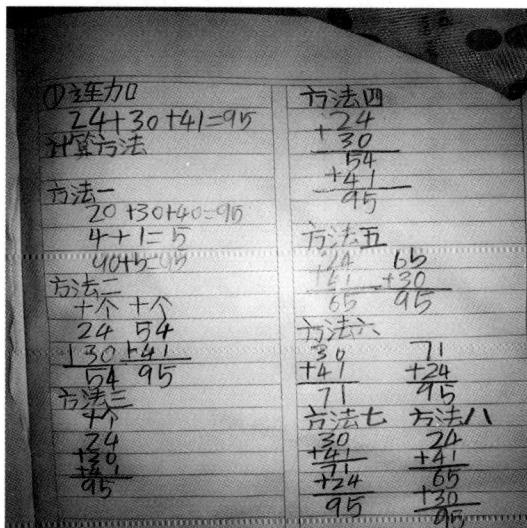

后面几种方法其实就是将加数的顺序调换，虽然看似换汤不换药，但是反映了孩子求变的思维，而且也蕴含了四年级要学的"加法交换律"，这是多么可贵啊。于是，我又举例，让孩子们感受给加数交换位置的好处，有时能让运算更简便。孩子们听完，赞叹不已，觉得小刘很厉害，这节课听得格外认真，相信从这节课中他体验到了成就感。

昨天在七班上早读，一次偶然的机会，看到孩子们的"开学护照"，上面写的最期待的课，很多孩子都选择了美术课，也有一些孩子写了语文、数学或英语，不禁想这些写主课的孩子真是不容易啊，每天几乎都有这三门课，而且几乎每天都有这三科作业，还能喜欢上它们，那绝对是真爱啊。

很多孩子选择美术，这也是孩子的肺腑之言，儿童爱画画实乃天性。自己在想如何让孩子们对数学课更感兴趣呢？既然孩子们那么喜欢美术课，那我的数学课能不能与美术课相结合呢？

复习完前面的内容后，就进入第二节的"秋游"，这次并没有打开PPT，而是手绘情景图中的轮船，绘画功底实在是有限，但孩子们却对我赞赏不已，都觉得我的船画得很不错。

通过这个过程，我将所有孩子的注意力都吸引到黑板上，他们专注着、期待着我的绘画内容，很自然地就过渡到数学信息上，而且这个过程会有一种代入感，孩子们会将自己代入情境中，对信息的理解会更容易。我想这是绘画与数学相结合的意义所在。未来的路上，我会跟着孩子们的脚步前行，让孩子们带着我进步。

作业背后的问题

（写于 2018 年 9 月 7 日）

今天一天可谓充实得无法透气，早上早餐后教师节朗诵彩排，紧接着连上了三节课，一上午就结束了，下午改了两节课的作业，一天就过去了，让自己身体放松一下，跑完一圈回到电脑前开始一天的梳理。

下午改作业前就知道这次作业不太好改，毕竟二年级比一年级难了很多，所以今天并没有上新课，而是把孩子们容易错的地方——写出来，然后让孩子们选哪一种写法是正确的，通过这样一个梳理过程，想着作业应该不会那么难改了，没想到改的时候还是心力交瘁。

突然想到一句话：婚姻是爱情的坟墓，再美好的爱情一旦走进婚姻就不得不面对每日的柴米油盐。教育又何尝不是这个道理呢！再美好的教育一旦走进真实的情境中就必会面对每日的作业。

想到这点突然豁然开朗！原来这才是真实的生活啊，婚姻中要想爱情保鲜，就得心平气和地去处理夫妻中遇到的琐事。教育也一样，要平静地处理孩子们作业中遇到的问题。

所以，对于作业问题我还得静静梳理一下。

这次孩子错的地方主要在如下几点：

（1）漏写单位。

（2）计算错误。

（3）书写错误。

为什么会有这样的问题出现呢？细想一下主要是孩子们刚刚上二年级，填写单位这样的要求也是二年级才有的，孩子们还没有完全适应。计算时如果有空间书写竖式，孩子们的错误率就低了很多，如果没有空间写竖式，那很多孩子就直接口算出得数，错误自然就多。知能最后一题是在横线上写算式，这一题更是错得五花八门，因为孩子们并不知道在上面写竖式，所以，有的孩子写作答，有的孩子只写得数。这样分析下来，其实怪不得孩子，而是自己的要求说得不够细致，没有规范化指导。低年级的孩子尤其需要规范示范。虽然课堂上也做了类似的规范示范，但还做得不够到位。

我需要更强调以下几点：

（1）教孩子如何打草稿。每一道题都需要在草稿纸上打草稿（竖式计算题除外），草稿纸上也要书写规范。

（2）书写"单位"需要时时做提醒。

这是作为教师的疏漏，我需要不断改进。

那为什么写在黑板上的答案，还是有很多孩子没有改正过来呢？

原因有二：

（1）有些孩子上课听讲不专注，很容易走神，自制力有待提高。

（2）有些孩子心有余而力不足，想听却跟不上老师的节奏。

面对如此情况，我需要做什么呢？

把握好节奏等待那些慢的孩子。

除此之外，从作业中也能反映家长们的态度。同样的作业，有的孩子做得非常好，字迹工整、书写认真，这类作业错的很少，因为孩子们态度认真，这类孩子的家长必然也是高要求。

还有一类孩子的作业错误百出，书写潦草。这类孩子的家长又有两种情况：一种是工作太忙实在无暇顾及孩子的作业，任其在风雨中飘摇；另一种是想培养孩子独立书写的习惯，想着错误的地方交给老师来管。

其实，教师不是万能的。作为家长的我知道，学校教师起的是引领作用，真正落实还是要靠家长。

所以，接下来的工作可能更多地要与少部分家长紧密联系，保持沟通，让孩子的学习真正落地。

奖与惩

（写于 2018 年 9 月 11 月）

很难想象今天一天如此繁忙，早上早读面批部分作业，然后上两节课，其余的时间就在批改作业，两个班的作业改了近两个小时，还有部分时间要完成数学科组的一点儿杂事，真是马不停蹄的一天。

其实，这就是一名教师的常态生活。只是，我一直在告诫自己，越是繁忙越要懂得反思的重要性。所以，尽管现在早已下班，还是愿意静下心来写一写这两天的反思。

对于低段儿童最为重要的一部分就是规范性的示范行为，儿童的书写习惯、读题习惯都需要在这个阶段逐步养成。所以，上完一阶段的新课后，我拿出了整整一节课教孩子如何规范书写作业。

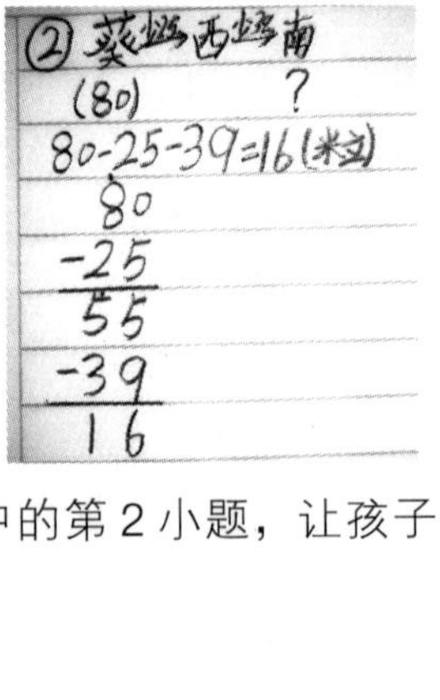

如上图所示，课本第八页的第一题中的第 2 小题，让孩子们先用手指读，

然后教孩子们画出简短的关系图，并且规范地写出横式、竖式以及单位。简短的关系图魅力无限，孩子们能从这里体会到数学的简约美，当他们看到那么长的一段文字能用如此简短的关系图来表达时，内心充满了喜悦。当画图成为孩子们学习数学的一种方法后，数学的学习会变得更为简单。

除了正式的规范行为外，儿童喜欢被夸赞、被奖励。

记得我的妹妹曾经说过一件事，她说小时候很喜欢上一个英语老师的课。我好奇地问为什么？她说因为老师总是会带巧克力奖励给他们吃。今天的课上，小朱就在抱怨现在的作业本、知能上都不贴小红花了，没意思。我赶紧安慰他，马上就会有小星星发下来。

从这几件事中，越发觉得儿童是需要每天有点儿小惊喜的。在成人看来很无聊的事情，从儿童的视角来看却很有意思。所以，在今天的课堂上，我更加明确了奖励制度：

（1）知能作业集满 20 颗星星后，能获得一个棒棒糖的奖励。

（2）2 号作业本集满 20 颗星星后，同样能获得一个棒棒糖的奖励。

（3）1 号笔记本，两周收上来批改一次，凡是得到"好"的小朋友直接奖励一个棒棒糖。

孩子们听后兴奋不已，觉得会有很多棒棒糖吃了。

冷静的小张立马在算，一次如果获得 3 颗星，多少次作业后才能吃到棒棒糖？五班的一个小家伙也很快反映作业本能否和知能一起算满 20 颗星兑换棒棒糖。瞧，这些小家伙该有多精明啊。

但我也有额外的要求，如果知能上需要打草稿的没有在 3 号本上打，就要被扣掉 10 颗星。

这个评价体系如果坚持下来，孩子们的书写习惯一定会有很大的提高，学习的积极性也会增强。现在需要做的就是落实了。

有奖便有罚，这也是自己坚持的一个观点。但要让学生知道为什么被罚，要被罚得心甘情愿。

曾经的学生回来看我，印象最深刻的就是被罚写检讨。五年级的时候不交作业，被罚一千字的检讨。有的欲哭无泪，有的讨价还价，有的默默流泪，但最后都会欣然接受，孩子们将一千字的检讨写成了自己的心里话，写成了各种对作业的调侃，我都会接受，因为这是孩子们的一种宣泄。没想到，若干年后成了我和孩子们之间的美好回忆。

所以，惩罚并不是多么可怕和忌讳的事情，最重要的是让学生明白为什么罚。老师要惩罚的不是他，而是他的某种行为。在惩罚孩子的过程中，不能给孩子太多的难堪，最好是用诙谐幽默的方式。

相信家长和孩子们都会理解老师的这番用心。

有奖有罚，才能让孩子真正得到成长。

数学学习兴趣的培养

（写于 2018 年 9 月 18 日）

翻开上一次的教学反思，已经有整整一个星期没有动笔了，内心深感愧疚。只不过也很无奈，上周全区的教材分析会上自己作为 12 名代表中的一位，要对一年级下册的教材进行分析，并提出建议，为了这个分析报告，每晚都要加班到十来点才能回家。不过虽然辛苦，但这是一件有意义的事情，也是自己喜欢做的事情，所以是累并快乐的感觉。

想想我们的孩子，虽然学习看似辛苦，但或许已经有一部分孩子在学习的过程中体验到了一种快乐，如同我自己一样，虽然在别人看来写反思很辛苦，写教材分析更辛苦，我却乐在其中。

如果我们的孩子也能从读书中体验到快乐，真是美哉。

这也正是我的教育梦想。我期待着我的学生都能成为那样，所以在一、二年级以培养数学学习兴趣为主。

超脑麦斯是从中国台湾引入的一个课程，其特点主要是教具的丰富性，以及螺旋上升的思维性。在教这个课程的时候，我就发现一、二年级的孩子想象力特别丰富，他们拿到这些教具时，喜欢创造性地拼搭出各种各样的形状。看到他们的作品，成人会惊叹不已。曾经有过一两次尝试按照教材来教，但效果并不佳，因为束缚了孩子们的创造思维。所以，我果断改变了教法，就让孩子们天马行空地去拼搭，在拼搭中构建几何空间观念，增强空间想象力，最主要的是增进学习兴趣，提高数学学习的积极性。等孩子们三、四年级再慢慢聚焦到某一个数学思想，将超脑麦斯的课程与教材相结合，在整合中运用。

数学阅读，这学期在七班数学实验班开始实行，将数学绘本阅读落到实处，让孩子们每晚都看一本数学绘本，在阅读中丰富数学知识。通过半个月的实践，发现每个孩子都喜欢阅读，他们在交换图书时都迫不及待，但从阅读笔记中能感受到孩子思维水平的差异。阅读领悟能力强的孩子，吸收的知识越多（见下图），弱的孩子就有可能收获的很少，才二年级孩子们的差异就如此巨大，这也令自己有点担心，担心那些落后的孩子随着年级的增加，差异会越来越大。

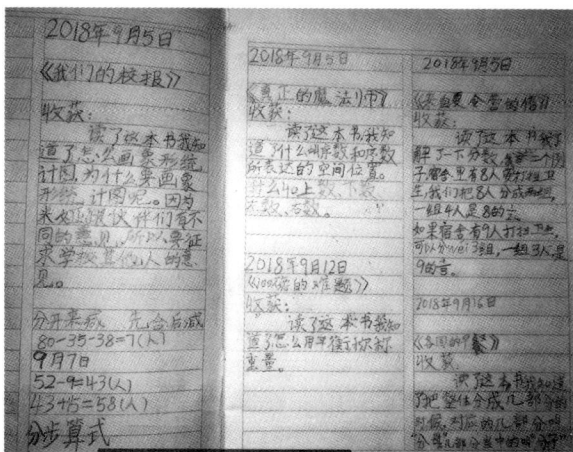

不管怎样，自己都会把绘本阅读坚持下去，跟着孩子一起阅读，也希望越来越多的孩子在阅读中受益。

预设与生成

（写于 2018 年 9 月 19 日）

今天开始带着孩子们学习第二单元——认识人民币，在上课之前就一直思考：这个单元主要的教学目标是什么？我们的孩子离这个目标有多远？只有知道了终点和起点，才能准确把握孩子与终点的距离。

翻阅两套教参，对这一单元的教学目标设置不外乎如下几点：

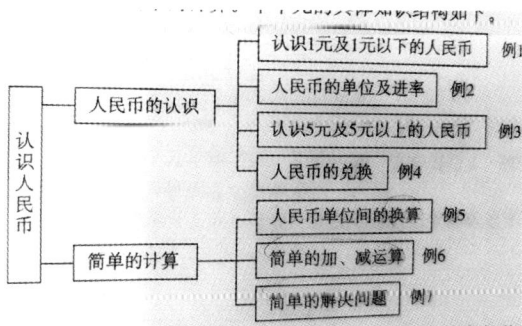

共分为两大部分：认识人民币和关于人民币的简单计算。

人民币的认识包括：①人民币大小面值的认识；②人民币的单位与进率；③人民币的兑换。

人民币的简单计算包括：①人民币单位间的换算；②简单的加、减运算；③解决简单的问题。

学生在学习这一单元之前对这六个知识点的掌握程度如何呢？学生的知识起点在哪儿呢？

根据自己的调查，两个班对大面值的人民币已经能完全认识；小面值的1元、5角能认识，其他面值的基本能认识；一半的学生知道1元=10角，1角=10分；学生在数钱时大都不知道要按面值从大到小数，也就是不能有序数。

所以，我将第一节课的重点放在人民币的应用上，通过模拟购物，让学生在具体情境中更深刻地认识小面值人民币，并会有序地数钱。

然而，当在真实的课堂中，情况跟预想中的不一样。学生在模拟购物中，并没有按照商品的价格来付钱。

七班的小王买东西，她想买的彩笔盒是9元8角，却拿了10元给"售货员"小蔡，小蔡愣住了，不知道要找多少钱。

于是，我将这个问题抛给了学生，学生很积极地想办法，最后给出了"两角"的答案，说出答案并不难，难的是说明理由，能让其他不明白的小朋友也明白。

小姚说："8角加上2角就是1元，1元加上9元就是10元。"

这是一种逆向思维，因为找回多少钱在列算式时用的是减法，而他却用了加法，很多学生没能听明白。

小刘说："我是把1元看成10角，10角−8角=2角，所以最后的答案是2角。"

有的小朋友还是一头雾水。这时小孙要做解释。

他说："你们可以先把9元8角看成9元，这样10元就花去了9元，只剩下1元，但实际上还要花去8角，所以把1元减去8角，但减不了啊（单位不同），所以只有把1元看成10角，10角−8角=2角。"

说完，孩子们响起了雷鸣般的掌声。思路清晰、表达准确，真是了不起。

除了这种情况，还有的小朋友是给1元，却要买5角的铅笔。在前面几位小朋友的启发下，孩子们都知道要找回5角了。

这时，小张举手，他想到了一个更难的问题："我拿出5元要买1元2角的削笔刀，那售货员要找回我多少钱呀？"

此话一出，下面叽叽喳喳地都在讨论。

小郑大声回答："我知道，要找回4元8角。"

小朋友纷纷表示反对，看到孩子们这么积极踊跃，认真思考。于是，我让孩子们将自己的想法写在1号本上，然后分享到黑板上。看到孩子们在黑板上写的内容，我惊叹不已。他们真的是太厉害了。如下图所示。

通过比较发现，这几位小朋友除了小孙之外，其他几种方法都基本相同，都是先将整元减掉，然后将1元转化成10角，再用它减去2角，得到最后结果。其中，小江、小肖、小周、小杨几位小朋友知道要先将单位统一，再进行运算，而小右、小郑两位小朋友将统一单位内化在心，直接写出最后的结果。两种都没有错，只是前者从写法上更为规范。小孙用的方法更为特别，他知道先将所有单位进行统一，再来运算。如果掌握了单位之间的进率，能顺利进行单位间的转化，那他的方法就简单、实用了。

通过这节课，孩子们不仅认识了人民币，还在实际应用中体会到人民币单位间换算的重要性了。

老师，可以换钱吗

（写于2018年9日20日）

通过上一节课的学习，我又在想接下来的课要怎么上呢。

仔细分析，有了一年级关于人民币知识的积累，人民币大小面值的认识对学生来说已经不是难点了。要解决与人民币有关的简单实际问题，如花去多少钱、应找回多少钱等问题，学生必须先掌握人民币间单位的换算，要掌握换算就必须掌握进率。

如何掌握进率呢？这可能就是我这节课的重点。其实，元角分三个单位之间的进率和计数单位的进率一样，都是十进制。

我准备如下操作活动：

（1）先复习人民币面值，出示各种面值大小的人民币，聚焦每种币的特点。

（2）一元能兑换多少角？

（3）一角能兑换多少分？

（4）数钱活动：数出自己手上的钱币数额，按照从大到小的顺序来数。

（5）练习巩固。

上课伊始，要给孩子们发儿童钱币，儿童的天真一览无余，他们开心得要跳起来，没有一个小朋友需要提醒坐好认真听讲，他们都在兴奋地等待着发"钱"，大呼发财了。

我要求孩子们把发下的钱数清楚，数对了钱就归自己。我发的钱币各种各样，有5元、1元、5角、1角、5分、2分、1分，孩子们纷纷开始数，但数着数着问题就出来了。

小田说："王老师，这么多个1角的硬币，好难数啊，我能不能跟您换钱呀？"

我问："可以啊，你要怎么换？"

雨卓说："我能用10个1角换1元吗？"

"当然可以啦。"我内心窃喜。孩子们在实际用钱币中产生的问题，就是教材中的人民币单位进率，这正是我这节课要讲的内容啊。

于是，孩子高高兴兴地来换钱。其他小朋友看到这个方法后，纷纷要来换，我都一一答应，因为他们要想换对钱，就必须知道元角分之间的关系。这种自发的探求过程最好。

有的同学用2个5角换1元，有的用5个2分换1角，有的用10个5角换5元，有的用4个5角换2元，等等。各种兑换都出现了！通过这样的活动自然就解决了小面值的人民币兑换问题，达到了教学的第二个目标。

但是，在数钱的过程中，仍有一个问题没有解决：有些孩子不知道运用"满十进一"的原则，将10角放入1元中来数，将10分转换成1角再来数，造成数钱不会数的问题，希望通过今晚再次数钱和明天的总结能解决这个问题。

两节课的人民币授课，让我感受到最好的认识人民币的方式就是活动，模拟购物活动、换钱币活动、数钱币活动等，这一系列活动都在累积学生的活动经验，直观感受人民币单位之间的进率等。

相信明天的活动课一样精彩、有意思。

聊读书

（写于 2018 年 9 月 30 日）

翻开上一次的记录才发现已经有十天没写文章了。今天离国庆假期又只有一步之遥了，心里有点痒痒，想偷懒不写，但还是不想给自己的懒惰找借口。

虽然这些天一直没有写什么，却一直在读两本书——《小学数学的理论与实践》和《多动儿童正面教养》。两本书分别是数学和心理学方面的书籍。前一本是郑毓信教授的书，这位智者老人是南京大学的博士生导师，长期为一线的小学数学教师写书，他的这本书已经是第六本小学数学方面的专著了，自己就像追剧一样一直跟随着老人家的思想成长。

《多动儿童正面教养》看似是非常专业的心理学著作，可能很多非专业人士会望而却步，也有很多人会认为多动症是一种疾病，看了这本书就等于承认自己的孩子有病，这样的想法多少显得荒唐不堪。看书就是为了扩大自己的知识领域，了解未知领域，让自己更从容。

这本书将多动症分为两个组成部分：异常活跃—冲动行为及注意力涣散—学习障碍，它们会以不同的方式呈现。前一类儿童在学校会匆忙完成作业，课间休息之后难以迅速安静下来，敲桌子、坐立不安，在课堂上大声说话，交作业前不检查。注意力涣散的儿童表现为倾听能力、短时记忆能力较弱。有的孩子两者兼而有之。

可能很多人看了这本书或者我的文字，就在给自家的孩子贴标签，怀疑自己的孩子是否有多动症。其实不然，最重要的不是给孩子贴标签，而是对照书里的内容看孩子是否有某一点类似的特征，继而探寻背后的原因以及解决的办法。将无能的焦虑转化为理性的处理是最重要的。

这两本书都属于看一遍不够，需要精读细读的，我会继续思考与分享。

学习永远在路上。

变教为学

（写于 2018 年 10 月 8 日）

第三单元的标题是"数一数与乘法"，我们不禁要问为什么用这样的标题，而不直接用"乘法"作为标题呢？仔细研读才发现教材是为了突出数数活动与认识乘法之间的关系。

数数活动是理解数概念的基础，数数的结果可以用相同加数的连加算式表示，当相同加数个数较多时，无论写算式还是计算都显得很麻烦，为了追求算式的简洁，在这一类特殊的加法算式基础上很自然地引出了乘法算式，这样既可以使学生理解乘法产生的必要性，也沟通乘法与加法之间的内在联系。

更重要的是通过累积数数的活动经验，来感受生活中同数相加的现象，以及它的烦琐，进而推进乘法的产生。

在"多少块糖"这节课中，孩子们先回顾了数糖果的方法，可以一个一个地数、两个两个地数、五个五个地数、十个十个地数，这是以前学习的方法。这是糖果处于杂乱无章的状态时，学生想到的是用有序的方式进行数数。然而，当糖果有序摆放的时候，有更好的数法吗？这是数数方法的进一步优化。孩子们看到这些糖果时，自然会想到横着数或者竖着数，然后用加法算出来，经过了先数后算的过程，非常自然地过渡到相同的加数相加这样的加法算式。

"儿童乐园"中，孩子们又一次经历了数数，并发现还是相同的加数相加算出具体人数。孩子们已经深深感受到，写出一连串连加算式的烦琐，这时乘法算式呼之欲出。整节课就两个重点：

（1）体会乘法产生的必要性。

（2）理解加法和乘法之间的关系，即乘法是一种特殊的加法。

所以，在这节课中通过几个大问题来带动学生的主动思考最为合适。

教学设计如下：

（1）从图中你知道了哪些数学信息？

（2）这些加法算式有什么共同特点？你能写出类似的算式吗？

（3）改写成乘法算式，每个乘法算式的意义是什么？

（4）通过这些算式的对比，你能发现加法和乘法的关系是什么吗？

（5）为什么有了加法，还要乘法呢？

我带着这些想法走进了课堂。在七班上"儿童乐园"是新授课，课堂上只解决了前面两个问题，孩子们都能看图写出算式，小周还知道用乘法算式，我知道有的孩子提前学过乘法，但未必知道加法和乘法之间的关系，以及乘法的意义。所以，我让孩子们对照算式说出意义，这样一问一答的乒乓式教学法没能让孩子们的激情迸发出来，看到孩子们没精打采的样子，我当机立断改变方式，将黑板上的乘法算式以及文字全部擦除，黑板上只剩下如下的算式：

2+2+2+2

3+3

4+4+4+4+4+4

3+3+3+3

孩子们被我的举动吸引住，都投来好奇的目光，我乘机抛出一个大问题："你们知道这上面四道算式有什么共同特点吗？"

孩子们在台下议论纷纷，都想举手表达。于是我让同桌之间讨论，让孩子们先一吐为快。走近孩子们身边聆听他们的想法，发现大部分孩子能发现加数相同是这些算式的最大特点。当孩子站起来表达时，情形又是这样的：

生1："加数相同。"

我反问道："2和3这两个数是相同的数吗？"

生2："每道算式中的加数都相同。"

经过这样的反问，孩子们知道修正自己的观点，让表达更为准确。这个过程非常重要，不是直接告诉答案，而是让孩子在反思中发现问题。

于是，又顺势让孩子们写出类似的算式，孩子们都想把自己的算式写在黑板上，黑板上出现了各种各样的算式，但都能满足相同加数这样的特点。

孩子们在写的过程中就能感受到这种连加算式的烦琐，他们都想要更简单的写法，乘法便应运而生。紧接着将这些加法算式改写成乘法，他们在改写的时候都在数乘数的个数，再来写乘法算式，说明孩子们已经慢慢地领悟到乘法其实就是几个几相加的一种改写方式，这是一种经验的累积，这样的累积对真正理解乘法的意义尤为关键。

五班上的是这节课的第二次授课，所以上课伊始回顾加法算式向乘法算式改写的整个过程，接着让孩子们自己改写几道加法算式。然后，将问题聚焦在加法和乘法的关系上。

"请孩子们仔细观察这些加法算式和乘法算式，想　想加法和乘法是什么关系？"

台下一片安静，渐渐地，举手的多起来了，小黄第一个站起来，说道："我觉得乘法是加法的进一步写法。"

听到"进一步"这三个字，自己心中欣喜若狂，暗中钦佩这个孩子。

没想到，小张又站起来补充道："乘法是加法的升级版。"

小刘说："乘法是一种更简单、快速的写法。"

这些孩子虽然没有一个能说出乘法是一种特殊的加法，但是他们的表达其实已经找到了乘法与加法的这种关系，我甚至认为孩子们的说法比教材上给的说法更有渲染力和生命力。

那为什么有了加法，我们还要学习乘法呢？

孩子们听到这个问题后，又陷入了沉思，忽然小高站起来说："乘法更简单啊。"

小田紧跟着说："乘法更方便啊。"

有一个孩子说，其实他们想说的就是小刘说的啊。

这样互动的课堂真的太有意思了，这才是真正的变教为学。

教学中的困惑

（写于 2018 年 10 月 10 日）

这两天的教学学习中遇到了两个问题：

一、"有多少个点子"这节课要解决什么问题？

这节内容是北师大版二年级上册第 20 页的内容，教参上给出的学习目标是：

（1）用两种不同的方法——横着数或竖着数能数出排列整齐的点子个数，并列出乘法算式。

（2）通过计算点子的数量，进一步体会乘法和加法之间的联系。

当时在上这节课的时候，并没有能真正理解到点子图的真正用意，只知道让孩子们来尝试圈一圈，孩子们也能对一种算式用两种圈法来表示（横着和竖着）。于是我认为只要能用两种圈法表示一道乘法算式，那就代表孩子掌握了这节课的知识，所以就直接一带而过。

然而，学生真的很好地掌握了这节课的知识吗？

答案是否定的。

首先，我问了自己：这节课的教学目标到底是什么？

其实就是如下两点：

（1）会横着或竖着圈出点子数。

（2）进一步理解乘法的意义。知道每个乘法算式都有两个意义，比如：3×8 既可以表示 3 个 8 也可以表示 8 个 3；能结合点子图说出乘法的意义。

如下图，孩子们都知道横竖两种圈法，但又会产生误解。以为横着数的只表示 3 个 8，竖着数的只表示 8 个 3，其实每幅图里都可以表示 3 个 8 或者 8 个 3，关键看观察的角度。第二幅图也是如此，尽管是竖着圈，但观察角度仍然是横着和竖着两种，所以仍可以看到 3 个 8 或者 8 个 3，这样两种圈法之间的联系才被真正打通，孩子从圈、观察、说中逐步理解到乘法的实质意义。

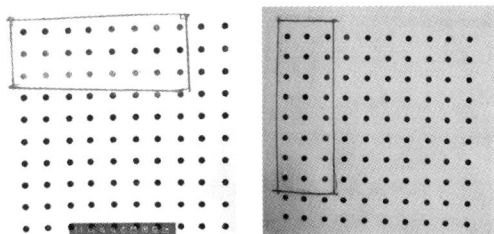

在七班自己将教学方式改变，按照深入理解后的教法和孩子一起探讨，收获果然不一样，而五班明天要再去补充。对五班的孩子怀着深深的愧疚啊，有时真的不能怪孩子，而是我们的老师没有讲清楚。

二、知识能力训练上第 14 页的题目出得有问题吗？

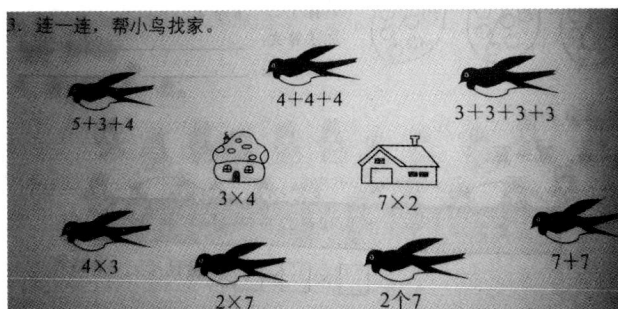

对于这道题显然编题者想考的是学生对乘法意义的理解，然而学生的想法却并不是这样，几乎所有的孩子都是如下这样的做法：

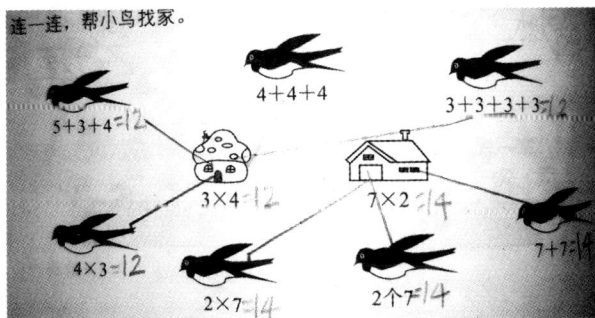

为什么孩子们的想法跟我们成人不一样呢？

成人看到这个题目想到的是 5+3+4 和 3×4 的意义不同，肯定不能连在一起，而孩子们的想法是帮小鸟找家，那么多小鸟都能找到自己的家，只有"5+3+4"这只鸟不能找到自己的家，多可怜啊。我得帮它找到家。于是，孩子认为 5+3+4 的结果和 3×4 的结果相同，都是 12，所以立即将两者相连。

那这道题能算孩子做错吗？最好不能！我们的孩子不能被教傻了，从结果或者意义两个维度来看待这个问题，都没有问题。孩子选择的就是从结果来看待问题，而编题者希望孩子从意义维度来看，如果一定要问是谁错了？那显然是编题者，应该将"5+3+4"改为"3+4"，这样我们的孩子无论如何都不会选择将二者相连。所以教师要做的不是盲目地跟从所谓的标准答案，而是要静下心来调查与研究孩子"出错"的原因。

连线题中的疑惑

（写于 2018 年 10 月 22 日）

翻开上一次的反思，发现转眼已经有十多天没有记录了。有的家长发来信息询问原因，看到这样的信息内心还是很开心的，有人督促的感觉其实还真的挺好。

上周连续两节公开课，强度实在是太大了，一节校内公开课，另一节是在宝安区上的研讨课。当老师的都会有这样的感受：上一次公开课如同扒一层皮，真的很辛苦。

虽然一直在准备公开课，但每天脑海里面都会浮现孩子们练习上的几道连线题，一直都有这样的疑问：

为什么看似简单的连线题，学生做错了，而看似难的连线题却做对了呢？

有如下几道连线题：

第一题：

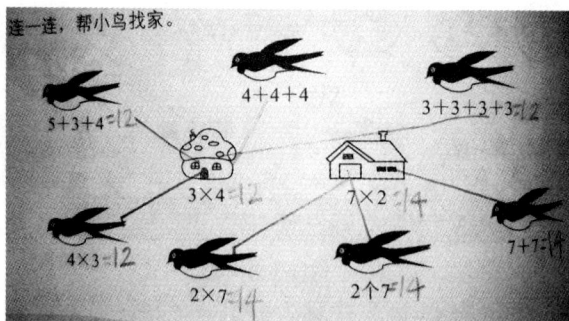

第二题：

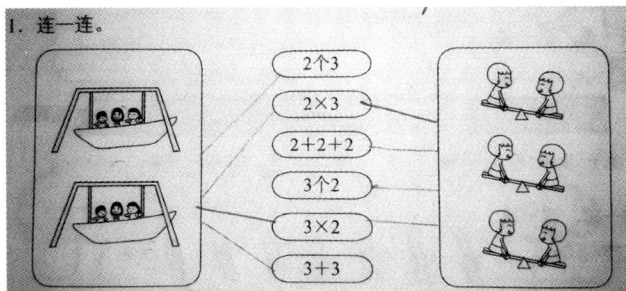

第三题：

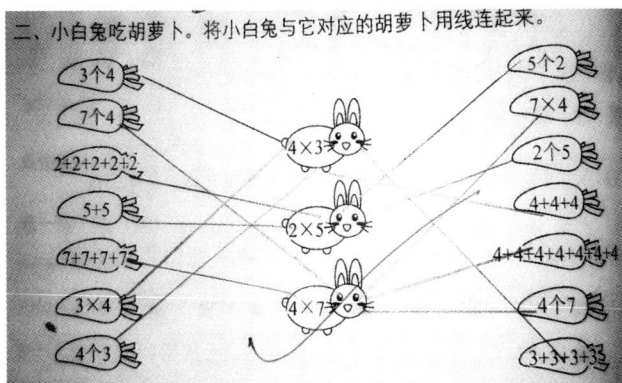

第四题：

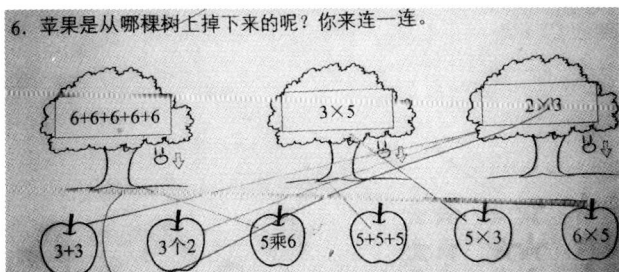

这四题中错误率最高的是第一、二题，错误率高达95%，每个班级仅有几位小朋友完全做对。我一直认为如果一道题有这么高的错误率，不能怪老师，更不能怪我们的学生，而是题目有问题。

第一题之前已经分析过了，儿童的思维以直观为主，题目已经告知要给小鸟找家，孩子们一定会竭力寻找小鸟的家，所以他们会从算式、结果等多角度来寻找小鸟的"家"，而题目中的5+3+4的结果正好等于3×4的结果，学生自然会将两者相连，而编题者是想从意义上考孩子们。因为出题的疏忽导致这样的现象出现，自然不会怪孩子。建议将5+3+4改成4+3，学生自然就不会将两者连起来了。

第二题更有意思，如果将图中两个情境图的下面分别画上几条横线，让孩子们自己来看图写算式，孩子们的结果如下：

算式：3+3=6   算式：2+2+2=6
　　　3×2=6   3×2=6
　　　2×3=6   2×3=6

他们都能看图写出两道乘法算式，而且当问到理由时，也都能说出这两道算式的意义相同，只是乘数交换了位置而已。但为什么出在连线题中，都是如下连法，漏掉了两条线呢？

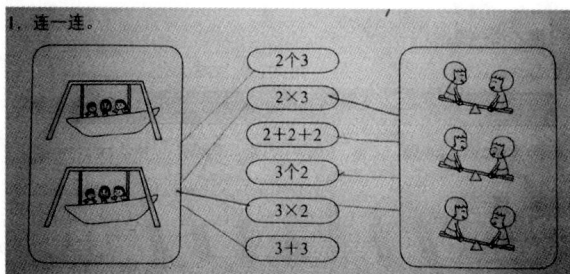

采访了几个小朋友，孩子们的回答很有意思：2×3已经跟左图相连了，怎么能又连在右边呢？那它到底算谁家？

而第三、四题看似很复杂，两题都有许多线要连接，学生却很少出错，为什么呢？原因很简单，因为学生找到了对应关系，不管是兔子和胡萝卜（第三题），还是树上掉下来的苹果（第四题），学生都能找到对应的关系以及合理性，兔子显然是可以拥有好几根胡萝卜的，树上也可以掉下来好几个苹果。

而第二题对二年级学生来说，显然合理性不足，还需要进一步改进。具体如何改需要再研究。

乘法口诀的有效教学

（写于 2018 年 10 月 23 日）

这些天一直在思考几个问题：乘法口诀的学习如何能更有趣和有效？绘本阅读如何能更持久、有效地推进？

乘法口诀的学习是这个学期的重点内容，第七单元的表内除法要在乘法口诀的基础上才能准确地运算。然而，这么重要的内容教起来却有些枯燥，因为每个班上大概有一半的孩子已经会背口诀了，这样学起来他们会觉得没有意思。其实不然，因为会背口诀并不代表懂得了意义，而且班级还有 1/2 的孩子不太会。面对这种一边吃不饱，一边不够吃的现象，教师如何来平衡就显得格外重要了。

今天在七班就尝试了另一种教学方法——自主学习。前面半个小时让孩子们自己预习 3 的乘法口诀（"需要多少个轮子"），孩子们自己学习这一课的内容，教师在学生中间观察，帮助一些需要帮助的孩子，尤其是不太会的孩子，而会的孩子自己独立完成，其余的时间就要想着到讲台前做小老师，尝试着将自己的理解表达出来。这样一来，两类孩子都有事情可做，教师的帮助也可以有的放矢。这次上台做小老师的有小郑、小吴以及小周。其中小郑的讲解最为清晰，将表格如何填写讲得很明白。小吴同学很勇敢，敢于上来挑战自我，虽然只讲解一小半内容，声音有点儿小，但知道他理解了这部分内容。遗憾的是小周上台讲解的时候下课铃声就响起了，只能期待下一次了。

通过这样一次尝试，我发现这种方式是可行的，如果能结合预习那就更有效了。还需要课堂中不断实践，课后不断反思。

绘本阅读对儿童是一种精神上的滋养，调查显示几乎没有哪个儿童不喜欢阅读绘本，但阅读又分为几个层级：

（1）泛泛阅读。这对于保持学生阅读兴趣起着很大的作用。

（2）带思考的阅读。学生在看绘本的时候，是带着问题来阅读的，比如，这本绘本讲的是什么？为什么是这样？这样阅读就上升到精读了，而这个过程不是儿童一开始就会的，需要家长或者教师引导。

根据孩子自身的发展水平，班级孩子可能又可以分成如上两种情况，不管怎样，只有坚持阅读下去，才能做到由第一层级向第二层级转化，这个过程不可急功近利，要根据孩子自身的情况来定夺。

五班今天开始实施阅读计划，将 134 本绘本分发给每个孩子，其中每人两本书，外加两人共读一本书，这样算下来两个孩子一共发下 5 本书。每两天组内交换一次，平均一天一本书。每天要将阅读收获写在绘本阅读记录单上。

希望通过这样的阅读活动，让孩子沉浸于书香的世界，感受到书的魅力。在数学绘本的阅读上收获更多课本以外的数学知识，丰富数学内涵，让孩子们感受到数学天地竟如此广阔。

自我学习

（写于 2018 年 10 月 28 日）

今天是不平凡的一天，这一天我们可爱的主持人李咏老师永远地离开了我们，看到这则消息内心除了震惊就是伤心。虽然他并不认识我，与我也没有任何关系，但他给我们留下了很多欢乐的回忆，《幸运 52》就是我最喜欢的一档节目，以前总会坐在电视机前守望，然而，如今回忆起来内容半点儿都记不起来，只记得当时的自己很欢快。

这则消息似乎与我的教育随笔没有关系，但并非如此，我会想到自己的教学。若干年后当我的学生回忆起我的教学，他们能想到什么呢？名言说得好：忘却的是知识，留下的才是真正的教育。

最近都在教乘法口诀，教的形式一样，都是通过一个情景，发现一个规律，总结一串口诀，会的听得很痛苦，不会的学得很吃力。怎样改变这样的现状呢？在不断地尝试中，这几天尝试让孩子自学，每天 10~15 分钟的独立学习，这个时间我会走到孩子们的身边，真正地跟孩子们零距离接触，观察孩子们是如何学习的。通过观察，我发现孩子们都会专注于自己所做的内容，都在认真地思考，当发现问题时，如果老师稍微点拨一下，就能知道问题出在哪儿！有一些孩子在圈一圈的过程中出现这样的问题：

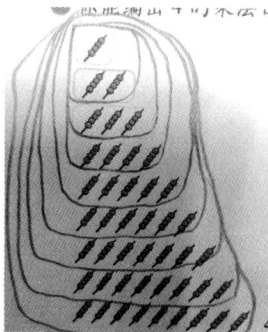
错误画法

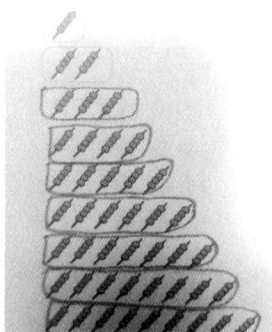
正确画法

当问孩子这样圈是否正确时，孩子就会反思自己的圈法，这时如果再进一步分析每一个圈里的图所表示的意义时，孩子就会发现自己的错误出在哪儿，并赶紧改正。那么，为什么孩子会出现这样的错误呢？

原来，孩子们在画的时候，受到前面3的乘法口诀那一课的影响（见下图），产生了负迁移，以为和上次课一样，只要照葫芦画瓢就可以，没有做深入的思考。

通过这样的分析，再次印证了那句话：教学，是要教孩子如何自己学。所以，这将是自己未来重点研究的一个主题——教会孩子自主学习。

原本计划后面的内容让小老师讲解，但发生了意想不到的事情，因为孩子通过自主学习，已经完成了这一页的任务，所以他们对小老师的讲解嗤之以鼻，觉得自己都会，为什么还要去听呢？于是，收到的反馈不太好。小老师很厉害很快做完了，但讲解起来很费劲，如同茶壶里倒饺子。

于是，在另一个班级里，我迅速做了调整，没有让小老师上来讲解，而是同桌之间互相检查，找出同桌出现的问题，在黑板前来讲解。如此一来，小朋友的积极性提高了很多，他们找出有的孩子在写口诀的时候，不喜欢写上"十"，如四六二十四会写成"四六二四"，还有的就是圈法问题。这样一来，后面的教学就有聚焦点，聚焦到学生出现的问题上，孩子会因为讨论的是自己的错误，而听得格外认真。

接下来讨论：4的口诀中哪些是不太好记的？孩子们都会在课本上写下来，不外乎如下几个：四六二十四、四七二十八、四八三十二、四九三十六。

再让会的学生来传授好的记忆方法。其中一个小朋友选择了：四七二十八，他认为这个口诀最难记住。小高勇敢地站起来传授经验，他认真地说道："如果你不知道四七二十八是多少，也没有关系，你只要记住了四六二十四就可以了。"

其他学生着急了，反问："如果四六二十四我也不记得怎么办呢？"

小高立马答道："那你得先知道四五二十，再在它的得数上加上 4 啊，就是四六二十四了。"

"四七二十八就是在 24 的上面加上 4，就得 28 啦！"以此类推。

通过这样的过程，又把口诀过了一遍，而且学生之间的互动真的比老师的"教"有趣得多。

下午在改作业的时候，小陈跑到我身边，和另一个同学比赛背口诀。当背到四八的时候，"卡"住了，一旁的我忍不住提醒，小陈说："好可惜啊，如果王老师没有提醒，是我自己背出来的话，那今天的一项数学作业我就提前完成了。"然后，高高兴兴地离开了。

听到他的话，我很开心。二年级爱哭的小豆丁都会安排自己的时间了，这样的自主学习真好。

学习的价值——引发思考，付诸实践

（写于 2018 年 11 月 5 日）

写在前面：已经有很多天没有写反思了，深深地内疚。好在这次学习收获很大，借此机会做一个简单的分享。

主题一：教育情怀

为期三天的南京学习紧张而顺利地结束，用"心灵震撼"四字来形容这次学习一点儿不为过。因为它让我见到从未有过的第一次。

第一次见一所学校的校长从头参与至尾，全心听课、评课、讲座，未曾有半刻的离开。

第一次见一所学校的校长上课，而且不是仅仅这一次公开课，而是承担一个班的数学课。

第一次看到一个校长一路披荆斩棘，从中师读到博士，而且博士论文被评为优秀论文。

第一次见到如此细腻，充满人文关怀的校长……

这位校长就是王九红。

他执教的公开课"解决问题的策略"，让我看到的不仅有教学智慧，还有教育情怀。

上课伊始，他向学生深深地鞠躬深表歉意，因为周末来上课，占用了他们的休息时间，并再次鞠躬感谢他们的父母，不辞辛苦地将他们送到学校上课！

自然中流露着真诚与尊重，令人动容。

上课时对学生的倾听与引导，没有催促，亦没有"你真棒"之类的简单敷衍式赞扬，只有艺术的鼓励。在教学中不断地激励学生多维度思考问题，将学生的思维引向无疆，也将我们听课人的思想无形中引向无疆。

课后他也对学生有无微不至的人文关怀。课后看到孩子们听到老师们有茶点时羡慕的神情，立马想到应该马上为孩子们准备一份，给予孩子细致的关怀。

看似细微的举动却能显现出王校长的智慧与大爱，真正做到了灵魂教育。

我一直在思索为什么如此平凡的举动却如此令人感动，尤其是看到校长鞠躬的那一刻，我不禁热泪盈眶。或许因为当今社会一味追求分数，追逐名利，而忘记了最初的初心。教育，我们需要从"心"出发，做有情怀的教师。

主题二：教学研究系统化

这次高强度、高质量的学习引发了我诸多对数学教学的思考，在教学中不能墨守成规、千篇一律地去重复低效、无技术含量的工作，要多阅读、反思与实践，将所思所想所做系统化。

其实，最近两年一直在做如下几件事：

（1）每天阅读一本绘本。

（2）每周组织一次超脑麦斯活动课。

（3）每学年组织一次数学游戏比赛。

（4）每学期一次游园活动。

（5）整合教材。

（6）学生错误背后的心理分析。

将这六件事情进行分类可以形成三篇论文。在观察和调查学生的数学兴趣时，发现学生非常喜欢动于操作、游戏类的课程，认为课本的内容较为枯燥。我们一直在强调如何教才能让学生学得更好，而通过这次南京学习，我更加体会到引导学生如何学习，比单纯地研究如何教更有意义。儿童的学习方式是可以多元化的，他们可以通过多样化的学习途径，如通过阅读、活动课、游戏课等方式来获得数学知识。

基于如上思考，论文一题目为：《多元化表征下的小学数学学习路径分析》。

关于教材的整合，有这样的思考：如果 本教材每次都从头至尾按照教参上的重难点来教，这样照本宣科多少令人有些乏味，如果能整合教材，跳出具体内容，从整体上来把握，这样实施下来，学生的学习效率也会得到提高。论文二题目可定为：《小学数学教学不应求全，而应在精——北师大版小学数学二年级上册教材整合》。

此篇论文可以从以下几个方面来研究：

（1）厘清重点。罗列本册所有的重难点，筛选出最重要的点。

（2）围绕重点进行课堂探究活动。

（3）进行巩固深化重点的变式练习。

1）收集各个教材上的练习题，教辅上的练习题。

2）进行分类、提炼形成精练的、层次多样化的练习，做到层层深入。

3）编辑成册。

（4）引导学习非重点内容，以学生自学为主，重点帮扶较弱学生。

论文三的题目为：《学生错误背后的心理分析以及改变策略》。主要内容如下：

（1）加减不分的心理分析。

（2）进位加法、退位减法竖式中的错误分析。

（3）题目中的错误分析。

（4）竖式改错中的分析。

接下来的几个月时间将重点从这三个方面做更深入、更系统的研究与实践。相信我的学生和自己都会从中受益。

主题三：数学，既要分数，更要思维

以前总觉得谈分数有些功利，要淡化分数，深化思维。然而，通过这次学习，发现自己的观点是错误的。不管是家长还是学生，评判数学是否学好的最关键指标还是分数，所以没有必要回避分数，反而需要更加关注分数。

其实分数与思维二者并不冲突，反而相辅相成。思维的发展必定会促进学习能力的提高，加上适当的练习，分数自然会高。

但我反对将学生变成做题的机器，进行题海战术，这是对学生身心的摧残。既要分数，又要思维，不是简单的三言两语就能做到，需要教师对数学的钻研，需要学生学习兴趣的提高等。

再次意识到，学无止境，永远在路上。

一道题引发的思考

（写于 2018 年 11 月 9 日）

6 的乘法口诀第三题（见下图）在上课之前就知道有些难度。

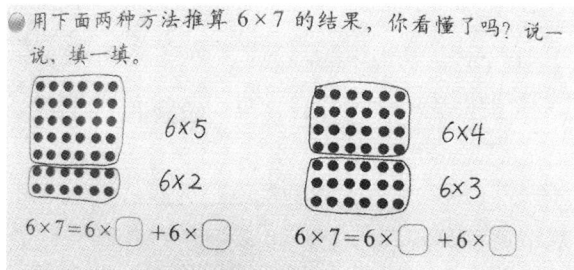

教材的意图是利用点子图说明 7 个 6 是多少，左图是利用 5 个 6 加 2 个 6 来说明，右图是利用 4 个 6 加 3 个 6 来说明。通过点子图沟通新旧知识之间的联系，把 7 个 6 转化成已有的知识。

教材的意图是想让学生在不记得 6×7 的结果的情况下，将它转换成两个已学乘法口诀之和。然而这是教材的一厢情愿，不可能有哪个儿童愿意把简单的事情复杂化，他们宁愿将 6 的乘法口诀从 1 背到 9。所以，这一题显然不能教儿童用这个方法来背 6×7 的口诀。

不过，这一题还是有很高的思维含量的：通过这一题可以将乘法的意义理解透。所以，可以将这一题定位为在乘法意义上的深层次理解。

这一题可以达到三个思维水平。

思维的第一层次：看懂算式和图，结合算式来说图的意思。

师："用左边的这种方法来推算 6×7 的结果，你看懂了吗？谁来说一说？"

生 1："我知道。一排有 6 个点子，有 7 排，所以是 6×7。"

师继续问："那 6×5 呢？"

生 2："表示 5 个 6。"

生 3："不对，表示 6 个 5。"

生 4："不对，既可以表示 5 个 6，也可以表示 6 个 5。"

此时的我心里有些着急了，怎么会看不出来是 5 个 6 呢？

接着启发："刚刚前面小朋友说了，一排有 6 个点子，有这样的 7 排，所以是几个几呢？"

生 5："是 7 个 6。"

生 6："不对啊，还可以竖着看呢。"

师："看来很难确定到底是几个几。那能不能借助下面的算式，仔细观察它：6×7=6×（ ）+6×（ ）。结合这个算式，再来观察这幅图，你有什么新的想法？"

生 7："我觉得是关于 6 的口诀，算式里面都有 6，说明是问几个 6 的问题。"

下面学生纷纷点头。

生8："不对，还可以是7的口诀呢。"

生9："不对，如果是关于7的口诀，那这个算式不应该这么写。"

师："那你觉得应该怎么写？"

生10："应该就是6×7=7×（ ）+7×（ ）。"

我立马将这两个算式写在黑板上，让孩子能够将两个算式进行对比，发现它们之间的差异！

师："现在我们结合算式来看，这幅图应该表示几个几呢？"

通过这一系列的对话，学生在比较中明白了这里的点子图应该是表示7个6，被分成了两组，5个6和2个6。

思维的第二层次：知识的迁移。

师："通过观察分析，知道6×7可以拆分成5个6和2个6。那还有其他的拆分方法吗？谁来圈一圈？谁来写一些？"

生1："6×7=6×（4）+6×（3）。"

生2："6×7=6×（3）+6×（4）。"

生3："6×7=6×（1）+6×（6）。"

生4："6×7=6×（6）+6×（1）。"

师："通过观察这几道算式，你又有什么发现呢？"

生5："我发现两个括号里的数相加的结果都是7。"

这个发现比较难，当学生说出这个发现后，台下响起了雷鸣般的掌声！

师进一步追问："为什么两个数之和都是7而不是其他数呢？"

学生结合等号前面的算式，说出了是7个6，所以得数当然是7了，不然就不是7个6了。

思维的第三层次：在变式中进行知识的迁移。

师："现在我们来挑战一个更难的题目，有信心挑战吗？"

题目如下：6×9=6×（ ）+6×（ ）+6×（ ）。

学生的答案如下：

6×9=6×（3）+6×（3）+6×（3）

6×9=6×（1）+6×（1）+6×（7）

6×9=6×（2）+6×（4）+6×（3）

6×9=6×（2）+6×（2）+6×（5）

6×9=6×（6）+6×（2）+6×（1）

……

师："观察以上算式，你又有什么发现？"

生1："括号里数字之和都是9，也就是将9拆分成三个数填入括号。"

整节课下来，学生由最初的似是而非到最后的豁然开朗，这是一个奇妙的过程，是一个从具体到抽象的过程。学生一开始盲目圈点子图，到能结合算式来圈点子图，最后能脱离点子图直接写出抽象的算式，是一个了不起的过程，也是一个思维水平不断上升的过程。

这节课给我最大的感触是，我们要充分相信孩子，让他们大胆地说出自己的想法，最好能进行学生之间的对话，在对话中不断反思和改进，最后真正地突破原有的知识结构。

一节好的数学课就是要有思维含量，让好的学生能吃饱，也让能力稍弱的孩子能达到第一个思维水平。以后的数学课要朝着这个目标前进，每节课要有一两个核心问题，让学生带着问题进行有目标的探索。

理解儿童，从"心"出发

（写于2018年11月14日）

转眼间，又有好多天没有写反思了。儿子生病刚出院，感觉几天的陪护下来，自己的身体被掏空了，每天晚上很早就入睡，但似乎总是睡不够，估计还要有一段时间的恢复期吧。

虽然没有写反思，但脑海里总是在思考父母、儿童及老师几个角色。作为家长，一方面希望我的孩子能健康成长，另一方面希望孩子能在学业上有所改观。作为老师，我希望学生能学得开心，学得有效，至少觉得数学不是枯燥无味的学科，让学生觉得我这个老师不是一个无趣的人。

然而，现实往往更为残酷。其实，我们为人父母或者老师，当我们有要求的时候，必然伴随着焦虑与纠结。

今天在七班发下的第3、4、5单元的测试卷，小张考了99分，一般来讲这样的分数对于一般的孩子应该很满意。然而，当小张看到他的分数时，眼泪止不住地往下流，看着他那么伤心的样子，作为老师心里犹如针扎。有的人可能会说99分和100分没有多少区别，没有必要这么伤心。一旁的小罗也很不理解地问道："为什么我考得比他还差，我却不哭，不伤心呢？"其实，我很能理解小张的感受，他上次考试也是99分，这如同一个在采摘果实的孩子，每次都只有一步之遥就能采到自己心仪的果实，这时你再怎么跟他说"没有关系，你已经努力了"或者说"没有关系，你已经相当于采到果实了"都是苍白无力的，因为他毕竟没有得到那个心仪的果实。在每个儿童心中，满分就如同那个心仪的果实，无论旁人如何说这个果实好与不好，都不影响这个果实在他心中的地位。每个儿童都在梦想着自己能得到这个果实。

但对"满分"这个果实的期许，儿童的表现方式又不同。当他离"满分"很远的时候，他的期许反而不大，因为他觉得得到它实在是不容易，所以当没有得到的时候，他能很快地释怀。最后，甚至会放弃努力。

而对于离"满分"很近的儿童，他的期许是非常高的，他一次次地努力，每次练习采摘的时候，他总能够得着，感觉他能得到的时候，却总是失之交臂，这对他来说是巨大的打击。

老师和家长对于这两类儿童的处理方式也应该区别对待，前者更多地要关注儿童在学习中的具体问题，采取具体的措施来帮助他改进学习，让他离"果实"越来越近。后者，更多的是情感上的接纳，接纳他的伤心、他的痛苦，让他知道有一个理解他的人，让他自己慢慢地释怀，最后重拾信心。

理解儿童，从心出发。

所谓的"学困生"

（写于 2018 年 11 月 19 日）

每当自己潜心研究教学的时候，总要告诫自己，不仅要研究教材，更要研究我们的学生。每个班级几乎都不外乎有如下三类学生：

（1）积极主动，求知欲望强，愿意表达自己的观点，学习能力强（俗称"学霸"）。

（2）不愿意表达，只愿意做一个安静的听众（容易被老师遗忘的）。

（3）好动、专注力极差，学习能力较弱（所谓的"学困生"）。

今天主要谈谈所谓的"学困生"。

为什么叫"所谓的'学困生'"呢？因为他们或许并不是，只不过是在当下教育评价体制下催生出来的名词。

这一类孩子最需要的就是等待。

然而，这类孩子心中非常苦闷，或许不是因为他们不想学，而是因为他们是视觉、听觉或其他感统失调，导致不能好好集中注意力，或者感统失调导致了某方面能力的低下。

但由于目前我国在脑神经引起的学习困难方面认知度低，这方面的专业机构和治疗师非常贫乏，即便是对所谓的"学困生"进行专业的训练，效果也非常有限。更多的家庭甚至老师根本不知道什么叫作感统失调

面对如此境况，对这一类孩子最好的"疗效"其实是老师和家长对孩子的接纳、鼓励和赞赏。

我们来回顾一下"问题学生"的形成路线。

"问题学生"的形成路线

从上图中可以发现，如果学校或者家庭没有给予孩子真正的关爱与帮助，那么以上路线将是这类学生的成长路线。

那么鼓励真的这么有效吗？可以从以下 2 个耐人寻味的公式上来看，你会发现：每天鼓励一点点，和每天淡漠一点点，差距真的是天壤之别。

$1.1 \times 1.1 \times 1.1 \times 1.1 \times 1.1 \times 1.1 \times 1.1 \times 1.1 \times 1.1 \times 1.1 = 2.36$

$0.9 \times 0.9 \times 0.9 \times 0.9 \times 0.9 \times 0.9 \times 0.9 \times 0.9 \times 0.9 \times 0.9 = 0.35$

除了鼓励之外，还可以给予有针对性的帮助，作为家长可以通过感统训练、精细化训练、专注力训练来帮助孩子。感统训练并非要去专业场地训练，运动就是最好的感统训练，如打羽毛球、乒乓球、跳绳、溜冰、滑板等都是促进手、眼协调的好方式，只要选取 1~2 项运动坚持下来。精细化训练，可以带孩子挑豆子、折纸、拼图、串珠子等。专注力训练的最好方式就是棋类，让孩子学某一类棋，学习的过程会比同龄人缓慢，但长期坚持孩了的注意力定会有改变。

希望我们的家长或老师少一些抱怨，多一些实际的帮助与鼓励，和孩子一同成长。

一片土地，无论多么贫瘠，总有一种作物适合栽种。每一个学生都是一片独特的土地，我们应该努力地引导孩子在自己的领土上种出自信的花朵。用我们的人文关怀，用无私的大爱，给孩子们种下一个温暖的春天。

说得简单，做起来不易，但最为可怕的还是无知，自知而后行，总比完全的无知好。

读后感——关注基本问题与学会反思

（写于 2018 年 11 月 28 日）

对于老师布置的作业，我们的孩子没有疑惑，我们的家长有疑惑也不敢诉说，我们的老师也觉得理所当然。如果是这样的一种模式，那就很可怕了。尤其是老师，所以，我就想我布置作业的目的何在？

我想有以下几个原因：其一，与评价机制有关。期末考试的题量很大，必须通过一定量的练习，这样孩子们在考试的时候可以更得心应手。其二，知能的作业也需要完成并接受学校检查。然而，这两个因素都是在应付上级的检查或者考试，考虑的问题非常浅显，没有从儿童的长远方向来考虑。

今天中午读了一篇文章《关注基本问题与学会反思》，对我的触动非常大。我们让孩子不停地练习，最终的目的到底是什么？难道就是把孩子培养成做题的机器？学数学对人的发展起到怎样的作用？我想作为老师和家长都要来思考这个问题。

文中重点提到了几点。第一，想基本问题。数学最根本的就是发展思维，不是靠大量的训练，题目做得快，不是主要的东西，会不会深刻地去想是数学要做的。文中提到，有家长说，人家都在谈论补课，都在补课怎么了？你就一定要补？哪些地方是值得花功夫的，为什么值得花功夫，要把这些想清楚。其中特别提到小学阶段，第一个层面是规范性，养成好的习惯，低年级要尤其重视。第二个层面是兴趣性，要保持儿童的兴趣性，这样他才能有学习的后劲。

第二，如何培养孩子的数学思维——会思考的能力。文章提到了两点：一是培养儿童坐得住、长时间思考的习惯；二是要有反思，不断改进自己。数学是一个不断优化的学科，是需要提供时间来给儿童思考的，然而每天大量的作业，儿童如何有时间来思考呢？

这两点恰是现在孩子所缺乏的，我们的孩子是信息时代的原住民，他们处在信息大爆炸的风浪中，社会环境的复杂性让他们很难坐得住。然而，这就更需要我们去培养了。没有定力，何来反思？没有时间，思考谈何容易。

所以，不管是作为老师的我，还是作为家长的我，看完这篇文章后，方向应该更加明确了。每节课多花时间让孩子来思考 1~2 个核心问题，比大量做题更有效。在辅导女儿时，多一点时间引导她如何思考会更有意义。

但是，我对做练习还是有一些保留意见，对于基础较弱的孩子还是要通过一定量的练习来改善。数学的思维性更多地体现在解题思路上，在做题和反思相结合的情况下，儿童的数学才会有所改变，总之适度很重要。

几则故事

（写于 2018 年 12 月 3 日）

这几天的学习非常充实，给我留下了很多深刻的印象，但学习之外的几件事更是深深刻在我的脑海里。

【故事一】广州学习之余，晚上找到大学时期的同学相聚，她曾在华南师大读研究生，毕业之后一直在创业，家中有一对三岁的双胞胎儿子。由于她常年驻扎在公司，我很好奇她的儿子谁来陪伴，她很惊讶地反问我："为什么要陪伴？我的孩子很独立的，只需要找个值得信赖的人看着就可以了。"一旁的另一个同学直点头，因为她就是经常帮忙照顾的其中一位。

我很好奇这两个孩子独立到什么程度？又是如何做到的？细问之下，才知道原来是孩子的爸爸在孩子 0~2 岁时，停职在家做全职爸爸。这位爸爸非常理智也非常慈爱，他很明确地知道 0~3 岁的陪伴非常重要，但妈妈又事业心太强，所以他只好放弃事业来陪伴孩子，但又不会盲目陪伴，他培养两个儿子的独立能力，不管在哪里玩，只要确保安全，任何游乐活动都会放手让两个孩子去尝试和挑战。所以，2 岁时这两个孩子就会独立冲奶粉、上厕所、晚上讲完故事后就独自睡觉，运动能力也非常强，各种运动项目都会玩。不仅如此，还非常"有爱"，妈妈在家睡觉的时候知道妈妈很累不去打扰，吃饭时轻轻去叫妈妈起床。听完之后，不得不佩服这位爸爸，他不仅做到了陪伴，还做到了有质量的陪伴和培养，而这正是当下社会所缺少的。

反思自己对女儿的教育，有时候不自觉地就为她规划好了要做什么，以至于她都不用去思考，我如果出差，她的作业就会漏洞百出。所以，我虽然长期从事教育，但并不代表做的一定就是对的，还是需要不断地反省自己。今天早上，我就没有命令她让她带上什么，而是提醒她想想自己需要带些什么。女儿想了想，立马说道："要带上红领巾、水杯和书包。"看似不起眼的改变，效果却非同一般，相信她以后再也不用为没带红领巾或者水杯而懊恼了。

【故事二】无意间在"头条"中看到一则有关"最强大脑"的新闻，随意翻看了一下，大致意思是两名儿童，一中一外参加"最强大脑"的节目录制，两人智力不相上下，然而在面对一个难题时，两人的表现却截然不同，中国儿童更多的是紧张和焦虑。

最令人惊讶的是，这两个同龄人一周的运动时间更是天壤之别，那位外国儿童一周 14 小时的运动量，中国小朋友则几个小时不到，花费更多的时间不停地上着辅导班。

那一刻，我的心情久久难以平静，回顾我的女儿一周四次打乒乓球近 5 个小时，外加 3 个小时的舞蹈，也有 8 个小时，自认为她的运动量在同龄人中应该是比较大的，然而一对比才知道差距。

从脑科学上看，运动能刺激神经元之间更好地链接，更好地促进大脑的发育。然而，我们中国的父母很少从长远的角度去看待孩子的成长，更多地关注近期的考试有没有考到满分，辅导班上得够不够，但并不能完全地责怪家长，因为资源的稀缺，导致竞争的激烈，很多父母都是不得已而为之。然而，我们需要退一步来思考的是，有没有更好的方式兼顾二者？这就需要父母的智慧了，你还能只期望你的孩子成才，而作为父母的自己却原地踏步吗？

两节课的反差

（写于 2018 年 12 月 5 日）

这些天都在上第七单元的"分一分与除法"的内容。教材在正式引入除法之前，创设了"分物游戏""分苹果""分糖果"三次分物活动，这样安排的意图是让学生通过具体操作解决生活中平均分的问题，积累分物活动经验，理解平均分的意义，进而在丰富体验的基础上，引入除法算式。

我非常认同这种理念，要让学生充分地分物，才能真切感受平均分的实际意义。然而在备课中稍有疏漏，就容易导致实际操作的活动毫无意义，所以组织教学也需要严谨地设计。

昨天在五班上的"分糖果"课就让自己非常沮丧。这节课是第四节课，可能也与是最后一节课孩子们的状态有关，但主要是教学设计出了问题。这是一次大数目物品的平均分，理应让孩子们小组合作完成分物，效果会更好，而我想让每个孩子自己实际操作一次分大数目的物品，这样就带来了一系列的问题。

第一，孩子的桌面过小，有的孩子是一个一个地分，这样分下来桌面不够大。第二，孩子是在模拟操作分物时，没有实际分给其他小朋友，这样一来感受不深刻，他们甚至觉得没有必要来分，很多孩子并没有实际操作。更要命的是，我还要求孩子们一边分一边在课本第 113 页上进行记录，很多孩子都不知道如何来记录，这也与我的指导不明确有很大关系。因此，整节课孩子们的收获甚微。下课后，可爱的小沈还拿来一盒子花生给我吃，我却摇摇头，他觉得奇怪，连忙问："王老师，怎么了？你不是很喜欢吃花生的吗？这花生不好吃吗？"

我摇摇头："并不是你的花生不好吃，而是王老师的课上得不好，心情有点儿沮丧，没有心情吃。"小沈似懂非懂地"哦"了一声就走了。

这节课在七班并不是这样的情形，大部分孩子分得非常好，而且记录也做得不错，为什么同一节课会有两种不同的效果呢？回顾在七班上课的过程，用了如下几个步骤：

（1）出示情境图与问题：50块糖果平均分给4个人，可以怎么分？抛出这一问题后，并没有让孩子们直接来分物，而是先说说自己的想法，有的孩子说一个一个地分，有的说两个两个地分，有的还说五个五个地分，我并没有制止，让孩子们说出自己的想法，这样一来孩子在分物前就有一个思考。紧接着问更深层次的问题："你觉得哪个同学的方法好？"学生就会将几种方法进行比较，并且说出理由。其他同学在倾听中自然分辨出一个一个地分的麻烦。这一环节为正式分物做了足够的铺垫。

（2）请你按照自己的想法来将50颗花生平均分给4个小朋友。这一环节采用了两步：第一，让一个学生上台示范如何来分。第二，在黑板上画出示范图，让孩子们按照同样的格式进行分物，这样就能一目了然地看到孩子们的分法。

孩子们在实际操作中，方法、目标、格式都非常明确，自然分起来就清晰。

（3）出示笑笑和淘气做的记录，让孩子们说一说他们的理解，进而再来完成自己的记录表。这样一来孩子们在做记录的时候就能做到有章可循，而不盲目。

所以，整节课有条不紊，孩子们的收获也很大。在五班的时候出现了随意性，第二步和第三步都做得不够充分，导致课堂的失败。晚上，我一直在思索下一节课如何来教授，以及如何为之前做一个弥补。

今天上课的时候，按照晚上思索出来的想法来上课，效果果然不一样。

在学习"分香蕉"之前，先回顾了昨天分糖果的几种分法，重点聚焦在给大数目物品分物时，第一次分多少应该想到用较大的计数单位，这样会更简单。

正式进入今天的主题——分香蕉，出示情境图12根香蕉和一只猴子，让孩子们看图提问题。提出的问题无外乎如下几个：

（1）12根香蕉，平均分给3只猴子，每只猴子分得几根？

（2）12根香蕉，平均分给4只猴子，每只猴子分得几根？

（3）12根香蕉，平均分给6只猴子，每只猴子分得几根？

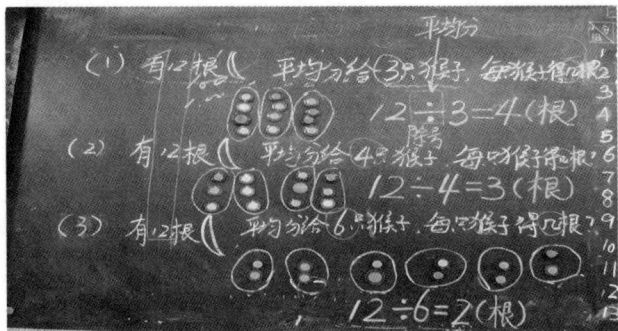

紧接着提出更深层次的问题：这些问题中有什么共同之处和不同之处？

孩子们带着这个问题进行思考发现：香蕉的总数不变，但平均分给的猴子数量发生变化，导致最后每只猴子得到的香蕉数量也不一样。

最后让小朋友上来实际分一分。然而，每次课堂并不都是教师所预想的那样，总会有一些"小意外"，我正要准备引入除法算式时，小郑站起来说："老师，你写了好多字，好麻烦啊。"我愣了一下，马上接着他后面说："是啊，这样写真是麻烦，我们的数学家也是这么想的，所以他们发明了一个符号来表示平均分，你们知道是什么符号吗？"

"除号。"

接下来的课就顺理成章，一节课下来心情舒畅。下课的时候，小刘跑过来，兴奋地对我说："王老师，你这节课上得很好，很有序。"看来课上得好与不好，孩子们了然于心啊。

而在七班情形又不一样。在提问阶段，小朗提出了一个新的问题：12根香蕉，每只猴子分得4根，可以分给几只猴子？问题比五班的多出了一个，变成了如下：

（1）12根香蕉，平均分给3只猴子，每只猴子分得几根？

（2）12根香蕉，平均分给4只猴子，每只猴子分得几根？

（3）12根香蕉，平均分给6只猴子，每只猴子分得几根？

（4）12根香蕉，每只猴子分得4根，可以分给几只猴子？

在此之上提出深层次的问题：给这4个问题分分类，你会怎么分？

孩子们在思考的基础上，知道1、2、3为同一类，而第4题为另一类。紧接着再提出问题：你能提出像第4题那样的问题吗？于是就有了如下两个问题：

（1）12根香蕉，每只猴子分得6根，可以分给几只猴子？

（2）12根香蕉，每只猴子分得2根，可以分给几只猴子？

然后实际操作分一分，再抽象成一系列的除法算式。最后，再来认识除法算式中各个部分的名称。虽然是第四节课，但能感受到孩子在课堂上对深层次问题思考的兴趣以及收获的愉悦！

上完课，小万开心地说："王老师，我终于学会除法了。不过，我还有一个问题：被除数是不是一定要比除数大呀？"一旁的小陈说："应该可以的，那样商就是零点几几吧。"这些孩子是多么的聪明呀。

两节课，两种截然不同的效果，让我看到了孩子的睿智以及对知识的向往，也使自己更加敬畏课堂、敬畏教育。

倍的认识

（写于 2018 年 12 月 12 日）

"倍"的认识实际上是除法意义的拓展，就像"比多少"是减法意义的拓展一样。建立除法与"倍"的意义的联系，使除法不仅能表示平均分的过程和结果，也可以表示两个数量之间的倍数关系。关于倍的认识，我一共进行了三次教学。

一、"倍"的初步认识

"快乐的动物"这一课是"倍"的认识的起始课，主要是在比较小动物数量关系的过程中，进一步理解除法的意义，并会用图形直观和除法算式表示两个数量之间的倍数关系。

如果按课本来教，教学目标也能达到，但是会比较无趣，如果能给学生设置情景，那代入感会更强，听起来会更有意思。于是有了以下的教学设计（见下图）：

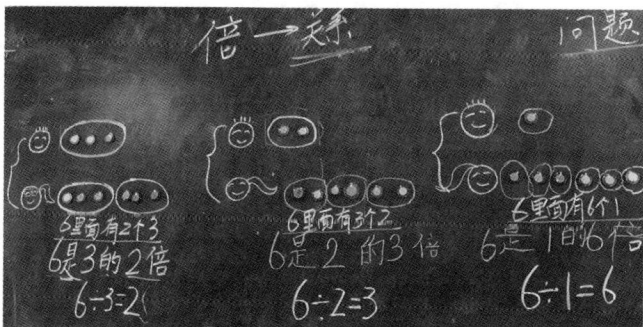

师："王老师给小朋友发棒棒糖，发给小罗（男孩子头像）小朋友 3 个，王老师（女孩子头像）手上就还有 6 个棒棒糖。看到这一组数，你想说什么？"

生1："王老师的糖比小罗的糖多3个。"

生2："小罗的糖比王老师的糖少3个。"

师："说得很对。但是这些是不是在一年级就学过了，如果我们今天还研究这样的问题，是不是太低级了？"

学生纷纷点头。

师："那我们换一个更高级的问题来研究——'倍'（板书）。你们听过'倍'这个词吗？"

小后："听过，我还知道王老师的糖数是小罗的两倍呢。"

师："你能到黑板上画一画，说一说你的理解吗？"

小后："王老师有6颗糖，小罗有3颗糖，所以就是两倍。"

师："你的意思是6是3的2倍？能在上面圈一圈，让小朋友看得更清楚吗？"

于是就有了黑板上的圈，将小罗的3颗糖看成一份，王老师的糖就有两个这样的一份，所以说王老师的糖数是小罗的2倍。

师："6里面有2个3，还可以用之前的除法算式来表示：6÷3=2。小罗吃掉了一块糖，还有2块糖，王老师还是有6块糖，现在王老师的糖数是小罗的几倍呢？你能圈一圈，说一说吗？"

很多小朋友都知道，将小罗的2颗糖为一份，6里面有3个这样的一份，所以说王老师的糖数是小罗的3倍。依次类推，当小罗有1颗糖的时候，王老师的糖数就是小罗的6倍。

经过三次比较活动，让孩子们从直观中感受倍的意义，进而再抛出更深层的问题：王老师的糖一直都是6颗，为什么倍数关系却一直在发生变化？孩子们非常喜欢思考有挑战性的问题。他们在比较、交流中发现，小罗的糖果数量在变化，也就是"一份"的数量在变化，所以，最后两个人之间的糖果倍数关系发生了变化。

整节课中孩子们通过实际情境的代入、图形直观以及除法算式逐步抽象的过程来理解倍表示的是两个数量之间的关系。

二、解决"求一个数的几倍是多少"的实际问题

第二节上的是课本第71页"试一试"，重点在理解一个数的几倍是多少的问题，这是一个乘法问题。孩子一定会产生这样的困惑：为什么倍数问题一会儿用除法一会儿用乘法呢？所以，我将这一问题作为这节课的重难点来突破。

首先，回顾上节课的内容，倍表示的是两个数量之间的关系（板书：倍→关系）。

并用前一次的其中一个例子作为复习（板书的左边），提出新的问题：小余来跳蚤市场买东西，妈妈只给了他 2 元钱，而小张却带了 6 元，请问小张的钱是小余的几倍？

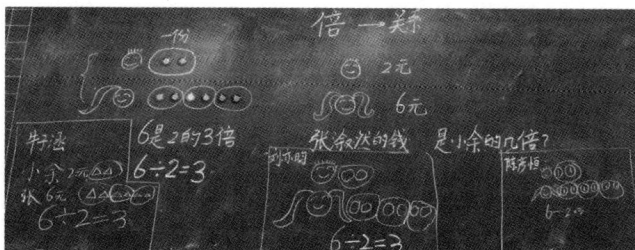

这样的情景屡试不爽，孩子们纷纷通过画图来解决这个问题，有时会做点小动作的小刘这几次课都特别积极，一向内向的小陈也大胆地上台来写出自己的方法，小牛一直都非常喜欢数学。他们三人的作品写在黑板上后，我同样以问题来促进思考：这三个小朋友的做法有什么相同之处和不同之处？

孩子们观察出了很多种，有算式相同，"一份"里的数量也相同，每个圈圈的数量都相同。不同之处就是画的图形符号不同。不管画什么样的图形符号，表示的意思都一样，都是两个为一份，表示 2 元，小张的钱有 3 个这样的一份，所以小张的钱是小余的 3 倍。

在对倍的进一步理解之下，开始了"求一个数的几倍是多少"的问题探讨。

师："小王带了 3 元，当我问小程带了多少钱时，小程却不告诉我，要我猜一猜，同学们，我能猜得出吗？"

生："猜不出来，什么条件都没有怎么猜啊。"

师："好，你们说得太对了。其实小程告诉我，她的钱是小王的 4 倍，你们现在知道小程带来了多少钱吗？"

孩子们开始在下面嘀咕，并写下了自己的想法。我将小刘的想法写在了黑板上，孩子们纷纷表示他们的做法和小刘的一样。

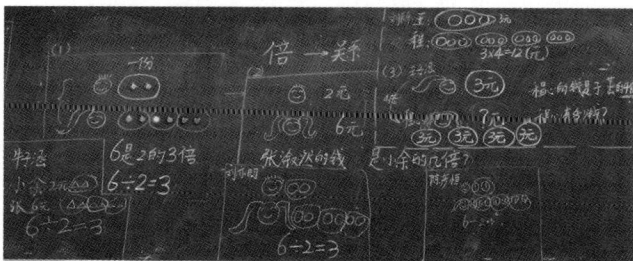

二（五）班板书

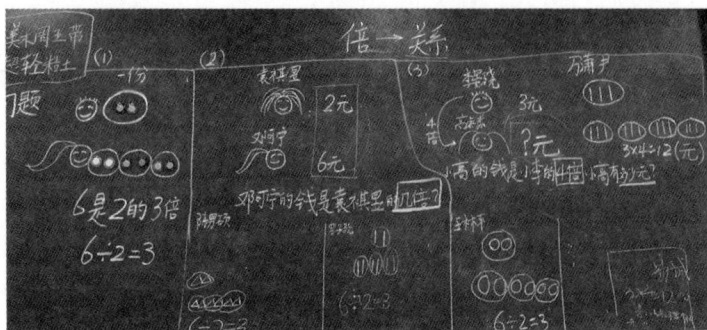

二（七）班板书

我故作惊讶，问道："奇怪了，都是与倍有关的问题，怎么一会儿用除法，一会儿用乘法呢？这两题的区别到底在哪儿呢？你能解决这个问题吗？"

台下的小翟赶紧说："老师，你能给点时间让我们思考一下吗？"这小家伙真是说出了我的心声啊。

经过一番激烈的讨论之后，台下很多小朋友举手想回答，就连平时内向的小赵居然也举手了，我赶紧请她来台上讲解。坐在第一排的小刘还在下面鼓励她："小赵，别紧张。按照你的想法来就可以了。"一看就是老练的小老师啊。

小赵："请大家听我说，前面的除法问题是求几倍的问题，后面的乘法问题是告诉了几倍，让你求是多少钱。"

说完，台下响起了雷鸣般的掌声。显然，小赵已经发现了这两类问题的区别了，前者是求几倍的问题，后者是求一个数的几倍是多少（见下图，笔误"大小"应改为"比多少"）。

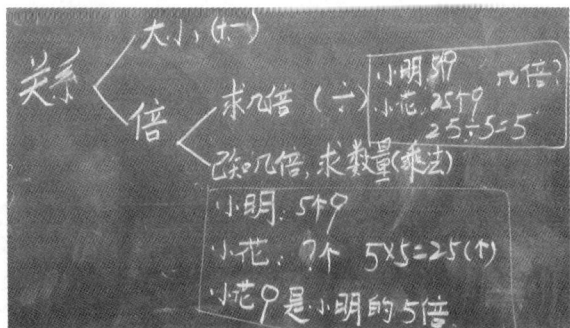

下课后，小段看到小赵，说的第一句话就是："赵，你太厉害了。"如此称呼，如此惊叹，多么真诚，多么可爱啊。小王一脸不高兴地问我："为什么上课不叫我来回答问题呀。"可见，孩子们对上台做小老师充满了渴望，我要让更多的孩子来台前做小老师。

三、解决与"倍"有关的实际问题

这是课本第 73 页的内容，其实如果孩子们对前面两节课理解深刻了，那么这一节课的内容完全可以放手让孩子们自己独立完成。所以，这一节课并不需要过多的讲解，只需要有针对性地进行个别辅导即可。

几节关于"倍"的课上下来，让自己对倍也有着不同的理解。最主要的就是它是对除法意义的拓展。通过研究我更加确信一点，只有对教材进行深度的解读，才能实现深度教学，学生才会有深度的学习。

除法的复习

（写于 2018 年 12 月 13 日）

越发觉得数学课其实不需要太琐碎，一节课有 1~2 个核心问题来进行深入的探讨，然后进行适当的练习，只要学生愿意进入思考的环节，那收获一定很大。

二（五）班因为纪律问题被罚一个月不玩超脑麦斯，所以课程进步比七班快一节课，第七单元内容全部上完。今天是一节除法的复习课。上课之前就在思考如何帮助学生厘清两种不同的平均分（一种是先确定份数，按份数进行平均分，结果是每份分到多少；另一种是先确定每份的数量，按每份的数量进行平均分，结果是能分多少份）。通过科组的教研活动，让我更加明晰了思路，上课只解决一个问题，如下图所示。

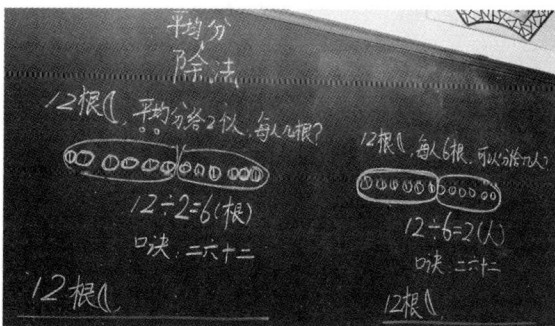

师："最近我们一直在学习除法，知道平均分的问题在数学上可以用除法算式来表达。"下面让我们一起来回顾一下以下两个问题：

（1）12 根香蕉，平均分给 2 个人，每人几根？

（2）12 根香蕉，每人 6 根，可以分给几人？

完成这两个问题的画图以及算式之后，立马就有学生举手问问题。

小杨："为什么题目不同，画的图和口诀都一样呢？"

师："小杨的疑惑也是老师想问的，为什么呢？先思考，再跟同桌交流一下。"

一番激烈讨论之后，小戴起来发言："一个问题是分给 2 个人，求每人有几根，另一个问题相反，先给了你每人有 6 根，问可以分给几人？"

师："是啊，你说的正是这两个问题的不同之处，那为什么图却一样呢？"

小王："图是一样，但关注点不一样，前一幅图看的是每个圈里有几个圆圈，表示每人有几根，而后一个是关注有几个圈，就表示有几个人。"

生："我知道，其实一个是看圈里的数，一个是圈外。"

师："那你们能提两个类似的问题吗？也是 12 根香蕉。"

正是因为有了深层次的探讨，孩子们才有了自己的想法和思路，最后才有了如下的想法。

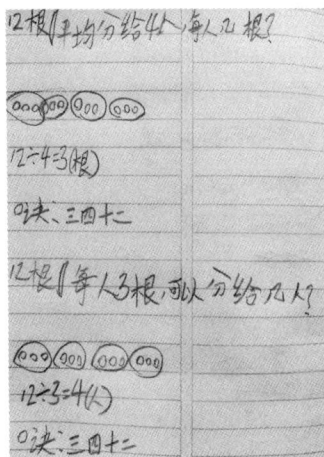

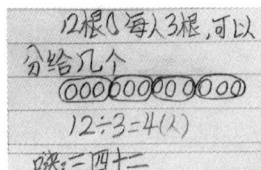

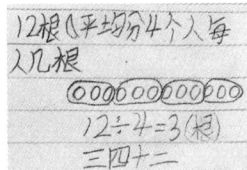

作品 2

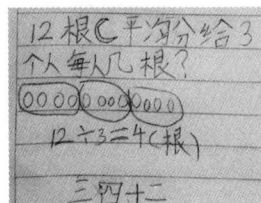

作品 1

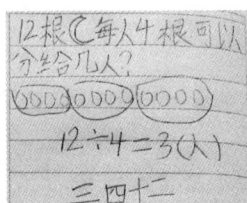

作品 3

由于时间的关系，只拍了如上作品，但从中能看出孩子们对除法两种类型的理解与自我建构，看到这样的作品，我内心非常激动。很期待二（七）班下个星期能有更多的好想法、好作品。

老师的成就感其实很简单。

结构化复习

（写于 2018 年 12 月 25 日）

本学期共九个单元，看似内容较多，复习起来较为琐碎，如果能将知识结構化，找到知識之間的聯繫，如此一來複習就能事半功倍了。

九個單元可以整合為如下模塊：

（1）加減混合運算（第一單元）。

（2）人民幣的認識（第二單元）。

（3）圖形的變化——平移、旋轉、軸對稱的初步認識（第四單元）。

（4）測量——厘米、米的認識（第六單元）。

（5）乘法（第三、五、八單元）。

（6）除法（第七、九單元）。

從分類中就能看出，本學期的重點在乘除法。所以，今天的複習從建立乘除法的聯繫出發，讓學生深切體會，乘法是和，除法是分，在腦中建立乘除法的結構模型。因為這節課的內容比較多，上一次除法的複習課在七班並沒有講，所以七班的重點落在除法上，五班的重點落在乘除法的聯繫與區別上。

上課伊始，從最簡單的加法引入，學生看到8個磁鐵如此擺放，自然都會想到用加法算式2+2+2+2=8（個）來表達，也能直觀感受它表示的是4個2。然而，很多學生或者家長會以為用乘法算式來表達時，只能用4×2=8（個），這是受到舊版教材被乘數和乘數的影響。所以，這節課著力用直觀與比較的方式讓學生體驗到，兩個乘法算式4×2或2×4都能表示4個2的意思。與此同時，這兩個算式還能表示2個4。於是就有了如下的板書。

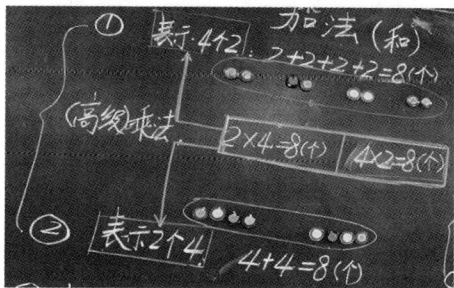

089

这是课的第一部分。第二部分是除法，它和乘法正好相反，乘法是求和，而除法是对总和进行平均分。我用了一个形象的比喻——乘法是"拥抱"，而除法是"分开"，并结合手势来阐述，学生对这样形象生动的方式很感兴趣，这样一来容易理解。

在除法的复习中，我同样出示了 8 个磁铁，如下图，并进行了如下对话。

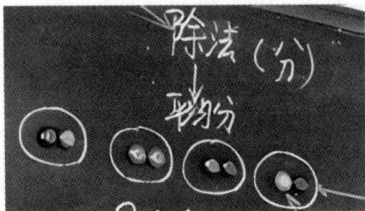

师："两个学生在列算式时发生了争吵，一个说算式应该是 8÷4=2，而另一个却说应该是 8÷2=4，你觉得呢？你能用你的解释，让这两个同学都心服口服地接受对方的观点吗？"

生 1："8÷4=2 表示的是 4 个为一份，将 8 分成了 2 份。"

生 2："不对！如果按照你的说法，那图就不应该是这样，而应该是两个圈，每个圈里 4 个磁铁。"

学生纷纷表示赞同，但又不知道怎么表达。还好，经过思考后，有学生又有了想法。

生 3："这个算式表示 8 个磁铁，平均分成 4 份，每份有 2 个，所以应该还要加上单位'个'。"

师："同意吗？那另个一算式 8÷2=4 表示什么意思呢？"

学生豁然开朗，都悟出了 8÷2=4 表示的是 2 个为一份（袋、组、堆等作单位都可以），有这样的 4 份，单位应该是"份"，于是就有了如下板书。

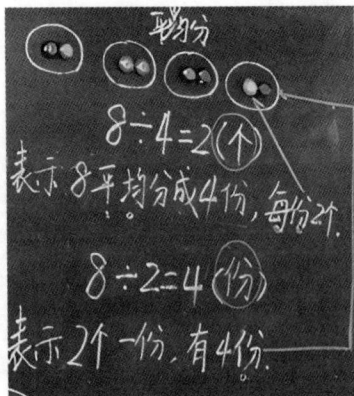

　　学生在表达、对比、反思中，发现虽然图一样，但两个算式的意义不同，所以所带的单位也不同。因为五班之前有过一节关于除法的复习课（可参考前面的文章），所以理解起来会容易一些。然而，七班就有学生"抗议"了，小刘忍不住嘀咕："老师，你把我都教糊涂了。"

　　我深知学生是体验不充分，所以，我又用分香蕉、分苹果来举例，两个例子下来，学生自己在分和写的过程中就能感受到两个算式之间的区别。尤其是小陈由一开始的疑惑不解，到最后的争抢发言，能让我切实感受到他是理解了。然而，所有学生真的都会吗？只有学生将自己的理解以正确的图和算式以及语言表征出来，才能说明他们真的会了。于是，我让孩子们自己来举一个例子，并写出算式的过程。从学生作品中就能判断学生对除法的两种形式是否掌握。以下即学生的作品。

　　七班正确的作品：

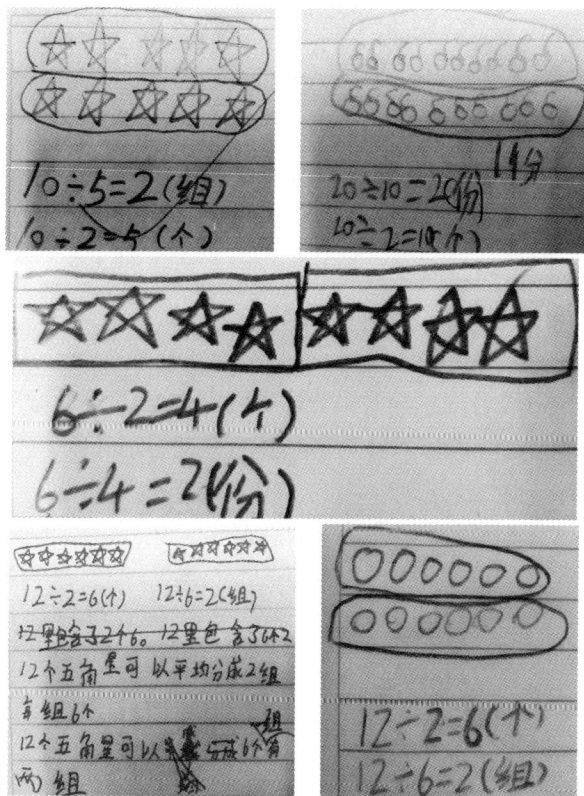

　　从作品中能看出这些学生能正确地运用单位，说明他们很好地掌握了平均分中"求份数"或"每份的数量"两种形式的区别。

而如下学生的作品显示，他们可能只是形式上知道用两种算式来表达，而算式所表达的意义未必能清楚地阐述。

七班单位出错的作品：

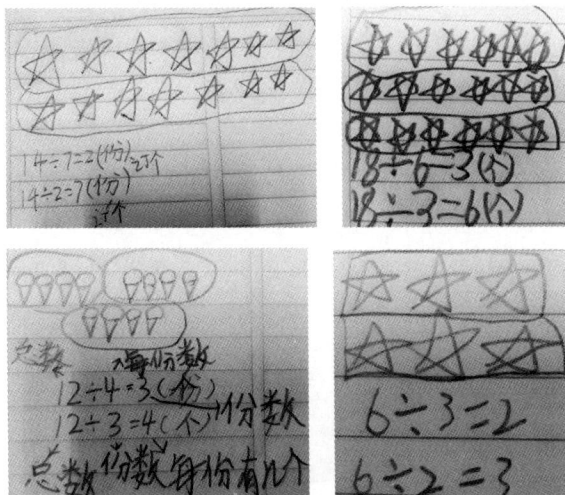

学生1和学生2（上图），他们不知道何时用什么单位，所以都用同一个单位来表示，显然没能区分出两个算式的实际意义；而学生3（下图左）其实是能清楚地表达，但在写的时候并没有随自己的思考思路来写；最后一位学生（下图右）没有用单位，可能这节课对他来说就只是简单的模仿。

所以，判断学生是否真正理解的最好方式，仍然是让学生自己将所理解的内容以图、文、算式等方式表征出来。

五班的课进行到最后就是给两种除法形式取名字，教材并不提倡这种做法，但我仍然认为在学生已经理解两种除法形式的基础上，可以通过形象的方式阐述这两个名称——等分除、包含除。我是这么向孩子们阐述的："除法家族决定给两个孩子取名字，它们都姓'除'，一个总是将总数先平等地分成几份，然后求每一份的数量，所以它们的妈妈给它取名为'等分除'，而另一个除法是先给出一份的数量，然后求总数里面包含几个这样的一份，所以妈妈取名为'包含除'。"

接着是介绍除法的拓展意义——倍，我将它形象地比喻为，"等分除"和"包含除"的表兄弟。最后是将乘法和除法进行对比，让学生深刻理解除法其实就是乘法的逆运算，两者是相反的。

通过这种结构化的复习，找到单元之间的联系与区别，远比单元依次复习有意义得多。学生的学习应该从思维出发，而不简单的知识传授，这是我始终不变的观点。

开学第一天

（写于 2019 年 2 月 18 日）

开学第一天，看到孩子们格外开心，感觉每个小家伙都长高了许多。每个班的课都感觉过得很快，只做了规范抄写作业和如何预习两件事，课就结束了。

为什么要让孩子们学会预习呢？培养学生的问题意识是最为重要的原因。问题是数学的心脏，这是我一直告诉学生的。孩子们在预习的过程中，必须认真读题、认真思考才能提出有质量的问题。坚持下来，学生才会有真正的数学学科素养。

这是宏观意义上的说法。从微观上来讲，数学，离不开解题。只是，需要警惕两种现象：一种是"功利主义"下，把数学学习简化为解题。套用鲁迅先生的话，"在有的教师眼里，学校只有两棵树，一棵是分数，另一棵也是分数"。刷题成为提分的法宝，学生熟能生巧，同样，熟能生厌。另一种则是过分强调"建构"，忽视数学学习的规律，不敢让孩子多解题，结果陷入"课上不练课下练，校内不练校外练，师长不练机构练"的窘境。

新学期开始，作为教师要好好思考如何避免这两种现象的发生。我想从以下几个方面来做。

第一，以教材为主。通过预习，上课的重点讲授以及课后的针对性练习，让整个学习更加有效率、有质量。

第二，适当拓展。虽然当前教育很"排斥"奥数，但是，这是一种"偏执"的做法，对于学习能力较强的孩子，可以适当拓展一下这方面的知识，这也是培养思维能力的一种方式。

第三，趣味的数学故事启发学生对数学的兴趣。李毓佩的书一直是学生的最爱，通过两周一次的数学故事课，让学生更好地爱上数学。

第四，超脑麦斯的学习。这也是培养学生数学兴趣的一种很好的方式。

相信"主菜""配菜"相结合，孩子们的数学会越学越好。

除法竖式

（写于 2019 年 2 月 19 日）

这个学期开始让学生先预习，再来上课。从昨晚数学群里孩子们提出的问题中就知道"分苹果"这节课的重点应该放在"除法竖式"上。或许很多人认为这只是一项数学技能，只要让孩子们不断地练习除法竖式的写法，自然而然就会了。

然而，我不同意这种观点。我想看看学生真实的想法。结果不出我所料，一道看似简单的18÷6的竖式，学生却提出了各种各样的问题，主要有如下几点：

（1）为什么除法竖式与以往所学的加减法竖式不同？

（2）为什么18要写两遍？

（3）为什么除数与被除数的位置要这样放？

（4）为什么被除数要和下面的数相减？

我想很多成人看到这些问题都会惊讶不已，一道简单的除法竖式怎么会有这么多的问题？看似顺理成章的事情如何来解释呢？

其实，要回答这个问题就要从除法竖式产生的内部逻辑来看，除法之所以与减法有联系是因为它们都起源于"分"，只是除法是一种特殊的"分"，即分得同样多。显然，推演除法竖式时一个易于理解的逻辑起点应该是同数连减，为了给同数连减留下位置，记录所"分"次数的商就调整到被除数上面。此外，根据减法的运算性质，同数连减又可以转化为先同数连加然后一起减，继而同数连加又升级为乘法，这样除法竖式的核心部分就凝聚成先乘后减的过程。

这样的推演教师首先要清楚，才能引导学生主动发现，并真正理解这样的一个过程。

所以，我将这节课定为三个环节。第一，情景导入，引出问题；第二，探讨除法竖式的算理；第三，自己写出一个除法竖式。因为之前有预习，所以第一个环节进行得很快，重点放在针对除法竖式的探讨上。

师："18÷6的竖式如何写？很多小朋友已经知道写法，但不知道为什么？今天我们就重点探讨一下这个问题。"

师："有一个同学提出了一个疑问，就是为什么除法竖式不同于以前的加减法竖式？你们有这样的困惑吗？"

孩子们都异口同声地说："有。"

师："那我们还是先来看看这题的除法竖式到底如何写，再来对比两种竖式，找出之间的差异来好吗？"

接下来，我直接带着孩子们一步一步地将被除数、除号、除数写在本子上，并直接解释除法就是分东西的过程，既然要分东西，就要写出分的结果，所以下面的18表示的是分掉的苹果数，而最后的0表示的是剩下的苹果数（见下图）。

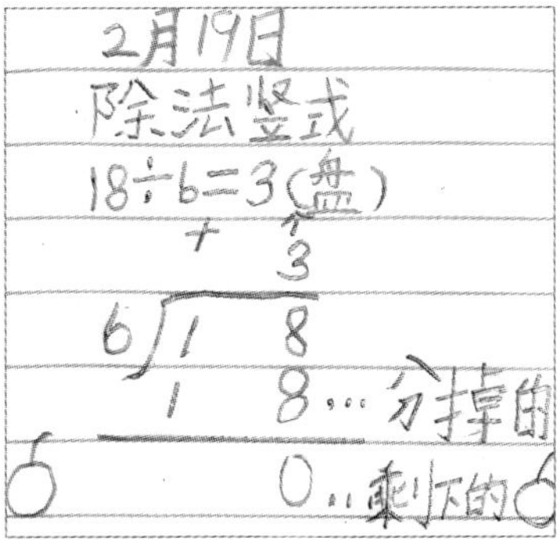

听完我的解释后，小刘立马发问了。

小刘："要是没有完全分完还剩下一个苹果，那该怎么写？"

听完他的困惑，我顺势又将有余数的除法提出来。

师："小刘的问题提得很好，谁能帮忙解决呢？"

生："把 0 改成 1 呗。"

师："你的回答真是太机智了。那什么情况下才会剩下一个苹果没有分完呢？还会是 18 个苹果吗？"

生："不是，是 19 个。"

师："好，那我们一起再来写写这个竖式吧。"

在写的时候，小翟就在台下嘀咕："没有几六十九的口诀呀？商是多少呢？"

听到她的嘀咕，我心里窃喜这不正是很多小朋友的疑惑吗？于是，我又交给孩子们自己来解决，台下立马又有回应了，都想到用最接近 19 的 6 的乘法口诀，自然就得到了商是 3，单位是盘。但余下来的 1 的单位该怎么写呢？结合题目的意思，孩子们也很快想到是个，但同时也有点儿难以接受一道题会有两个不同的单位。这是一个难点，孩子需要一个理解和适应的过程。通过这一系列的探讨，孩子们更加清楚地知道被除数下面的那个数表示的是分出去的苹果数量，1 则表示余下来的数。

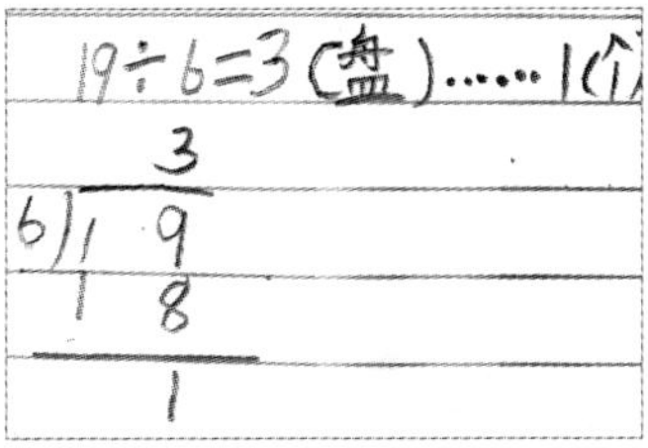

接着，就是对比除法竖式和以前学过的竖式之间的差异。因为有了前面充分的探讨和理解，孩子们很快就发现现在的除法竖式能体现分的过程和结果，

而以前的类似加减法的竖式无法满足这样的要求。通过这样的对比，大部分孩了不仅能做到知其然，还能做到知其所以然。

最后，我让孩子们自我挑战，写出一道除法竖式，如果挑战成功就画出笑脸，不成功则是哭脸。孩子们很开心，也愿意接受这个挑战，我也一一检查，基本都能挑战成功，由此可见，花时间给孩子们探索、讨论是值得的。

因为时间关系，没能拍出孩子们的作品，有点可惜。下次要引以为戒，及时拍下孩子们的作品，记录他们的思考过程。

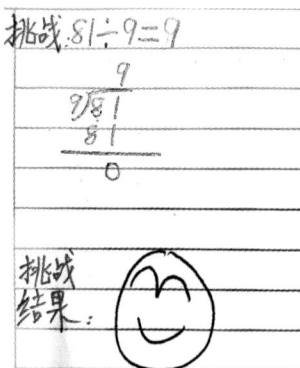

思维的可视化

（写于 2019 年 2 月 20 日）

今天的任务主要是复习昨天所学的除法竖式，并进行练习强化。在让孩子们完成知能第 1 页的时候，我发现了如下问题：

（1）在进行竖式空格部分填写的时候，很多学生没有意识到数位对齐，将商写在个位和十位的中间。

（2）判断题中，直接判断对错，而没有将错题改正过来；对于某些变式题目容易"上当"。

（3）对于思维性较强的题目，大部分孩子不知所措。

前面两个问题倒是容易处理，因为是格式问题，只要给予正确的指导，学生慢慢都会调整过来。

第三个问题需要在教学中多花时间来研究。这类思维性强的题目最能判断一个孩子的思维水平，通过思维可视化的过程，让孩子们来交流别人的思维过程，从而内化为自己的解题方法，拓宽自己的思路，最后达到思维水平的提升。

就拿如下这一题来说，同样一道题学生会有如此多的方法。

方法一：排除法

这位同学想到的是：因为 2 是双数，所以，糖果数量能平均分给两个人的话，糖果数量就必须是双数，于是就有了下面的 2、4、6、8 四个数字的出现。这样的思路，立马将数字范围缩小，进而通过能不能整除 3 来排除，最后剩下 6，真是非常了不起。

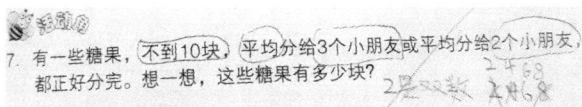

小孙：

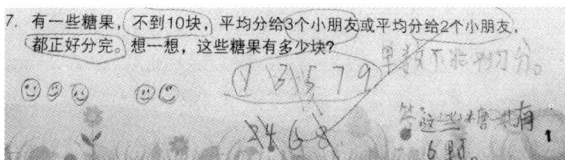

小孙的方法和前面同学的方法类似，都是用了排除法，只不过，他是先从单数再从双数依次排除，过程会比前一种复杂一些，但也能解决问题。

小郑：

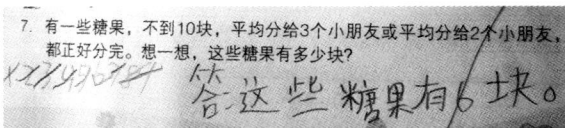

小郑的方法也是排除法，只不过他是按照数的大小依次排除。

这三种方法都是排除法，但思维的角度是不一样的，小郑的比较通识，是小朋友很容易学会的方法；而前面两种思维水平会更高一些，尤其是第一个，通过双数 2 这一个条件就可以选出四个数字，进而从四个数字中二次筛选，范围大大地缩小了，从优化的角度来讲，这是最优的方法。

方法二：画图

小罗：

脑海里对数字进行了过滤，进而用画图的方式验证自己的结果。

小周：

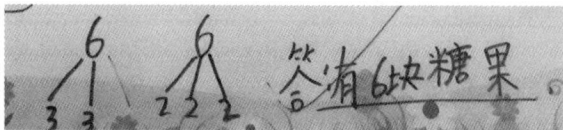

这种方法和小罗的相似，只是用数字来表达分的过程，显得较为抽象一些。

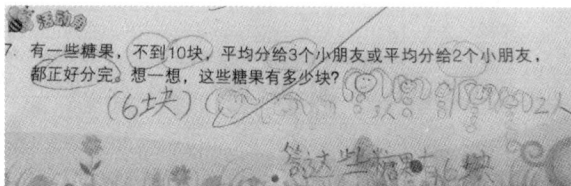

这个孩子（又一个忘记名字）图画得非常精美，表达得也很清楚。画图法中四个小朋友的作品的共同之处是让人一目了然地观察到分的结果，但为什么选6，这个过程是内隐的，从图中看不出来。

这样的题目很有意义，不是让孩子去单纯计算，而是让孩子去呈现他们的思维过程。

有意思的探究课

（写于 2019 年 2 月 21 日）

目前已经是实施预习以来的第二节课，从学生反馈的问题来看，最不懂的就是在用小棒搭正方形的一系列连续的活动中，发现余数要比除数小，并能探究出背后的原因。这是这节课的重点和难点。

上课伊始，我直接出示 13 根小棒，让学生上台搭正方形。然后用算式表示整个过程，进而认识"余数"。

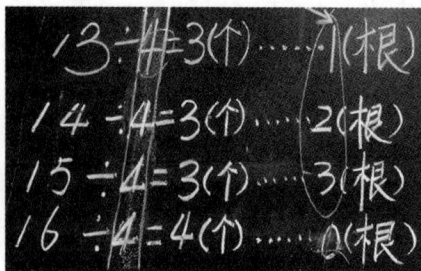

接着进行同桌合作［二（七）班预习效果更好一些，所以直接进入上台操作并书写算式的过程］，通过拼、画、写，学生逐渐发现余数很奇怪，不断地出现 1、2、3，然后就是 0 的现象。

我追问学生："为什么余数不能出现 4 呢？"在逐步增加小棒的过程中，学生发现如果余数是 4，就能拼成一个正方形了，所以就没有余数可言了。同理，大于 4 的话，那就更不用说了，能再拼一个正方形，并产生新的余数。

然而学生有了新的问题。难道每个题目的余数都只能是 1、2、3 吗？看来学生期待着进行更深入的探索。

我顺势将黑板上的第一个正方形加了一根小棒变成了一个五边形。然后进行师生对话。

师："如果我用小棒拼的是五边形呢？余数不可能是几？"
生："不可能是 5。"
师："为什么呢？"
生："因为如果是 5 的话，那就可以再拼一个五边形。"
师："那在这里余数可能是几呢？"
生："可能是 1、2、3、4。"
师："那如果现在用小棒拼六边形呢？余数可能是几？"
生："可能是 1、2、3、4、5。"
师："这么看来，我们的余数到底与谁有关系呢？"

通过不断地追问与反思，学生逐渐发现原来余数的大小与除数有关系，这样一来理解"余数比除数小"这句话就水到渠成了。

今天的课给我带来了不少惊喜，没想到学生的探究欲望这么强，七班的课虽然是上午的最后一节，然而学生热情不减，直到下课还在滔滔不绝地讨论着。所以，我又出了一道挑战题，让孩子们出一道与余数有关的题目。这是一道难度非常大的题目，但还是有小朋友能在短短的几分钟内写出来，真是了不起。

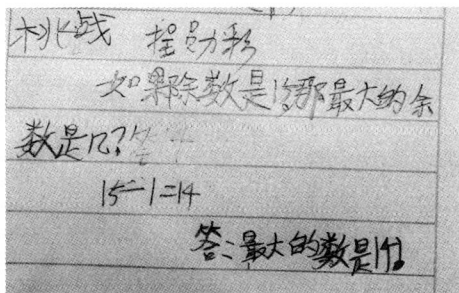

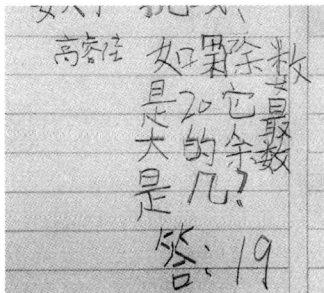

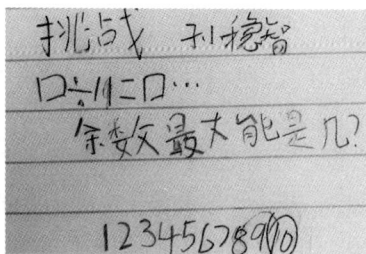

这样的探究课很有意思，学生由预习时的模棱两可到课上的跃跃欲试再到最后的知其然并知其所以然。经历这样的过程很有意义，我想这才是真正的学习。不过，也有遗憾，毕竟一个班五十多个孩子，有的孩子注意力没有办法集中，导致上课效率低下，还有极少数学生在校外辅导机构已经提前学了，早就知道余数比除数小，以至于也不愿意多加探讨，这成为课堂的遗憾。

不过不能因为遗憾而改变初衷，这样的课要坚持上下去。

"无聊"的课

（写于 2019 年 2 月 26 日）

带两个班一般都有着这样的感觉，有时在七班上课的感觉很好，那在五班上课的时候就觉得教学效果没有七班好，反之又会觉得七班的效果没有五班的好。这样的感觉也有一个好处，就是让自己不断地调整和反思。

就拿今天的课来说吧。因为批改知能时发现了三个问题：将余数写在横式等号后面、作答只写一半、解决问题时写的算式结果不写单位。这几个问题看似小问题，但如果不讲，孩子后面会一直存在这样的问题。于是决定上课就讲这三个问题。

在七班或许是因为已经批改过了，孩子们知道自己的错题在哪儿，就不怎么愿意去听，有时候还要抄写笔记，他们觉得很枯燥，所以，变得不耐烦。一开始，还能抱着理解和哄的态度来劝他们写，后来发现这些小家伙越发慵懒。于是，憋在心里的气也就爆发了。我生气道："你们觉得枯燥，难道老师不觉得枯燥吗？每道题都在教你们如何写答，一点技术含量都没有，一点挑战性都没有，我也很不想讲。"

"为什么那么枯燥的问题，老师还要讲呢？"

"不是因为你们写错了吗？而且错的小朋友还很多，老师不得不讲。写答看似无聊，但也是考验你们耐心的一种方式啊。"

我"咆哮"了一会儿，教室里安静无比，孩子们似乎听懂了我的解释，他们仿佛在说："原来王老师也会觉得这课无聊，但因为我们都写错了，所以王老师还是要讲。"于是，接下来的过程就顺畅了很多，他们似乎接受了这个理由。

而我其实心里对作答这件事也很恼火。为什么数学需要作答这个问题至今也没能弄明白。不知道是哪个数学家发明的无聊规则。但反过来想，自己不能改变就只有接受，并做好它了。

到了五班，也要讲一样的内容，就很怕出现像七班那样的情况。小心翼翼地上着这节课，结果意外的是这帮小家伙却听得很认真，还有滋有味的。这令我很困惑，为什么会这样呢？仔细一想，并不是孩子们的问题，是我的处理上发生了微妙的变化，五班的知能我并没有批改，而是先发下来，然后讲解这三类错误。一方面，因为没有被批改，孩子们就听得很认真，他们也想知道自己到底会错在哪儿；另一方面，我看到七班的学生在抄写今天笔记时的不耐烦神情，就没有在五班再用这"一招儿"了。所以，这节课上下来反而很顺畅。

这件事也教会我一个道理：儿童永远是儿童，不要用成人的标准来要求他们，而是要想办法将枯燥无味的事情变得有趣，这考验的是老师的智慧与魅力。我还要多修炼。

童言童趣（二）

（写于 2019 年 2 月 27 日）

小田因为上课没能好好听讲，所以我将其"科代表"的职务撤销，今天早上在办公室偶遇了他，问他："小田，你不当科代表了，妈妈知道吗？"

"知道啊。"

"那你心里难过吗？"

"不难过呀。我都当了那么久了，也该退休了，还是把机会让给更多的小朋友吧。"

哈哈，真是笑"死"我也！多么可爱、纯真、善良的孩子啊。

一周趣事

（写于 2019 年 3 月 5 日）

转眼有一个礼拜没有写东西了，再次感受到一个人想变慵懒其实非常容易。

最近都在准备科组读书会的活动，要整理看过的书以及要做读书分享，这样的一件事似乎成了不写东西的理由。尽管明天就要做分享了，今天还是告诫自己把这几天印象深刻的事情记录下来。

最近两次在朋友圈里都能看到朋友们转发的这段话"面对五花八门的概念、创新和主张，许多一线教师无法理解、无所适从，其实很简单，只有用以学生为主体，以学生为中心这一根本理念去衡量，就能得到正确的答案"。

好的教育写在学生的脸上，无论什么课程、什么模式，只要学生的眼睛是发光的，思维是活跃的，体态和表情是自然的，能够主动参与学习或沉思或交流，这样的教育就是成功的。"

是啊，你的课上得好不好，只要看学生的眼睛是否发光就行。这句话更提醒自己要怀着一颗敬畏之心对学生。

但数学课有练习，难免就会枯燥，怎么办呢？于是，我想到了贴纸，虽然成人觉得贴贴纸无聊，浪费时间，但儿童可不一样，他们很爱贴纸，尤其是大的、漂亮的贴纸。

我在七班牛刀小试，出一些给除法竖式填空的挑战题给他们做。做对一道画上一个笑脸，画满三个笑脸能换一个贴纸，孩子们开心地接受一道道的挑战，完成三道之后，我又鼓励他们自己出一道挑战题。然而，他们不愿意了。于是，又进一步鼓励，完成这一道就能获得一个贴纸，孩子们觉得这个挑战很划算，只要一道题就能得到一个贴纸，又开心地接受了挑战。很快，下课铃声就响了，没想到还有孩子意犹未尽，小罗站起来问我："老师，怎样才能获得第三个贴纸呀？"

可见，枯燥的内容如果能稍微加点"调味剂"，效果就会很不一样。

继写完《"无聊"的课》这篇文章之后，我将它读给孩子们听，顺便也读了《童言童趣》这一部分。两个班的反应不一样，七班的孩子在读到我和他们发脾气那一段时觉得很有意思，哈哈大笑起来。五班的孩子对小田说的那段话很感兴趣，他们纷纷表示想被写进我的故事里。

一天下课，小张走进了我的办公室，一进门就对着我喊："老王！"我故作生气地问："为什么喊我老王啊？"一旁的小王立马补了一句："因为她想被你写进你的故事里。"

此时的我大笑，小张趁热打铁，连忙追问："王老师，我能被写进你的故事里吗？"

"写什么呢？"我问道。

"就写这段嘛。不然我不会喊你老王的。"小张害羞地说。

好吧。满足孩子的这个愿望，将他们写进来。

这周一升旗演讲主题是学雷锋做好事，原本以为这些小家伙会听不懂或者不愿意听，结果听完演讲后，小陈一脸焦虑地问我："王老师，要是雷锋帮坏人怎么办？"

"不可能的，雷锋叔叔只会帮助好人的。"我很自然地回了一句。

没想到站在我旁边的小易认真地问："老师，那他怎么知道谁是好人谁是坏人呢？"

是啊，他怎么知道呢？我突然感觉自己被孩子问住了。

"可能他帮的人都是小孩或者老人吧。"我是这么回答的。但现在回想，我的回答真是太"low"了，如今我仍然没有想好要怎么回答，难道说那时的环境不一样？那时的坏人很少，需要帮助的穷人很多？等等，我真的不知道如何回答。好在，小家伙没有继续追问。通过这件事，再次印证了那句话——儿童就是儿童，他们有着独特的视角，他们是天生的问题家。

还有好几件事，限于时间，今天只好作罢。

儿童思维不可轻视

（写于 2019 年 3 月 6 日）

鉴于知能题目内容太多，不可能所有的题目都能讲到，我挑选了一些难题或者思维性较强的题目进行讲解。然而，我发现孩子们比我讲得好，他们的思维非常活跃，也非常独特。

下图这道题原本不是太难，但是因为有些数字需要被多次填写，所以孩子比较容易出错。在填写第二个圆圈时，要求是"除以5余2"，大多数人想着用5的口诀结果加上2或者直接用上面的数字除以5看是否余2。然而七班的小刘却说她有更好的方法。于是，让她来当小老师："只要看这些数字的个位上是否2或者7就可以了，因为5的口诀里的得数个位上要么是0要么是5，加上2之后不就是2或者7了吗？"

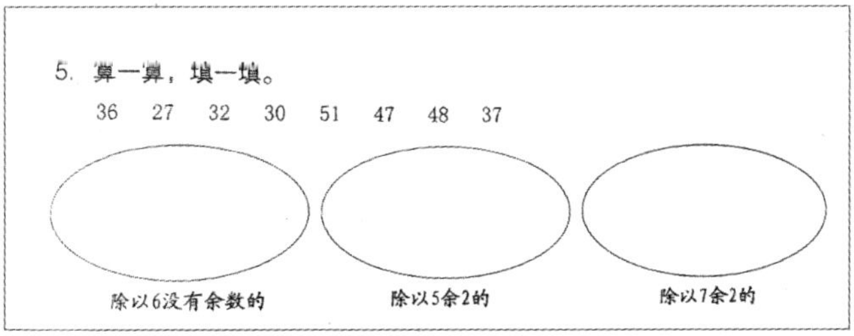

5. 算一算，填一填。

36　27　32　30　51　47　48　37

除以6没有余数的	除以5余2的	除以7余2的

听完她的话，孩子们将信将疑，于是将 5 的口诀得数全部写在黑板上，果然是这样的特点，那加上 2 之后个位上就是 2 或者 7，此时台下发出了惊叹声，尤其是小孙在后面几天的练习中，只要遇到这样的类似题目时，他就说可以试一试小刘的方法。

说实话，我真没有想到用这个方法，可见如果相信孩子，多给孩子机会，结果真的会让你大吃一惊。

下图的这题比上题更有意思，孩子们看到这题有点无从下手，但又觉得很有挑战性，于是我在五班将这题直接抛给孩子，让他们自己来解决，结果出现了好几种解题思路。

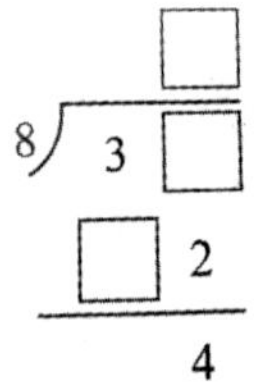

第一个愿意上台来说的是小王，她说："我是先看个位上的数，几减去 2 会等于 4 呢？或者 4 加 2 等于几呢？"

台下立马回应道："6。"

"那现在问题就变成了 36 除以 8 了。8 的口诀里最接近 36 的是口诀是什么呢？"

"四八三十二！所以商的空格里填 4，最下面的空格里填 3。"

刚一说完，台下又有学生举手，说有新方法。第二次机会是小牛的了，他的思路是这样：直接看被除数，十位上是 3，那就找 8 的口诀得数是 30 多的数，结果找到了商是 4，下面的空格是 3，最后再米用 32+4=36，于是被除数的个位上填 6。

原以为应该没有其他方法了，坐在第一排的小吴轻声说了一句："我还有新方法：我是先看被除数下面的那个数，它的个位上是 2，所以商应该是 4，因为四八三十二。然后再将 32+4=36，被除数就是 36 了。"

师："你最喜欢哪位小朋友的方法呢？"

大部分小朋友选择了小吴的方法。我没有直接给出评价，而是想让他们通过比较的过程将某一种喜欢的方法记在心里。

从上面两个例子中，再次印证了真的要给儿童更多的表达机会。然后如何在平衡完成教学任务的同时，又能做到把更多的时间交给儿童自己，这还需要不断地探索。

贴纸的"功效"

（写于 2019 年 3 月 7 日）

最近几天一直在让孩子们做知能，批量地做题有时实属无奈，但也没有办法，一是任务驱动，二是"目标为导向"导致，不过这样看似枯燥的事情，经过贴纸的驱动产生了奇特的效果，也有了一些意外的收获。

贴纸积分评价机制能让每个孩子都关心起自己的学习，他们每挑战成功一页就能获得一张贴纸，如果连续挑战成功两页就能获得三张贴纸，这样的评价不仅及时而且很刺激，集满十张贴纸能兑换两个喜欢的奖品，这就如同孩子们玩游戏一样。

我发现经过连续三天的练习，很多平时不愿意说话的孩子、上课有些不愿意听课的孩子都变得活跃起来了，这样的变化在七班体现得尤为明显。以前课堂练习如果没有完成，总有小朋友偷偷溜出去，而现在这种情况几乎没有再发生，他们都知道如果完成了课堂作业，可以获得更多的贴纸，而且回家的作业变得很少，几乎算是没有，所以他们知道在课堂上多努力，回家就有更多自由的时间，这样的对比更加激励着他们要把作业在课堂上完成。

小张是一个上课专注力不太强的孩子，但这几次练习他格外积极，很关心他的贴纸数量能不能达到十，这样一来他做作业也变得专注起来，有不会的题目也会及时地问我，我能强烈地感受到他对学习的渴望。

小刘是一个比较有个性的、倔强的孩子，几次"较量"下来，我深知这个孩子只能顺着他的兴趣来，不能"硬对着干"。他非常喜欢画画，我就鼓励他将上课老师讲课的情形画下来，比如老师讲得枯燥，自己在打瞌睡等。他听完我的建议后羞涩地笑着，很可爱。在这几次的练习中，因为获得的贴纸数量在不断增加，他也干劲十足，几乎不会落下一次作业。

有几个小女孩性格特点很像，都很羞涩，但非常爱学习，上课专注力很好，虽然不愿意发言，但总能很好地倾听。每次练习没有全部完成的，我就会提醒孩子们拿到办公室给我批改，但每次能记住的就是这几位，当她们知道自己获得四张贴纸时开心得手舞足蹈。

小潘内敛，从不愿意和我主动进行交流，而这几次练习下来，他愿意问我问题，愿意来我办公室批改作业，愿意和我说话，看到这样的变化我真的无比开心。

因为独自练习，厉害的、做得快的孩子就不需要我来管理，这样一来我有更多的时间投入精力给需要特别关注的孩子。这一次很巧合，小易、小周、小吴三位小朋友坐在了第一排，我就和他们坐在一起，通过一次深刻的零距离的观察，我发现这几位小朋友其实也很愿意学习，只不过他们会比其他小朋友慢一些。当他们每做完一题时，我都会表扬他们，他们变得更加积极，也愿意和我交流了。小易说："王老师，如果我只能做完第12页怎么办呢？"我告诉他："没有关系，按照自己的进度来做就可以了，只要认真做就可以了。"他开心地点点头。从他的眼神中我能感受到他的那颗心，仿佛在说他终于可以不那么赶了。

还有几个学生限于时间没有办法一一列举出来。通过这几天的练习，我发现原来看似枯燥的活动，如果换一种角度来看便会有不一样的感觉，不再是抱怨，而是欣喜。

工作、生活、学习都需要我们有一双会发现的眼睛。

东南西北

（写于 2019 年 3 月 19 日）

最近的事情实在是多——儿子生病、课题申报、教材解读的汇报准备、公开课的准备、开放日的准备，一下子同时做几件事情，实在应接不暇。好在我也算是"老江湖"一个，做事不再那样急躁，慢慢地一样样地来做吧。

不过，如果长时间地不写反思，心里就会有一种慌乱的感觉。于是，我抽出这个时间来写写惦记已久的第二单元的反思。

这个单元是"方向与位置"，一看就知道是活动类型的课。这类课学生喜欢，但老师就不一定了。因为要设计一系列的活动，来让学生在现实中发展空间观念。说得容易，做起来还真是有点难，尤其是组织学生纪律方面。

第一课"东南西北"的教学目标是在数学的生活环境中认识东南西北四个方向，并在指定一个方向的条件下，辨认其余三个方向，体会"上北、下南、左西、右东"规定的必要性，会在地图上辨认这四个方向。

我设计的第一个环节是让孩子们说一说关于方向他们知道些什么。大部分孩子知道太阳是从东方升起，西方落下。对面向东，后面是西也能理解，但左边是北，右边是南，就有点容易混淆。

紧接着就是活动——在操场上辨认东南西北，说说操场的四个方向各有什么？我们首先找到东面，当天没有太阳，但很多聪明的孩子能利用学校两个大门来辨别方向。很快孩子们就知道了操场的东面是主席台、西面是翡翠明珠、南面是金牛广场、北面是托幼。在记录的时候，很多小朋友因为面朝东，所以写的时候就都在地图的北面写上主席台（见下图）。显然，孩子们不知道地图的规定，即使有的知道口诀也不知道具体的用法。

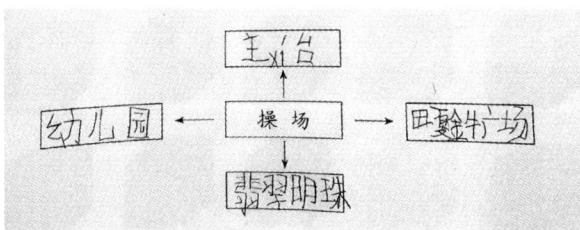

在七班的时候，因为我的疏忽，强制让他们按照上北、下南、左西、右东的顺序来写，这样一来学生的答案就是统一的"标准答案"了，就难以体会到这种规定的必要性了。

上五班课的时候，我改变了这一做法，让学生按照自己的想法来填写，然后将学生的作品展示出来，学生发现有这么多不一样的写法，辨认方向还是很麻烦，这样一来自然就能体会到规定"上北、下南、左西、右东"的必要性了（见下图）。好在，七班第二次课时做了弥补，希望孩子们能体会到这一必要性吧。

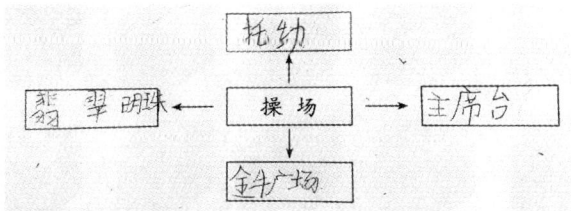

第二次课决定上一次拓展内容。因为儿童对新奇的事物总是充满了好奇。他们心里一定会想：如果没有太阳，又是在一个陌生的环境，如何辨认方向呢？

对此，在班级进行了大讨论。大部分孩子知道借助指南针——指南针的一端指向南面，另一端就指向北面。除此之外，我给孩子们介绍了"立竿见影""树的年轮""石头上的苔藓"和"北斗七星"等方法，孩子们都很感兴趣。有的小朋友很用心，让我讲慢一点，他们在下面做笔记。小黄有写日记的习惯，没有想到她把上课的这一段内容写进去了（虽然有一些小错误，如我们靠近南半球这段内容）。这让我再次感受到儿童对有趣知识的渴望。

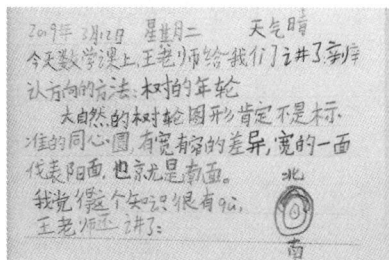

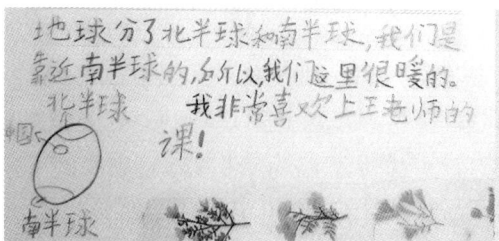

第三次课是"方向与位置"的第二课内容，相比第一课多了四个方向。教学目标是能运用八个方向名词描述物体所在的方向，体验数学与现实生活的联系。这一课如果单纯地在课堂上讲就会很无聊。我将一个高年级的学生制作的微视频作为引入，继而探讨到制作方向板上，儿童都喜欢自己动手制作，完成方向板的制作后，再一起到东门大厅前（五班）、篮球场（七班）去辨认方向，写下以东门大厅或篮球场为中心的八个方向所看到的物体名称。大部分学生能认真地观察与记录。然而，大班制下的最大遗憾就是很难确保每个孩子都能做到这一点，因此孩子在家及课堂的习惯就显得尤为重要。

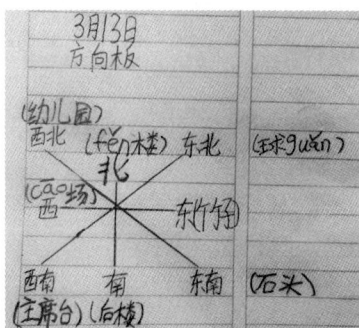

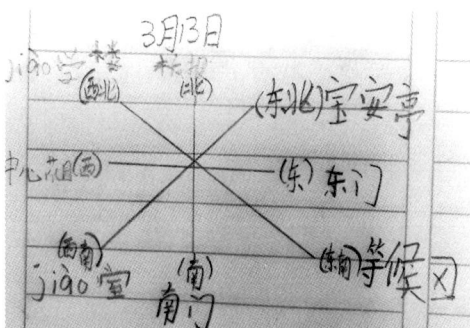

通过制作方向板及后面的观察活动，很多孩子都能体会到方向板的作用，以至于每到做练习时，都会拿出方向板对照着看，这样的教学效果的确会令人满意，做老师的成就感也就十足了。

不过，如果在活动中加入一个环节，效果会更好。那就是改变中心位置，如以中心花园为中心，东门在中心花园的什么方向；反过来，还研究以东门为中心，中心花园在东门的什么方向。这样一来，学生就能感受到中心的不同，方位就会不同。练习中的许多错误自然就会避免了。

教学真的是需要不断地在反思中前行。

生活中的大数与数字定位

（写于 2019 年 4 月 1 日）

今天正好是上完第三单元的最后一课——估计。回想孩子们这一个单元的学习，至少有以下几个方面的内容：

（1）认识并感受"千"和"万"，在不同的数数中发展数感。

（2）认识数位顺序表，会读、写万以内的数。

（3）万以内数的大小比较。

（4）估计。

这四大内容，学生学得最好的应该是数的大小比较，因为知识相对简单，又是在游戏中体验，所以体会得更为深刻。而估计的内容是孩子们第一次正式接触，今天通过对估计概念的解释、估计方法的探讨，孩子们终于明白了估计是一个大概数，不需要精准无误，但是也不能太离谱，用学生自己的话来说，估计就是差不多的意思，如果估得太离谱就是差得远了的意思。从与学生的对话、体验中学生逐渐明白要想估得更可靠，必须先找一个标准或者参照值，在此基础之上再来估，会估计得更合理一些。然而，学生在练习时，还是不太习惯估计，他们总喜欢去探求最精准的数字，培养估计意识是一个漫长的过程。最主要还是让学生体会到估计的必要性，然而今天这节课并没有让学生体会到这点。

整个第三单元最重要的思想就在数数或估计中体会大数的实际意义，培养学生的数感。然而，数感的培养是需要学生真正来数数的，而在这一点上我做得不好。分析原因还是舍不得花时间去做这一件看似浪费时间的事情，总想着解决更多的知识性问题。功利心理一定要改一改了。

另外，从上周五开始要带着孩子们玩数字定位游戏。按照以往的年级操作，都是直接打印在纸上让孩子写数字。很多学生，尤其是思维水平较低的学生坑到几关后，就丧失了"玩"下去的信心。或许很多人会认为在纸上写数字和让学生在棋盘上操作数字棋子是一回事，其实如果从儿童心理学的角度来看，前者属于一项抽象活动，而后者是操作直观活动，完全是两码事，儿童更喜欢直观动手操作活动。正是基于此原因，我才带着孩子们一起动手玩棋盘，而不是单纯地在纸上写。办公室的几位老师也同意这个观点，好在家长看到孩子们兴趣浓厚都选择了购买棋盘，这是太正确不过的选择。

晚上我自己也和女儿玩上几盘，当经过推理闯关成功后，成就感油然而生。

猛然发现原来这也是一项有趣的亲子游戏。

希望孩子们能在不断的挑战中超越自我。

有比毫米更小的长度单位吗

（写于 2019 年 4 月 10 日）

今天上第四单元的第一课"铅笔有多长"，因为之前有让学生预习，所以在五班上的第一节课，我采取先让学生回顾预习内容并结合以往所学的知识来说一说他们知道哪些关于长度单位的知识。

学生基本上都能说出 1 米 =10 分米，1 分米 =10 厘米，1 厘米 =10 毫米，1 米 =100 厘米，接着，让学生回顾 1 米、1 厘米到底有多长，通过用手比画来实际感受它们的长度。进而再来学习新的知识，认识 1 分米、1 毫米，通过在直尺上寻找 1 分米、1 毫米来感受其实际长度。整节课下来，学生对 1 分米和 1 毫米的实际长度能充分地感受出来，但还没有完全厘清这几个长度单位之间的关系。另外，总觉得课上得有点儿"死"，对于为什么要学长度单位或者说长度单位有什么用，学生并没有体会到。

于是，我决定在七班改变上课思路。上课伊始就带着学生写下本单元的名称——测量，继而问学生什么叫测量，学生说就是量东西的长度或大小、胖瘦等。进一步聚焦重点：今天我们主要研究如何测量长度，测量长度需要什么呢？经过追问，学生很快明白需要长度单位。

师：那测量家到海岸城的长度与测量铅笔的长度能用同一个单位吗？为什么？

生 1：不能，因为家到海岸城太远了，不可能用厘米作单位来量，要用更大的单位来量。

生 2：单位有大、中、小之分。

师：那你能分别说说吗？

生 3：大单位有千米，小单位有毫米、厘米、分米，中单位应该就是米。

生 4：那是分米和毫米谁更大呀？

师：你的问题正好就是我们今天要研究的，至于千米这个大单位我们明天再来研究。

通过这一系列的对话，学生充分感受到长度单位的重要性以及必要性，所以他们也就会迫切想知道分米、毫米这两个新单位的具体长度。

出示课件，展示两支铅笔的长度。一支绿铅笔的长度正好是 10 厘米，10 厘米就是 1 分米；另一支红铅笔的长度是比 6 厘米多 3 个小格。学生发现直尺上每个 1 厘米中都有 10 个小格，每小格的长度就是 1 毫米。

了解概念了之后，就是具体体会 1 分米和 1 毫米的实际长度。孩子们在直尺上找出了 1 分米，并通过手比画出 1 分米大约就是一拃长，1 毫米比 1 厘米短很多，大约是 2 分硬币的厚度。

原本以为这节课结束了，没想到学生不肯"罢休"，一直追问有比毫米还小的单位吗？

师：有，微米就是比毫米更小的单位。

生 1：那 1 毫米等于多少微米呀？

生 2：1 米里面有多少个微米呀？

生 3：还有比微米更小的单位吗？

学生的问题让我应接不暇，我耐着性子一个个来解决。

师：1 毫米 =1000 微米。比微米更小的单位是纳米。

小罗：那 1 微米里面有多少个纳米呀？

师：老师也不太清楚，应该有 1000 个纳米。

小罗：那你在百度上查一查嘛。

看到孩子们的求知欲那么强，我同意带着他们查百度，结果令我也大吃一惊，原来比微米小的单位不仅有纳米，还有皮米、飞米，而且它们之间的进率都是 1000。

学生还不肯结束，小孙说：王老师，这么多单位，你能帮我按从大到小的顺序理一下吗？

我高兴地按照他们的要求做了。下了课，还有十来个孩子留在教室里记笔记，这样的情形实属不易，因为以往只要下课铃一响，孩子们的心早就飞出去了。我不解地边笑边自言自语：为什么他们对这些单位这么感兴趣呢？

一旁的小孙马上答道：因为不知道，所以才感兴趣呀。

回到办公室，我仍在回味无穷。其实，儿童对未知的事物都是充满新奇感的，然而为什么大部分儿童不太爱学习呢？知识不是未知的吗？我想可能更多的时候是我们老师按照教学目标来完成任务，没有太多的时间给儿童来探索他们感兴趣的知识。今天的课正常的轨迹就是完成 1 分米和 1 毫米的认识，掌握它们的实际长度以及几个单位之间的进率，然后就进入练习阶段。然而，这一切都是老师按照教学任务来安排的，学生仍然是被动的。而今天孩子们之所以能不断地追问，是因为我没有把这条道挡死，并没有用一句"这些知识我们以后再学"推托，而是放手和孩子们一起来学，这样一来班上学习能力强的孩子接收到更多的信息，学习弱的孩子也能保底。

这节课给我的触动特别大，要想做到真正的"变教为学"就必须从儿童出发，而不是知识目标。

附：学生的笔记

从学生视角看问题

（写于 2019 年 4 月 19 日）

已经很久没有写反思了，不得不感叹作为教师各种琐碎的事情真的是很多，这或许是教师专业化发展的最大瓶颈了！

虽然没有时间写，但悬在心中的疑问一直有，孩子们在一、二单元测试中出现的问题非常集中，主要表现为两个知识点，即"租船"问题和辨别方向。

第一类问题：与"租船"相类似的问题。如下：

①有 27 块月饼，每个盒子装 5 块，至少需要（ ）个盒子。

A. 5　　　　　B. 6　　　　　C. 7　　　　　D. 8

3. 65 个苹果，每个盘子装 8 个，至少需要装（ ）盘才能全部装完。

A. 9　　　　　B. 6　　　　　C. 7　　　　　D. 8

"租船"问题如下：

5. 租车去春游。

35 人

限乘客 8 人

限乘客 4 人

(1) 如果都坐大车，至少需要几辆车？

□÷8=□（辆）……□（人）

答：至少需要4辆车。

原因：因为我没认真读题

订：至少需要5辆车

(2) 如果都坐小车，至少需要几辆车？

□÷□=□（辆）……□（人）

答：至少需要8辆车。

订：至少需要9辆车

学生为什么在这一类问题上总是出错呢？或许有如下几个因素：

第一，思维定式，也称"惯性思维"，是由先前的活动而造成的一种对活动的特殊的心理准备状态，或活动的倾向性。在环境不变的条件下，思维定式使人能够应用已掌握的方法迅速解决问题。而在情境发生变化时，它则会妨碍人采用新的方法。第一单元有余数的除法学习前期，学生一直都是在解决商几余几的问题，在作答中只需要看商和余数的最后结果，分别作答即可。而到了"租船"问题时，却不再是解决商几余几的问题，而是要将余数和商整体考虑进去。学生受到之前解题思维的影响，将原有的思维模式负迁移到"租船"问题上，对这一类问题的解决产生了反向作用。

第二，儿童心理特点。二年级的学生以形象思维为主，"眼见为实"是他们判断问题的主要依据。当他们在解决这类问题时，看到商是什么就会写下这个结果，直观思维起主导作用。

第三，生活数学与学校数学的区别。比如第一题中，5块月饼为一盒，学生就会觉得只有5块才能算上一盒，剩下的2块装上一盒太浪费或者太没有必要，只要吃掉即可。这是生活中常见的一种现象，学生很难将生活数学与学校数学区分开来。

那如何突破这一难点问题呢？我想最主要的方法就是在对比中明晰。这是解决一般与特殊的问题，"租船"问题是有余数除法问题中的特殊问题。可以分别罗列出一般问题和特殊问题，让学生独立完成，再来对比分析，看出二者的区别。接着，让学生分别出一道一般的除法问题和特殊的除法问题。经过比较、思辨、再创造几个过程，相信这个问题能够解决。

（1）一般的有余数除法问题如下：

A. 13根小棒可以搭几个正方形，还剩几根？

B. 55个草莓，有8个盘子，平均每盘放几个草莓？还剩几个？

C. 58个草莓，每7个草莓放一盘，可以放几盘，还剩几个？

（2）特殊的有余数除法问题（如上试卷中的几个问题）。

第二类问题：方向问题。学生在做这类问题时，面临着两个问题：其一，不知如何将方向板用到现实生活中；其二，不知以哪个建筑物为观察点（中心点）进行观察。

> 我面向南，那我的左面是（西），右面是（东），后面是（北）。

如上题，学生需要在现实中辨认方向，借助方向板能很好地辨认出方向，而有些学生并不知道如何使用方向板，当面向南时，方向板朝南一端就需要指向前方。如此一来左右所指的方向便一目了然。

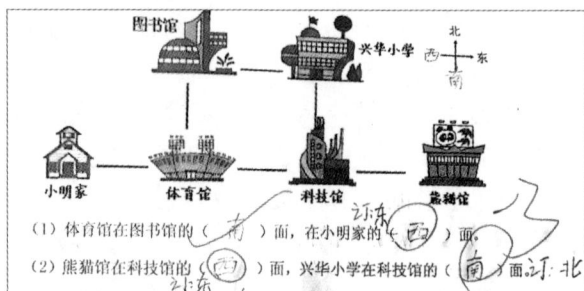

（1）体育馆在图书馆的（南）面，在小明家的（西）面。

（2）熊猫馆在科技馆的（东）面，兴华小学在科技馆的（南）面。

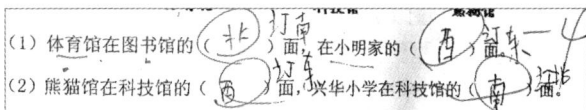

（1）体育馆在图书馆的（北）面。在小明家的（西）面。
（2）熊猫馆在科技馆的（西）面。兴华小学在科技馆的（南）面。

如上题，学生显然是没有弄清楚哪个建筑物是观察点或者以哪个建筑物为中心进行观测。那如何让学生弄明白呢？如熊猫馆在科技馆的什么方向？可以将其他建筑物盖住，让学生单看熊猫馆，问学生熊猫馆在哪个方向？学生难以确定时就能体会到要以其他建筑为观察点进行观察，进而借助方向板，将方向板的中心位置放在观察点位置进行观察，即可判断方向。

但仅仅这样讲解，可能效果并不明显，需要在后期的复习中，采用层层递进的方式，如先呈现一个建筑物，再逐步添加，如此一来，相信学生能真正弄明白。

从学生视角看问题才能看到本质，才能变得平和、淡定和从容。

心理学与教育之注意力（一）——什么是注意力

（写于 2019 年 4 月 21 日）

注意力是一种大家非常熟悉的心理现象，生活、学习、工作中都少不了注意力的参与，那么注意力到底是怎样的一种心理现象呢？

注意力是心理活动对一定对象的指向和集中。指向性是指在某一瞬间，人们的心理活动有选择地朝向一定的对象。皮昂曾把注意力的指向性比作探照灯的一束亮光，在亮光照射的中心，人们会得到最清晰的印象，而在亮光照射的边缘，事物会变得模糊不清。集中性是指心理活动停留在一定对象上的强度或紧张度。这两个特性是同一注意力状态下的两个方面，两者不可分割。

学生上课听讲，他的心理活动不是指向教室里的一切事物，而是有选择地指向教师的讲课内容，并且长久地保持在听课活动上，对妨碍听课的活动加以抑制，这样才能对教师的讲课有清晰、完善的反映。

思考：低年级学生注意的指向性和集中性比较弱，如何保持学生的注意力呢？记笔记是一种很好的方式，它能有效地帮助学生将注意力指向老师讲课的内容。但切记笔记不能写得太快，学生跟不上也会选择放弃。

心理学与教育之注意力（二）
——你的孩子属于哪一类呢？

（写于 2019 年 4 月 22 日）

根据注意力有无预定目的和意志努力的程度，注意力可以分为无意注意力、有意注意力和有意后注意力。

无意注意力，是一种实现没有预定目的，并且不需要意志努力的注意。无意注意力的引起和维持，既没有明确地认识任务，也不依靠意志的努力，而主要取决于刺激物本身的性质和强度。从这个意义上讲，它是消极被动的注意力，是注意力的初级形式。

有意注意力正好相反，是一种有预定目的、在必要时需要做出意志努力的注意力。它是一种积极主动地服从当前目的任务的注意力。是注意力的高级形式，但它需要一定的意志努力，容易让人产生疲劳。

有意后注意力，是在有意注意力基础上产生的一种与目的任务联系在一起但又不需要意志努力的注意力。它是一种更为高级的注意力形态。一方面，由于它的引起是以有意注意力为先导的，因此具有潜在的目的性；另一方面，它不需要意志努力，因为个体不易产生疲劳。

在数学学习时，有一部分儿童因对数学已经有着强烈的学习兴趣，加之具备一定的学习能力，所以，上课时已经处于一种有意后注意力的状态，这类儿童学得又轻松又有效。这类儿童的父母在学习方面基本可以做到放手。然而，这类儿童一般只占到班级的 1/3。

更多的儿童是处在有意注意力状态，他们需要付出一定的意志努力，才能使注意力维持在学习的内容上，他们正处于向有意后注意力过渡的状态，所以有时他们会学得有些疲惫。这类儿童的父母一般就不能完全放手，而是需要根据儿童自身的学习状况予以帮助，让他们顺利过渡到有意后注意力状态。

最后，还有极个别的儿童一直游离在无意注意力状态中，他们没有明确的目的、任务，也不依靠意志努力，而是凭借自己的感觉，他们的注意力最容易被其他的刺激物所吸引。所以，这类儿童上课最容易关注到的是同桌或自己的新奇物品、窗外的事物等，几乎很少关注到学科上。

了解了注意力的种类后，作为家长可以科学地分析自己的孩子属于哪一类。作为教师，更是如此。

当前的教育状态是：教育处在一个全民皆懂、全民皆是专家的状态，任何人都可以谈教育，任何人都觉得自己的教育理念是最正确的。所以，教育主管部门处于被动地位。而处于被动的主管部门管着老师，老师也处于被动地位。作为家长也有无尽可吐槽之处，似乎很多学校的育人任务都移位至家长，辅导作业尤为突出，如此一来恶性循环。

我的想法是，通过科学的教育学、心理学知识让更多的家长真正了解孩子、了解教师的做法。通过重读这些专业知识，结合学生上课状态越发觉得做一个严格的教师的重要性。只有通过严格要求以及与学科的兴趣相结合才能真正帮助孩子学得好又学得轻松。

竖式不应成为唯一

（写于 2019 年 4 月 24 日）

"回收废电池"这节课主要是探索并掌握三位数加法的笔算方法（竖式）。因为考虑以前的两位数加减法竖式学习中对于数位对齐有很好的理解和掌握，而且通过以往经验，如果过多练习竖式，会让孩子产生思维定式，以至于看到什么算式都用竖式进行计算，这样反而会让学生越学越"笨"。

所以，这节课我定位在方法的探索上，而不拘泥于竖式。

上课伊始，回顾上节课所学的知识，总结出前面的三位数加减法是关于整百整十数的加减法，那这节课还有可能是这个知识吗？我将这个问题抛给了孩子们。

生：不是，今天的三位数应该不是整百整十数。

师：那你们能举出这样的加减法算式吗？

学生纷纷举手，一共理出了 14 道加减法算式。于是，我又将问题进行收缩，让学生从 14 道算式中各选出一道加减法算式来进行计算。学生都全情投入自己所学的两道算式中。

对于其中一道算式：999+999，学生最感兴趣。其中五班的小黄、七班的小华都没有选择直接用竖式，而是用了拆分的方法。

当学生看完这种方法之后，都很兴奋，原来拆分的方法有很多种，不一定是要将百位、十位、个位上的数分别拆开来计算，而是可以结合后 个加数来进行拆分。后一个加数是999，要想好算就可以从前一个999中拆出1来凑成整千，这样的方法远比竖式简单多了。

原本以为这道题已经找到了最简单的计算方法了，没想到七班的小孙不停地举手，说有更好的方法。走近一看果然不同凡响（见图1）：

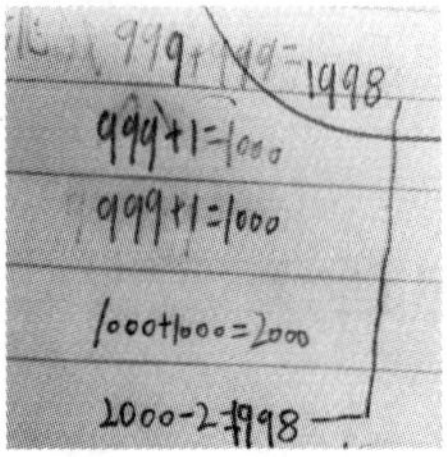

图 1 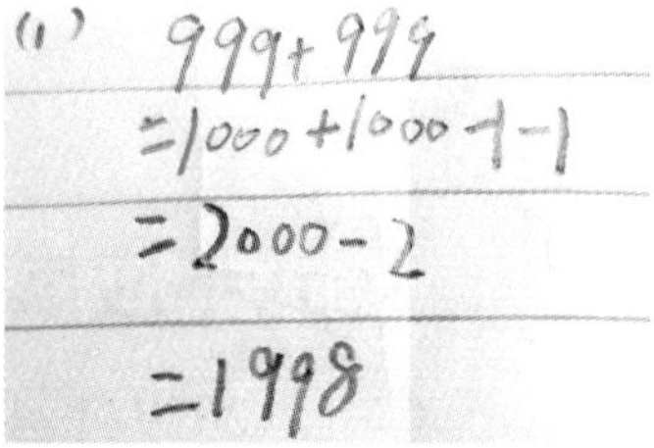   图 2

我将他的方法进行了简化，如图2所示，学生一开始很纳闷，怎么会出现两个1000呢？为什么还要减2呢？通过观察、思考、比较，他们惊喜地发现原来还有这种方法。

而且，两个班的讲课内容中最为吸引他们的就是这道题多样化的计算方法。由此再次说明儿童喜欢新奇的事物，更愿意探索未知的领域。

竖式不应是唯一的算法。

结构化中的分层教学

（写于 2019 年 5 月 6 日）

2019 年 4 月 26 日至 27 日，我有幸在厦门参加为期两天的京苏闽粤小学数学名师工作室小学数学"一课一专题"交流研讨活动。本次活动四地名师结合课堂实例展示各自教学主张，如王珍名师的"简约·智慧"、王九红名师的"适合发展"的课堂等。

这次的学习对我触动最深的是从教 10 年来从未思考过自己的教学主张，教学思路呈现的是碎片化。我想作为一名教师，如果没有教学思想的引领，教学很难有实质性的突破。于是我在回顾、反思中尝试提炼出自己的教学主张。

我想不管是什么样的教学主张，都有一个共同的目标，即探寻学科本质，发展学生能力，数学学科也不例外。数学是在众多概念、命题的基础之上进行量的研究，概念之间又有着密切的联系，所以要把握数学学科本质，就必须教会学生建立新旧知识之间的联系，将新知识转化成旧知识，这是一个结构化的过程。所以，我想提出的第一个教学主张就是结构化教学。

例如，二年级最近所学的第五单元"三位数加减法"，此单元一共八个内容，六节新内容，两节练习，看似庞杂，实则是在100以内加减法的基础上增加一个数位。本单元主要解决两大问题：三位数加减法笔算和解决有关的简单实际问题。通过研读教材与调查学生发现，这一单元学生的问题主要集中在计算问题上，而非解决实际问题上，因为学生一直以来都是在解决和与差的问题，所以，我将本单元的重点聚焦在计算上。

首先，唤醒记忆，构建三位数加减法的框架。带着学生回顾以前两位数的加减法，在与学生对话中逐步建构出如下思路（见下图），继而让学生自己举例，当个位进位时可以列出哪些算式，十位进位时又能列出哪些算式，等等，在不断举例中，逐步明晰一次进位与连续进位的区别，以及一次进位之间的区别。这种学生自主建构、教师引导下的结构化教学过程，不再让学生在被动下练习计算、探求算理，而是主动地思考、积极地运算，因为人人都想算出自己出的题目。

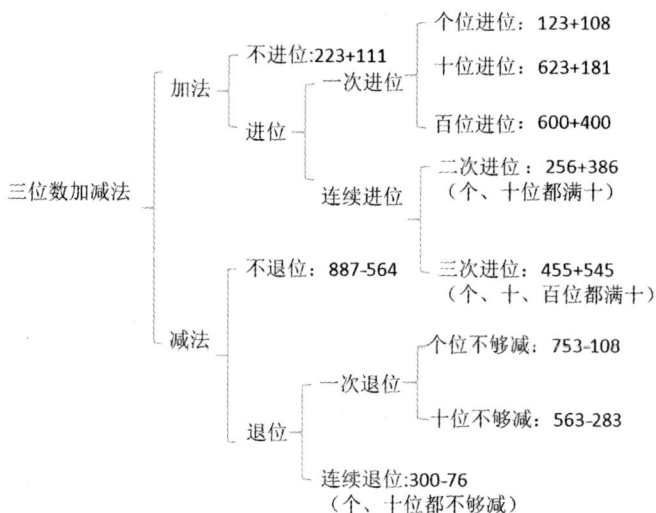

其次，有的放矢、突破难点。在100以内加减法中，学生已经有了进位加法、退位减法的学习基础，所以，在这一单元中一次进位、一次退位对于大部分学生来说不难，难在连续的进位加法、连续的退位减法，以及有0的退位减法三个内容（见下图）。

连续进位加法:458+256

三位数加减法
（难点）

十位是"0"退位减法:205-199

连续退位减法

个、十位是"0"退位减法: 300-76

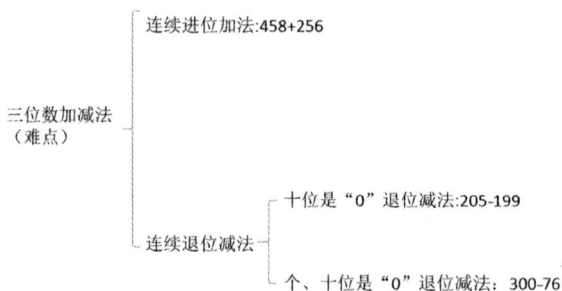

通过理解算理、自己举例计算、错误辨析改正、进一步强化练习四个环节突破这三个难点，最后真正地掌握。以上是从"教"的角度提出的教学主张。然而，从受教育者角度来看，每个学生自身的频率不同，接受能力就不同，逻辑上应当因材施教，但至少在现阶段是不可能的。

对于这种情况，最好的处理方式是归类，归类的原则是：在归类数一定的情况下，尽可能使类内的差别小一些，类与类之间的差别大一些。这种对学生进行分类，并在此基础上实施相应的教育教学措施的方式就是分层教学，即我的教学主张。

依据学生的思维水平以及内驱力，将每个班的学生大致分为六类，即思维水平高、内驱力强；思维水平高、内驱力一般（更多的是被外界压迫所驱使）；思维水平一般、但内驱力强；思维水平一般、内驱力一般；思维水平弱、内驱力强；思维水平弱、内驱力弱。

如果能将班级学生按照以上六种分类方式进行划分，至少就能做到心中有数，对哪一类学生都应有相应的培养目标。例如，对于思维水平高、内驱力强的学生要做到思想无疆，作为精英来培养；对于思维水平强但内驱力低的学生，要防止后劲不足，找清楚内驱力一般的原因，帮助其提高内驱力；对于思维水平一般但内驱力强的学生，要给予更多学习方法的指导，使其思维水平得到稳步提高；对于思维水平一般、内驱力一般的学生最重要的是予以有效鼓励，提高内驱力，再来提高其思维水平；对于思维水平弱、内驱力强的学生一定要帮助维持内驱力，让他保持对学习的热情，降低相应的教学要求，让其思维得到缓慢上升；最为困难的是思维水平弱、内驱力弱的学生，两方面都是最低值，一方面需要降低学习目标，另一方面要想尽各种办法帮助其提高内驱力，让其慢慢树立起对学习的信心和兴趣。

总而言之，我的教学主张是：从教的角度来讲，教学中努力做到结构化教学，帮助学生将零散的知识串联起来，形成系统，把握本质；从学的角度来讲，要对学生进行分析，关注到每一类学生，从而实现分层教学。

角的认识

（写于 2019 年 5 月 15 日）

经过一段时间的实践发现，孩子们的预习越来越好了，"认识角"这节课的内容看似简单，但孩子们能提出很多有意思而且专业化的问题：

比如：所有图形都有角吗？如何比较角的大小？怎么知道角有多大？不同的角有没有自己的名称？角是怎样产生的？

我基于学生的问题确定了这节课的教学目标及设计：

一、生活中的角如何抽象成数学中的角

（1）寻找生活中的角。

（2）如何画出来？（直观到抽象的过程）

（3）角的各部分名称。

（4）是不是所有图形都有角？（圆）

二、制作活动角：木质和纸质的角

解决如下问题：

（1）角的名称：不断旋转，加大张口。

（2）角的大小：不是依据边的大小，而是根据角的张口（可以制作几种角，有铅笔、两个米尺合成的，然后反问：是不是边越长角就越大）。

总结：角的大小与张口有关。

三、如何判断角的大小

在没有上课之前你永远都无法预设课堂上发生的事情。当我进行到第一个教学内容时，问题就来了。当学生在观察生活中的角以及寻找生活中的角时，只见小刘将两支铅笔合在一起（见下图），然后问我：老师这两支铅笔所组成的算是角吗？

看到这一幕，真心赞叹孩子的思维。我顺势让孩子们进行大讨论，于是出现了两种观点：反对者认为这明明就是一条线，怎么能算是角呢？在这些小朋友的脑海里，角应该都是尖尖的；赞成方则认为，只要是两条边和一个顶点构成的就是角。

经过激烈的辨认，孩子们逐渐认可了赞成方的观点。这是本节课最大的亮点。因为对于概念课来说，教材或者教师总是在呈现标准化的概念，比如教材的引入部分：

在生活中，我们经常看到各种角。

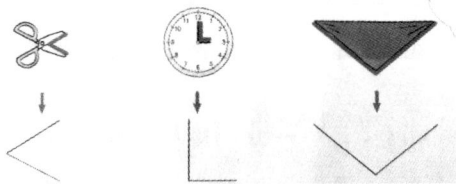

在生活中，我们经常看到各种角。

这是角的标准化概念，学生脑海里还认为角都是尖尖的。而小刘的这个问题正是角的一个非标准化概念，它的出现迫使孩子打破原有角的观念，构建新的概念。

七班的学生虽然没有提出这个问题，但是他们解决这个问题很具有创造性，尤其是小孙的想法。他在这个图形上加了一条边（见下图），将它们分成了两部分，即∠1和∠2，既然这两部分都是角，那合起来肯定也是角，只不过更大一些。学生听完他的解释都恍然大悟，原来并不是所有的角都是尖尖的，还有平平的角呢。

概念教学中除了标准化、非标准化的概念，还应有意识引入一定的"反例"（概念变式），因为通过与正例（标准化）的对照比较，我们才能帮助学生更好地掌握这一概念。只要给予学生更多的探索时间，学生就会帮你找出这样的例子。

当我让学生从生活中寻找角的时候，小吴拿起他手中的量角器，疑惑地问：老师，这个是角吗？

我将这个疑惑求助其他学生，学生再一次产生了认知冲突，正反方意见各占一部分，有的学生中立不确定。于是，又让学生自己辨认，学生在对比角的

概念时发现量角器上的这个并不是角，因为其中一条边是弯曲的。

本节课虽然没有解决预设中的所有问题，但对角的概念，学生突破了原有的认知，产生了新的理解，这是最令人满意之处，但仍然有改进的地方，最突出的就是不要操之过急，给予学生更多的时间去思考、领悟和表达。

通过这节课，更加明白"理想很丰满，现实很骨感"的道理，预设的内容不一定出现，而没有预料到的是学生变幻莫测的思维。面对这样的情形，唯有教师对知识进行本质的把握，才能真正地成为学生的引导者，而非掌控者。

角的大小比较

（写于 2019 年 5 月 16 日）

今天的课重点探讨角的大小比较方法。准备如下几个环节：

一、复习旧知、深刻领悟角的本质

角是由一个顶点和两条直边组成的。这是基本概念，而让学生理解和掌握概念的最好方式是举例：

（1）角的非标准化的变式——平角、周角，结合这两种角让学生再次感受到角的构成，不管这两条直边是否在一条线上或者是否重合，都属于角。

（2）图形中的角。通过列举"桥"类图形和圆，让学生从图形中寻找角。再次感受角的边是直边，而不是弯曲的。

二、探讨角的大小比较方法

通过三个活动实现：

（1）教师出示活动角工具，让两名学生上台做活动角，进而探讨比较这两个角大小的方法。预计学生会想到重叠法，教师将重点放在重叠法的具体落实上。重叠法：把两个角的顶点对齐，一条边也对齐，通过观察另一条边是落在图内还是图外，来分辨角的大小。如果落在图内，就说明比第一个角小，如果落在图外，就说明比第一个角大。也就是说哪个角的张口大，哪个角就大。

（2）全班操作。各自画下一个角，拿出三角尺，将其中一个角与所画的角进行比较，判断哪个角大，进一步体验重叠法。

（3）比较两个三角板角的大小。出示教师大的三角板，和学生的三角尺进行比较，看谁上面的角大。再次深刻感受"角的大小与张口有关而与边长无关"。

三、练习

完成课本第 64 页最后一个练习题，通过这个操作活动进一步加深对角的体会。

123

总之，这节课的重点聚焦两点，即角概念的复习与角大小比较方法的探索。大部分学生经历以上教学过程之后能进行角的大小比较。然而，他们并不满足这些内容，在复习平角和周角时，有学生提出：那些尖尖的角称为什么角呢？显然，他们对角的类型名称感兴趣，这原本是三、四年级的知识，但孩子们有着浓厚的兴趣，所以我拿着活动角，带着他们固定活动角的其中一边，旋转另一边，感受着每一种类型的角。并总结出锐角、直角、钝角、平角、优角和周角六种角。

面对这一超纲的知识，孩子们特别兴奋，他们对一些未知、新奇的事物更感兴趣，所以都在台下认真地做笔记，而且还会认为我很爱他们，因为我提前把三、四年级的知识教给了他们，多么可爱，多么容易满足。我知道，虽然这么简单的输入，不能让孩子们一次掌握所有关于角的知识，但至少对角多了一层直观的体验与认识，等到下次再学这一知识时，平添了一份亲切感。

基于学生问题进行的教学格外有意思。

认识直角

（写于 2019 年 5 月 20 日）

这节课的重点是认识直角，并结合三角板辨认直角、锐角和钝角。直角看似简单，但如果让你来描述什么叫直角，估计你会感到困难，而且一般人对直角也没有确切的概念，只可意会不可言传。所以，对于二年级的小朋友只有通过让他们经历从实际物体抽象出直角的过程，来感知直角。这也是教材第一部分情境图如此安排的原因。

所以，上课伊始我就让孩子们寻找教室里的直角，孩子们找到了很多，比如课本、黑板、天花板、三角尺、一号本等，继而让他们选取其中的一个直角描在本子上。大部分孩子能顺利地完成，但在标注直角符号上存在问题，他们还是习惯于用弧形标注直角。

对此我做了纠正，没想到七班的小刘问了一个问题："为什么直角一定要用这样的符号来标注，而其他的角都是用弧形来标呢？"说实话，在此之前我并没有考虑这个问题，从成人角度来看一切都是理所当然的。所以，我也稍微停顿了一下，然后给出了这样的回答：或许因为直角比较特殊吧。你们在画锐角时，会有各种各样的答案，有的锐角尖尖的，有的张口更大一些（一边说一边画出相应的锐角），而在画直角时就只有一种结果，张口永远都是这么大。

小刘点点头，算是认可我的这种解释。

其实，现在回过头来想这个问题，我觉得自己的处理方式还是略显粗糙了。这是一个很好的问题，虽然我说到了本质原因，但并没有让所有学生体验到这一点。我应该换成如下处理方式：

首先，不急于回答这个问题，而是等到学生学完锐角、钝角之后，让一些学生到黑板上画出三种类型的角；其次进行归类，学生在归类中就会进行对比并发现直角的特殊性。这种方式是学生主动分类、发现、总结的过程，而不是被动输入的过程，其效果会不一样。

以上是本节课的一个重点，即认识直角。如果按照教材上来教的话，第二个环节应该就是借助三角板上的直角来辨认以下四个角哪些是直角（课本第65页）。然而，我并没有这样做，而是在学生画出一个直角的基础上，直接给出了锐角、钝角的概念，然后让学生在这个直角的基础上画出一个锐角和钝角，这是一个具有思维跨度的环节。之所以这样做，是因为在前两节课已经渗透了锐角、钝角的概念以及角的大小比较方法，所以抛出这样的一个大问题，就是想让学生对比直角，将理论概念上升到直观的操作上。经过一一检查发现，大部分孩子还是能跨越难度，在直角的基础上画出一个锐角和钝角，但是，对于学习能力弱一些的孩子来说，还是需要一对一的指导。

这往往也是教师的困惑所在，面对参差不齐的学习情况，教师如何能做到既让学习能力强的孩子思想无疆，又让学习弱的孩子跟上来。我想这远远不是教师凭一己之力所能达到的，只能尽力而为。

构建讲道理的数学课

（写于 2019 年 5 月 22 日）

二年级角的内容看似简单，而且很多规定在成人看来都是理所当然的，然而，从孩子的视角来看，他们脑海里会有很多个为什么？比如：①为什么画角的时候一定要在里面标上角的符号？②直角的符号为什么和其他角的符号不同？面对学生这些"奇怪"的问题，作为教师如果只是告诉孩子们这是规定，那久而久之学生自然不会再有问题，因为他们会觉得这些都是规定。所以，构建一个讲道理的数学课很关键。

学生的这两个问题，在备课时都没有进入我的思考范围，是学生的问题促使我思考背后的原因。只有知道真正的原因，才会有进一步的教学过程来实践它，最后让学生真正地理解。

为什么要在画角的时候标上角的符号呢？其目的就是指向明确。让学生能理解这一点，最好的方式就是举例。学生在知道比直角大的角是钝角时，我借此机会渗透角的符号的重要性。

首先，让学生自己画出一个直角（见图1），接着引发思考：如何在直角的基础上画出一个钝角？小张积极举手画出了钝角（见图2），此时台下学生有了质疑，有的认为他画出了钝角，有的认为他只是画了一个锐角。顺势让持这两种观点的小朋友上来指一指，他们所指的钝角和锐角各在哪里。然后问小严他画的钝角是哪一个角，他也能指出钝角在哪里。

图1   图2

接下来有如下对话：

师：按道理说，你画对了呀。那为什么有的同学会说你画错了？

生1：因为他只画出了一条边，而并没有指出是哪一个角。

生2：是啊，这里有好多角呢，有直角、钝角和锐角，你不标出来，别人不知道你指的是哪一个角。

师：看来角的符号很重要，它能帮我们更加明确地指出哪一个角。所以，小严，请用角的符号标出你所画的钝角，好吗？

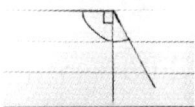

通过这一对话交流，学生充分地感受到标记角的符号的重要性，在以后的画角中自然会标出角的符号，这远比硬生生的强调有效果。

为什么直角符号和其他角的符号不一样呢？原因是直角是特殊的角，有一个特殊的符号来区别它与其他角。那如何让学生来理解直角是特殊的角呢？

我是通过以下教学环节来实现。首先让学生分别画出直角、锐角和钝角各一个，然后将这三种角分别归类，让学生对比说出自己的发现。

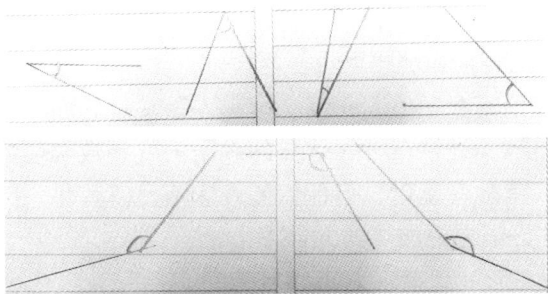

师：通过对比，你们发现了什么？

生1：我发现直角都是一样大。锐角和钝角是有大有小。

生2：我不同意，这里的直角不是一样大，你看有的是斜的呢。

生3：斜的、倒的都没有关系啊，你把纸转一下这个直角不就正了吗？

师：你的意思是这几个直角大小都一样，只是位置不同是吗？

生3：是的。

师：那你有什么办法来说服大家同意你的观点？

生3：用三角尺上的直角量一下就知道了。

师生通过三角尺上的直角来验证这位学生的想法，学生通过这一环节充分感受并接受所有直角都是相同的。

师：相比锐角、钝角来说，你对直角有什么话想说？

生4：我觉得直角比较特别。

生5：我觉得直角和其他角都不一样，它比较另类。

师：是的，看来大家已经发现直角的与众不同了，它是特殊的角。现在能理解在画角时用直角符号来区别它和其他角的做法了吗？

生：能理解啦。

通过这样的对话，在交流中构建讲道理的数学课，这样的课堂会更加深刻、有趣。感谢我的孩子们带着我不断深入数学的殿堂，领略其中的奥秘。

数学化的过程

（写于 2019 年 5 月 23 日）

我曾经听一位资深特级教师说过这样的一句话：新老教师最大的区别就是，新教师永远会觉得自己所要讲的内容很简单，一堂课 40 分钟太久了。

的确如此，这是我十年教学生涯中第二次教二年级，看到教材的每一节内容都觉得不容易教，遥想当初自己觉得长方形、正方形、角这样的知识还用教吗？从这点看，我已经顺利地成为一名老教师了。

郑毓信教授曾说，数学不同于语文学科，语文是感性学科，通过语言来表达情感，而数学是培养理性精神，落实到教学上就是数学化的过程。学生进入学校前有一定的日常数学基础，但他们的表达略显碎片化，而数学教学就是使学生思维更加缜密，语言更加精细、简洁。

"长方形与正方形"这节课看似内容简单，就是认识长方形、正方形的特征，所谓对边相等、四个角都是直角等。学生很快能记住这句话，然而他们真正懂得"对边相等"的内涵吗？

儿童学习数学的过程是由直观逐步抽象的，直观过程停留的时间越久，感受越深，抽象的过程就会越容易。所以，我将这节课更多的时间用在直观上，包括直观地折、直观地说。

以下是印象比较深刻的几个环节：

场景一（五班）：

师：通过折的过程，你能说说长方形的边有什么特点吗？

生：长的两条边相等、短的两条边也相等。

师：还有更精练的表达吗？数学是以简洁为美的。

在我的鼓励下，小张举起小手，回答道："面对面的两条边相等。"

师：说得很好。她已经将原来的 14 个字的总结缩减为 9 个字了。还有吗？不过，面对面好像有点太口语化了，能不能说得更专业一点。

小刘：相对的两条边相等。

师：你太牛了。"相对"这样的词都能想到，真是了不起。这个词是不是更专业一些呀？还有没有更精练的总结？再想想。要公布答案吗？

坐在第一排的小夏连忙摇头："不要，我说！"

这时第三排的小余轻声地说了句："对边相等。"

我激动地将这四个字写在黑板上，孩子们发出一阵惊叹，太神奇了。居然可以用这么简洁的语言来表达长方形边的特点。

我想这个过程虽然时间久一些，但值得，因为是他们自己探究、总结出来的结果，而不是老师直接给出的。

场景二（七班）：

师：我们已经知道了长方形对边相等，那长方形的对边在哪儿，能指一指吗？

学生都能指出上下一组、左右一组。

师：那如果用一句话来概括：长方形有两（　　）对边。你会在括号里填什么呢？

生1：两个对边。

生2：不好，边怎么能用"个"来表示呢？

生3：两条对边。

小周：也不好，两条对边，别人还以为你说的长方形只有两条边呢。

小刘：两对对边。

生：可以是可以，就是读起来怪怪的。

小刘：那就两双对边。

生：也不太好。

师：你们都是爱思考的孩子，为了表达更准确，我们可以说是两组对边。

其中一个学生一声叹息：唉，怎么这么简单的一个词我却没有想到呢。

真的很有意思。

场景三：

师：我们已经知道长方形有两组对边——长的一边和短的一边，那我们来给它们取个名字吧。

生1：长的一边就叫长边，短的一边就叫短边。

师：挺好。还有吗？

生2：长的一边叫长，短的一边叫短。

师：你们都很有想法，数学家和你们的想法也差不多，长的一组对边就是叫"长"，短的一组对边叫作"宽"。

这次学生不干了，他们都觉得"宽"这个名字取得不合理，怎么能叫"宽"呢？明明就是"窄"嘛。

师：是啊，可能不是太合理。那你们好好学习，等以后自己成为数学家了，再把它重新命名，好吗？

这阵"忽悠"才使他们平息下来。

师：正方形四条边相等，也就是说它的长和宽都相等，总不能还叫两个名字吧，能不能给取个名字。

生1：等边。

生2：边。

师：还真是厉害，名字取得都不错。我们数学上将正方形的四条边都称为"边长"。

这样一节概念课，没想到孩子们这么感兴趣，可能是因为让他们充分地参与其中，重构概念的生成过程，而不是直接地输入。这样逐步数学化的过程，不再是被动地接受，而是主动地建构。

我和孩子们都需要这样的课堂。

操作中深刻把握长方形、正方形特征

（写于 2019 年 5 月 28 日）

上一次课已经初步认识了长方形、正方形的特征，这节课要进一步来认识它们。我打算从以下几个方面来进行教学：

一、复习旧知——长方形、正方形的特征

两种图形都可以从边、角的两个方面来阐述：长方形对边相等，四个角都是直角；正方形四条边都相等，四个角都是直角。特别注意：只有说明正方形的邻边相等，才能推出四边形相等。

让学生体会正方形是特殊的长方形。

二、会画两种图形

通过在方格纸上作图，进一步体会长方形、正方形的特征。

三、折最大的正方形

（1）用一张长 12 厘米、宽 8 厘米的长方形纸折正方形。最大的正方形边长是多少厘米？

边折边想折出的正方形怎样才能保证"最大"？

（2）变式练习：用一张长 20 厘米、宽 10 厘米的长方形，折出最大的正方形，边长是多少？可以折几个这样的正方形？

总结：折出的最大正方形的边长就是长方形的宽。

四、数图形

（1）数长方形的个数。

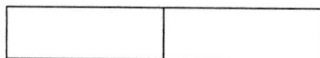

3 个

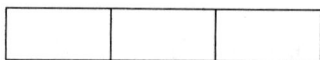

6 个

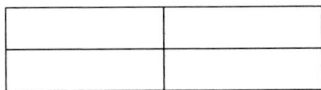

9个

总结：培养有序思维，数的时候按小—中—大的顺序依次数。

（2）数正方形的个数。图中有多少个正方形？你发现了什么？

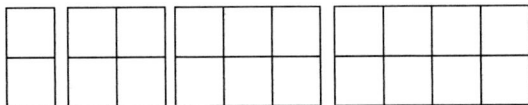

2个　　5个　　8个　　11个

发现：每增加2个小正方形，就与它相邻的2个小正方形组成1个大正方形，所以，正方形的个数增加3。

等待，就好

（写于2019年5月29日）

昨天的课通过复习、画、折等活动进一步认识长方形、正方形的特征。慢慢地，我和孩子们共同探究出一套上课的模式，先上新课或者复习旧知，然后进行大挑战，大挑战一般包括三道有挑战性的问题。这样一来，一堂课简单明了，孩子们也很喜欢。

在这两天的学习中，最难以让学生接受的一个观点是：正方形属于长方形，它是特殊的长方形。对于这一问题，我没有急于将结论告诉他们，而是在探明两种图形的特征后，提出疑问：长方形对边相等，正方形四条边相等；它们角的特点都是四个角都是直角，好像它们之间存在某种关系似的，你们觉得呢？那它们之间有什么关系？能否说说你们的观点。

生1：兄弟关系。

生2：亲戚关系。

师：能具体说说你们的理解吗？

生3：正方形其实就是长方形对折而成的。

生4：不对，那是长方形正好长一些，你看要是短一点的长方形，就不能对折成正方形。（学生边说边折）

生5：那长方形就是比正方形长的图形。

师：我们可以一起来看看，正方形也有两组对边，而且对边怎么样？

生：相等。

师：那也就是说它也具有长方形的特点。

学生在我的提醒下恍然大悟，对啊。

小牛：正方形属于长方形的一种。

小田：不对，长方形是对边相等，而正方形是四条边相等，怎么能说正方形属于长方形呢？

小牛：它也满足长方形的条件啊，只不过它比长方形还多一些特征，它不仅对边相等，它还和隔壁边（邻边）相等。

师：那如果用一个大圆圈来表示长方形，另一个小圆圈来表示正方形，你们觉得这两个圈的位置应该怎样？（边说边画出以下三种情况）

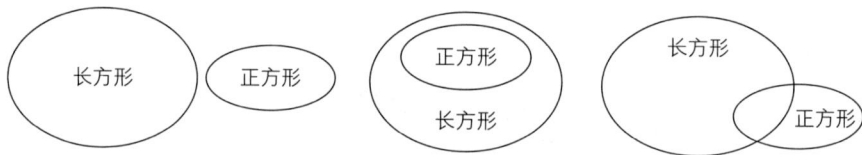

有了前面对话的基础，孩子们很快就排除了第一种情况，但在后两种情况中犹豫不决，更多的孩子还是选择交叉这一种。

师：你们的意思是有的正方形属于长方形，有的却不属于？

这么一反问，学生又都摇摇头。

师：那你们觉得选哪一种呢？

这一次都同意第二种情况了。能说说你的理由吗？适当的追问能让想法更深刻。

生：我知道了，只要是正方形都属于长方形，因为长方形对边相等，四个角是直角，这两个条件它都满足。

师：很好，那请进入挑战环节。请听题：所有的正方形都是长方形或者所有的长方形都是正方形，你觉得哪句话是正确的？

有了前面一系列的讨论与对话，孩子们很轻松地选择出正确的说法。

最后总结正方形是特殊的长方形，也就顺理成章了。

而且，孩子们理解了正方形和长方形之间的关系后，他们会用迁移的方式来理解长方形、正方形和平行四边形的关系。以下是教学过程：

师：今天我们来学习新的图形——平行四边形。

教师板书标题，学生做笔记。

师：你从这个标题中读出了哪些重要信息？

生1：我读到了四边形。

师：原来我们今天学习的图形也是四边形。还有吗？

生2：平行。

师：你们怎么来理解平行，能不能用手势表达出来？

大部分孩子都能做出类似等号的手势。

师：那这样是平行吗？（上下两只手不在同一个位置）

生：可以。

师：能用两只铅笔摆出一组平行边吗？

基本上全班同学都能摆出来。

经历过一系列直观的过程，现在逐步抽象到图形，我将带来的平行四边形不断地拉伸，并问学生：能看到平行的边吗？

孩子们都能指出两组平行边。孩子们通过这一过程，直观地感知到平行四边形的样子。我把它拉回到长方形的样子，并问：还能看到平行的边吗？孩子们都回答能时，我质疑道："这明明就是长方形！怎么能又说它是平行四边形呢？"

小刘：老师，我知道了。长方形是特殊的平行四边形。

师：为什么这么说呢？

小吴：因为平行四边形的条件长方形都满足啊，就像正方形是特殊的长方形一样。

小万：那也可以说正方形是特殊的平行四边形呢。

此时，能看出孩子们迫切地想用韦恩图来表达这几种图形之间的关系。于是，我将前一节课画的图，接着画下去。

师：如果再用一个圆圈来表示平行四边形，你觉得这个圈应该画在哪里呢？

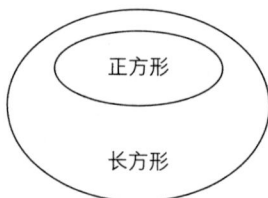

生：画在最外面，它应该比长方形这个圈还要大。

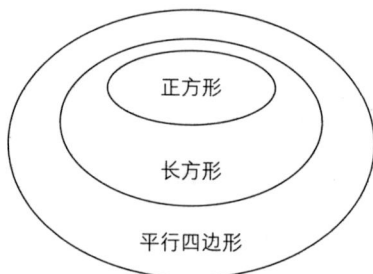

师：从这幅图中，你知道了什么？

生1：我知道了正方形是特殊的长方形。

生2：长方形是特殊的平行四边形。

生3：正方形也是特殊的平行四边形。

生4：太神奇了。原来平行四边形包括了长方形和正方形。

师追问：那奇怪了，通过刚才的活动，我们发现平行四边形其实就是由长方形拉伸得到的。那它们有什么相同和不同之处呢？或者说，在拉伸过程中，你发现什么变了？什么没变？

生1：我发现形状变了。

生2：我发现角度变了，不再是直角了。

师：那什么没变？

生3：我发现边的长度没变，还是那么长。

师：很好。那现在能说说平行四边形有什么特点吗？

生4：有两组平行边。

生5：两组平行边都相等。

生6：就是对边相等。

师：太棒了。还有吗？

生7：有两个锐角、两个钝角，而且两个锐角相等，两个钝角也相等。

师：真会发现。有更简洁的说法吗？再想想。

生8：对角相等。

师：真厉害。还能根据对边创造出"对角"。

师总结：平行四边形对边相等、对角相等。

师：很好。你们都是善于观察与思考的孩子。那能不能再想一想：如果平行四边形外面再有一个圆圈，让你取一个名字，你觉得它应该叫什么呢？

孩子们惊讶不已，居然还有比平行四边形范围更广的图形。他们在绞尽脑汁思考，我也在耐心地等待。还是那句话，你永远不要低估儿童，他们居然能想出来是"四边形"。

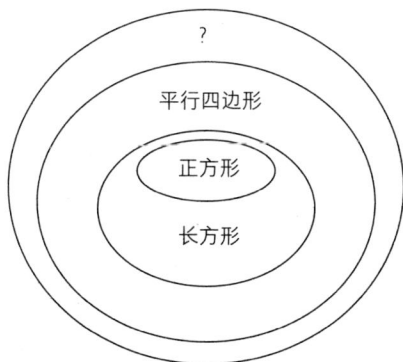

我越发觉得作为教师，最需要的就是等待，耐心等待学生的每一次自主探索，不急于抽象、归纳，让学生在自己对概念的原生态理解中多停留片刻，让学生在自我思考、师生互动交流中探究问题的本质。

随想

（写于 2019 年 6 月 3 日）

每次打开反思日志，首先映入眼帘的就是日期，原来不经意间已经坚持写了一年多的反思，近九万字。我不知道这些反思到底会有什么用，但我知道自从开始写了之后，心越发平静，觉得做教师原来是这么的简单和幸福，你只要静静地思考怎样教好书，静静地思考怎样让你的学生更喜欢你的学科，静静地思考如何让学生学得更好，就够了。至于名与禄，突然间变得渺小了。

这样一来，你的目标变得十分清晰：安心地做一名好教师。

现在的我就是在努力地、安静地做一名好教师。因为是教师，不读书难以进步，难以让人信服。读书，就成了自己必须做的事情。我的世界一下子又变得简单了，只要想着读什么书来让自己进步就可以了。

现在的我每天除了完成必须做的教学教育工作，还有了额外的读书任务，我给自己定下严苛的阅读计划：

（1）每天阅读 20 页的专业书籍、一篇专业杂志，并做好笔记；如果能坚持下来，一年能读到 10~12 本 600 页的专业书。

（2）每两天或三天写下一篇反思。

（3）每天练习一页书法。

（4）阅读人文类等自己感兴趣的闲散书籍。

看似简单的计划，实施起来真需要一些意志力，因为白天的时间备课、上课、批改作业一般会将自己上午的时间全部用完，下午写一次反思通常需要 1~2 节课，4 点至 5 点的时间自己就已经特别疲乏，似乎只有运动才能舒缓。所以我的阅读计划，除了阅读闲散书籍是在中午时完成，其他三条都要等到晚上来实施。好在女儿现在越来越独立，会安排自己的学习时间，从她那里能解放出不少时间，晚上陪儿子是一件比较耗时的事情，因为他一般要到 10 点才能睡着，往往在陪他的时候我就已经昏昏欲睡，所以好几个晚上都没能坚持阅读 20 页的专业书籍，想起就会沮丧和懊恼。

之所以要写下来，就是想让自己变得更加自律。愿从今天开始，我能更加自律。

"以生为本"——1分钟有多长

（写于 2019 年 6 月 5 日）

这节课的主要目标是通过"1 分钟有多长"的实践活动来体验 1 分钟有多长，并指导 1 分 =60 秒。如果单从知识目标 1 分 =60 秒来看，这节课就太简单、太没趣了。然而，学生总会给你带来惊喜。

上课伊始，我带着孩子们一起复习了前面所学的知识，1 时 =60 分，并演示时针、分针的转动，当出示 1 分 =60 秒，揭示时间单位时分秒之间的进率是 60 的时候，两个班级的孩子都有如下的问题：那 1 小时是多少秒呢？

小张迅速地回答道："3600 秒。"

师：你怎么知道的？

小张：我在家里看到的。

师：那你知道 3600 秒是怎么得到的吗？

小周：我知道，1 时 =60 分，1 分 =60 秒，说明一个小时里面有 60 个 60 秒，那就是六六三十六，3600 秒。

师：真是厉害。这已经超出小朋友的知识范围了，如果感兴趣的小朋友可以记下来。

接下来的问题更新奇，意想不到的是两个班的孩子都提出同样的问题。

生 1：老师，那 1 天是多少秒呢？

师：你们知道 1 天是多少小时吗？

小杨：1 天 =24 小时，它们之间不是 60 进制，如果是的话，那一天太长了，60 个小时呢。

师：你懂得真多。是的，时间单位的进制比较多，比较复杂，以后会慢慢学到的。我们还是继续回到 1 天是多少秒这个问题上。

生 2：我知道，一天 24 小时，那就是 24 个 3600 秒。

师：太棒了，你会用乘法解决这么复杂的问题。我们一起来算算。

这里还有一个小插曲，原本想在手机上直接算出这个得数，结果五班的小家伙以为我是不会，故意"刁难"我，要我直接在黑板上算出来，于是我当场用乘法竖式计算，下面的小朋友直呼太神奇，这一刻我被神化了，心里窃喜。

算完，我们发现原来 1 天 =86400 秒。接着，孩子们还是不满足，又问 1 年是多少秒，我又带着他们一起计算出 1 年 =3153600 秒。

没想到，小罗会进一步来问我：1 个世纪是多少秒？

师：1 世纪 =100 年，现在会计算了吗？

生：就是 100 个 3153600 了，只要在它后面加两个 0 就是了。

小孙：老师，我现在还知道 100 个世纪是多少秒呢，就是在 1 世纪的基础上再加两个 0 就可以了。

师：是的，看来你已经学会推理了。

看到满满的一黑板数字，孩子们连连发出惊叹声，觉得太神奇了，迫不及待地要抄下这些笔记，而且不让我擦掉乘法竖式的计算过程。

回顾这个环节，如果单从知识目标来看，那是完全没有必要，已经超出了考试范围，之前一轮的二年级我就并没有做这样一件事。然而，如果真的从学生的角度来说，这个环节就显得重要了，这是学生的问题。儿童始终对未知的世界充满了好奇，他们就想知道这些看似无用的知识。

从这个环节中至少让孩子们感受到了推理的乐趣，感受到大数的意义，感受到乘法竖式的奇妙，感受到数学的魅力……虽然这些知识不会用于考试，不会让孩子们的成绩有显著的变化。然而，或许上完这节课后会让她或他对数学有不一样的感受，足矣。

后面的关于"一分钟能做多少事"因为时间关系只能推迟到明天完成。下课后我在黑板上布置作业时，小蔡走过来对我说："王老师，今天我学到了太多知识，真的太有趣了。只不过没有去操场上测试一下1分钟能跑多少米有点可惜。"我说："没有关系，明天我们会继续。"

我想这就是传说中的"以生为本"吧。

思维的可视化

（写于 2019 年 6 月 11 日）

这两天的课是学习"淘气的作息时间"，本节内容重点关注学生对"经过时间"的理解，关注得出经过的过程。教科书上为让学生得到经过的时间，重点帮助学生体会什么是经过时间，而我对这一点却忽略了。

我直接让孩子们在家中或者学校提前预习，然后在课上直接抛出一个大问题放手学生去探索，只有给予孩子充分的时间去构建自己的思路，他们才能有属于自己的收获。

我出了一道挑战题：8:25~9:05 经过多长时间？

学生的作品呈现方式无外乎两种：其一，画各种示意图来得出经过时间；其二，用结束时间减去开始时间。从这两种呈现方式中也能"窥探"孩子的思维水平。

第一类学生的作品如下面两幅图。这类学生喜欢直观，他们用非常直观的钟面来表示计算经过时间，图 1 较之图 2 又更加直观，它是用数数的方式数出经过的时间；而图 2 在此基础上将数的方式变成简便的乘法运算，相比图 1 会略微抽象一点儿。

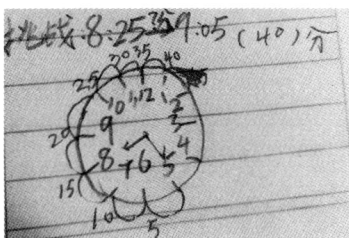

图 1　　　　　　　　　　　　　　图 2

第二类学生用数线图（数轴）来得出经过时间。虽然同样是画图，但相比钟面，数线图更为抽象。然而，即使都是用数线图表示，它们之间还是存在差异的，以下四幅图是由直观到抽象的过程，图3直接用数的方式来数出经过时间；图4是用乘法的简便形式算出经过时间；图5也是用数，然而中间多了一个整时为"桥梁"，其实是分两步数出来的，先数出 8:25 到整时 9:00 的经过时间，再加上 9:00 至 9:05 的经过时间；图6并没有画出所有的间隔时间，而是以整时为桥梁，分两步计算出经过时间。这四幅图呈现出两种思维水平，即数和算。第一类学生的作品实则也一样，但总体的呈现方式比这一类学生更为直观。

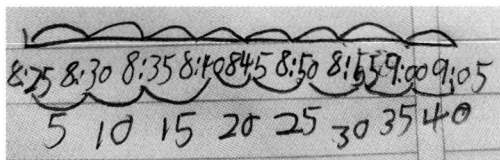

图 3

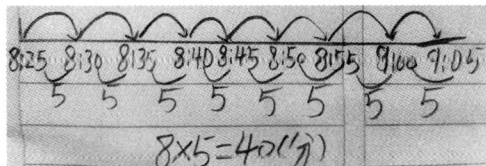

图 4

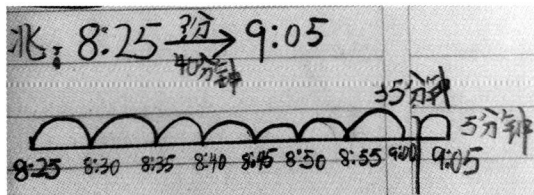

图 5

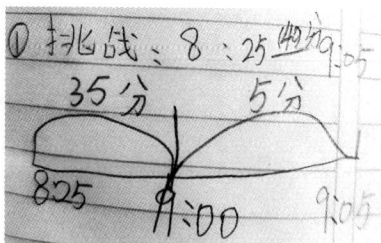

图 6

第三类学生使用结束时间减去开始时间来算得经过时间。在这一类学生头脑中显然对时间概念有一个清晰的认识，当结束时间不够减开始时间时，他们会借助时与分的换算来解决这一难题。然而，这两个学生的思维方式又不一样，图 7 首先将 1 时换成 60 分，再来将原有的分相加，再来减去开始时间；而图 8 是先减去分，然后将剩下的时间用 1 时来相减。两种方式各有千秋。

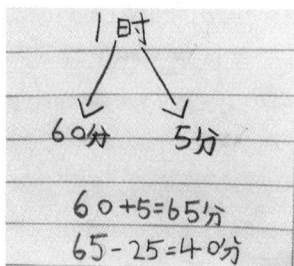

图 7

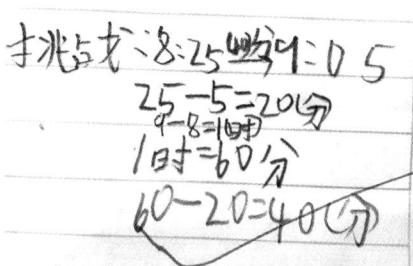

图 8

这三种方式没有好坏之分，只有喜欢与不喜欢，有的孩子喜欢用钟面表示，有的孩子喜欢用数线来表达，还有的孩子喜欢用算式书写，都没有问题。在这一过程中切不可认为画钟面的学生思维水平就低，硬要学生接受自己所认为的方式去做。

要注重儿童思维的可视化，进而在对比中让儿童选择自己喜欢的方式去解决问题，这才是最合理的做法。

"重复"的奥妙

（写于 2019 年 6 月 12 日）

这节课的主要教学目标是在发现、描述重复多次的现象或事物的过程中，初步体会简单的规律，并能用合适的方式进行表达。

如此看来，教学过程就很清晰了。

首先，呈现情景图，让孩子们观察，并畅所欲言，描述自己所看到的重复现象。在描述中充分感受规律存在的广泛性。孩子们对事物的观察往往比成人细致，他们能发现很多规律，比如旗子的颜色、形状，灯笼的摆放，气球、花盆的颜色以及花的颜色等。

其次，进入主题环节，将所找的规律用自己喜欢的方式进行表达。郑毓信教授曾表示，数学化的过程很重要，而数学化过程的最重要途径就是让"动手"转向"动脑"。所以，我并没有让学生直接写，而是先思考有哪些方式可以表达规律。学生提出了很多方式：图形、文字、符号、字母、数字，再让孩子们从以上方式中选择自己喜欢的方式进行表达。

我让孩子们将表达的结果展示在黑板上，如下图：

（1）儿童的排列规律：

（2）旗子的排列规律：

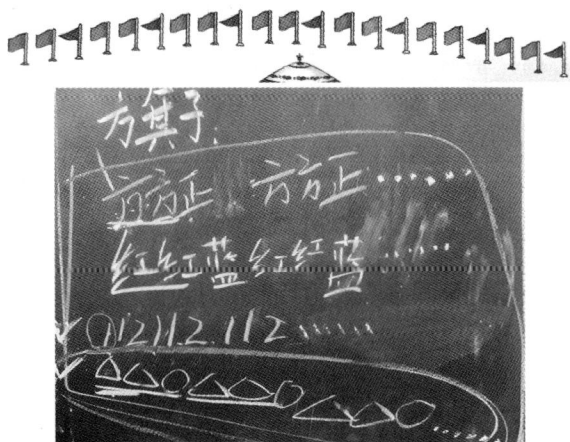

（3）花盆颜色的排列规律：

（4）灯笼的摆放规律：

说实话，让孩子们表达规律不难，对于老师来说难的是如何对这么多的呈现方式进行处理。是所有的规律都要——解决，还是选取代表性的？对某一规律的探讨要围绕哪些方面进行？等等问题萦绕在我脑中。

于是，我果断采取如下思路，选取表达方式多的"儿童的排列规律"来探讨，围绕如下问题：

（1）你觉得这些表达方式都对吗？为什么？

（2）从优化的角度来看，你觉得哪些方式不太好？

当问题抛出之后，很快就有小朋友指出用画小人的方式是错误的表达方式，因为第一个是女生，它却画成了男生（见下图）。

师：如果将男女生交换位置，那是不是就对了？

生1：是的。

生2：但这种方式不好，因为画起来太费劲了，不简洁。

在这样的互动中很快就排除了这种表达方式，但很快学生又找出了问题。

小王：老师，我觉得这种方式是错误的（她将注意力转移到旗子的排列规律上了，并上讲台指出她的疑惑）。如下图所示。

小王：你看这个旗子的形状明明就是长方形和三角形，怎么能说是方的和正的呢？

小戴：照你这么说，那下面的表达方式都错了。

小黎：对啊，它只是用"方"来表示第一个长方形的旗子，而不是说它的形状就是方的。

小叶：它们只是个代号。

这一番争论是最精彩的部分，所以名字我也记得特别深刻，尤其是小叶的"代号"二字顺利地解决了小王的困惑。我不禁感叹孩子的表达能力。

对于这几位小朋友我都给予了大大的奖励和表扬，他们是善于提出问题和解决问题的。在这一番鼓励之下越来越多的小朋友找出了表达中的问题。

小戴：老师，我发现用"一大一小"这样来表达灯笼的规律是错误的，你看如果用"一"来表示大灯笼，那"大"就是小灯笼了，后面的"一"又成了大灯笼了，根本表达不出这个灯笼的规律。

小王：我明白他的意思，这里只有两个因素：大、小灯笼，而"一大一小"里面包含了三个因素，这是不行的。

师：你们真是太厉害了，我们表达规律时，只能用一个符号或者一个数字来表达一个事物。所以，可以将这里的"一"擦掉。

小刘：王老师，我还发现这个表达方式也是错误的（见下图）。因为是2个绿花盆和2个红花盆，而它只用了一个圆圈和一个三角形，这样是不行的。

师：你真是善于观察的孩子，圆圈代表绿花盆，所以应该用两个圆圈来表

示两个绿花盆，真棒。

经过这一系列的师生对话以及生生对话，不知不觉中将规律所需要注意的问题全部解决了，我再次惊叹儿童的力量。只要充分相信他们，他们定会给你带来难以想象的惊喜。

不过，遗憾的是七班是第三节，五班是第四节，在上七班的课时没有考虑周全，没有让孩子们在表达之前探讨表达的方式，导致最精彩的环节没有出现，没有学生之间的质疑，产生的效果就肯定不会有五班的深刻。明天在班上读给他们听，希望能弥补今天的遗憾。

第六单元复习

（写于 2019 年 6 月 17 日）

不知不觉临近期末，新课全部上完，要准备复习了。我一直认为复习不是一味地进行题海战术，而是要有的放矢。所以我更愿意将复习作为教师成长的一个时机，因为它需要教师静下心来耐心细致地对全册知识进行梳理，而且不仅要梳理，还要通过有效手段让孩子们吸收这些知识。如此看来，做到有效复习不是一件简单的事，是需要教师花功夫的。

我是计划倒着复习的，因为还有单元测试卷没有考完，所以将单元复习与整体复习结合在一起。这一周计划复习第六、七、八三个单元，并进行两次单元测试。

重点梳理如下：

第六单元 (经过实践，发现有些挑战题没有必要，可以删减，于是将下面的复习进行删减，成为正式的复习稿以供以后参考)：

第一关：会认

（1）借助三角尺认识直角、钝角、锐角。

直角：特殊的角

钝角：大于直角的角

锐角：小于直角的角

自我挑战：课本第 95 页第 6 题。

获得星数：＿＿＿＿＿＿＿＿＿＿＿＿＿＿＿＿＿＿＿＿＿＿＿

（2）长方形：对边相等，四个角都是直角。

名称：长、宽

（3）正方形：四条边都相等，四个角都是直角。

名称：边

（4）正方形和长方形之间的关系：正方形是特殊的长方形。

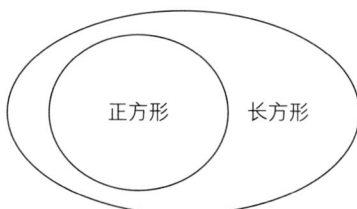

（5）平行四边形：对边平行、对角相等。

（6）长方形、正方形、平行四边形之间的关系：

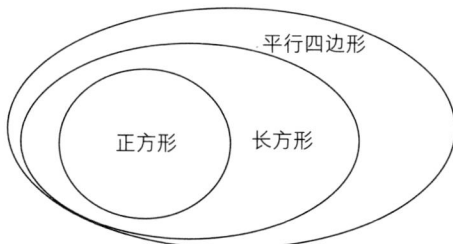

自我挑战：课本第74页第7题，第95页第5题。

获得星数：_____

第二关：会画

（1）画三种类型的角。

（2）画长方形、正方形，尤其要会画平行四边形。

（3）记住：一定要写上图形的名称。

自我挑战：课本第69、70页第4题。

获得星数：_____

第三关：会量

（1）量长方形的长和宽的长度，量正方形的边长。

（2）记住：一定要写上单位。

自我挑战：课本第68页第3题，课本第95页第3题。

获得星数：_____

第四关：会数

（1）数角的个数。

（2）数长方形、正方形和平行四边形的数量。

自我挑战：

 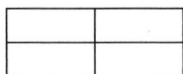

（　　）个角　　　（　　）个长方形　　（　　）个正方形

获得星数：_____

第五关：会推算

会用一张长方形的纸张剪一个最大的正方形。

自我挑战：

（1）课本第 68 页第 4 题。

（2）用一张长（　　）厘米，宽（　　）厘米的长方形纸折正方形。最大的正方形边长是（　　）厘米，可以折（　　）个这样的正方形。

获得星数：_____

最后获得的总星数：（　　）个。

第七、八单元复习

（写于 2019 年 6 月 18 日）

这两个单元中，第八单元相对比较简单，所以，复习的重点还是在第七单元。虽然昨天在班级也做了复习，但总感觉少了一次系统的复习，对孩子的整体认知会有一些影响，所以还是决定整理一遍。

第七单元：时、分、秒

姓名：_____　　　　　　班级：_____

获得总星数：_____

第一关：我会认钟面

钟面上有_____个大格子，_____个小格。

时针走 1 大格是_____时。

分针走 1 大格是_____分。

时针走 1 大格，分针正好走_____圈。

1 时 =_____分　　1 分 =_____秒

自我挑战：

（1）分针走一圈经过的时间是（　　）分，也就是（　　）时；时针走一圈经过的时间是（　　）时。

（2）分针从"12"走到"4"经过（　　）分，时针从"12"走到"4"经过（　　）时。

获得星数：_____

第二关：我会认时间

自我挑战：

　____时____分　　　　____时____分　　　　____时____分

　____：____　　　　　____：____　　　　　____：____

　____时____分　　　　____时____分　　　　____时____分

　____：____　　　　　____：____　　　　　____：____

　____时____分　　　　____时____分

　____：____　　　　　____：____

获得星数：_____

第三关：我会填上合适的单位

自我挑战：课本第 94 页第 11 题。

获得星数：_____

第四关：我会换算单位

自我挑战：

1 时 = ____分   1 分 =____秒

2 分 = ____秒   120 分 =____时

80 秒 = ____分   1 分 40 秒 =____秒

90 分 = ____时____分   1 分 25 秒 =____秒

获得星数：_____

第五关：我会算时间

自我挑战：

（1）哥哥上午 11:15 开始上课，上课时间用了 45 分。哥哥在（　　）时放学。

（2）课本第 94 页第 12 题。

获得星数：_____

新学期，新开始

（写于 2019 年 9 月 2 日）

转眼间，孩子们已经三年级了。对于我来说，工作千头万绪。不管怎样，孩子们的数学课是最为首要的。

开学第一节数学课，我并没有带着孩子们像以往那样先通读课本，而是结合了本学期第七单元的年月日，带着孩子们一起制作了本学期的日历，目的一是累积制作日历的经验，二是想让孩子们感受到这学期时间的紧张（因为算下来这学期只有 88 天的课），懂得如何利用时间。最重要的是让数学与生活紧密结合起来，让他们感受到日历在生活中的重要性。

今天我一直在思考这样的问题：如何让孩子学数学既有趣又有效？我想

首先应该是踏实备好课。备课时要思考的问题是：

（1）本节课的学习目标与重点是什么？

（2）情境中包含了哪些已知信息和问题？

（3）每个问题所承载的知识点是什么？

（4）问题与问题之间有哪些联系？

其次是从学生的角度来思考：学生是怎样来学习这些知识的？他们是怎么思考问题，怎样解决问题以及怎样表述自己的思考过程？

第一单元"混合运算"的第一节内容"小熊购物"的教学目标是初步尝试借助直观图来表示乘加、乘减实际问题的数量关系，发展分析问题、解决问题的能力。会运用"先算乘法，再算加减"的运算顺序进行正确的运算。本节课的重点是在解决问题的过程中，理解算式所表示的实际意义，体会混合运算中有关运算顺序规定的合理性，并会正确运算。

那么孩子们看到这个情景图时，会关注到哪些数学信息呢？如何引导他们关注到图中的所有信息，即除了物品单价外，还有胖胖说的话，以及壮壮手上拿的钱。只有关注到所有的信息，学生才能提出相关的乘加问题或乘减问题。

当提出问题后，聚焦到"胖胖应付多少元"这个问题时，需要学生的自我构建，这时的他们需要将自己的思考过程写到笔记本上，只有真正落实到每个孩子身上，他们才会真正地有自己的思考。这个过程需要花费较多的时间，我需要走到需要帮助的孩子身边去帮助他们。

输入过程结束后，是孩子们思想碰撞的时候，他们需要相互交流各自的观点，这个环节最重要，可能有的学生用算式 3×4+6 来表示，有的学生用 6+3×4 表示。那么这两种表示方式都对吗？为什么？

两个算式中的 3×4 表示什么？为什么 6 可以放在算式的前面，也可以放在算式的后面？

这两种算式的解法有什么相同点——都是先算乘法，后算加法。为什么？

学习，兴趣至上

（写于 2019 年 9 月 3 日）

昨天的备课过程非常痛苦，因为感觉太多的点需要关注，然而今天见到了学生便豁然开朗，这真是一件奇妙的事情。首先，我和孩子们一起确定了奖励制度，仍然采用积分制，通过以下四个方面来获得积分：

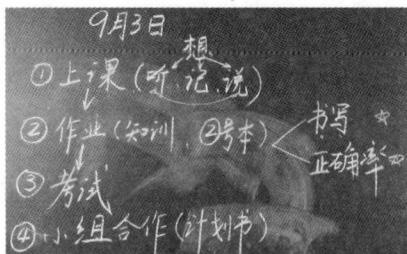

每个孩子都认真记下了这四个规则，课堂的积极性一下子就被调动起来了。

有了上课的状态，我突然就明白了，课堂上其实并没有那么复杂，只要实现三个"一"，即"一个核心问题""一个拓展问题""一个自我挑战"。

就拿今天的课"小熊购物"来说，一个核心问题指的就是加乘问题的运算顺序及原因；一个拓展问题可以定位在加乘问题中加入多个的乘法算式；一个自我挑战较多的是让学生自己想出问题，并自行解答。

这节课首先让孩子们寻找图中的数学信息，快速聚焦到"胖胖应付多少钱"这一核心问题上。鼓励学生用画图和列式的方式进行解决。以下是三（七）班部分学生的作品：

方法 1：

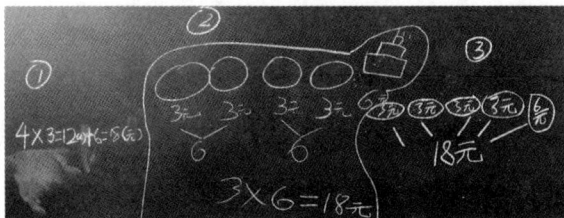

方法 2：

4×3+6=18（元）

方法 3：

3×4=12（元）　12+6=18（元）
1×6=6（元）

方法 4：

6+3×4=18（元）

六种方法表述在黑板后，我请孩子们思考了如下两个问题：

（1）如果让你给这六种方法进行分类，你会怎么分？

（2）仔细观察这六种方法，你对哪种方法提出修改意见或质疑？

对于第一个问题，大部分学生知道可以分为列式法和画图法，对于两种画图法，学生需要观察和明晰哪种方法更为简单明了，这是一种优化意识。

对于第二个问题，经过台下的询问，小万觉得第三种方法中的1×6是没有必要写的；小刘认为第一种方法有错误；最为争议的是小周和小孙之间的争论，而这一争论也是这一节课的关键，即3×4+6与6+3×4是否都对，小周认为是错误的，因为应该是先算乘法，所以乘法应该写在前面，而小孙认为乘法写在前或者后都没有关系，反正都是先算乘法。这几个孩子的问题都特别好，只不过因为时间关系，没有办法最后在全班呈现，这个过程只有留给今天下午的数学课了。

今天下午的课就定在这三个问题上：

（1）画图法中，你觉得哪种方法更好，为什么？

（2）有同学认为，1×6这个算式没有必要写，你觉得呢？

（3）3×4+6与6+3×4两个算式都可以吗？为什么？说说你的理由。

三（五）班的学生作品如下：

方法1：

方法2：

方法3：

方法4：

方法5：

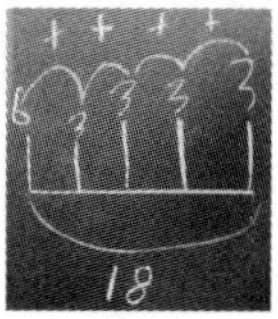

方法6：

方法7：

方法8：

　　五班最为精彩之处是小夏对四个画图法的精彩点评，他采用了排除法：先排除了小张的方法，因为他觉得对方的方法虽然也很清晰，但画起来比较麻烦；小余和小黎的方法都好，但小黎的方法更好、更简明，只需要用3元来代表一个面包，小余的虽然也是，但要多一个算式和线段；小黄的方法是线段法，很特别。

　　这一段点评道出了画图法中的优化思想，虽然画图法都是直观的表述，但也有是否简单明了之分，通过这样的辨析，孩子们会更加清楚如何画出简单明了的图。

　　下节课他们同样需要讨论最关键的问题：3×4+6与6+3×4两个算式都可以吗？为什么？说说你的理由。

　　"一个拓展问题"，今天下午的课我是将它与自我挑战相结合的，进行了两次挑战，一级挑战题是：买2个面包和4个蛋糕一共需要多少钱？终极挑战题是：5包饼干、4个面包、2包花生和1袋糖果，一共多少钱？这两道题目都是以胖胖为主角的故事串起来的，所以孩子们特别感兴趣，最后一道题目有的孩子当堂就能解决。

　　设计这类挑战题的目的就是激发孩子们的学习热情，而且相比课本上的问题，这些题加大了难度，一旦孩子们挑战成功，就有一种巨大的成就感。总而言之，学习，兴趣至上。

学生的话你听得懂吗

（写于 2019 年 9 月 4 日）

这两天一直有一个困惑，不管是备课还是上课。当学生在解决"胖胖买四个面包、一个蛋糕需要多少钱？（面包：3 元 / 个，蛋糕：6 元 / 个）"这个问题时出现了两种算式：4×3+6 和 6+4×3，很多孩子都会觉得第二种算式是错误的，这两天我也把这个问题抛给了学生，学生给出了自己的理由，而且相互之间产生了争执，但学生的话我似乎听不懂。好在今天在五班我又认真倾听、思考，才慢慢明白孩子们的意思。

现在回顾一下整个过程。

师：你为什么认为这道算式是错误的？

小刘：因为我爸妈说过了，加减乘除时，加减要后算，乘除要先算，这道算式中乘法在后面，你让我怎么先算呢？

小牛：先算乘除后算加减的意思是，你列出一个算式，比如 6+4×3，你先算乘除，就是要先算 4×3 等于多少，再加上 6 就可以了。

小刘：一般计算都是从左到右，你怎么跳着从后面计算呢？

小亦：我觉得两个算式都可以，因为不管 6 是写在前面还是写在后面，它都表示的是一个蛋糕和四个面包的总价钱，只不过一个算式是把蛋糕的价钱写在前面，另一个算式是写在后面，位置变了，但意思没有变。

小余：不行，6 写在前面是不行的，因为有人就会先算 6+4=10，10×3=30（元）结果就是错误的。

从学生的争论中，我慢慢地领会到他们的意思，在以往的加减混合运算中，都是按照从左到右的运算顺序来计算，谁在前面就先算谁，这是两年的数学学习所累积的经验，而此题却是要先通过乘法运算算出面包的价格，再来算总价格。如果算式是 6+4×3，学生将会与原来所学的知识产生冲突，明明是先算乘法，而如果写成这样的算式，按照以往经验就必须先算 6+4，所以他们就会认为这道算式是错误的。

那如何来改变他们的认知呢？只有从意义上来理解。如果按照以往的学习经验，谁在前就先算谁，那 6+4 表示什么意义呢？

小翟：那表示的是 1 个蛋糕的价钱和 4 个面包。

说完，她自己都忍不住笑了，其他同学也都笑起来，意思是一个是价钱，另一个是数量，两个加起来是什么意思呀？完全没有意义了。从交流与辨析中，孩子们逐步明白了：原来在加乘运算中，不能按以往所学的运算顺序来计算，要按照先乘后加的顺序进行计算。所以，6+4×3这样的算式也是对的，只不过在计算的时候要先将6放一放，先算后面的乘法才行。

通过这一系列的对话与反思，我才终于明白孩子们的困惑：打破原有的运算顺序，令他们一时难以接受，需要从意义上建构新的运算顺序。这必然需要一个过程。

在成人看似简单的运算顺序（先乘后加），在儿童看来难以理解。一旦你愿意耐心倾听，愿意认真解读，就会慢慢懂得儿童说的话，也就知道如何来引导了。

我终于释然，终于轻松了。听懂儿童的话，真的很重要。

付出时间，收获精彩

（写于2019年9月5日）

一、三（七）班 第二课时

1. 先讲作业上的错误

（1）书写不规范，等号的位置书写错误、多写等号。

（2）运算顺序出错（班上仅两位同学出现这个问题，可以单独辅导）。

2. 复习已学知识

（1）计算规则：加乘运算中，先算乘法，再算加法。

（2）脱式计算时等号要对齐。

（3）不计算的部分要照抄下来。

3. 新授课

解决新问题：壮壮有20元，买3包饼干应找回多少钱？

交流分步运算：对照条形图，重点理解为什么要先算3×4=12。

综合运算：重点讨论20-3×4和3×4-20，要让学生探讨第二个算式的不合理性。

总结：减乘运算中，先算乘法，后算减法。

二、三（五）班 第二课时

因比七班少上一节课，所以今天是做练习，规范数学格式，以及进一步巩固运算顺序。

今天在三（七）班上的这节课是我感觉最有意思的，也是最成功的一次。原本我是想着按照课本上的来讲，结果临时改变主意，接着上次的故事引出开放式的问题，放手让学生独立完成。

师：胖胖的好朋友壮壮听说这家商店的食品很好吃，也跑过来购买，他手里拿着20元，他买了什么呢？售货员要找回多少钱呢？请孩子们把自己想象成壮壮，完成以下问题：

壮壮有20元，买了＿＿＿＿＿＿＿＿，应找回多少钱？请用画图、列式的方式解答。如果完成了以上内容，奖励10颗星，如果能用综合算式来表达，将获得15颗星。

没有想到，孩子们如此感兴趣，仿佛真的就是自己要去购物了，个个摩拳擦掌，跃跃欲试，在自己的本子上写着、画着，作为教师的我在台下帮助几个需要帮助的孩子，整个15分钟，我没有一句讲解，全是孩子们自己独立思考，最后呈现在我面前的作品，令人欣喜和感动！

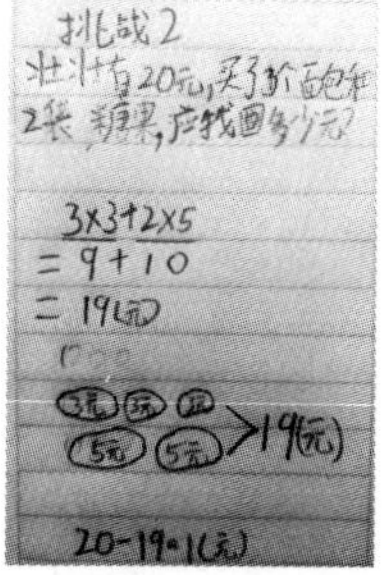

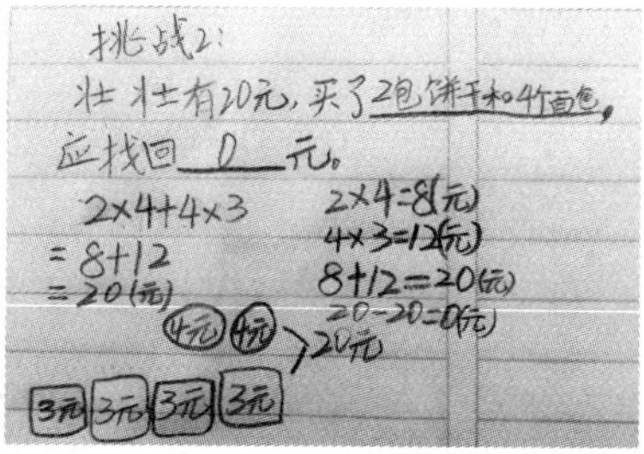

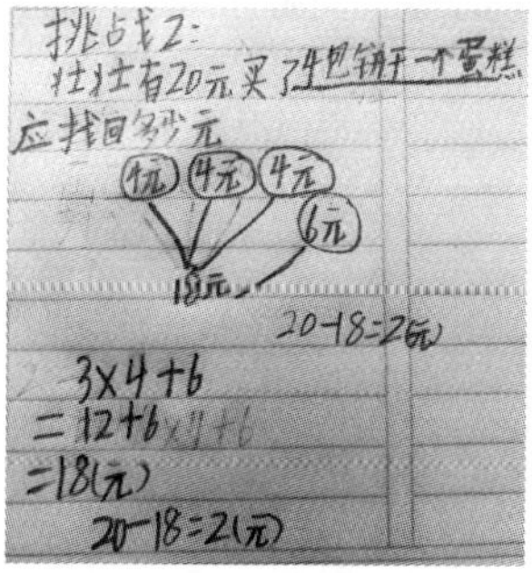

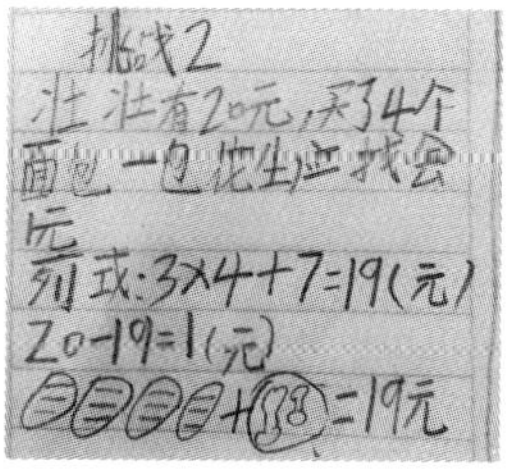

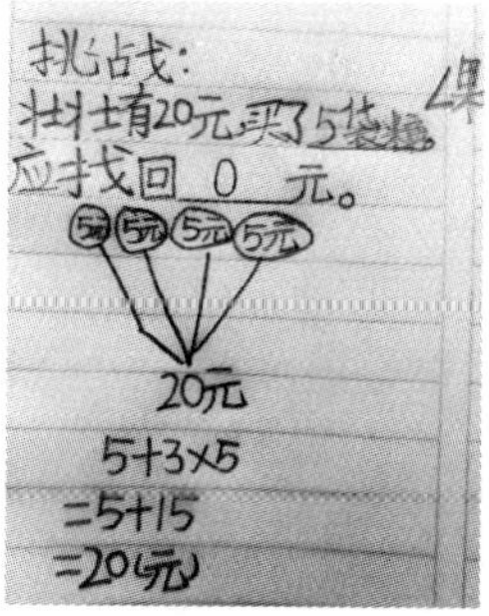

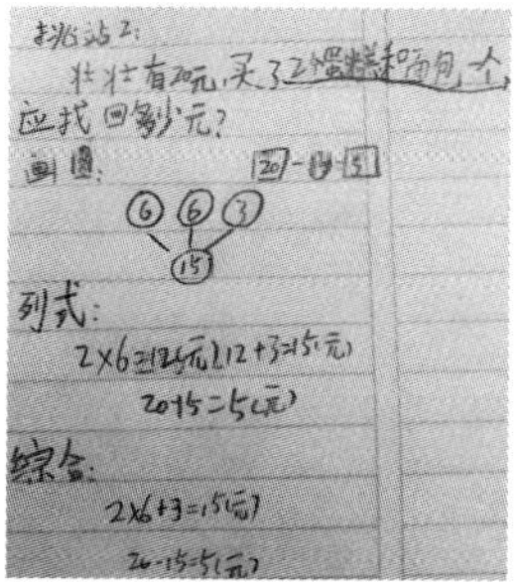

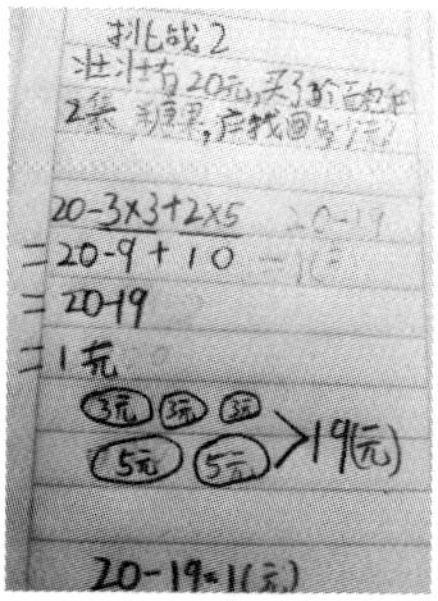

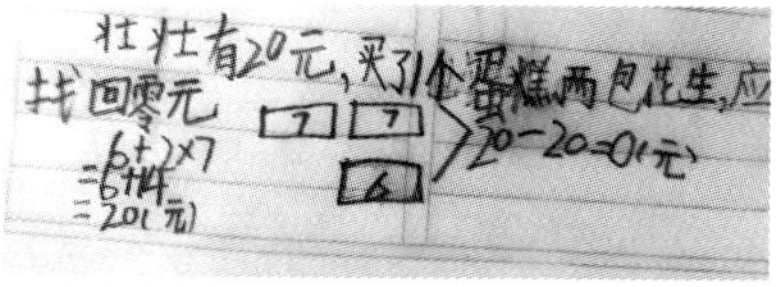

挑战2:
壮壮有20元,买了2包饼干和4个面包,
应找回 0 元。

$2 \times 4 + 4 \times 3$ $2 \times 4 = 8(元)$
$= 8 + 12$ $4 \times 3 = 12(元)$
$= 20 - 20 = 0(元)$ $8 + 12 = 20(元)$
                        $20 - 20 = 0(元)$

| 3元 | 3元 | 3元 | 3元 |

2挑战:
壮壮有20元,买了2个蛋糕和1袋糖果,
应找回3元。

6元 6元 糖5元
        17元 20-17=3元

$2 \times 6 + 5$
$= 12 + 5$
$= 17(元)$

课上
挑战2:壮壮有20元,
买了饼干2包,应找回多少元?
列式:$3 \times 4 + 2 \times 3$
$= 12 + 6$
$= 18(元)$ 答:找回2元
画:
4元 4元 4元
4元 1元   18-13
        $20 - 18 = 2(元)$

挑战2   2包饼干
壮壮有20元,买了和2盒,应找回多少元?

$2 \times 6 = 12$ $2 \times 6 + 2 \times 4$
$2 \times 4 = 8$ $= 12 + 8$
$8 + 12 = 20(元)$ $= 20$
$20 - 20 = 0$ $20 - 20 = 0(元)$

答:买2个蛋糕和2包
饼干,应找回0元

$20元 + 20元 = 0(元)$

2.壮壮有20元,买了4包饼干和1个面包,应找回
画图:
4元 4元 4元 4元 3元
        19
列式:$4 \times 4 + 3$
$= 16 + 3$
$= 19元$

答:应找回1元。
$20 - 19 = 1元$

挑战2:
壮壮有20元,买了1包饼干和2个面包

应找回2元。

饼 饼 饼   18 = 2(元)
面包 面包

$20 - 3 \times 4 + 2 \times 3 = 2(元)$

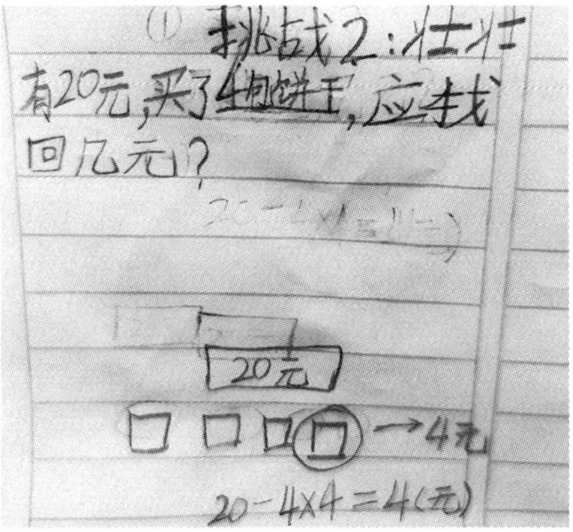

① 挑战2：壮壮
有20元，买了4根饼干，应找
回几元？
20-1×4（元）

┌─20元─┐
□ □ □ ⊡ →4元
20-4×4=4（元）

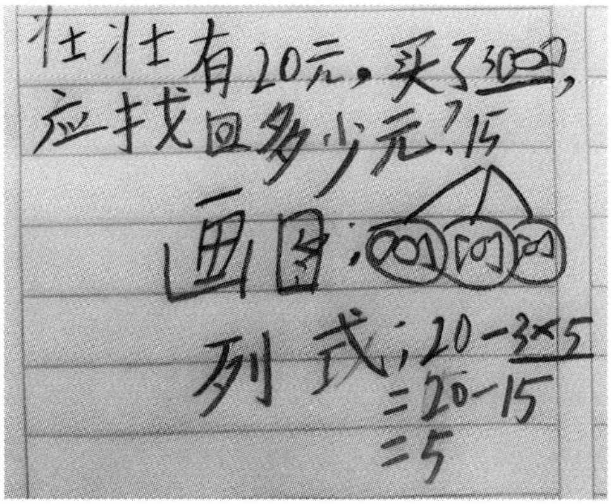

壮壮有20元，买了3⬭⬭，
应找回多少元？5
画图：⬭⬭⬭
列式：20-3×5
=20-15
=5

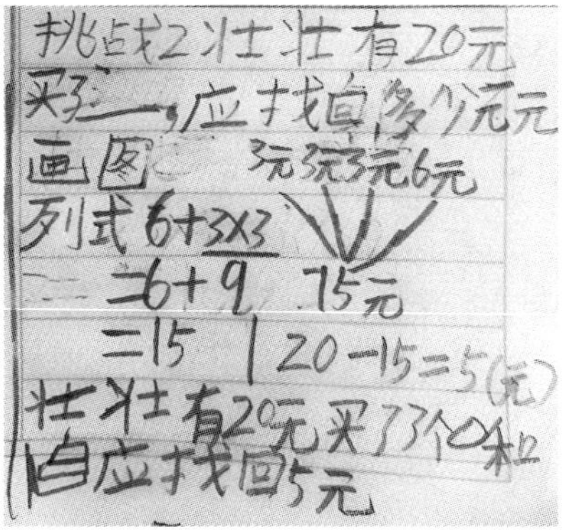

挑战2壮壮有20元
买了一，应找回多少元元
画图：元元3元6元
列式6+3×3
=6+9 15元
=15 20-15=5（元）
壮壮有20元买了3个□和□
自应找回5元

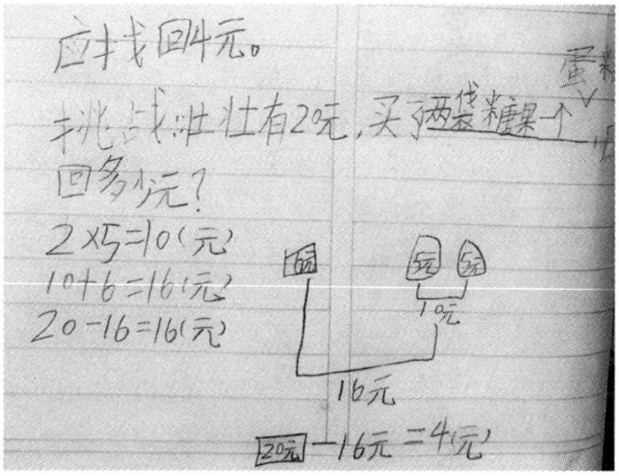

应找回4元。
挑战壮壮有20元，买两袋糖果个
回多少元？
2×5=10（元）
10+6=16（元）
20-16=16（元）
□ 元 元□
└─16元─┘
20元 -16元 =4元

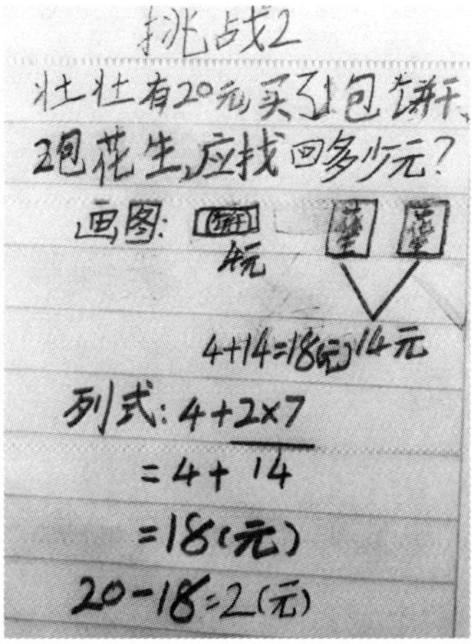

挑战2
壮壮有20元买了1包饼干、
2包花生，应找回多少元？
画图：□饼干 花 花
4+14=18元 14元
列式：4+2×7
=4+14
=18（元）
20-18=2（元）

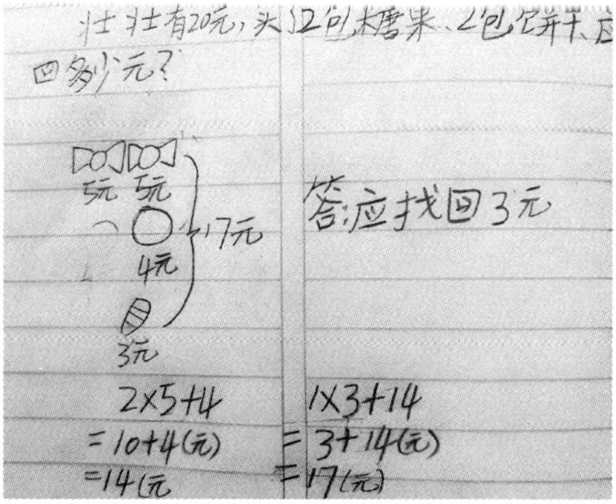

壮壮有20元，买12包糖果、2包饼干应
回多少元？
□□□□
元元 17元
○ 答：应找回3元
4元
□
3元
2×5+4   1×3+14
=10+4（元） =3+14（元）
=14（元） =17（元）

157

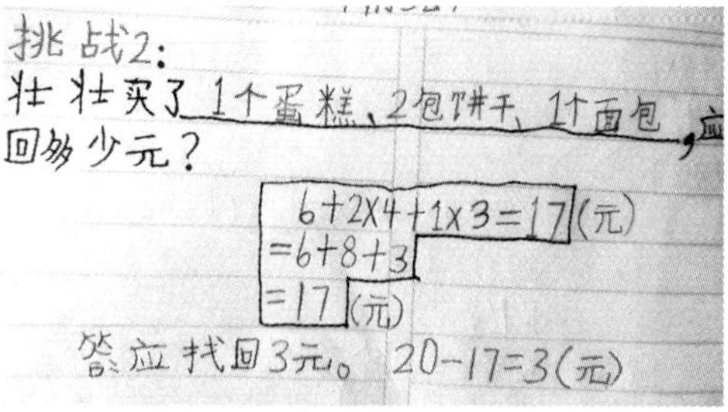

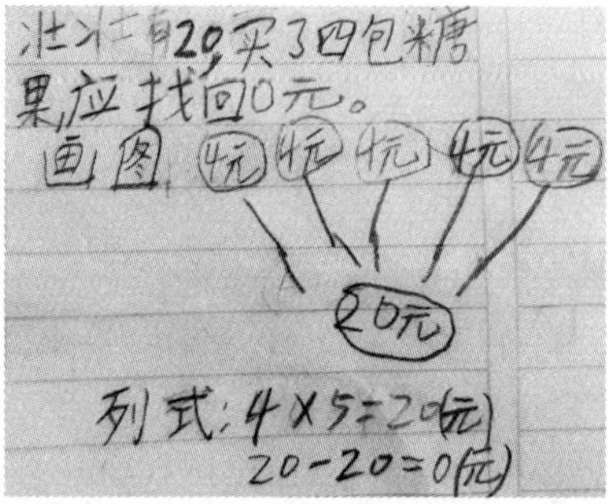

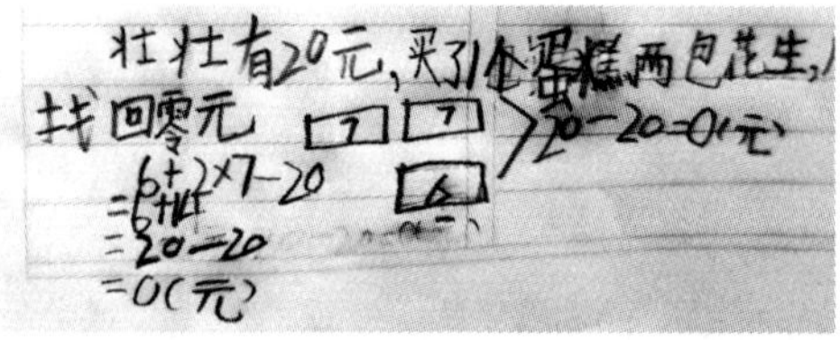

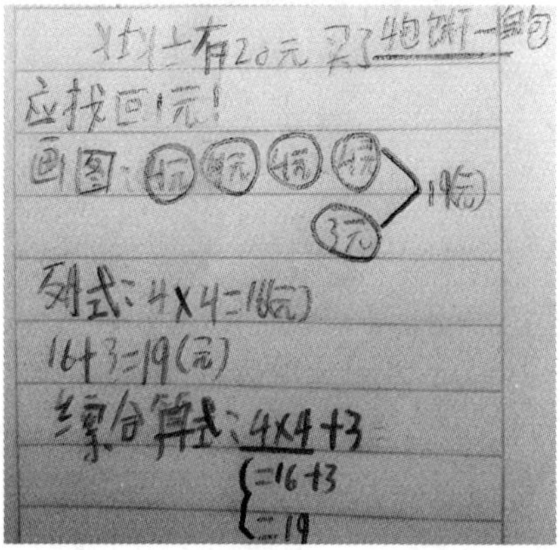

从孩子们的作品中看出，他们会借鉴以往的学习经验，通过分步的形式来解决问题，具体表现在以下几点：

（1）会用画图的形式表示乘加问题。

（2）会用综合算式解决乘加问题。

对于乘减问题，虽然没有学过，但是学生会用之前所学的画图方式和综合算式来表达，这说明学生能实现学习的正向迁移。即使不会用综合算式来解决问题，也仍然有自我建构的过程，这一过程让我看到每一个学生的精彩。

学习，需要等待，需要留出足够的时间给学生。只有这样，你才能感受到学生身上散发出的活力，课堂也就活了。

打包起来一起算

（写于 2019 年 9 月 6 日）

今天的课照例接着昨天的问题来讨论，两个班的学生都在讨论同一个问题：壮壮有 20 元，买了 5 包饼干（每包 4 元），应找回多少钱？学生在用综合算式表达时，出现了两种算式：① 20-4×5；② 4×5-20。两个班的学生在阐述②是错误时，是这样说的：

小张：怎么能用东西减价钱呢？

小孙：应该是用你手里的钱减去用的钱。

其实，学生想表达的意思就是只能用"总钱数 - 用去的钱"，这是整体与部分的关系。学生很难用自己的语言准确地表达，这时老师的总结就显得格外重要了。

解决完这个问题之后，将问题进行了变式：壮壮有20元，买了2包饼干（每包4元）和1袋糖果，应找回多少钱？学生在采用分步计算时，都能正确地解答，但遇到综合算式时，又出现了如下几种情况：① 20-2×4+5；② 20-2×4-5；③ 20-(2×4+5)。

孩子们看完这些算式都愣住了，感觉都是正确的，但得知正确答案是②和③后，很多孩子都陷入了沉思，不久就有孩子举手。

小罗：②算式的意思是壮壮有20元，用掉了买饼干的8元，每包4元，所以减去2×4，又用掉了一袋糖果的钱，所以又减去5。

师：说得真好。你已经会从意义上解释算式表达的意思了。那为什么①不对呢？

小程：因为买糖果的5元钱是用掉的，所以不应该是加5而应该是减5。

她的话音刚落，学生都不自觉地鼓掌，看来她已经完全理解算式的意义了。其他学生在她的讲述中也能理解到①错误的原因。

师：那为什么③也是对的呢？

小周：它里面多了一个小括号，它的意思是不一个个地算，而是打包起来一起算。

虽然并没有学小括号，但是孩子们能在实际问题中想到了用它，而且还被小周用"打包"一词解释得简单、易懂。真是了不起。接下来的两个挑战题，就是对小括号的应用，想看看孩子们是否能真正体会到小括号的意义。我又将原有的题目进行变式，如下：

挑战1：壮壮有20元，买了2包饼干和1袋花生，应找回多少钱？

挑战2：壮壮有100元，买了5个蛋糕、2袋糖果和1包饼干，应找回多少钱？

令我惊讶的是，孩子们都很积极地解决问题，有些平时在数学课上不是太积极的孩子，也都争先恐后地把结果呈现给我看。如此有难度的题目，绝大部分孩子能够解决，真的令人欣喜不已。

从这节课中我悟出了两点：第一，给学生更多的表达机会，他们总会将抽象的问题描绘得生动、易懂。第二，教学中可以不局限于教材，结合现实，运用变式理论将内容做适当的、有挑战性的扩充，这样更能激发学生的思考欲望。

观察物体

（写于 2019 年 9 月 24 日）

在七班的这节课感觉和孩子一样，上完很开心，因为这是一节动手活动课。通过三次观察活动，让孩子们画下自己看到的物体形状。孩子们最爱画画，所以上得特别开心。

第一个活动是全班活动，观察骰子的形状，并画出所看到的样子，教室中间的孩子都是画出一个正面，而两边的孩子画出的是两个面，进而提出更深刻的问题：为什么大家观察的是同一个物体，所看到的却不一样呢？

小李：因为角度不同，所以观察到的形状不同。

师：大家同意吗？你说的真是太好了。那是不是最多只能看到两个面呢？请小组内观察同一个骰子，画出你看到的样子。

第二个活动进入小组活动，小组内观察同一个骰子，结果很多小朋友发现最多能看到三个面。

师：为什么最多只能看到三个面呢？

生 1：老师，我觉得可以看到五个面。

师：是吗？你是怎么做到的？

生 1：我不停地转动这个骰子就可以啦。

生 2：不行的，骰子是不能动的。

师：看来观察物体时，物体的位置是不能发生变化的。谁想到了为什么最多只能看到三个面了吗？

小孙：我想到了，因为你看到上面时，下面就被挡住看不见了；你看左边时，右边就被挡住看不到；你看到正面时，后面就会被挡住了。

小刘：我懂他的意思了，一共六个面，被挡住了一半，所以要除以 2，结果就是三个面。

师：小朋友们真会思考，这么难的问题都能自己解决。今晚可以把这个问题考考你们的爸妈，他们可能都不会呢。

孩子们听完哈哈大笑，似乎很得意这么难的问题他们都能解决。

第三个活动又是全班活动，从各自的角度观察王老师，并画出所看到的样子，孩子们一听全兴奋起来，纷纷拿出笔来画我的样子。

这里展示部分成果，以供欣赏。一节课下来三次活动，在学生充分体验的基础上从感性认识上升到理性认识。

用心倾听

（写于 2019 年 9 月 25 日）

今天上午第一节课原本是七班的课，但因为杨老师要上公开课，所以被调成了语文课，这一天就没有七班的数学课了。

第二节在五班讲第二单元"看一看（二）"，首先带着孩子们复习了之前所讲的内容，当问到学到了什么的时候，小余立即举手回答：我知道，昨天学了观察物体最多能观察到几个面，以及为什么。

师：那最多能观察到几个面呢？为什么？

生：最多能看到三个面，当你把物体放低的时候，你就只能看到上面。

小张：我知道为什么，因为看到前面的时候，后面就被挡住了；看到左面的时候，右面就被挡住了；看到上面，下面就被挡住了，所以只能看到三个面。

如此一来，这个问题已经被孩子们阐述得很清楚了，课堂很顺利地进入了新的内容。

师：我们昨天学习的主要是从不同的角度观察同一个物体，今天我们就来学习从不同角度同时观察两个物体。

出示情景图后，原本计划是让学生以模拟操作的形式画出来，然而，当主题图一出示，小张又举手了，他说："笑笑她只能看到杯子，因为杯子比牙膏盒大，它挡住了牙膏盒。"

生1：我知道淘气两个都能看到，但是他只能看到牙膏这两个字，后面的生产日期和保质期肯定看不到。

小然：因为奇思是从上面看的，所以她能看到杯子大大的口和它的底部。

师：孩子们说得真好，那你们能结合刚才几位小朋友说的，将课本上两幅图连一连吗？

有了之前孩子们的仔细观察以及表达，这道题很快就解决了。

师：我们发现笑笑所看到物体的样子，书上没有，你能帮着画出来吗？

学生一听要画画，可开心了，都在积极地画着，我让孩子们将所画的结果展示在黑板上。

可惜因为手机未带入班级，他们的作品没能及时拍下来，但孩子们是看到了整个过程的，小郑和小王的作品最引人关注，因为一个画得最准确，另一个画得有错误，小郑将杯子的把手画在右边，而小王的画在中间，产生了强大的视觉冲突。

师：如果让你来提意见，你会给谁提呢？

生2：我会给小郑提，因为笑笑是从杯子的正面观察的，杯子的把手正好在中间，而不是笑笑的右边。

师：小郑，你同意吗？

孩子害羞地点了点头。

师：虽然你画错了，但老师要好好地表扬你，因为你的错误给全体小朋友做了提醒，并且让他们在正误之间做了对比，这样印象会更深刻，王老师要为你加分。

小郑受到极大的鼓舞，这节课上得特别认真。

孩子们兴致盎然地进入了第二个环节，原本我也是计划让孩子们站在窗外实际地观察一下，但在第一题的鼓励下，我仍出示主题图，让孩子们先观察。

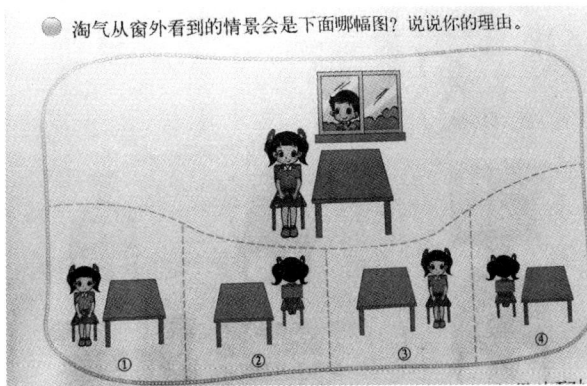

淘气从窗外看到的情景会是下面哪幅图？说说你的理由。

主题图一出示，小段就大声地说："要先排除1和3。"

师：你用的是排除法，那为什么排除它们呢？能说说你的理由吗？

小段：因为淘气是从笑笑的背后看的，不可能看到笑笑的正面。

师：大家同意她的观点吗？

生：同意。

小谭：老师，我用的也是排除法，排除4号，选2号。因为你只要把书倒过来看，就知道笑笑是在右边，桌子在左边。

师：为什么要把书倒过来看呢？

小谭：因为这样的话，我就是淘气，我看到的就是淘气看到的。

小李：我觉得也是2号，但我用的不是小谭的方法。淘气和我是面对面的，那他看到的和我看到的是相反的。我看到的是桌子在右边，那淘气看到的桌子就是在左边。因此选2号。

话语刚落，全班响起了雷鸣般的掌声。

这节课下来，给我最深的感触就是课不一定要上得花样百出，关键是要给予孩子充分的思考与表达机会，而老师就是孩子们的引导者，用心倾听，适时引导。

把握住学生遇到的核心问题

（写于 2019 年 9 月 29 日）

第三单元"加与减"主要是学习三位数连加、连减和加减混合运算，以及用这些运算来解决有关的实际问题。从教学目标上就能看出本单元两个核心重点：

（1）三位数连加、连减以及加减混合运算。

（2）会解决有关的实际问题。

第一课中的"捐书活动"对"三年级一共捐书多少本"这一问题，课本上有三种计算的方法：第一种是口算（拆分法），先把三个数当作 100 相加，然后少加的再加上，多加的再减去；第二种是脱式计算；第三种是用竖式直接将三个数连加。目的是让学生体会解决同一问题有不同的方法，并学会根据自己的实际情况选择合适的算法。

这是教参上对这三种方法的解读，然而学生会怎样来解读三种方法呢？通过让孩子们自学的方式，让他们写下自己遇到的问题。其中小王的问题令我印象深刻，他是针对口算这一方法提出的疑惑：为什么第一种方法里面 18+4 后面是减 5 呢？为什么一会儿加一会儿减？如下图所示。

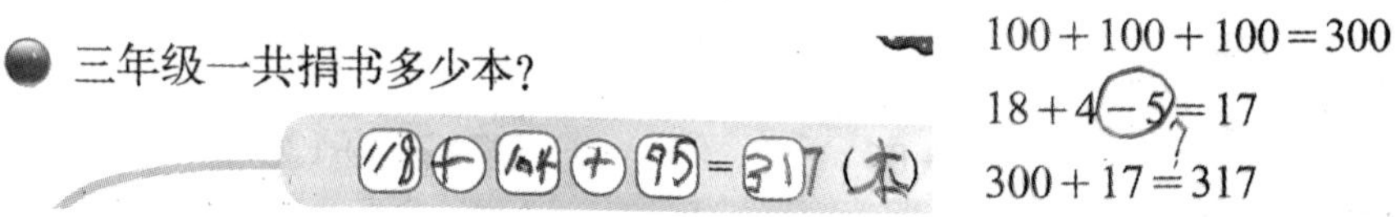

针对他写出的问题，我大加赞赏，说明孩子的确认真研究了每一步算式的意思。于是今天的课堂我同样将这个问题交给他来解决。他来到黑板前，讲解了他的思路。

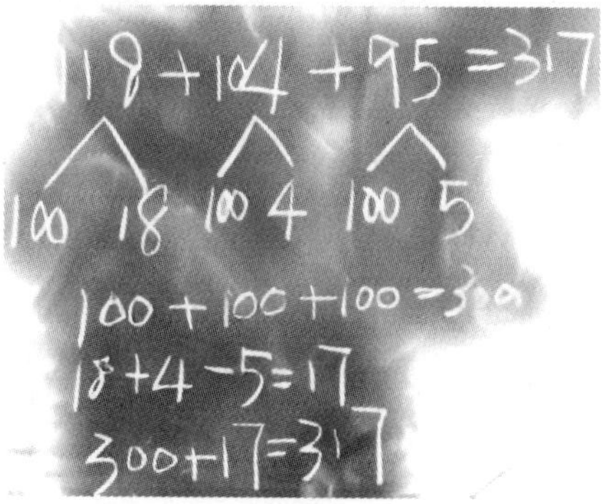

小王：我是将 118 拆分成 100 和 18,104 拆分成 100 和 4，95 不够 100，因为还差 5。然后再将整百数加在一起，其余的数加在一起，95 和 100 之间相差了 5，多加了 5 所以要减去 5。

小孙：我有问题，你把 95 下面写作 100 和 5，那上面的数应该就是 105。

师：大家同意他的看法吗?

生：是的，不能那么写。

师：那有小朋友能给他一个修改意见吗?

生：可以在 5 的前面加上一个“–”，代表减去 5（见下图）。

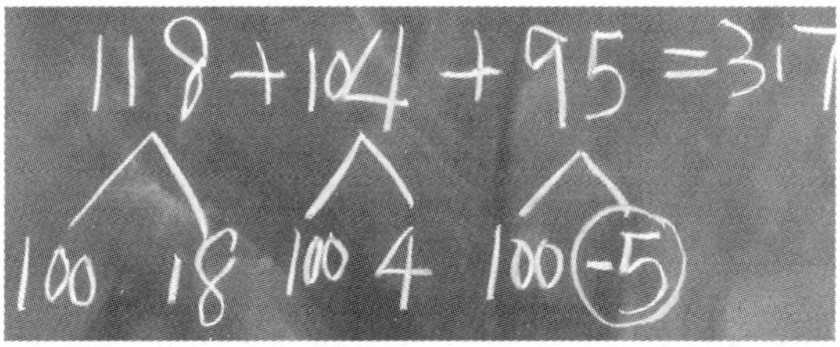

师：你们真聪明，连以后要学的负数都能用上去。现在小朋友明白第二个算式中为什么要减 5 了吗？谁能再解释一下?

小袁：因为 18 是从 118 里面分出来的，4 也是从 104 中分出来的，而最后一个 100 其实是 95 不够的，先借 5 的，所以最后要还回去。

小孙：我们也可以这么想，因为先从 18 里面借走 5，所以最后才会有 18+4–5 这个算式。

师：说得真好。

第二个方法是脱式计算。小姚很勇敢地举手要求上台讲解（见下图）。

$$
\begin{aligned}
&118+104+95\\
=&222+95\\
=&317
\end{aligned}
$$

$$
\begin{array}{r}
118\\
+\ 104\\
\hline
222
\end{array}
\qquad
\begin{array}{r}
222\\
+\ 95\\
\hline
317
\end{array}
$$

他首先是将 118+104 用竖式的方式计算出来，然后再将所得的结果 222 与 95 相加进行竖式计算，得到了最后结果 317。他边说边写的时候，下面就有小朋友议论纷纷：这不就是竖式计算吗?

小姚话音刚落，台下就有很多小朋友举起质疑的小手。

小张：你为什么要用竖式呢？你这不就等于竖式计算吗？

看来像小张一样疑惑的人不在少数。

师：你的意思是这个脱式计算为什么还要加入竖式，这样做的目的是什么？我这么理解你同意吗？

小张点了点头。这真是一个好问题，当时的我心里窃喜。因为这个方法整个过程比较复杂，又要脱式计算，又要竖式计算，小朋友肯定会觉得特别麻烦。没想到小姚很快给出了答案。

小姚：因为118+104里面进位加法，我怕算错，所以就用竖式计算，这样不容易出错。

师：看来在计算大数时，为了防止出错可以用竖式来计算，能很好地降低错误，大家要向小姚学习。

第三种方法，是用竖式直接将三个数连加。这学期我重点鼓励一些平时比较胆小的孩子上台讲解，前几天的课中有小江、小谭、小李，我发现孩子们都是天生的老师，他们都讲得很好，只不过平时胆量太小，不敢上台讲解而已。

这次我鼓励小袁上台讲解，一开始她的确很胆怯，无从下手，但在我不断地鼓励下，她终于迈出了一步，写下了整个过程，并在我的引导下尝试进行了讲解。

师：你是怎么计算的？从哪开始计算的？

$$\begin{array}{r} 1\ 1\ 8 \\ 1\ 0\ 4 \\ +\ 9\ 5 \\ \hline 3\ 1\ 7 \end{array}$$

小袁：我是从个位开始计算的。

师：说说看，具体怎么算的？

小袁：8+4=12，12+5=17，满十进一，打上进位点。然后再算十位，1+9=10，加上之前的1，就是11，同样还是满十进一，打上进位点，最后百位上就是3了。

师：说得很棒。大家觉得这个方法怎么样？

生：也好也不好。好的地方是写起来简单，不好的地方是算起来很容易出错。

师：是啊，看来在平时的计算中，我们还是要谨慎一点，用分步进行竖式计算可能会更好。

接下来就进入方法的运用阶段，让孩子们独立完成下一道题目："四年级一共捐书多少？"

看似是对前面方法的运用，掌握好之前的方法，问题应该不大，但从批改中发现很多孩子都是如下这两种写法。于是，自己困惑了，为什么孩子不把过程写完整呢？这两种结果都能算错吗？

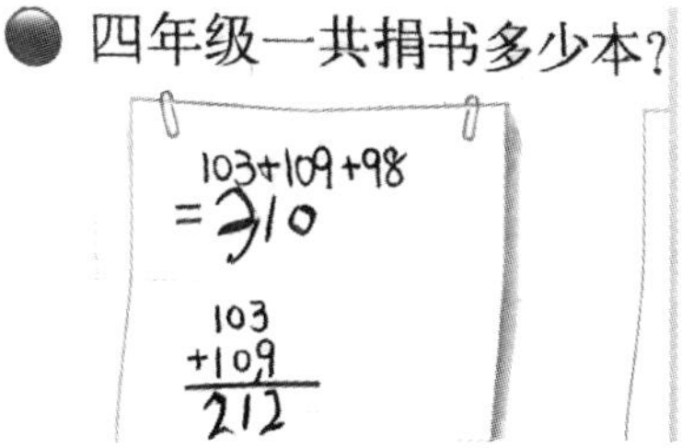

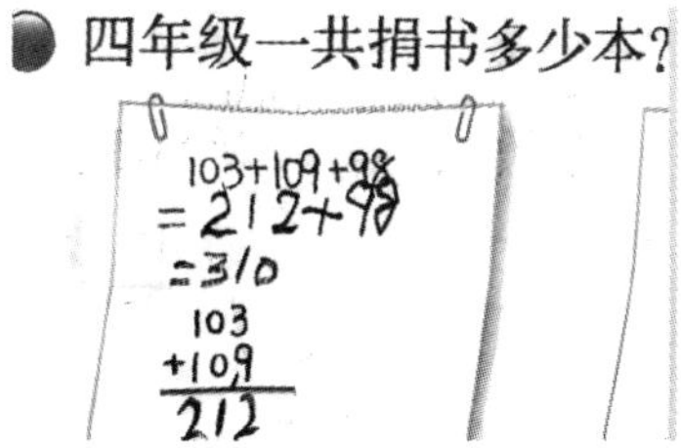

从学生角度来讲，这两种写法都没有错，因为都通过自己的计算过程算出了最后的正确结果。但是从规范的角度来讲，第一种写法不应该将等号及结果写在下面，而应该直接写在算式后面；第二种是运用了两步脱式计算，也是正确的，但从初学者的角度来说，第二步应该也要竖式计算，这样不容易出错。所以，最后才会有如下最规范的书写过程：

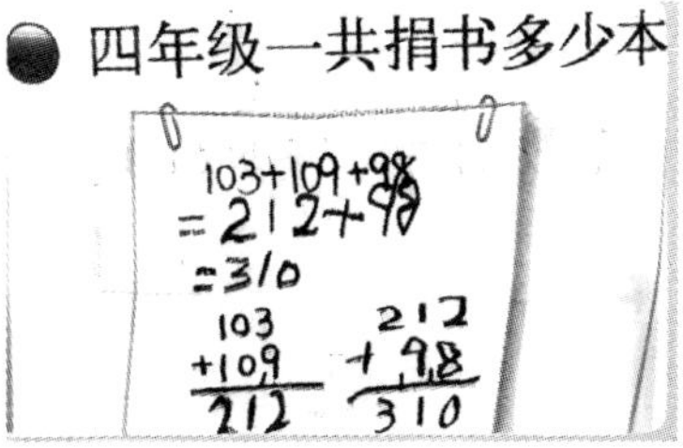

总之，不能简单粗暴地否定学生，也不能不规范书写，而是要在晓之以理的情况下，让儿童自觉地修正自己的书写。

二（五）班进行的是第二课"运白菜"，这节课主要是结合情景，使孩子进一步认识小括号的作用，能进行简单的整数加减混合运算。

对这一情景，我是直接将问题"运走两车后还剩多少棵白菜"抛给学生，让孩子们自己探索解题过程。

结果很有意思，主要是如下方法：

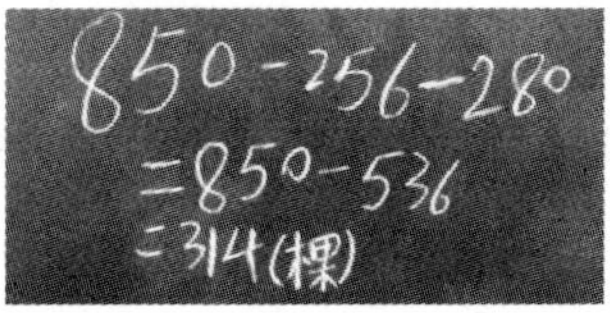

小林 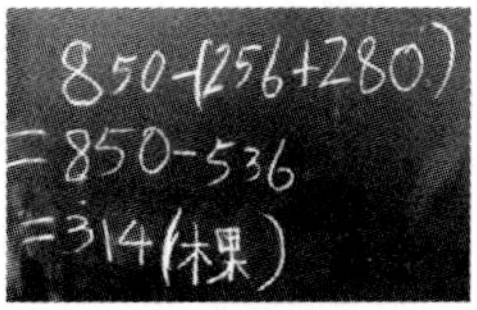　　　　　　　　小谭

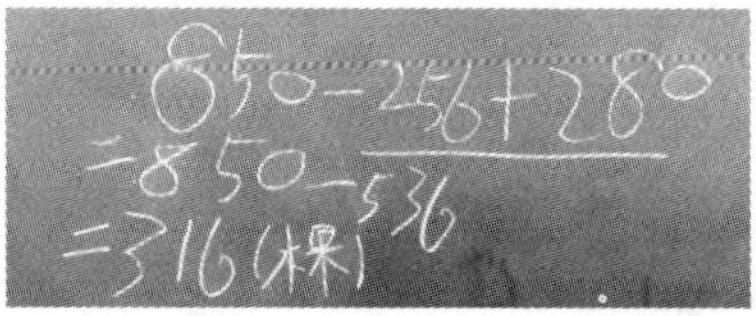

小郑

师：对于这三种方法，你们有什么话要说？

小翟：小谭的方法是错误的，因为小括号是在有乘除和加减混合，需要先算加减时用到的，这里只有加和减，所以不需要小括号。

小夏：不对的，因为这里需要先算一共运了多少棵白菜，再来用总数850棵来减它，必须先算后面的，所以要加小括号。

师：你的意思是原本有加减混合运算时，我们都是按照从左到右的顺序计算的，但这个题必须先算后面的，所以要请小括号来帮忙，是这个意思吗？

小夏点头同意。

师：小郑的错误你们发现了吗？

小吴：他这么写意思就错了，850–256表示的是运走了256棵白菜，但后面是+280棵，不就等于是又运回了280棵吗？

说完，全班都笑了。

师：看来我们又要感谢小郑了，他虽然做错了，但我们总能在他的错误上得到启示，让我们理解得更深刻。

师：对其他几种方法大家有话要说吗？

小刘：小林的算式有问题，她应该像前面算式一样，先算一共运走了多少棵白菜，再来用总数减。

小叶：我觉得他们两个的算式都可以，小林是一个一个地减，运走一车白菜就减一车的白菜数量，运走第二辆就减去第二辆白菜的数量，它们是可以分别减去的；而小谭的方法是先算一共运走了多少棵白菜，再来用总数减去运走的数量。

师：看来我们在解决这类问题时，是有两种思路的，既可以从总数中分别减去两次运走的白菜数量，也可以先把两次运走的白菜数量加起来，再用总数减去运走的数量。

说完，我写板书：总–分–分，总–（分＋分）。

师：你们能接受挑战，出一道类似的题目，用这两种思路解答吗？孩子们兴奋不已，都在给自己出题并解答，展示如下：

共810根胡萝卜第一次运走270根
第二次运走260根,剩多少根?
（叶佳宁）

850-270-260
=580-260
=320（根）
850-(270+260)
=850-530
=320（根）

一共有687根棒棒糖。
小明买棒棒糖,第一次买了185
根糖第二次买了235根糖
还剩几根糖?

687-(235+185)
=687-420
=267（根）

687-235-185
=452-185
=267（根）

赵梓妙

挑战:一共有730个苹果有两辆车大车运走420个小车运走200个
运走两车后还剩多少个苹果?
思路1:730-(420+200)
=730-620
=110（个）
思路2:730-420-200
=310-200
=110（个）

林楼霖

一共有950个草莓运走364个草莓,然后又运走156个草莓,运走两车后还剩多少个草莓?

① 950-364-156=430（个）
364+156=520
950-(364+156)
=950-520   364
=430（个）   +156
                    520

骆梓杉   950
                   -520
                    430

② 950-364-156=430（个）
950
-364
586
-156
430

沈子轩
一共540支笔,上午卖了217支,下午卖了38支,一天一共卖了多少支,还剩多少支笔?

540-217-38
=323-38
=285（支）

540-(217+38)
=540-250
=285（支）

　　这两节课给我最大的启发就是从孩子的问题出发,关注他们遇到的核心问题,和孩子们一起探讨,倾听他们的真实想法,这样一节课才是高效的,希望能和孩子们保持这样的状态。

未必都是学生的错误

（写于 2019 年 10 月 8 日）

从开学至今已经是第六周了，不得不感叹时间流逝之快，但孩子们出现的几道错题无论时间如何流逝，总会萦绕在我脑中。这些"错题"真的是学生的错吗？未必吧。

（1）如何把握开放与规范之间的度？三年级上知能第 1 页的一道改错题，这道题原本是正确的，但很多学生都算错，并在旁边进行了改正，如下图所示。

乍一看会觉得很惊讶，学生写的正确结果和原题不是一样的吗？为什么学生将原题算错呢？原来学生认为先算的应该在下面画横线，因为老师在课堂上是这样强调的，所以他们会认为没有画线就是错误的。那为什么老师在上课时一定要强调画横线呢？老师的初衷是让学生在刚接触混合运算时，首先关注运算顺序，最先算的画横线这种方式不容易出错，这原本是正确的做法，然而，如果一定规范这样的书写，将是否画横线作为评判对错的标准或者依据，就很容易造成学生的误解，认为必须画横线，不然就是错误的，以至于后面的三位数混合运算中学生会忽略小括号，直接将先算的下面画上横线，这样一来就会适得其反。所以，在教学中合理把握开放与规范之间的度很重要。这是学生所谓的"错误"给我带来的启发。

（2）教材或教辅的编排要顺应儿童认知。以下两道题就是典型的很多学生犯错的题：课本第 20 页森林医生中的这道题，学生都会改错，第一个竖式中忘记借位导致的错误学生基本都能改过来，但在第二步的改错中，学生还是会原封不动用 632 去减 416，知能第 16 页也是一样的问题。为什么学生会出现这样的错误呢？

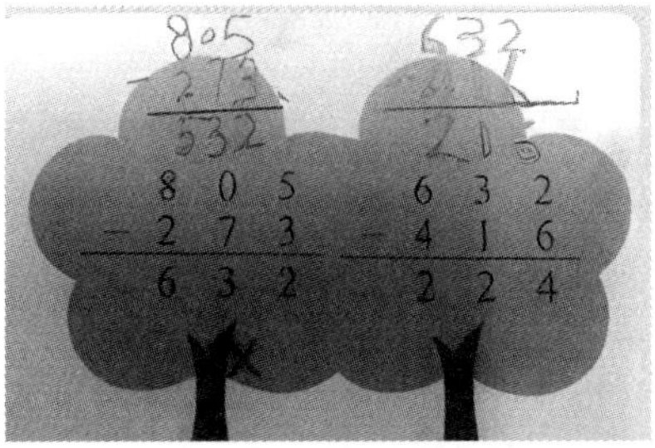

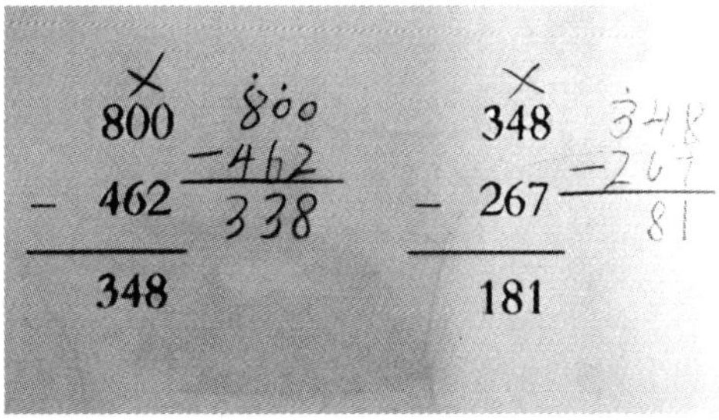

其实，并不能责怪学生，因为他们都以为这是两道分开的题目。他们会认为第一个竖式和第二个竖式之间没有联系，如果少部分学生出现这样的问题，可能是理解能力偏差，但如果班级里 80% 的学生有这样的错误，那就不得不质疑教材或教辅编排的问题了。

森林医生中的这道题尤其会给学生带来歧义，因为这是两棵树。在学生看来这两棵树之间怎么会有联系呢？儿童的思维以直观为主，他们会认为这是两道不相关的题目，所以自然就会出现这样的错误。怎样才能避免呢？其实只要在竖式上方加上一道横式就可以了，即 805-273-416。这样一来学生就会知道这是一道题，希望教材能在修订时做出改变。

作为教师在教材修订前要做的就是理解学生，并向学生阐明题目的真实意图，在沟通交流中让学生真正理解题目的意思。

画图的魅力

（写于 2019 年 10 月 10 日）

最近在整顿作业，五班的作业上交得参差不齐，令人头疼不已。昨天我一怒之下让没有交作业的孩子一律写上 200 字的反思。全班有八个孩子要写，虽然他们并不想写，但知道我们之前的规则，也就心甘情愿地受罚。今早一到小公室就收到了各式各样的反思，有的写得很工整、漂亮，有的潦草了一些，还有的边写边在下面标上字数，可见想凑 200 字不是一件容易的事情。

经过这样的整顿，今天的作业交得非常齐。看来，这样的惩罚机制比较有效。

言归正传，今天在七班上的是"节余多少钱"，这是三位数的混合运算。开课之前先对前面的连加、连减进行了复习，接着直接进入问题的探讨：亮亮和奶奶 8 月共花了 745 元，8 月节余多少元？

这道题有两种解题思路：其一是用总收入减去总支出，这是大部分孩子采用的解题思路；其二是用部分收入减去总支出，再加上部分收入，这一思路显然比较难理解。观察孩子们的解题，发现居然也有孩子用了第二种思路，我让孩子们上台写出解题过程，结果出现了如下几种情况：

（1）（800+185）-475

（2）800+185-475

（3）800-475+185

　　原本打算让孩子们依次讲解这几个算式的意义，没想到的是，小万在他的笔记本上用画图来表示（见下图）。于是，我改变教学策略，让小万同学在黑板上画出来，并让其他孩子来解读。

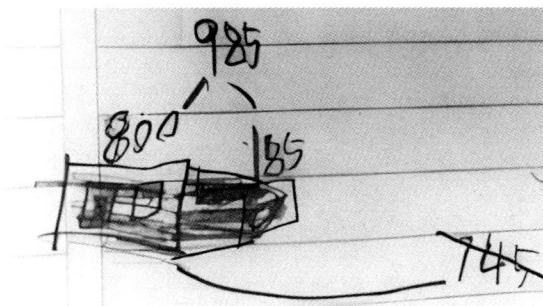

　　师：这幅图你们能看懂吗？有什么修改意见吗？

　　小刘：能看懂。就是先算 800 和 185 的总和，然后再从中减去花去的 745 元，但我觉得表示 800 的那个长方形不应该和表示 185 的长方形画得一样大。

　　师：你的意思是因为数字相差很大，所以不应该画一样大的长方形来表示是吗？

　　孩子们都点头同意。

　　师：那如何来表示去掉的 745 呢？

　　孩子们跃跃欲试，最后让小黄和小高上来展示她们的画法（见下图）。

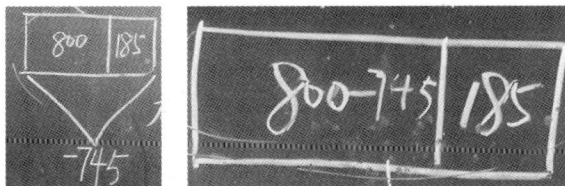

　　看完她们的画法，我心中窃喜，这些小家伙太厉害了，通过画图将两种解题思路表达得一目了然。于是，我让孩子们自己找出每幅图对应的算式，并结合两者来表达解题的思路。

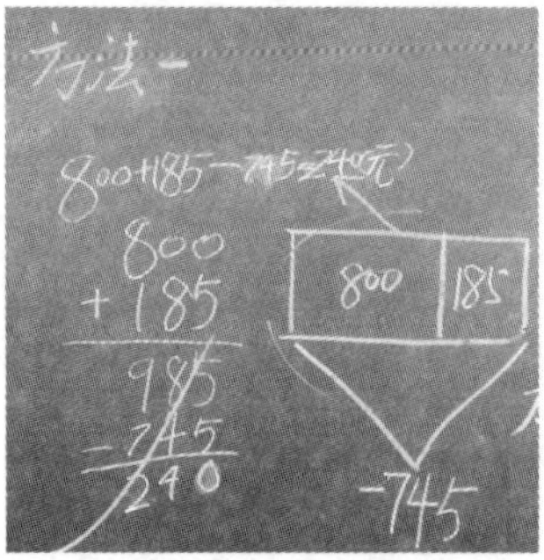

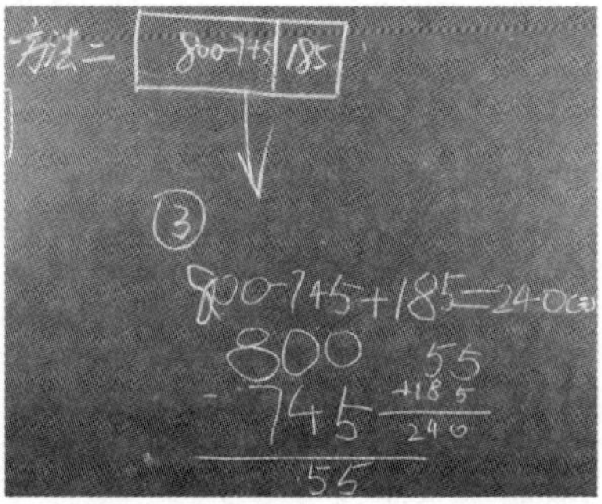

在多位学生的回答下，最后对两种解题思路都有了比较清晰的认识，其中小罗和小陈进行了概括总结。

小罗：方法一表示的是先将爸妈寄回的 800 元与奶奶的补贴一起算，再减去花去的钱，剩下的就是节余的钱。

这是大部分学生能理解的方法，总收入 - 总支出。

小陈：方法二是先用爸妈寄回的钱减去总开销，再来加上奶奶的补助，就是最后节余的钱。

原本方法二很难理解，但结合小高所画的图，孩子们都能直观地理解这个算式的意义，只不过还不会用"部分收入 - 总支出 + 另一部分收入"这样的术语来表达，不过真正理解意思比准确地表达更为重要。

理解了算式的意义，再来辨析（800+185）–475 和 800+185–475 的不同，以及是否有必要加上小括号就显得格外简单了。因为孩子们都知道不管加不加小括号，这两个算式都是先算总收入，也就是先算前面的得数，如此一来小括号就有点多此一举。

五班这节课先于七班，因为没有出现画图，自己也没有意识到原来画图可以解决如此重要的问题，让我对五班的这节课留有遗憾，但同时也让自己更加感受到画图的魅力与重要性。

还是那句话：儿童是我们的老师，永远领着我们在不断地前行。

把课堂交给学生

（写于 2019 年 10 月 11 日）

"节余多少钱"这节课的教学目标是结合生活情境、经历分析问题和解决实际问题的过程，探索并掌握加减混合运算的运算顺序以及计算方法，并能进行正确计算。

这节课共有三个问题:

（1）亮亮和奶奶 8 月花了 745 元，8 月节余了多少元？

（2）9 月节余 260 元，10 月的钱比 9 月少 30 元，两个月一共节余了多少元？

（3）平均每个月节余 225 元，几个月节余的钱可以买一台洗衣机？

其中第一个问题在两个班都得到了解决，今天的课两班因为进度，所研究的主要问题不同，七班集中解决第二个问题，五班是第三个问题。

在七班我是直接出示问题，让全班齐读，画出关键词，继而引导孩子们在昨天画图的基础上进一步通过画图来解决这个问题。

因为孩子们对昨天画图的印象深刻，所以都能依据数量关系画图，我选取了部分具有代表性的作品在黑板上展示，如下图所示。

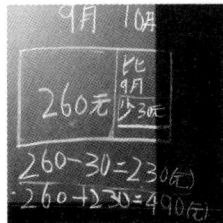 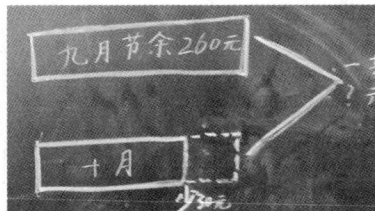 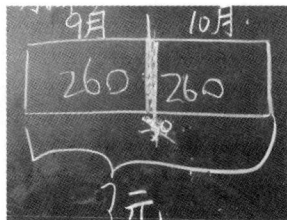

| 小肖 | 小袁 | 小万 |

师：对于这几种方法，你们都能看得懂吗？谁来说说小肖的画法？

小刘：大长方形表示 9 月节余 260 元，小长方形表示 10 月节余的钱。

师：那为什么代表 9 月的长方形要比代表 10 月的长方形大呢？

小周：因为 10 月节余的钱比 9 月少 30 元，所以当然要画小一点。

师：听得懂他们的意思吗？谁再来表述一下。

其他几位学生反复地表述图中的意思，全班学生在交流、倾听中进一步理解了数量关系。理解了数量关系，自然下面的两个算式就很好理解了。

师：对于小袁的图，大家有什么疑问吗？

生：为什么 10 月那里有一个虚线画的小长方形呢？

师：谁能解释他的问题？

小吴：我知道，因为这是比 9 月少的 30 元，这是 10 月没有的部分，所以用虚线表示。

师：你说得真好。小万的图谁能解释一下？

小蔡：他的图是先画两个一样大的长方形，表示两个月都节余了 260 元，但实际上 10 月并没有 260 元，而是比 260 少 30 元，所以要从里面再去掉 30 元。

师：你解释得真清楚。大家可以对比自己的方法，看看哪种方法更好，表示得更清楚，可以画到自己的一号本上。

通过全班的查阅，发现除了 4 名小朋友没有给我看，其他孩子都能画出正确的图并能写出正确的算式，对于课本上出现的第二种算式 260+（260–30），在孩子们的一号本上都能自然地呈现出来，我并没有刻意地去引导或者讲解，而是孩子们自己根据图列出来的算式，可见画图的重要性。

五班在前一天进行了预习，就提前自学并思考了自己的解题思路，今天上课我直接抛出问题，让孩子们上台书写并讲解了自己的方法，如下图所示。

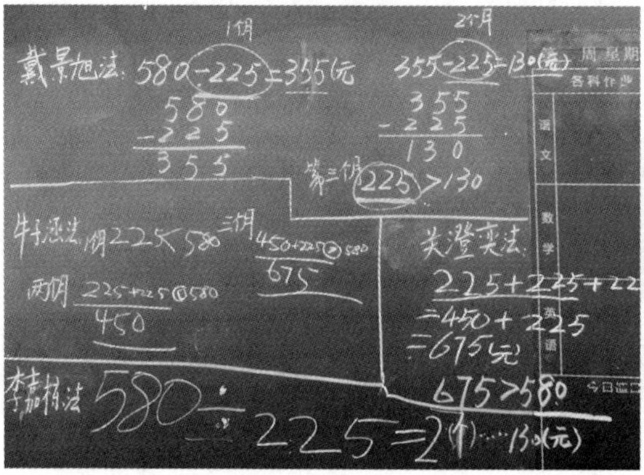

小牛：奶奶太辛苦了，买台洗衣机吧！买台洗衣机 580 元，平均每月结余 225 元，几个月结余的钱可以买一台洗衣机呢！我是这样想的：一个月节余的钱是 225 元，小于 580 元，所以不够，要再用一个月结余的钱，225+225=450 元，还是小于 580 元，要再用第三个月节余的钱，450+225=675 元，这次就够了，所以要三个月节余的钱才能买一台洗衣机。大家有什么问题吗？

他的话音刚落全班就响起了雷鸣般的掌声，对他的讲解非常满意，但这时小李举起手，要求发言。

小李：我觉得你写得太麻烦了，我有新的方法。我是用 580÷225。

生：我们又没有学过怎么计算呢？

师：从意义上来讲，你们觉得这个算式对不对？

小王：对的，因为它表示的意思是 580 里面有几个 225。

学生们也赞同小王的说法，对小李投来了赞美的目光。

小关：我还有更简单的方法。

只见她上来并没有过多地解释，而是直接写出算式 225+225+225，并算出结果等于 675，675 > 580。当她书写完，全班又响起雷鸣般的掌声。

师：为什么又鼓掌？

生：因为她比小牛写的还简单。

师：有需要提出改进建议的吗？

小吴：你怎么知道是 3 个月？为什么不写 4 个月、5 个月？

师：看来这个方法还是有一些小小的漏洞，谁能想出办法解决小吴的疑惑。

生：加上 675 大于 580 就可以了，因为已经够了，不需要再用节余的钱。

师：小吴，你同意吗？

小吴开心地点点头。

小戴：我还有其他办法，我是用减法，用 580 减去 225，结果再减去 225，每减去一个 225 就表示用掉了一个月的节余。

生：那最后结果是 130 元，不够减 225 怎么办呢？

生：用 225 大于 130 就行了。

师：为什么？

生：这就表示还要拿出一个月的节余才能购买一台洗衣机，所以是 3 个月的节余。

通过这样的交流，孩子们对这些方法都有了比较深刻的理解，但这是同化的过程，是否能达到对应的结果，还是需要孩子们将建构的知识再次运用，能否运用就代表是否真正地掌握，最后通过完成课本第 23 页第 4 题来检验结果。好在正如我所愿，孩子们基本能掌握。

通过这样的课堂，我真的越发觉得课堂上老师要少说话，把更多的时间交给学生去思考、去表达、去交流，这样的课孩子们收获到的知识才是深刻的。

我希望能和孩子们一直保持这样的状态，加油。

有关里程表的问题

（写于 2019 年 10 月 21 日）

我翻看之前的日志，才发现自己居然有十天没有写反思了，甚是惭愧，但也是无奈之举，各学校都在备赛百花奖，我们学校同样不例外。老师们围绕一节比赛课要进行多次的试讲、研讨、修改，过程艰难，但收获很大，一个学校的教师发展、教研氛围就是在这样的过程中形成的。

第三单元"加与减"，是万以内数的加减混合运算，对学生来说，很容易出错，能准确计算对学生来说是比较大的挑战。所以，引导学生在学习过程中借助现实情景问题，感受大数目的加减法在生活中的实际应用，并能正确进行计算是本单元的重点。养成细心计算、及时验算的习惯是本单元的难点。

本单元共分两大部分：第一部分是三位数的加减混合运算，包括连加、连减及加减混合运算，主要是通过画图来理解实际问题，并在画图的基础上理解算式的意义。第二部分是里程表的问题。"里程表一"和"里程表二"的共同点是通过分析问题、解决问题的过程，学会读常见的里程表（火车和汽车）；借助画图理解数量关系。不同点就是起点是否为0。

对于"里程表一"，我是采用先让孩子们预习的形式，继而提出自己的问题。通过预习发现孩子们并没有提出实质性的问题。那这节课的定位就是让孩子们自己讲解、交流，在此基础上帮助提炼数量关系。

上课伊始，我直接出示主题图，抛出课本上的三个问题，让每组选取其中一个问题进行交流合作，最后上台讲解。在交流的基础上学生逐步发现：不管是算保定到石家庄，还是算郑州到洛阳，隐含数量关系都是"总体－部分＝另一部分"。如下图，北京到石家庄是总路程（总体），其中包含了北京到保定以及保定到石家庄两段路程，求其中的任意一段路程，都是用总体－部分；反之，如果求的是总路程，那就用加法。总而言之，"里程表一"的问题其实就是之前一、二年级所学的总体和部分之间的关系问题，只不过，数字变大了，情景变复杂了。一旦帮助学生建立起新旧之间的联系，打通知识之间的联系渠道，里程表问题就不是那么难了，剩下的就只有细心计算了。

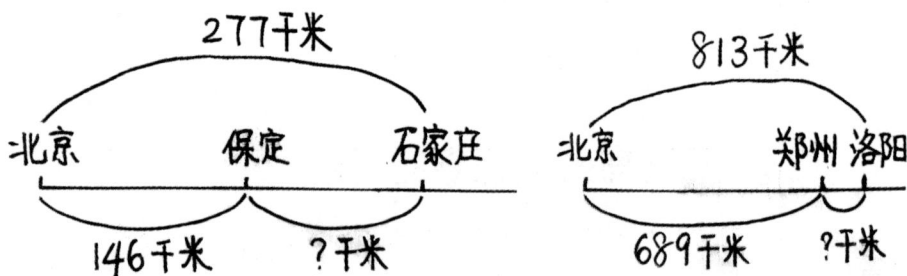

"里程表二"，通过预习发现学生的问题一般围绕两个方面：①"里程表一"和"里程表二"的区别；②为什么"里程表二"中星期一的里程不是从0开始？或者为什么星期一的里程是160-35？于是，本节课的重点就放在这两个问题上，难点就是体会当天的读数减去前一天的读数就是当天行驶的里程数。

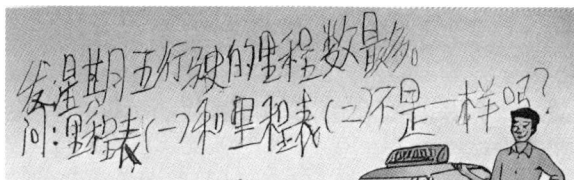

片段一:

上课伊始,我让学生集体读题,寻找里面的关键信息。

师:对于这段话,你有什么不理解的地方?

生:我不理解什么叫里程表读数。

师:非常好。我们首先要搞清楚题目的意思。里程表读数在这里指的是汽车每天收车时行驶过的总里程数。

师:题目一共有三句话,如果让你来选择,你觉得哪句话最重要?

小张:我觉得第三句话最重要,里面有每天的里程表读数。

小高:我不同意。我觉得是第二句话。

大部分同学举手同意第二句话是最重要的。

师:你能解释下吗?

小高:这句话的意思是淘气的叔叔星期一出车之前就已经行驶了35千米。

师:也就是说?

小夏:淘气的叔叔星期一行驶的并不是160千米。

师:我们可以把35千米称作什么?

小夏:星期一行驶的起点。

师:我们今天所学的里程表和前一节课的里程表区别在于?

没等我说完,小黄立马接上去:区别就在于起点不是0。

师:你说得真好。那星期一的里程数到底是多少呢?

学生都知道是用160–35,然而真的理解了其中的意思吗?我还是进行了追问:为什么要用160–35呢?

生:因为35不是星期一行驶的路程,它是星期一出发前就已经存在的,不能算进星期一的里程数。

师:看来大家是真的理解了。

师：淘气根据题意画了一个图，你看得懂吗？对于这幅图你有什么疑问？

小牛：我觉得星期一应该写在 160 的正上方。

小翟：我不同意，如果写在正上方的话就代表星期一行驶了 160 千米，但星期一并没有行驶那么多啊。

生：那就放在 35 的正上方。

小翟：更不行了，这是星期一前行驶的路程怎么能放在 35 上面呢？我觉得只能放在两个数字之间，表示 35 与 160 之间的一段距离。

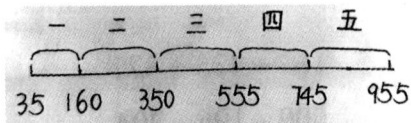

这样一来二去的互动，让学生彻底明白了为什么星期一至星期五写在线段之间。

片段二：

师：那星期二的里程数是多少？

小叶举手并上台写下了如下算式：350-160-35。

在她的算式写完后，很多学生都提出了质疑，但也有部分赞成的学生。

师：同意吗？说说你的理由。

小王：不同意，不需要再减 35，因为里程表读数是累积的，160 已经包括了 35。

他的解释非常清晰，尤其用了"累积"二字，学生一下子就明白了。小叶自己上台将 35 擦去。

师：依次类推，星期三、星期四、星期五的里程数呢？

生 1：用 555-350=205（千米）……

生 2：我终于理解书上笑笑说的话了，用当天的读数减去前一天的读数，就是当天行驶的里程数。

师：在生活中，我们还遇到过很多类似的问题，读数都是累积的，比如呢？

生：家里的水表、燃气表、电表。

师：是啊，你们真是厉害。看来当天的读数 – 前一天的读数 = 当天的数，不仅指的是里程数，还可以是当天的用水量、燃气量以及用电量。

通过这一环节，将这节课的数量关系进行了提炼：当天的读数 – 前一天的读数 = 当天的数。通过这样的提炼，学生的认知由特殊的里程表问题上升到一般的问题，实现了特殊问题到一般问题的过渡。

正因为这节课在五班上得很不错，才有了如上的教学过程；然而，在七班上得很失败，学生全程不怎么互动，使课堂"死气沉沉"，下课后询问学生，小万都感叹以前从没有出现过这样的情况，我想这不能全怪学生。可能有如下几个方面的原因：

（1）周末结束新的一周开始，有一点儿假期后的综合征。

（2）可能第一、二节课上下来比较累。

（3）这节课比较抽象，理解起来很麻烦。

（4）我的教学设计出了问题。

具体什么原因，好像真的一时难以确定，正是因为这样的氛围，这节课没有实现由特殊问题上升到一般问题的研究，也没有进行数量关系的最后提炼，很显然教学效果没有达到，只能通过明天的课堂进行弥补了。

教学总是留有遗憾，每次上课两个班总会有一个班上得不太尽如人意，这是比较的结果，还是本身就存在问题，真的很难说清。不管怎样，教学无止境，只有通过不断地改进，才能让遗憾更少。

教学中的"贿赂"

（写于 2019 年 10 月 29 日）

从太原给孩子们带回了姜糖，虽然一人只有一颗，但孩子们都特别开心。五班的孩子喜欢用言语表达，我正要发糖的时候，小张开始说话了："王老师这么好，我们掌声感谢一下她吧。"其余同学听完他的提议，立刻鼓起了雷鸣般的掌声。紧接着，小叶又来了一句："我发现我们班小张最会说话了，他说的话最好听。"听完，我哈哈大笑。没想到，小刘又补了一句："小叶总结得很好，我们掌声送给他吧。"在他的提议下，教室里再一次响起了雷鸣般的掌声。此刻的我想起当时的情形，忍不住笑了，这些孩子太可爱了。

七班的娃比较内敛，他们不会像五班的孩子那样用言语来表达，但是他们很会用实际行动回馈你的爱，昨天的课上得非常顺利，能感受到他们那种喜悦的心情。所以，对孩子的爱，在成人看来微乎其微，但孩子们非常珍惜与享受这样微妙的爱意。这样的小"贿赂"，孩子们很受用。

这两天进入第四单元"乘与除"的学习。第一节课的内容是关于整十、整百、整千数乘一位数的口算乘法。上课伊始，我先带着孩子们猜今天要学习的内容。

师：二年级我们已经学过了表内乘法，也就是一位数乘一位数，那今天所学的乘法会是什么内容呢？

生1：两位数乘两位数。

生2：不对，那太难了，应该是两位数乘一位数。

师：大家同意吗？

征得孩子们同意后，板书两位数乘一位数。

师：两位数里面又包括了整十数、非整十数（孩子们居然能接在我话的后面说非整十数，真是厉害）。那你们觉得我们今天先学哪一部分内容？

生：当然是整十数乘一位数了，因为从简单到难。

师：好，让我们一起来解决这个问题：杨树每捆 20 棵，3 捆多少棵？请写下你的思考过程。

学生作品如下：

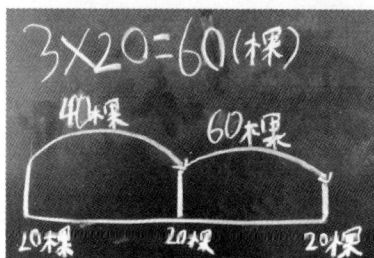

对于学生的作品，我一直有一个问题：如何处理这些作品？是每一种方法都要讲吗？思虑再三还是决定进行方法的优化。所以，我进行了如下教学：

师：这些方法都看得懂吗？看完这些方法，你有什么话想说？

小吴：第四种和第五种方法都一样，只不过把乘数的位置换了。

师：你观察得很仔细，这两种方法都是用乘法竖式。那你们觉得这道题有必要用竖式来解决吗？

生1：没有必要，这么简单，口算就可以了。

生2：我发现第一种和第二种方法都一样，都是用加法来表示。

师：那它们之间有区别吗？

生：也有不同，第二种方法是将加法用乘法简单地表示出来了。

师：好，这些方法基本解决了，焦点落在第三种方法了。你们看得懂吗？

小戴：我看得懂。先把 20 里面的 0 去掉就变成了 2×3=6，再把这个 0 补上来就可以了。

小刘：20 里面的 2 是在十位上，你这个 2 是在个位上，能一样吗？你怎么能把十位上的 2 变成个位上的 2 呢？

这个问题印象深刻的回答是七班的小霖，这个问题是本节课的难点，所以两个班都存在这样的问题。

小霖：20 表示的是 2 个十，你先不看十，然后再补回这个十不就可以了吗？

师：也就是说，盖住这个 0，就等于是盖住了计数单位"十"，算出来 2×3=6 表示的是 6 个十，所以最后要将计数单位十补上，也就是补上一个 0，是这样吗？

通过交流，孩子们终于明白了为什么可以盖住 0，最后得数要补上 0。真正地做到了知其然，知其所以然。

紧接着，我让孩子们自己出一道类似的题目，让他们运用已构建的模式。最后，再完成课本第 30 页最后一题"算一算，你发现了什么？"其中，有两个学生写的算式与众不同，如下图：

这两组算式打破了学生的认知结构，因为很多学生都是乘数里面有几个 0，结果就加上几个 0，学生看到这两组算式之后不得不重新建构自己的认知。所以，就有了下面的对话：

师：看到这两组算式，你有什么发现？

小陈：乘数越大，积越大。

师：很好。还有补充的吗？可以说得更具体一点。

小万：10 倍。

师：他只说了 10 倍两个字，我们要说完整的话，哪位小朋友能在他的基础上进一步补充？

小张：乘数扩大 10 倍，积就扩大 10 倍。

生：我还有补充：还有一个乘数是不变的。

师：你们真是善于观察。看来一个乘数不变，另一个乘数扩大 10 倍，积就扩大 10 倍。

生：我还发现并不是乘数有几个 0，得数就有几个 0。

整节课下来，学生将这节课的重难点一一攻克，这节课之所以上得顺利，也与孩子们的情绪有很大的关系，所以在开课前激发他们的情绪、情感至关重要。偶尔的"贿赂"还是有必要的。因为在学生看来，那是你对他的爱。爱上了老师，自然会爱上这门课。

错误的宝贵

（写于 2019 年 10 月 30 日）

今天上的是第四单元第二节的内容"需要多少钱"，两个班虽然上的都是同样的主题，但形式不同。

七班我在总结整十数乘一位数的时候，小万提出了他的疑惑：老师，如果不是整十数怎么办？比如 30×4，不是 30 怎么算呢？

我正准备回答的时候，小肖大声地说："这就是我们今天要学的内容啊。"

如此一来正好顺着讲下来了。

师：看来孩子们已经迫不及待地想学更难的知识了，如果是 31×4 怎么算呢？

生：太简单了，不就是 124 吗？

对于迁移能力强的孩子的确容易解答，于是我又补了一道题：38×4。

师：觉得简单的同学，可以做第二道题。

这样一来，全班安静下来，都在进行挑战。写完后，孩子们迫不及待地要求在黑板上写下自己的解题过程，如下图所示。

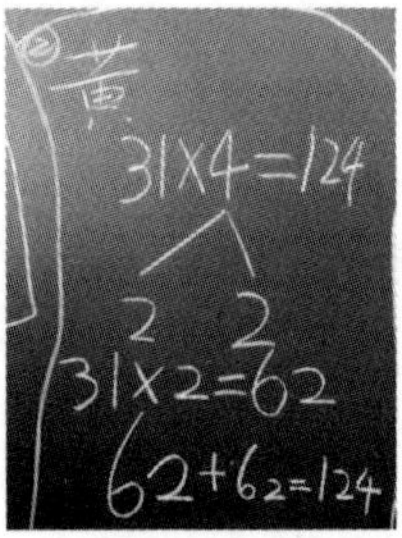

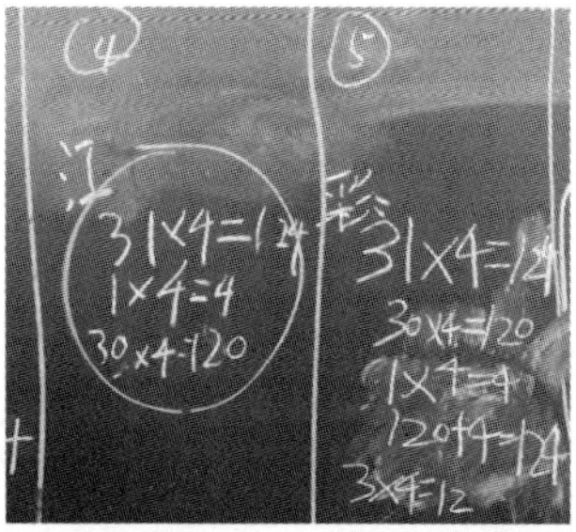

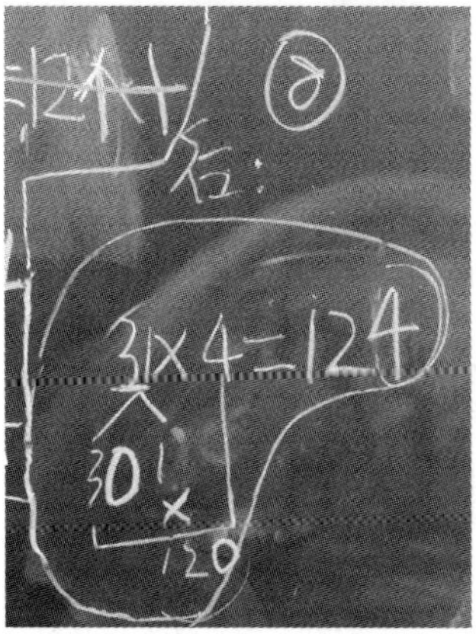

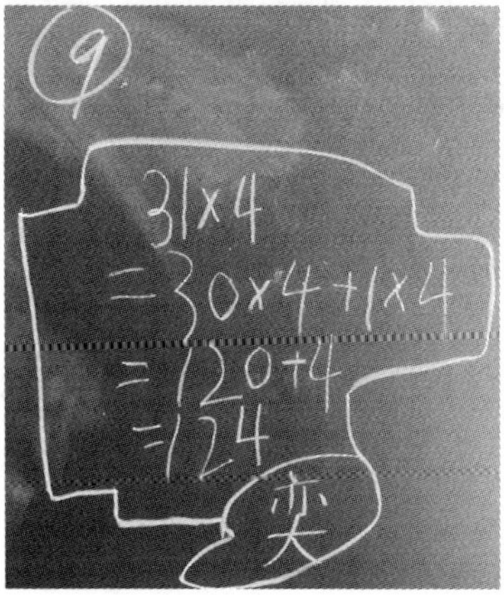

这九种方法中小铠、小后和小奕的方法有一些错误，我并没有直接指出，而是通过学生之间的对话让他们自己来感悟。

师：仔细看看这些方法，你觉得哪个方法有问题，你可以问问对方。

小高：我要问小后。请问你的 12 是从哪儿来的？

小后：3×4 得到的。

小高：那 3 是从哪儿来的呢？

小后：31 可以分成 3 和 1。

小高：你这样分就是错的。31 可以分成 30 和 1，而不是 3 和 1。

师：那要做怎样的修改呢？

小高：将 3 和 12 后面各添一个 0。

师：还有问题吗？

小高：结果 121 还是错的。它应该是将剩下的 1 再乘 4，得到的 4 加上 120 就是 124。

师：对其他同学的方法还有补充或者修改的吗？

小陈：小奕，你为什么要在 31×4 后面再写等号呢？你不是用递等式来计算的吗？

师：还有吗？

生 1：小铠，你为什么要将 31 拆分成 30 和 1 呢？

小铠：因为 31×4 不好算啊，我们没有学过，但拆成 30 和 1 再分别乘 4 就好算了！你看 30×4=120，1×4=4，120+4=124。

师：通过刚才的交流，你们明白这道题怎么计算了吗？黑板上有错误的同学能自己上来改一下吗？

小后、小铠和小奕等纷纷上台将之前的算法进行了修正，才有了如上正确的写法。

整个互动过程，孩子们明白了拆分的原因以及过程。虽然出现错误的孩子心里难过，但我想说的是正是有了这些错误，才让我们明白正确计算的道理。这些错误才是我们学习的宝贵财富。

基于学生问题的教

（写于 2019 年 10 月 30 日）

五班的这节课因为有之前的预习，所以，教学的焦点直接切到学生的问题。从学生预习中看出，他们的问题主要是对于表格法和点子图的困惑。

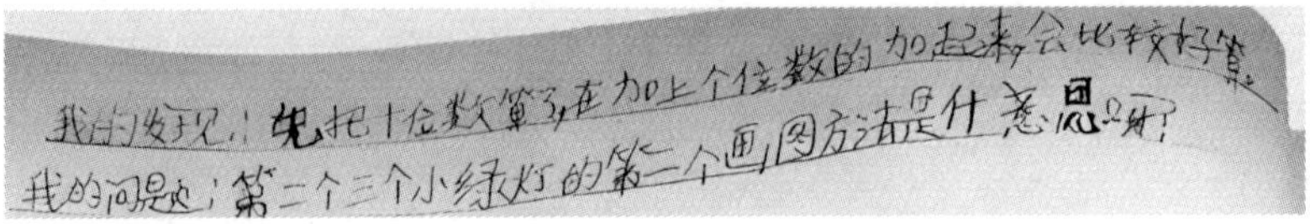

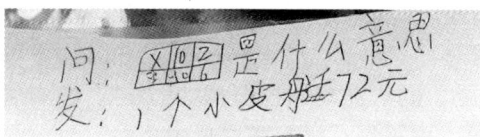

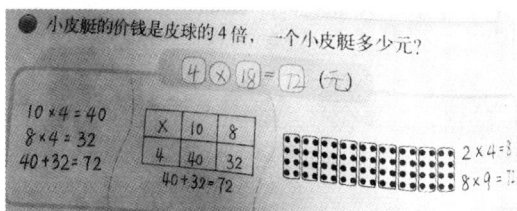

于是，课堂伊始，我就让孩子自己当小老师上台讲解 12×3 的解题过程。小余第一个举手，他成为这节课的第一个小老师。

小余：将 12 分成 2 和 1，先算 $2 \times 3 = 6$，再算 $1 \times 3 = 3$，这里的 3 表示 30，所以结果就是 36。

板书如下：

$2 \times 3 = 6$

$1 \times 3 = 3$

36

他的话音刚落，小牛就要求上台对话。

小牛：小余，我有两个问题要问你，第一，你的 1 是从哪里来的？

小余：从 12 里面来的。

小牛：我要纠正你的说法，这里的 1 不是 1 而是 10，所以算式是 $10 \times 3 = 30$。另外 36 从哪里来的？

小余：30 和 6 合起来就是 36。

小牛：是的，但你把 3 和 6 合起来，这样就是 9，而不是 36 了。

说完，台下响起热烈的掌声，小牛下去的时候小夏向他伸出了大拇指，因为他讲得实在是太好了。

第二位上台的是小刘，他讲解的是大家觉得难懂的表格法。他的讲解能力很强，讲得非常清楚，在这一过程中大家逐渐明白了表格法。

于是学生进入了挑战环节，可以用口算形式也可以用表格或者其他方法计算 18×4，原本我觉得这只是个运用环节，问题不大。没想到孩子们仍然存在一些困惑，而且提出的问题很有代表性。

小杨：我想问的是难道 18 不能拆成 9 和 9 吗？我觉得也很简单，四九三十六。$36 + 36 = 72$。

小王：我一直就有一个疑问，难道只能拆分 18 吗？不可以拆分 4 吗？

师：有谁能解决她们的困惑？

生 1：18 可以拆分成 9 和 9，同样还可以拆分成 11 和 7，还有其他的拆分都可以，但要看拆完好不好计算，因为拆分就是为了好算。

生 2：也可以把 4 拆分成 2 和 2，这样就要先算 18×2=36，再加 36 还是等于 72。

生 3：但拆分 4 的话，还是比较难算，因为 18×2 怎么算？很难算出来。

师：看来拆分哪一个乘数都可以，就看拆哪一个好算。

这节课不仅解决了孩子们遇到的困惑，而且还能在互动中产生新的问题，继而来解决，这是课堂最大的魅力所在。总之，为学生的问题而教挺有意思，也充满挑战。

口算除法

（写于 2019 年 10 月 31 日）

今天要上"丰收了"这节内容，主要是探索并掌握整十、整百、整千数除以一位数的口算方法。这节课之前孩子们已经有了整十、整百、整千数乘一位数的口算经验，知道用"盖 0 法"（孩子们自己取的名字），即先将计数单位盖住，这样题目就转化成以前学过的表内乘法了。

然而，口算除法比口算乘法难了一些。例如，整十数除以一位数的口算中就有两类情况：一类是表内除法，另一类就是非表内除法。今天这节课主要是解决表内除法的整十数、整百数除以一位数。

五班因为有了昨天的铺垫，先呈现孩子们出的题目，让小老师讲解方法，重点探讨为什么要把被除数和商末尾的 0 框起来。最后让学生在比较中感悟这几道题的计算方法的共同点，即都是用表内除法的相关知识来解决，实现知识的迁移。

紧接着，让学生出一道类似的题目，以实现方法的运用。找出一些不同的算式进行分享，如 80÷5 也是整十数除以一位数，但并不能用表内除法一步解决，需要在下一节课中进一步探讨。通过这个过程让学生进一步明晰原来在整十、整百、整千数除以一位数的口算中存在两种情况：表内除法一步解决以及非一步解决。

点子图的"吐槽"

（写于 2019 年 11 月 4 日）

● 淘气和笑笑是这样算的，你看懂了吗？与同伴说一说。

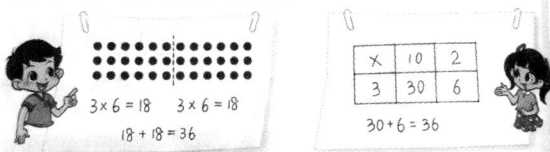

$3 \times 6 = 18 \quad 3 \times 6 = 18$
$18 + 18 = 36$

×	10	2
3	30	6

$30 + 6 = 36$

● 小皮艇的价钱是皮球的 4 倍，一个小皮艇多少元？

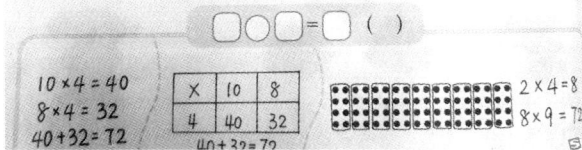

□ □ □ = □ （ ）

$10 \times 4 = 40$
$8 \times 4 = 32$
$40 + 32 = 72$

×	10	8
4	40	32

$40 + 32 = 72$

$2 \times 4 = 8$
$8 \times 9 = 72$

"需要多少钱"这节课开始接触点子图，教材的意图有两个：一是想通过数形结合的方式来帮助学生理解算式的实际意义；二是体现算法的多样化。我觉得不仅如此，应多加一条：不仅要有算法的多样性，更要有算法的优化。如 12×3 主要是拆分，但拆分的方式有多种，可以将 12 拆分成 10 和 2，再分别乘 3，算出总和（右图的表格法），还可以借助点子图，将 12 平均分成 6 和 6，再分别乘 3，算出总和（左图）。通过这两种方法，让学生感受到算法的多样性。

这样的解释勉强能接受，但下一个问题在 18×4 的算法中用点子图实在是有些牵强。

首先，教材通过前面两种方式，即算式和表格的方式来强化了将 18 拆分成 10 和 8 再分别乘 4，最后算出总和。显然这样的拆分是最简单的也是学生最能理解和接受的方式，从算法的优化角度来说，这就是最好的方法。然而，教材却在最后的点子图上出示如卜的方法，反而让学生摸不着头脑。

$2 \times 4 = 8$
$8 \times 9 = 72$

其实，上一个算式中已经体现了算法的多样性，而这一题应该更多地体现算法的优化。所以，建议应该呈现如下的点子图画法：

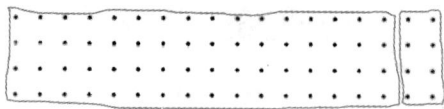

这样，将 18 拆分成 10 和 8 再分别乘 4 的拆分方法通过算式、表格和点子图三种形式呈现，进一步深化了学生对这一拆分法的理解，真正实现数形结合。如此一来，学生在计算圈一圈、算一算的相关题目时，自然会想到将点子图和算法联系起来，借助点子图来进行计算。

这一想法是今天在组内教研的结果，在班级并未实施，所以明天的课将会对这一内容进行改进，再来验证学生的学习效果。准备通过如下步骤实施：

（1）直接呈现教材内容第二题。问：小朋友已经上完这一课内容，回头再来看，你能明白课本为什么要将这两种方法展示在上面吗？

问话意图：让学生感受算法的多样性。

（2）呈现第三题，问：呈现这三种方法的目的是什么？如果你是小老师，你会怎么解释呢？让你来评价，你觉得课本这里安排得如何？如果让你来改进你会怎样改？

问话意图：将这一问题抛给学生，看学生做出怎样的回答，最后引向对点子图的修改。进一步体会拆分成整十数和一位数的好处，进行算法的优化。

（3）最后进行课本第 33 页第 1 题的练习。

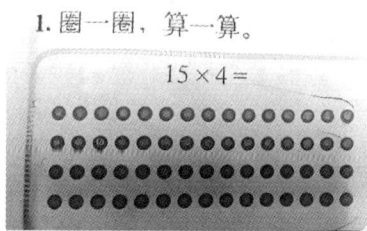

问话：现在再来让你来圈一圈、算一算，你会怎么改？

问话意图：进一步巩固这一算法。

教学中善用联系来迁移知识

（写于 2019 年 11 月 5 日）

今天上第四单元最后一节内容"植树"，但我并没有运用书上的内容进行讲解，而是用联系的方式将之前的知识点串联起来，整个第四单元最主要的内容就是两位数乘一位数和两位数除以一位数，通用的方法就是盖 0 法和拆分法，盖 0 法主要运用于整十数乘一位数或除以一位数，继而可以将这种方法推广到整百、整千数乘一位数或除以一位数。拆分法主要运用于普通的两位数乘一位数。通过实例加板书讲解的方式，将这一单元的内容串联起来，再来引发学生的猜想：这节课主要讲什么呢？你能出一道题目吗？

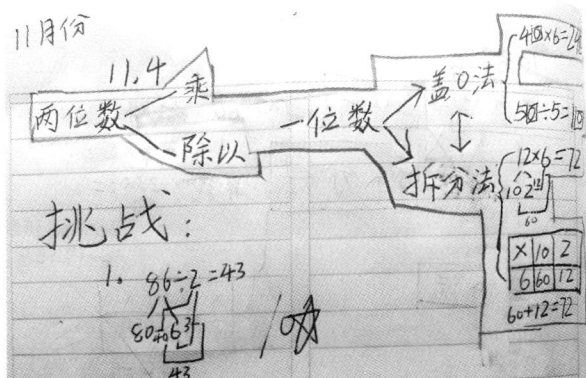

学生在尝试出题的过程中很快就知道了要出一个非整十数除以一位数的题目，继而探讨这道算式的计算方法。

七班围绕 86÷2 展开研究，因为有了前面知识的铺垫，大部分学生会运用迁移的方法将之前乘法所学的拆分法运用到除法算式中，所以就有了如下的一系列方法：

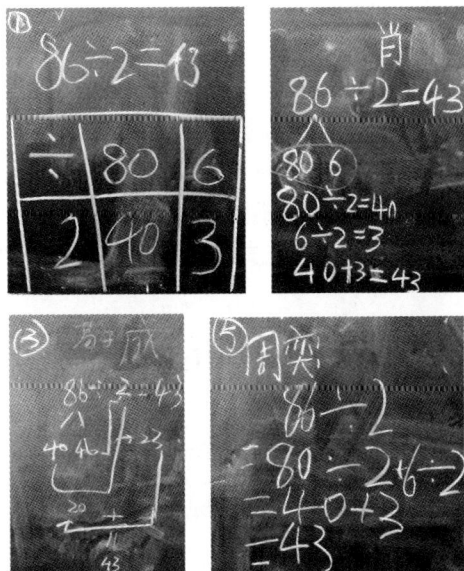

师：看到这些方法，你有什么想法？

生1：小孙的方法和小肖的方法其实是一样的，都是用的拆分法，将86拆分成80和6再分别除以2，最后两个结果相加就得数。

生2：他们都是用拆分法，只不过小孙用的是表格，小肖用的是算式。

师：方法相同，只不过形式不同是吧。那小易的方法，你们看得懂吗？

生：他用的也是拆分法，将86拆分成40和46，40÷2=20，46÷2=23，20+23=43。

师：这种方法可行吗？大家有什么想说的吗？

生：他用的也是拆分法，只不过拆的数字不同而已。

师：相比前面的拆分方法，你觉得哪种好，为什么？

生1：小孙和小肖的方法好，因为拆成整十数好算。

生2：那小易的方法中也拆成整十数40了。

生3：不一样，拆的后面数是46，很大，不好计算。

师：大家同意吗？

总结：看来拆分有多种拆法，我们要选择简单、好算的拆法进行计算。

师：小周的方法能看懂吗？

生：他也是用拆分法，只不过用的是递等式。

总结：看来两位数除以一位数仍然可以用于拆分法，只不过用的形式不一样，有的用算式，有的用表格，有的用递等式，还有图示的方式都可以，就看你们自己的喜好。

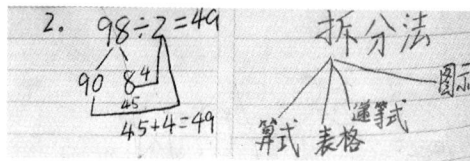

通过这样的方式，学生实现了知识的迁移，也能感受到学生对这样学习方式的喜爱。善用联系建构知识链是一种学习的好方式，希望能坚持。

试卷背后的问题

（写于 2019 年 11 月 11 日）

上周和孩子们一起复习了第四单元并进行了测试，从测试的情况来看不是太理想，虽然与题目的难易度有很大关系，但其背后折射出来的问题也不容忽视。主要体现在如下几点：

一、理解数学本质的能力有待提高

如试卷上分一分，算一算。

1. 分一分，算一算。（4分）

$48 \div 2 = (24)$

$40 \div 2 = (20)$
$(8) \div (2) = (4)$
$(40) + (8) = (48)$

有些小朋友会算 $48 \div 2$ 的结果，但结合算理的时候，却不知道如何来写，这就说明孩子只会机械计算，却不知道每一步计算的实际意义是什么。还有如下题目（见下图），如果直接算 $150 \div 3$ 的结果，几乎每个孩子都会利用"盖0法"做出来，然而，为什么能盖住0再来计算，这样做的道理部分小朋友是不理解的，因为他们不知道盖0盖住的是计数单位十，所以下面的填空自然不知道其中的意义。

3. 计算 $150 \div 3$ 时，可以把150看做（15）个10，平均分成3份，每份是（15）个10，也就是（150）。

二、数学抽象能力需要提高

数学是抽象的产物，随着年级的上升，抽象程度会越来越高。所以作为老师，在上课中不仅要善于举例，更需要在举例的基础上进行语言的抽象。如下图的三道题，尤其是第3小题，学生在计算的时候已经发现运算规律，即一个乘数不变，另一个乘数扩大十倍，积就扩大十倍。但这一规律会让学生产生错觉，以为乘数末尾有几个0，积的末尾就有几个0。这一点需要老师的提炼。所以作为老师，这点我还需要再做改进。

2. 一位数乘两位数，积可能是三位数，也可能是两位数。（✓）

3. 整十、整百数乘一位数，因数的末尾有几个0，积的末尾就有几个0。（✓）

5. 计算 26×3 时，下面算法正确的是（E）。
   A. $20 \times 3 + 6 \times 3$　　　B. $2 \times 3 + 6 \times 3$　　　C. $20 + 6 \times 3$

三、慢思考的能力需要培养

低年级儿童以直观思维为主，所以他们喜欢眼见为实，不愿意做更深入的思考，只管读完就做题，缺乏慢思考的能力。如下题，很多孩子都写240元，因为只看到题中的数字"3"与"80"，立马就算出 3×80 的结果，而没有慢思考小红也要算上去，这一道题并不难，难的是愿不愿意慢下来思考一下。

8. 小红和她的 3 个好朋友去游乐场玩, 门票每人 80 元, 买门票一共需要（ 240 ）元。

四、分析、理解问题的能力有待提高

三年级相比一、二年级最大的不同就是更多的是两步思维, 而不是一步思维, 很多孩子的水平还停留在一步思维, 所以碰到需要"拐弯"的题就不知道如何解决, 如下题。这道题并不能通过两个来回的 200 米直接求出泳道长度, 而是要先知道"一个来回"的意思, 以及一个来回游了多少米, 才能进一步求出泳道的长度。还有很多小朋友将"来回"理解错误, 以为两个来回指的是一来一回, 导致错误。

A. 84

3. 小军参加游泳比赛, 在泳道上游了两个来回, 共游了 200 米, 泳道长（ A ）。

A. 100 米　　　　B. 50 米　　　　C. 40 米

还有下题, 关于求一套衣服的价格问题。这里存在两个问题: 其一, 不理解"一套"的意思; 其二, 弄不清上衣和裤子之间正确的数量关系。看到 2 倍就认为是乘法, 而不去仔细读题, 反复去理解上衣价格和裤子价格之间的关系。这是其中一部分孩子的错误; 还有一部分孩子是真的不理解这句话的意思, 所以才会出错, 后者是理解能力偏差。

4. 一件上衣 64 元, 是一条裤子价格的 2 倍, 买一套衣服需要多少钱? (4 分)

$$=64×2+64$$
$$=124+64$$
$$=188(元)$$

答: 买一套衣服需要 188 元。

总而言之, 这张试卷灵活度高, 对学生的要求高, 对老师也提出了更高的要求, 不能仅局限于某一题, 而是要在举一反三中进行进一步的抽象, 以及教会孩子通过画图或者其他方式来理解数量关系, 更重要的是培养孩子进行慢思考的思维习惯。

什么是周长

（写于 2019 年 11 月 14 日）

"什么是周长"这节课因为之前上过, 所以昨天的课上我是聚焦在两个问题上: ①回顾什么是周长? ②怎样得到图形的周长?

对于第一个问题, 收获了两处精彩。当回顾完周长的定义后, 让孩子们找出物体的周长，并指一指。小周指着他的圆柱形文具盒，问它的周长在哪里？这时全班激烈大讨论，有的说在两边圆形的边线上，有的说在中间的线上。最后小刘说要绕很多圈才能绕完整个圆柱，而周长是指一周的长度，所以不能说这个圆柱体文具盒的周长在哪儿，而是要说圆柱体哪个面上的周长。这样一来二去地交流与讨论，学生就明白了为什么只有平面图形才有周长。

在五班，当问到什么是周长时，小余直接给出了"标准答案"："封闭的平面图形一周的长度。"听到孩子这么准确地说出定义，就让他来解释"封闭"的具体意思，通过角的实例，发现角没有周长，因为它没有一周，无法从起点回到起点。通过举例来真正理解封闭的实际意思。

对于第二个问题如何得到图形的周长，通过交流逐步探索出三种得到图形周长的方法：

（1）量。对于规则图形用直尺测量，曲线图形借助软尺，将化曲为直的思想融入其中。

（2）数。在方格纸中数出图形的周长，因为方格纸中提供了度量单位。

（3）算。在已有各边数据的基础上进行计算。

不管是哪种方法，要得到周长都是要将各边长度相加，也就是说图形的周长是图形各边长度之和。

这样一来，学生对周长的两个核心问题有了进一步的理解，即周长的本质就是长度，即图形各边长度之和。

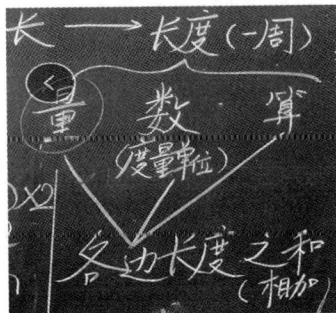

分类在计算长方形、正方形周长中的作用

（写于 2019 年 11 月 20 日）

这节课主要讲长方形和正方形的周长。上课伊始，先回顾周长的定义，以

及得到周长的三种方法。周长本质就是长度，但有别于之前所学的长度，它是指一周的长度，这时就有学生补充：所以周长指的是图形的长度，而不是一条边的长度。这位学生显然理解到周长其实是一个二维概念了。

又有学生补充：不能说立体图形有周长，比如这个圆柱文具盒，你根本没有办法指出它的周长，只能说它的某一个面有周长。看来学生对周长的概念已经很好地掌握了。

接下来是运用三种方法得到图形的周长，我直接给出挑战，让学生先分别画出一个长方形和一个正方形，然后想办法得到它们的周长。学生画出长方形后，必然会量边的长度，这时需要提醒他们取整厘米数，最后要通过计算才能得到长方形的周长。

如何得到长方形周长，我通过如下三个环节来实现：

（1）将这6个作品进行分类，你会怎么分？

（2）能不能结合其中一个例子具体讲一讲过程？

（3）你能总结出计算长方形周长的方法吗？

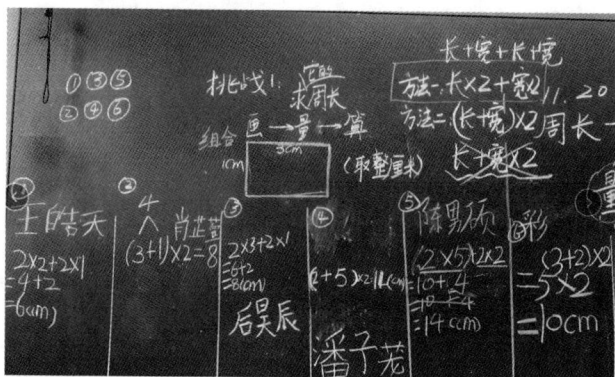

对于环节1，第一位学生依据是否递等式来进行分类，显然没有指向数学本质，但经过进一步的引导后，学生明确了将1、3、5归为一类，2、4、6归为一类。紧接着就是结合例子阐述理由了，上台做小老师的学生选择了小王的计算方法来进行解释，一共上来了7位同学，似乎都明白意思，但总不能清晰叙述，简洁表达，从中也看出学生的表达能力有待进一步改进和提高，但好在尝试着让平时不愿意上台的小朋友来讲，即使耗费时间，也很有意义。至少要慢慢改变课堂上总是喜欢发言的同学来讲解的现状，而且在表达的过程中，我也发现只要不着急，相信孩子，慢慢地等待，会发现孩子们说得越来越好。正是通过这样的交流，孩子们对图形周长的第一种方法：长×2+宽×2，体会得非常深刻。

当阐述第二种方法的时候，小肖上台讲解，从她的算式中能感知到她理解了算法，但讲起来却不是太明了，这时小张站起来进行了补充。

小张：先算 3 加 1 的和，就是先把一条长和一条宽组合起来，因为长方形里有这样的两组，所以再乘 2。

他将小括号用"组合"两字形象形容，让其他学生瞬间明白了其中意思。在五班虽然没有用到这个词，但小刘用手势很好地解决了这个难点。她将拇指与食指摆成"7"字形状，另一只手也可以摆成这样的形状，两者相结合就成了一个长方形，3 加 1 的和表示的是一个"7"字形的长度，两个"7"字形的和就是长方形的周长，自然要乘 2，这种解释方法既形象又生动。

在此基础上提炼出计算长方形周长的第二种方法：（长 + 宽）×2，有了此前的深刻理解，当出现长 ×2+ 宽，或者宽 ×2+ 长的情况时便是错误的，因为少算了一条边。

总结长方形的周长计算方法后，自然转到正方形周长的计算方法上来（见下图），学生在六个学生作品的基础上同样先进行分类，发现 3、5 方法一致，都是将四条边相加。而 1、2、4、6 归为一类，在此基础上进一步发现这四道算式都有共同点，算式中都有 4，我进行追问：为什么都有 4 呢？

小陈：因为每个正方形都有四条边。

师：那前面的长方形也有四条边，为什么不乘 4 呢？

生：因为正方形的四条边都相等，所以才用边长乘 4，就可以求出正方形的周长了。

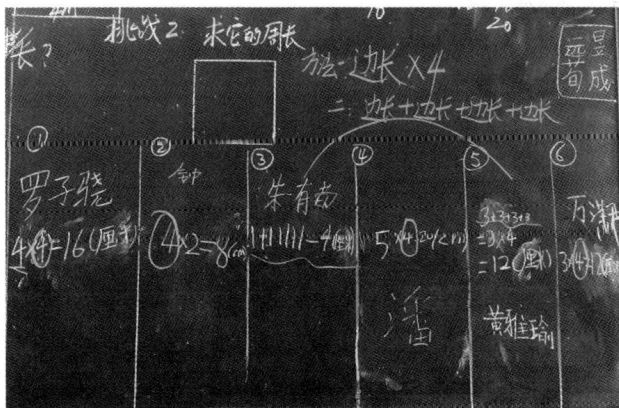

用分类的方法计算长方形、正方形的周长是我从教以来的第一次。之所以采用这种方式，是认知在不断发生变化。以往总是聚焦在具体方法的一一展示上，最后还要落在方法的优化上，让学生记住公式。其实，现在看来记住周长的本质意义最重要，只要知道周长是图形一周的长度，如何得到这一周的长度，方法完全可以多样化，在此的优化就并不是太重要了，因为对于学生来说适合自己的方法才是最好的。

学生的情感体验

（写于 2019 年 11 月 22 日）

最近一直都在写关于教学中的问题，但其实自己知道要想让孩子学好数学，不仅需要关注学科教学，更需要关注学生的情感体验。当然你的课上得好，大部分学生会喜欢，但个别孩子总会融不进课堂，游离于课堂之外，怎么办？如何调动这部分学生的学习兴趣，是一个需要花长时间去思考的问题。

五班有一个小朋友叫小余，这个小男孩很可爱，圆圆的大眼睛看着你的时候，可爱极了，但这个小家伙能量不小，上课总喜欢动来动去，甚至有些调皮。以前我经常批评他，指出他的问题，但发现没有任何作用，他总是控制不住自己。一次偶然的机会，他上课发言声音洪亮、表达清晰，我表扬了他，并对他说："原来你可以做得这么好啊。真是了不起。"孩子好像从我的话语中重拾了信心，现在课堂上的他总是认真听讲，积极发言。

你会说改变一个学生怎么可能那么简单。当然不会那么简单，这小家伙做操的时候就喜欢乱动，于是我又鼓励他："王老师就在你身边，要跟在你后面学做操，老师相信你会做得很好。"果不其然，小家伙做得异常认真。以后每次出操，我都会在五班和六班的中间，我们两个之间会用眼神进行交流，他感受到了我对他的期盼。看到他有改变，我又进一步鼓励他："你都没有想到原来自己可以做得这么好，是吗？"

小家伙闪着那亮亮的眼睛对着我直点头。我接着说："其实你还可以做得更好。比如，午饭时间你一定可以做到不让午托老师那么操心，你觉得呢？"

"嗯！"简短的答复中能看出他要做好的坚定信心。现在他每次见到我都会很开心，主动上来和我聊天。下午最后一节思维课，我提前走进教室，告诉他他被写进我的反思里，并打趣地问他："小余，你被我写进我的反思里面了，你开心吗？"

"很开心！"

"那你觉得在反思里我是写你的好还是写你的坏？"

"当然是好，王老师写的反思都很好。"

回答得多么巧妙。

"你真会夸人，但你好像没有理解老师的意思。老师问的是，你觉得老师在反思里面是说你好话，还是说你坏话？"

"肯定是好话，因为我最近表现都很好。上课发言积极，听课也很认真。"

多么自信的孩子啊，听完他的话我忍不住哈哈大笑起来，太有意思了。

问题与诊断

（写于 2019 年 11 月 28 日）

又有一个星期没有提笔写东西了，积攒了很多学生的问题，在此可以一吐为快了。

第六单元主要讲的是两、三位数乘一位数的乘法，其中包括了不进位（"蚂蚁做操"）、一次进位（"去游乐园"）、连续进位（"乘火车"）、一个乘数中间或者末尾有 0（"0×5=？"），以及运用乘法解决实际问题（"去奶奶家"和"买矿泉水"）。

在每节课的教学中，总会有各种困惑学生的难点问题，如 4×12 的竖式写法中就存在如下写法（见下图），用第一种方法的小朋友认为第二种是错误的，他觉得下面的乘数是 12，应该用两层来书写，持这样观点的小朋友显然是在外面上过辅导班，用程式化的方式固定了思维。反而没有在外面辅导过的学生，他们是从意义上来理解的，先算 4 乘 2 得数是 8，再算 4 乘 10 得数是 40，得数直接写在十位上，合起来就是 48。显然两种解释让我们看到了一些课外辅导机构的可怕。很多孩子早就会进行竖式计算，但说不清计算的道理，这种"快餐式学习"现象真的令人担忧。

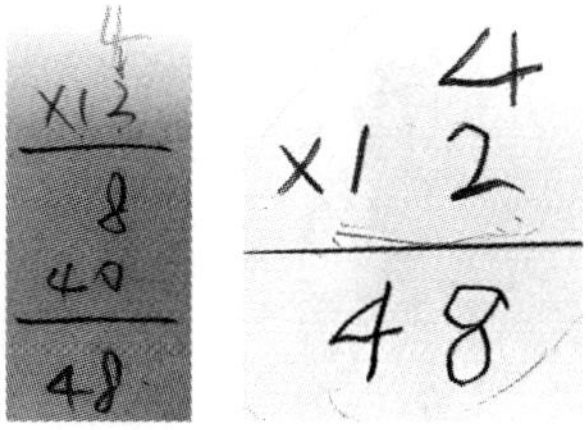

在第二节课"去游乐园"的学习中我在两个班采用了不同的教学方式，五班我是按照教材编排来的。七班的步伐迈得更大，在复习上节课的不进位乘法之后，让学生猜测本节课的学习内容，很多学生都能猜到是学习乘法的进位。

于是我放手让孩子自己出一道进位的乘法算式，并且要分别写出这道题竖式的展开形式和缩写形式，当然并没有限制连续进位或者不连续进位。学生最喜欢出题，黑板上展示了很多题目及书写过程，可惜我没有一一拍照留存下来，只拍下了问题竖式：

　　一开始我看到这样的展开形式，感到很迷惑，怎么孩子会有这样的写法呢？都看不懂。还是孩子们了解他们自己，其中一个学生就对这样的算式进行了解释，他们是将个、十、百位上的数分别算出来，他们误以为展开形式就是数的展开形式，如132就是1个百、3个十、2个一。看到这样的结果我深感内疚，显然孩子们在第一课时并没有将竖式的展开与缩写建立联系，才会出现这样的错误。好在这节课孩子们在讨论的过程中，将进位中的各种问题在对比辨析中解决，但后面一节课我还是做了补救工作，帮助学生在展开竖式和缩写竖式之间建立联系。

　　在五班我用的是教材的编排，集中解决两个问题：建立竖式之间的联系，如何进行进位乘法计算。孩子们在对比中发现竖式的缩写形式就是展开形式的简写。

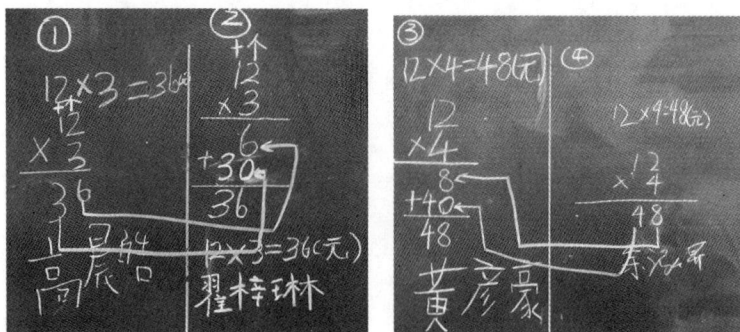

  在对比中建立联系是这两节课给我最大的感触，对比中产生认知冲突，学生通过辨析发现问题，达成一致，最后才能达到真正理解的目的。尽管如此，在做练习时仍然会有各种各样的错误，如下面的竖式（见下图）。当问到学生如何计算时，才发现他是将十位上的 50 当成 5，直接 5×8=40，最后与将个位相乘结果中的 40 相加得到 88，听完他的解释才明白孩子的问题就是没有理解位值的意义，于是对症下药地帮助他解决了这个难题。

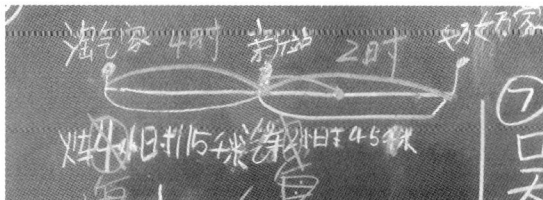

  在"去奶奶家"这节课中我重点解决一个问题——画图，出示主题图先让学生自己获取信息，然后将信息通过画图表达出来。展示出学生作品后，让学生依据画图简单、明了的两个原则来修正自己或者其他人的作品（见下图）。

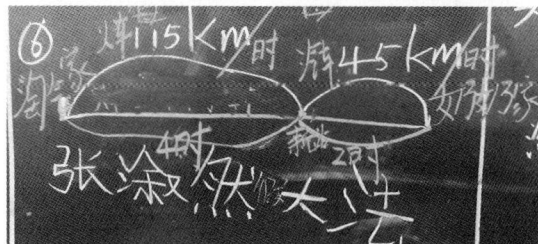

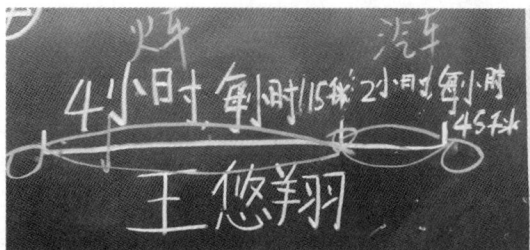

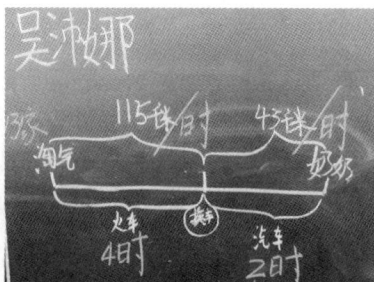

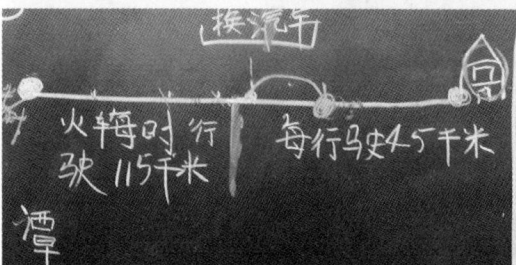

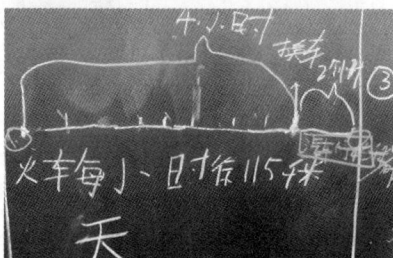

通过比较，孩子们发现画图中存在的问题：

（1）信息不全，有的漏写时间、有的漏写交通工具。

（2）信息不准确，产生误解，如有的图中115千米指的是路程还是速度分不清。

（3）作图不准确。火车行驶的路程应该长于汽车行驶的路程，两条线段不应该相等。

（4）作图不简洁。中间的小刻度没有必要标上，这样会比较烦琐。

最后和孩子们一起总结出作图要满足三个条件：信息完整、简单、清晰。

学习年月日

（写于 2019 年 12 月 13 日）

这一个单元的课，我并没有完全按照课本的设计来上，而是通过探寻知识的来龙去脉进行授课，比如年的来历、月的来历，为什么一年会有两种不同的天数？为什么月会有那么多种不同的天数？通过这两个核心问题的探讨，让学生不仅知道这些规定性知识，而且知道规定性知识产生的原因。

对于"一天的时间"，我主要是通过核心问题：一天有 24 个小时，但钟面只有 12 个数字，如何来记录 24 小时的时间，为什么有了 12 时记时法，还要有 24 时记时法？来探寻一天的记录方式。

两节课下来，知识容量很大，时间又是抽象的东西，所以必须反复地温习才行。于是今天的这节课又带着孩子们一起重温时间的记录方式，将时间单位及其之间的进率关系打通，形成知识网络。如下图所示。

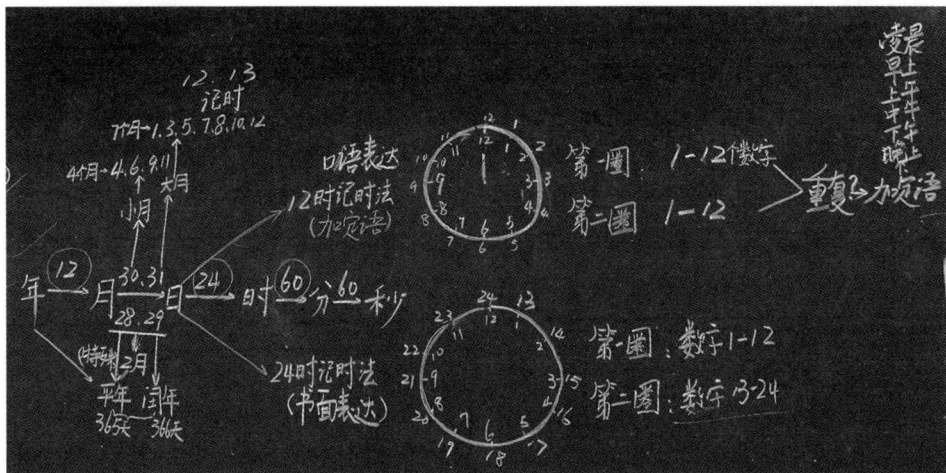

相信通过构建这样的知识网络，孩子们对时间单位会有更清晰和更深刻的认识。

如何做好有效复习

（写于 2019 年 12 月 3—13 日）

明天开始，连续三天孩子们将不再上课，要去参加社会实践和运动会，回来后就只有四周的时间，我们的课还有两个单元没有上，时间比较紧，但我也不想留下太多的时间复习，感觉不论时间是长还是短，重点都是做到有效复习，所以我想利用这几天时间好好规划一下如何复习。争取和孩子们一起理出一条有效复习之路。

我想首先是教师必须对课本上的重难点做到心中有数。

第一单元和第三单元可以整合在一起复习，这两个单元都可以分为两部分：单纯的混合运算与解决实际问题。

一、计算问题

对于单纯的运算问题，那就是要明确运算顺序，其中要明确一级运算和二级运算。

1. 一级运算

算式中只有加减或乘除，按照从左到右的运算顺序计算。

例题：

118+104+95   850−256−280

800+185−745   278−199+680

100−75+25

2. 二级运算

加或减与乘或除混合算式、含有小括号的混合算式，按照先小括号、再乘除、最后加减的运算顺序计算。

例题：

（1）乘加混合。

2+3×5   7+3×4

42+8×4   9×8+22

56+4×7

（2）乘减混合。

46−6×7   20−2×7

93−3×9   50−5×8

8×9−34

（3）除加混合。

24+42÷6   9+81÷9

45+15÷3   45÷5+14

24+40÷8

（4）除减混合。

25−20÷5   36−12÷4

72÷9−5   65−35÷5

56−24÷4

（5）带小括号的混合。

100−(72+28)   (99−78)÷3

(25+3)×4   7×(36−30)

这些题目看似普通，但大部分是最容易出错的题目，因为学生容易受到数字的干扰，寻找简单的计算方法，而忽视了正确的运算顺序。

二、解决实际问题

包括相关的乘加、乘减、除减、含有小括号的混合问题。

1. 乘加问题

模型：求总数即几个几相加（乘法）+ 单个数。

问题呈现形式：看图列算式。

主要是借助实物图和示意图理解题意，并能合理地列出算式。

层级一：直观模型。

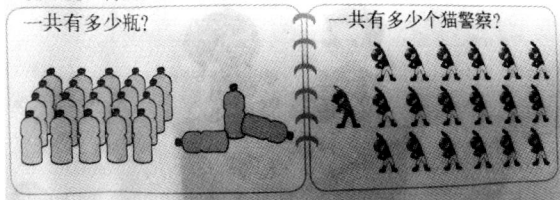

1. 说一说，再列式算一算。

一共有多少瓶？　　一共有多少个猫警察？

层级二：半直观半抽象（图 + 数字）。

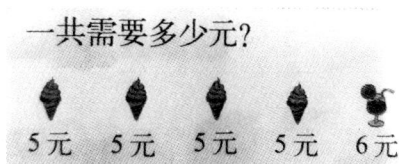

一共需要多少元？

5元　5元　5元　5元　6元

层级三：半直观与抽象（图 + 文字信息）。

5. 一共能坐多少人？

单人椅有34把。　　双人椅有8把。

2. 乘减问题

模型：总数 – 部分数 = 剩余数。

问题呈现形式：购物中的找钱问题。

（1）直观图。

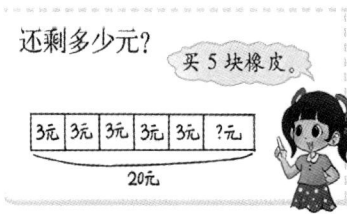

还剩多少元？

买5块橡皮。

3元　3元　3元　3元　3元　?元

20元

（2）半直观＋半抽象。

1）壮壮有 20 元，买 3 包饼干应找回多少元？

2）淘气有 50 元，买 8 张儿童票，应找回多少钱？

3. 除减问题

模型：大数 - 小数 ＝ 相差数。

问题呈现形式：单价相差数。

（1）直观图。

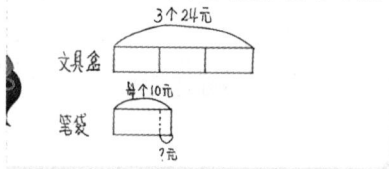

（2）半直观＋半抽象。

1）每本算术本现价比原价便宜多少元？

2）淘气买的钢笔比现在文具店里的钢笔每支贵多少元？

试一试

我上次买了2支钢笔，花了16元，买贵了……

钢笔 每支7元

圆珠笔 每支6元

自动铅笔 原价每支5元 现价4支12元

4.带小括号的混合问题

（1）带小括号的加除问题。

1）同学们都坐大船，需要几条船？

一条大船坐学生9人。

每条小船比大船少坐学生3人。

男生29人 女生25人

2）三（一）班有男生和女生各18人参加队列和团体操表演。队列表演中平均每行站几人？团体操表演中，36人能组成多少个图案？

队列表演时，同学们站成4行。

团体操表演时，3个男生和3个女生组成一个图案。

（2）带小括号的减除问题。

1）一共70人，先坐满大车，剩下的坐小车，至少需要多少辆车？

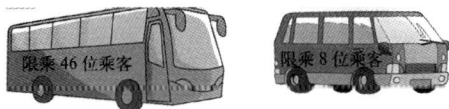

限乘46位乘客

限乘8位乘客

黑天鹅的只数是白天鹅的几倍？

2）

黑天鹅有45只。

白天鹅比黑天鹅少36只。

（3）带小括号的乘加问题。

1）一共有多少个棋子？

2）有 5 个小朋友各买一套衣服，共要多少钱？

学生不仅能完成题目，而且能在脑海中建模，将此类数量关系和模型运用到实际生活中。所以，每一个复习环节结束后，我都会让他们写出自己的发现，并编出类似的题目来解答。如下列模式：

完成这三道题后，你有什么发现？能出一道类似的题目并解决吗？

发现：_____

我会编题：_____

我会列式解答：_____

复学第一课

（写于 2020 年 5 月 21 日）

我已经很久没有写东西了，始料未及的疫情打乱了很多常规的工作和习惯，所以这次提笔格外困难，但还是强迫自己进行记录，毕竟还有很多值得记录的事情。

今天这节课应该是复学以来上的第一节新课，是真正意义上的复学第一课。最近思考最多的问题就是疫情之后如何上课？是原封不动照搬以前的模式，还是与疫情中的网课相结合？年级组教研决定将微视频＋学习单的形式沿用至课堂，尤其是学习单的方式，让孩子有了一份独立思考的空间。

有的班级昨天就已经上过这一课"队列表演（一）"了，于是先问问他们的情况，发现跟我想象当中的不一样，有的班级是带着孩子边看视频边暂停，边完成学习单。这种方式看似每个孩子都有收获，毕竟每个学习单都填得很好。

然而这种方式真的好吗？我觉得答案是否定的，因为给予孩子独立思考的时间太少了，他们完全是被牵着走的，于是我果断放弃这种方式，但并没有完全摈弃学习单和视频，而是采用了如下过程。

（1）揭示课题：用微课的前小部分作为引入，这样动态的情景引入比以往直接出示情景图有趣一些；进而直接切入本节课的教学重点；通过观察算式14×12，学生明白主要的学习任务是探讨两位数乘两位数的计算方法。

（2）探索阶段：独自思考，写下自己的计算方法，并讲明白计算的道理。

（3）展示、交流、质疑阶段：对比黑板上的这些方法，你觉得如何来进行分类？为什么？

（4）挑战阶段：能用今天所学到的方法挑战一道三位数乘两位数的题目吗？

（5）课后复习巩固阶段：完成学习单，对于没有完全掌握的孩子可以借助微视频进行再学习。

这几个环节中最重要的是（2）、（3）。孩子们独自思考的时候，我在台下查看发现孩子们都有着自己的想法，大致有如下几种方法：

第一种 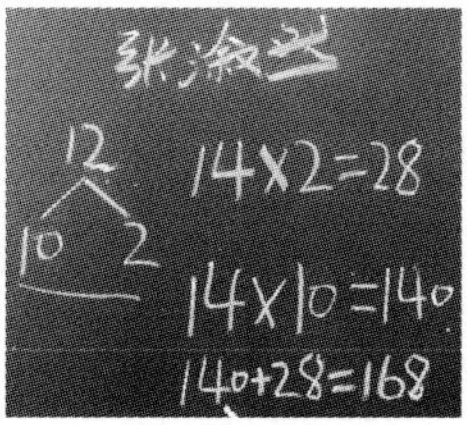　　　　　　　　第二种 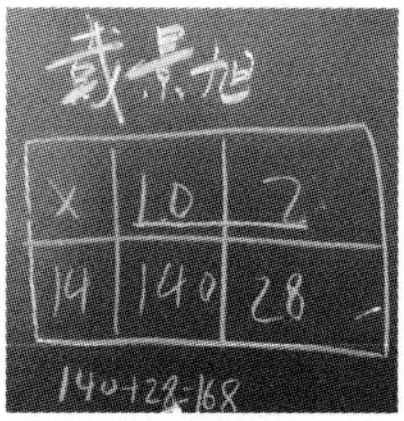　　　　　　　　第三种

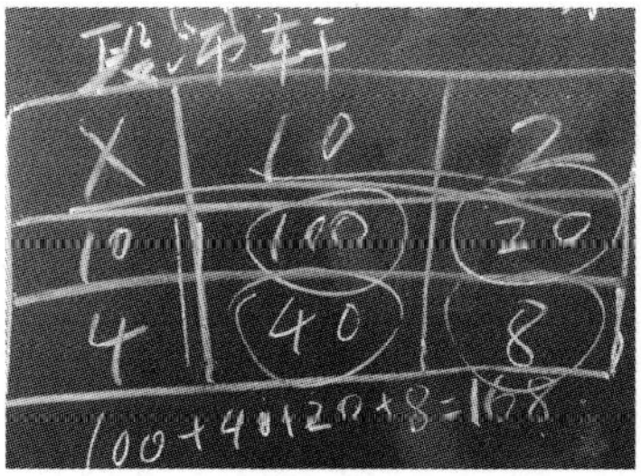

第四种 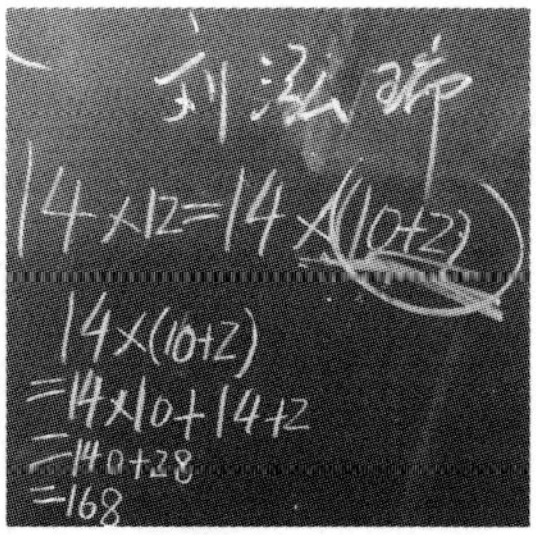　　　　　　　　第五种

看到这些方法，我让孩子们思考两个问题：

（1）自己的方法和谁的方法是一样的？

（2）如果让你来给这五种方法分类，你会怎么分？（从本质上来分类，而不是从形式上）

显然第二个问题是重点。孩子们经过几番周折，最终确定可以分成三类。

第一类：第一种。

第二类：第二、第三、第五种。

第三类：第四种。

在不断修改分类的过程中，孩子们逐渐发现之所以分成这三类，是因为第一类拆分的是乘数14，第二类拆分的是乘数12，最后一类是两个乘数都进行了拆分。

对于两个乘数都进行拆分的形式，孩子们以前没有接触过，但有过之前的表格法经验，我相信肯定有同学知道这个表格里面得数的由来。于是，我请到了最厉害的小牛老师。

他讲得非常清晰：第一行的10和2是由乘数12拆分得到的，竖着第一列的10和4是由14拆分得到的，最后将这几个拆分的数分别相乘，就能得到里面的数，即 $10×10=100, 2×10=20$ ；$10×4=40, 2×4=8$，最后将四个得数相加就是最后的结果。

话语刚落，全班掌声一片，这是对小老师最大的认可。

这一环节主要就是通过不断的探讨、否定、修改，得到大家都认可的分类方法，在这个过程中孩子就逐步掌握了计算的算理，以及打通各个方法之间的联系通道，于是也就有了我下一个问题：你们觉得这五种方法有什么共同之处和不同之处？

很多孩子立马就能想到拆分法，不同之处就是拆分的对象不同。这样一来后面的总结就顺理成章了。两位数乘两位数最重要的计算方法就是拆分法，只不过有时拆分第一个乘数，有时拆分第二个乘数，还有将两个乘数都进行拆分。拆分法的表达方式有很多种：表格法、横式（口算）、竖式、综合算式等。

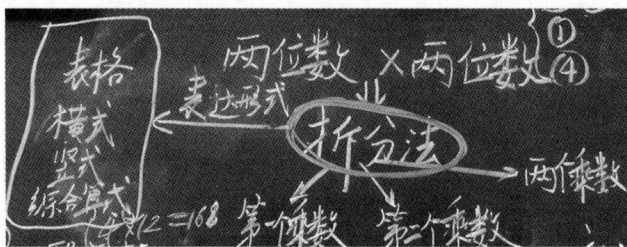

现在回顾这节课，值得延续下去的就是给予学生足够的时间进行探索，但要说有待进步的地方，那实在是太多了。

第一，学生在表达的时候，没有做到真正的用心倾听，总无意识地关注自己想要的结果。比如分类的时候，小尹、小夏都提到了自己的想法，我也写在了黑板上，但没有给予其他小朋友思辨的过程，直接过渡到下一个自己期待的分类方法。

第二，不能含糊其词，要有明确的观点。在七班讲这节课的时候，遇到了不同情况，小周写出了其他同学没有写出的方法，如下图所示。

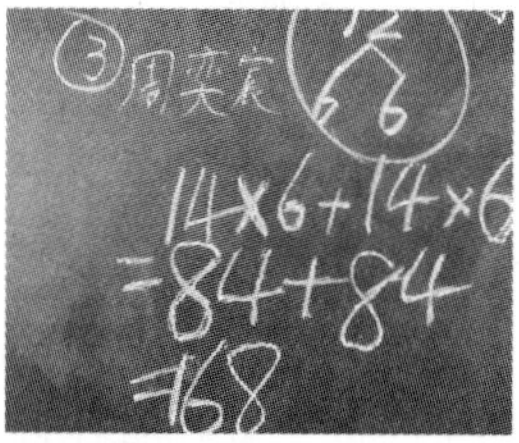

当学生在进行分类时，就出现了分歧，有的同学认为这个方法应该归为第二类，有的认为不应该，因为他们虽然拆的都是12，但是拆的方式不同，一个是拆成了几个十和几个一的形式，而这个方法是拆成了另一种形式，所以不应该分为同一类。当时，我没有给出清晰的结论，只说都可以。其实这里要明确的是分类标准，如果按照拆分的乘数来进行分类的话，那就应该将这一方法归为第二类。上课时进行的分类其实就是按照拆分的乘数进行的，所以应该属于第二类，然而在课堂时我自己都没有想明白分类标准这件事，所以才会含混不清。

第三，因材施教要铭记于心。近三年的教学实践，让我充分地感受到七班和五班的不同，所以教学的方式也应该不同。但真正做到这点并非易事，在两个班级来回切换的过程中很难去改变模式，这是自己要注意的。

总之，要想达到理想的教学效果真的很难，需要不断地思考和改变。反过来想，如果从现在开始，扎扎实实地去研究每一节课，去努力读懂学生，寻找高效的学习方式，十年下来一定会有难以想象的收获，二十年的收获更是值得期待。这样一想，我又热血沸腾了。

估算教学

（写于 2020 年 5 月 28 日）

第三单元最后一节内容"电影院"有两个重点内容，即估算和两位数乘两位数的进位乘法。进位乘法在我看来虽有难度，但学生是有一定经验的，之前的两位数乘一位数就有一次进位和连续进位。最令人头疼的是估算内容，因为长期的精算学习，孩子们已经养成了精算的习惯，或者说精算对估算起到了负迁移作用，孩子们看到计算题就拿起笔来算，而计算其实有多种方式：口算、估算、笔算等。

所以，我将这节课定位在探索估算的方法上。至于估算意识，要有意识地渗透到平时的教学和生活中。

如何让学生愿意用估算来解决问题呢？只有当他们遇到的情景是必须用的情况下，他们才愿意。于是我想到了小时候老师带我们去看电影的情景，我将这个情景引入课堂。

师：孩子们都去电影院看过电影吧？王老师小时候也看过，不过和你们不一样，我们是老师带领全年级学生一起去看的。当时带队老师要带 500 名同学去看电影，但在去看之前要提前买票。带队老师不知道电影院够不够坐 500 人，于是问售票员，但售票员故意刁难老师，只告诉他：影院一共有 21 排，每排 26 人。原本只要将 21×26 算出来和 500 进行比较就可以了，糟糕的是领队老师没有带笔，怎么办呢？

生：那就估算吧。

于是顺理成章地进行估算了。这一次没有像以前那样，带领学生估算，而是放手让他们去想，给出了足够的时间来思考。两个班呈现了如下方法：

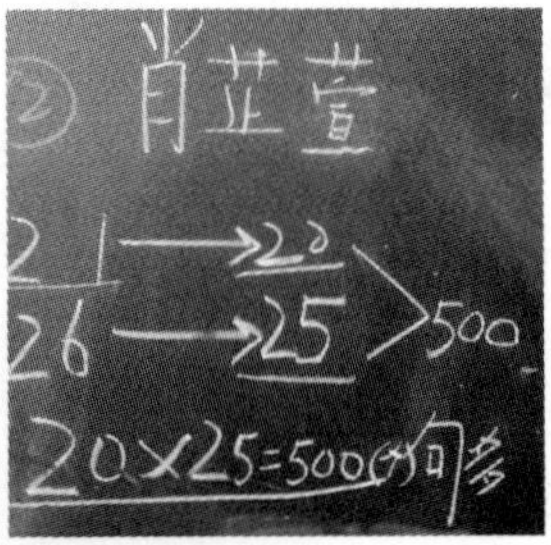

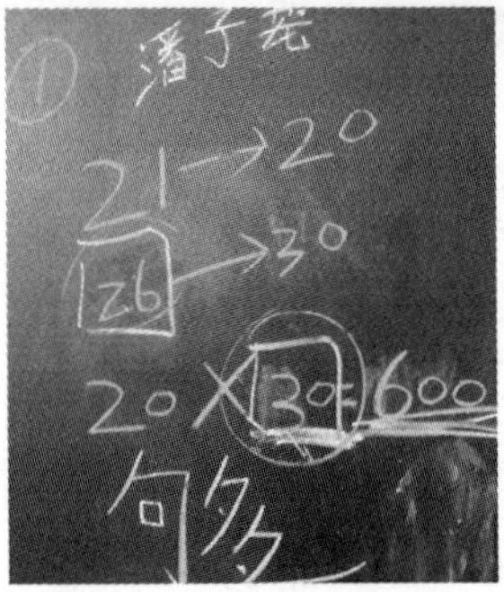

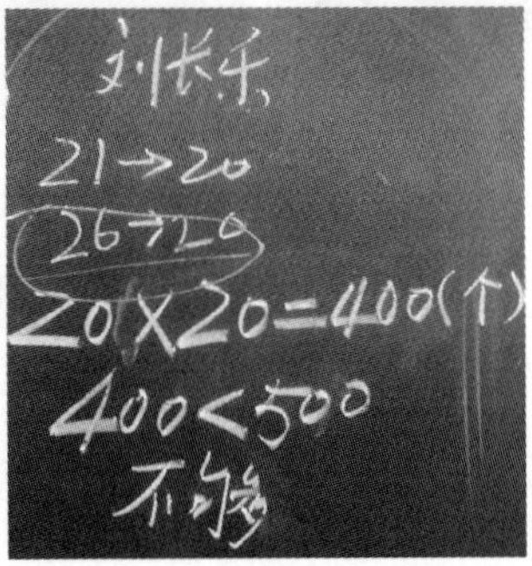

紧接着交流这些方法，围绕如下问题：

（1）这些方法你看得懂吗？请小老师上来分别讲解。

（2）对比这些方法，你想说些什么？

（3）进行估算时需要注意什么？

对于第一种方法，小杨自己进行了讲解。

小杨：我将 21 看成 20，然后将 20×26=520，520 > 500，所以够。

她说完，孩子们情不自禁地给出了掌声，因为她表达清晰、声音洪亮。

师：你们的意思是她讲得很好，没有问题？

大家纷纷点头。

师：你们没有问题，老师可有问题。为什么 520 > 500，就够坐了，520 表示什么意思？

小杨：20 表示的是 20 排座位，26 表示的是每排 26 人，相乘得到的 520 表示的是 520 个座位，所以 500 人来看电影当然够坐了。

或许一开始似懂半懂，但听完她的解释，大部分孩子能理解了。

生 1：老师，我也懂小肖的意思了，她其实就是把每排的 26 人看成 25 人了，然后 20×25 就等于 500，表示有 500 个座位，正好够坐 500 人。

生 2：这样做岂不是很麻烦，还要把两个数变换了。

小后：虽然看似变复杂了，但计算起来简单了，因为 2×25=50 好算一些。

师：孩子们说得都很好，这两种方法都可以，你们可以选择适合自己的方法。

在五班讨论小刘的方法时，大家都不同意，因为把 26 看成 20，两个数相隔太远，肯定估得就不准了。机智的小刘立马站起来。

小刘：我刚搞错了，其实是应该将 26 看成 30，因为它更接近 30。我说的这个方法就是小潘的方法，把 26 看成 30，21 看成 20，相乘得到 600，显然够坐。

然而，有些小朋友却不认可。

小孙：这样的估计是不对的，因为把 26 估成 30，但一排座位只有 26 人，如果看成 30 人，那就估人了，假如真来了这么多人，却又坐不下那不麻烦了吗？

五班的小翟也持这样的观点，原先的我也持有这个观点。所以，第一天（2020 年 5 月 27 日）的教学中我肯定了他们的想法，而且这些孩子的确很聪明，他们其实是知道在什么情况下要估大、什么情况下要估小的。思维水平其实更高一些。

今天在和老师们教研的时候，我发现其实估计是应该强调方法的。在估计的时候会存在偏差，只要不是相差得太多，所选的估计方法只要合理，都是可以的。

在这里把 26 看成 30 是很合理的估计方法，所以是可以的。

我们之所以要估算，目的有两个：一是好算；二是很多情况下不可能精算，比如人口的统计。如果能让学生感受到这两点，并能掌握一定的估算方法，估算教学的目标就基本达成了。

所以，要想做好估算教学，教师自己要先弄清楚教学目标，这也再次印证解读教材、解读学生是教师永远要做的事情。

探寻错误背后的"秘密"

（写于 2020 年 6 月 5 日）

三年级下册第二、三单元的测试已经结束。很显然对比第二单元图形的运动，第三单元的两位数乘两位数，尤其是进位乘法是难点。孩子们的错误主要聚焦在两个方面：竖式计算（进位）和解决实际问题。

一、竖式计算

74×82=？正所谓"幸福的家庭都是相同的，不幸的家庭却各有不同"，用在这里也是一样，"正确的答案都是一样的，错误的原因各有不同"。对于这道题就出现了如下结果（见图 1 至图 7）：

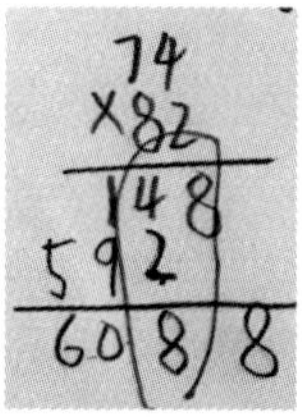

图 1 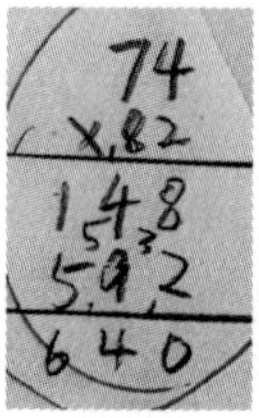   图 2 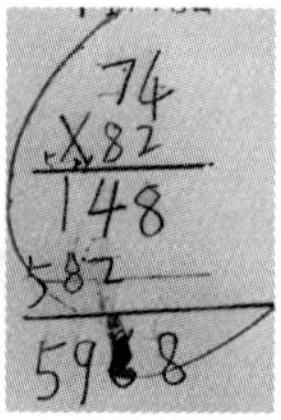   图 3 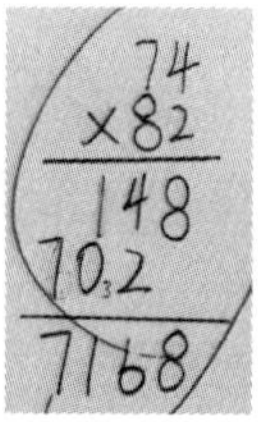   图 4 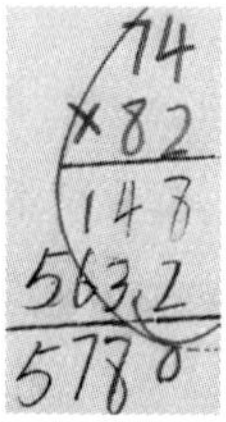   图 5

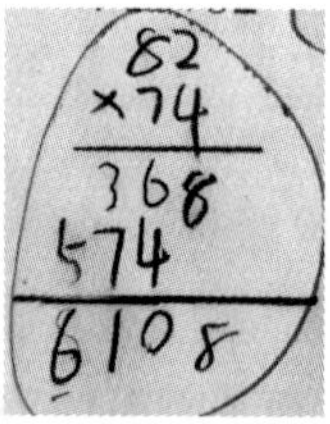

图 6 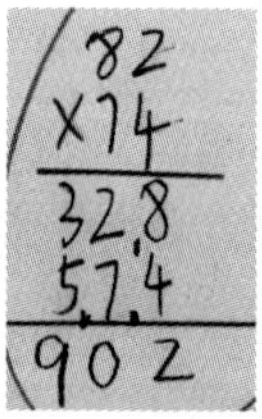   图 7

图 1 至图 5 是将 74 作为第一个乘数，将第二个乘数 82 拆分成 2 和 80，然后分别与第一个乘数 74 相乘，计算方法都一样，但计算过程中出现了不一样的错误。

仔细观察，会发现图 1 和图 2 两步计算的结果都一样，只不过第二步时图 2 的学生并不明白"592"指的是 592 个十，因为它是通过计算 74×80 得到的结果，而不是 74×8 的结果。图 1 的学生知道每个数字所在的位置，却在计算最后一步时将 4+2 算成了 4×2，导致最后的结果错误。

图 3 和图 4 中的错误是在计算 74×80 需要进位时出现的。4×80=320，个位上的"0"省略不写，"2"就要写在十位，但当运算 7×8=56 时，不能直接写得数，而要将进位中的 3 加进去，这时就是 7×8+3=59。而这一过程是要心算的，就很容易出错。

图 5 中的错误也是出现在第二步运算中。学生知道要将 74 中的两个数字分别乘 8，但在运算中碰到进位，不知道进位数字写在哪里，所以就直接写出来，即 4×8=32,7×8=56，算出第二步的结果就是 5632。最后的结果自然就是错误的。

图 6 和图 7 是将 82 作为第一个乘数，将第二个乘数 74 拆分成 4 和 70，然后分别与第一个乘数 82 相乘。图 6 两步计算的意义是明白了，所以第二步"574"所写的位置是正确的。但在第一步计算时，将"8×4=32"算成了 36，也就是说乘法口诀"四八三十二"记成了"四八三十六"。而图 7 中的错误和图 2 的错误一样，不知道第二步的实际意义，导致数的位置写错。

综上所述，在两位数乘两位数计算中，学生出现问题最多的就是第二步，究其原因主要有如下几点：

（1）竖式计算的每一步意思没有掌握。不知道将竖式计算与以往所学的口算（拆分一个乘数再分别与另一个乘数相乘）建立联系，真正去理解每一步的意思。

（2）第二步的进位问题。不知道将进位数字写在哪里，导致进位时心算出现问题。

（3）基本的口算，如乘法口诀、两位数加一位数的进位计算掌握不牢固。

（4）将乘法运算和加法运算相混淆，如将 4+2 算成 4×2。

那么针对学生出现的如上问题，具体有哪些改进措施呢？我想可能有以下几个方面：

（1）出示这些错误，让孩子们来寻错，并猜测错误背后的原因。我们都知道经历过的才是最深刻的，学生自己经历寻找错误的过程，远比老师直接告知错误更加深刻。

（2）有针对性地进行口算练习，尤其是比较容易混淆的表内乘法口诀，以及乘加口算，如 7×6+5。这一步都是在进行进位计算时要做的心算。

（3）真正理解竖式计算的每一步意思。让学生在家每天计算 1~2 道两位数乘两位数的题，不仅是计算，关键是要将每一步的意思用自己的语言表达出来，并录制成视频。在镜头面前学生必须做好充分的准备，经过多次的表达训练，必然会弄清楚每一步的意思。

相信通过这三点来针对性地帮助学生，提高运算的理解能力，从而能真正地提升学生的思维水平，而不是简单的机械训练。

二、解决实际问题

如下图所示，很多小朋友都觉得 7:45~8:05 经过了 60 分钟，成人一定会觉得很奇怪，怎么会有这样的答案？但从儿童角度来看一点也不诧异。这部分学生在做这道题时用的竖式计算，相同数位相减，从最低位开始，5-5=0，当算到第二位时面临着 0-4 不够减的问题，怎么办？选择借位，但在借位时受到整数十进制的影响，理所当然地借一当十，10-4=6，而完全没有考虑到时间进制的不同：1 时 =60 分。

不过这道题能较好地反映出儿童思维层次的差异性。思维水平较弱的儿童，往往是一步思维，不会去进一步考虑。

又如下题的第（2）小题，上午比下午少卖多少元？很多小朋友都是如下做法：只是算出下午卖出多少，而并没有求出上、下午的相差值。明明问题提得很清楚，为什么会出现这样的结果呢？

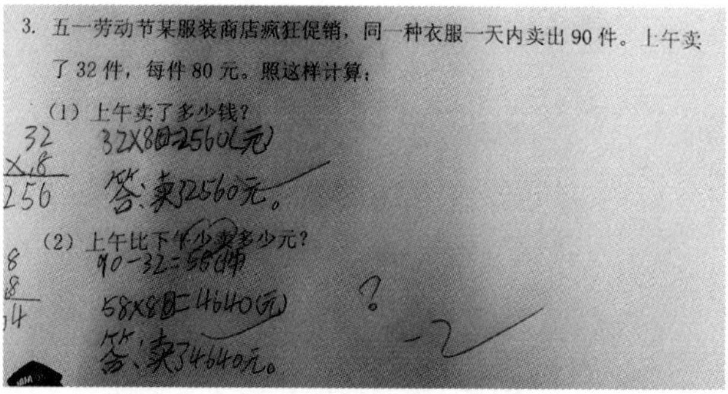

这与上一个时间问题类似，与儿童思维水平有关。另外最为重要的一个问题就是缺乏长时间思考的习惯，看到题目匆匆读过就开始书写，而没有去慢慢

思考解题的每一步过程。

面对这样的问题，该如何改进呢？显然，这是慢活儿，需要教师有意识地带着孩子改变，可以从如下几方面尝试：

（1）培养儿童慢思考的习惯，看到问题要先读懂要求，而不是立即书写。

（2）培养儿童有序思维；对于需要多步解决的问题，要建立有序思维，对于中等或以下水平的孩子，一定要引导他们按序号写出每一步的过程。

写了这么多，与其说是在做试卷分析，其实更多的是在进行一场自我教学的反思。这里的建议其实就是自己要慢慢有意识去做的。我越发觉得，小学数学虽"小"，但很专业，需要不断地思、践，再反思。

质量单位

（写于 2020 年 6 月 16 日）

"有多重"这一课是第四单元的第一课，主要是结合具体生活情景，认识质量单位"千克"和"克"，知道1千克=1000克，了解1千克和1克的实际质量，能根据生活实际选择合适的质量单位。

这节课已经上完有一段时间，但我迟迟不敢总结，原因就是上得太烂了。看似热热闹闹，实则学生什么都没有学到。为什么会是这样呢？问题还是出在设计上，我以为让学生带1千克的物品过来掂一掂、称一称就能实际体会1千克的实际重量了，然而理想和现实总是相差甚远。学生带来的物品五花八门、各式各样，又没有用袋子装在一起，结果掂的时候根本没有办法操作。现在回头再来解读教材就知道安排4个苹果为1千克这样的情景的重要性。如果全班学生或者每组一个学生带1千克的苹果过来，反而更好。聚焦一种物品的质量，更容易帮助学生建立1千克的直观概念，因为经过掂一掂、称一称4个苹果大约就是1千克的过程，让学生在头脑中逐步形成初步的质量参照体系。

当学生估计其他物品时，比如一个书包的质量时，他自然就能借助头脑中熟悉的4个苹果的质量进行类比，但如果学生带的东西各式各样，反而没有办法建立一个具体的1千克质量参照体系。所以说，带物品也要经过精心设计，不能随心所欲。

在认识"克"的时候，我立马做出了调整。先用天平称出1本数学书的实际质量，因为学生都有这本书。当再估计其他实际物品的质量时，他们自然地想到要将这个物品与书本进行类比。进而，再来估计其他物品的质量。

但总的来说，做得还是不够，还有很大的改进空间。如果再来设计这节课，我想应该把握如下几个要点：

（1）一定要建立统一的质量参考体系。1千克的质量就用4个苹果表示；对克的质量体验就用1克、5克、10克、20克的砝码。每个小朋友或者每个小组都有这两种实际物品，经过掂—称—再掂的过程，在头脑中建立这两个质量参考体系。

（2）运用这两个参照系去类比、估计其他的物品质量；在运用阶段，准备的物品必须是全班或小组同样拥有的物品，比如，课桌、椅子、一支铅笔、一本数学书、一个练习本。用统一的估计物品，统一的参考体系。

总之，把握数学知识的本质，聚焦核心问题，一节课的设计就会指向明确，而不会盲目、散漫。

认识分数（一）

（写于2020年6月16日）

吸取了前面课的教训，在上课之前，要想清楚这节课的核心问题是什么，有两个核心问题要掌握，即分数的意义，以及通过折纸、涂色活动，在表示出其他分数的基础上进一步理解分数的意义。

课堂就是围绕这两个问题展开的。

一、理解 1/2 的意义

上课伊始，出示情景图"2个苹果平均分给2个小朋友，每人分到1个""1个苹果平均分给2个小朋友，每个小朋友分到多少？"

台下小朋友有很多种说法，有的说半个，有的说0.5个，有的还说1/2个，我迅速说道："也就是说一半可以用分数1/2来表示，那么你能选择一个图形，并表示出它的一半吗？"（学生提前准备的图形有1个圆形、2个相等的正方形以及3个不同的长方形）

孩子们在下面纷纷动手将图形进行对折，我把完成的作品——贴在黑板上，并让所有孩子收下自己桌面上的图形，由动手转向动脑。我抛出第一个问题：

师：仔细观察，认真思考，你觉得黑板上这么多作品中，哪些作品或者哪一个作品是让人一眼就看出它表示的是1/2的？

对比之后，孩子们选出了涂出阴影部分的图形。

师：为什么呢？

生：因为涂阴影部分就是这个图形的一半，能看出是这个图形的 1/2，其他没有涂色的就根本看不出 1/2 在哪里，只能看到一条折痕。

师：那现在谁能用自己的话说一说 1/2 表示什么意思？

其中我对小吴的表述印象最为深刻。

小吴：1/2 表示的就是把一份分成了两份（可能绝对一份分成两份这样的说法不太合适，所以立马进行了修改），就是把一个东西分成了两份，其中的一份就是 1/2。

师：其他同学有没有补充或者修改？

五班小叶的回答也很独特，她从容地走到黑板前拿起粉笔，画出了一个圆，随意地分成了两份，并指着其中的一份，问同学："那你们觉得这一份表示的是不是 1/2？"

下面同学立即反应过来，原来要平均分才行。

师：孩子们之间的互动非常好，善于倾听、思考和表达。

师：那就是说 1/2 表示的是把一个东西平均分成两份，其中的一份就是它的 1/2。"东西"这个词用在数学语言里面有些怪怪的，能不能换一个词？

孩子们很踊跃地想词，说换成"一个物体"等。最后，我将"整体"二字写在黑板上的时候，他们都觉得这个词好，能将图形、物体或者东西全部概括进去。

就在一来二去的交流讨论中，我和孩子们最终完善了 1/2 的意义：把一个整体平均分成两份，取其中的一份，就是它的 1/2。

二、进一步理解其他分数的意义

折一折、涂一涂，得到其他的分数，这里共分为四个层次：

（1）其他分数的意义：比如 1/8、3/4 等，在对分数 1/2 意义的理解的基础上，理解这些分数就比较容易。

（2）同一个涂色部分可以用不同的分数来表示（见下图），当孩子第一次对折的时候涂色部分用的是 1/2 来表示，当再对折一次时发现涂色部分可以用 2/4 来表示，这是为什么呢？

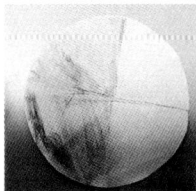

经过激烈的讨论，最后五班的小刘用一句来概括：因为平均分的份数不同。

真是概括能力一流。

（3）比较特殊的分数。七班的小黄在涂色时，选择将所有的份数都涂色，同学们脱口而出：4/4，但紧接着又有小朋友感到疑惑：这取的份数是所有份数，那就是一个整体了。在困惑与交流中，学生又意识到，原来可以用 1 来表示。

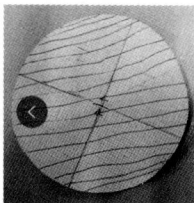

（4）变中不变的思想。下图中的图形都不相同，但涂色部分表示的都是 1/4，这里的 1/4 表示的意义是一样的吗？

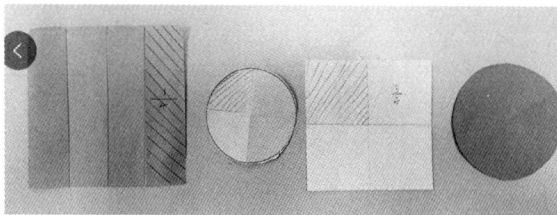

学生通过直观观察，发现图形形状、大小都不同，但 1/4 所表示的意义是相同的，都是把一个整体平均分成 4 份，取其中的 1 份，这一份就是它的 1/4。在此基础上学生对分数的理解更加全面和深刻。

教学相长，构建简约、深刻、有趣的课堂永远在路上！

趣事一二

（写于 2020 年 6 月 23 日）

今天特别想写与孩子们之间的趣事，这两件事情虽然过去了一个星期，但仍然在我心里，想起来嘴角就禁不住上扬。

趣事一：下课的时候小翟挡住了我的去路，问我："王老师，我觉得你今天心情不是很好。"

这小家伙怎么这么厉害，看出我有些烦躁了？

于是，我好奇地问她："你怎么知道王老师不高兴呢？"

小家伙眨巴眼睛，掷地有声地回答道："你看小张戴了两层口罩，一层是中间空着的，看起来很搞笑，要是以前你肯定很开心，觉得很好玩，但今天你却很生气地让他摘下来。"

她接着说："还有，小牛今天也被你骂了，他是学霸你很少骂他。"

听完她的话，我不禁哈哈大笑。真是一个心思细腻的孩子。看来，情绪管理很重要，不然又被这小家伙给识破了。

趣事二：主角还是这个小家伙，我上课习惯提前几分钟到班级，只见小翟朝我走来，扑闪着大眼睛看我，不一会儿眼泪就出来了，我心想看来真受委屈了。

于是问她："怎么了孩子？谁欺负你了？"

小翟：小郑推我了。

于是我把小郑叫上来问一问。

师：你为什么推她呢？

小郑很含蓄地说了一句："她坐我腿上，我只好推她。"

听完，我拼命忍住不笑。又问小翟："是这样吗？"

"是的，可是我坐小钟腿上，他都没推我。"

看来她以为所有男生都是一样的。

"好，我明白了，看来这件事上你们两个都有些问题，你不能不经过别人同意就坐在他的腿上，你呢应该跟她商量让她不要坐在你腿上。所以你们两位互相说一声对不起，好不好？"两人爽快地答应了。

和平调解之后，我面对全班学生时都忍不住弯下腰来大笑不止，真的太有意思了。

我想作为一个小学老师最大的幸福莫过于在一个复杂的社会中你却能永远和这些纯洁、友善、有趣的天使在一起。

认识分数（二）

（写于 2020 年 6 月 29 日）

"认识分数"的前两课是"分一分（一）"和"分一分（二）"，看到这两个课题不禁会问，这两课的区别是什么，各自要把握的重难点是什么？

第一课时重点是把一个物体或图形作为整体的分数认识，重点是在具体情境和直观操作中，初步理解分数的意义；而第二课时是把多个物体或图形作为整体的分数认识，重点是经历把多个物体看成一个整体，并对其进行平均分的过程，能用分数表示其中的一份或几份，进一步理解分数的意义。

"分一分（二）"相比第一课时，看似不难，尤其是在把一个物体看成一份的情况下，和第一课时基本一样，但当把多个物体看成一份时，难度就增加了。学生需要在把多个物体看成一个整体的情况下来寻找把谁看成一份，也就是要体会分数的相对性。

于是，这节课的核心问题就放在体会分数的相对性，寻找整体中平均分的份数以及学会用分数表示所取得的份数上。

首先，复习前面的内容，让学生圈出下面圆片的3/5。学生很容易地圈出（见图1），这时一个圆片代表一份。继而让学生再来圈出另一个圆片的3/5（见图2）。

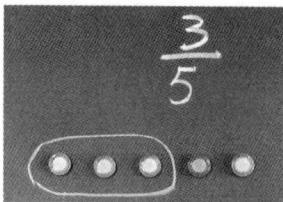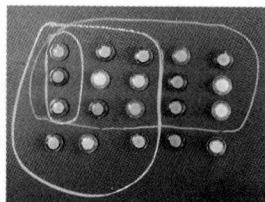

图1　　　　　　　　图2

这时就出现了不同的圈法，有的圈出3个圆片，有的圈出3排，有的圈出3列。面对这种情况，我并没有急于公布答案，而是让学生进行辩论。在对比中学生发现，圈出3个圆片并不是这些圆片的3/5，而是它们的3/20。因为是把一个圆片看成一份，有这样的20份，所以是错误的；横着圈出3排也是错误的，因为只有4排，圈出3排就说明是圈出了整体的3/4。只有竖着看正好有5列，圈出其中的3列，才表示的是整体的3/5。

从这个对比的过程中，学生发现了两点：

（1）分数具有一定的相对性。尽管都是3/5，但所表示的数量并不相同，与整体有关。

（2）要想圈出整体的几分之几，先要找出平均分的份数，以及把谁看成一份。

经过这一个核心问题的探究，上面的两个难点就迎刃而解。由此看来，一节课并不需要太花里花哨，而更多的是要带领学生围绕一两个核心问题进行深度的思考，这样的课才既有深度又有温度。

一个例题引发的思考

（写于 2020 年 6 月 30 日）

这两天都在学第七单元的"数据的整理和表示"，第二课时"快乐成长"如下图所示。

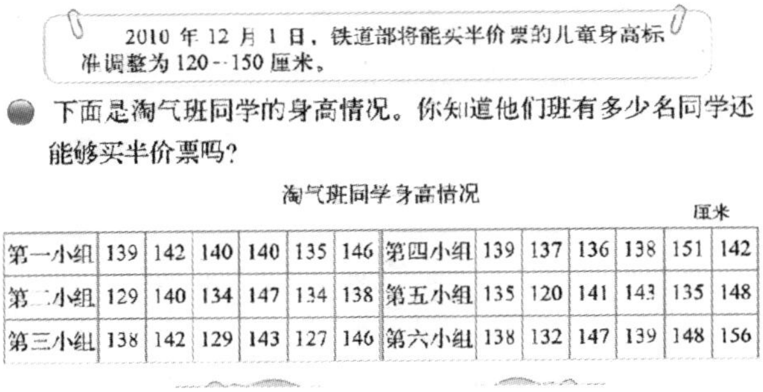

2010 年 12 月 1 日，铁道部将能买半价票的儿童身高标准调整为 120～150 厘米，

● 下面是淘气班同学的身高情况。你知道他们班有多少名同学还能够买半价票吗？

淘气班同学身高情况

厘米

第一小组	139	142	140	140	135	146	第四小组	139	137	136	138	151	142
第二小组	129	140	134	147	134	138	第五小组	135	120	141	143	135	148
第三小组	138	142	129	143	127	146	第六小组	138	132	147	139	148	156

孩子们对班级到底多少名同学能够买半价票很感兴趣，就产生了要收集班级同学身高的需求。于是进行小组合作，组长收集小组内同学的身高，我将所有组员的身高情况整理在黑板上（见下图）。

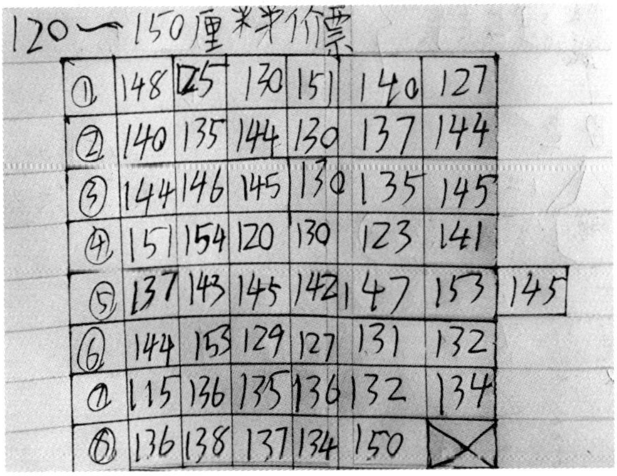

120～150厘米半价票

①	148	125	130	151	140	127
②	140	135	144	130	137	144
③	144	146	145	130	135	145
④	151	154	120	130	123	141
⑤	137	143	145	142	147	153	145
⑥	144	153	129	127	131	132
⑦	115	136	135	136	132	134
⑧	136	138	137	134	150	

三（五）班身高调查表

三（七）班身高调查表

面对如上调查数据，如何进行数据的整理与表示是这节课的关键点。原本想引导学生用课本上的画图方法（见下图）整理和表示数据的过程，没想到班级中有学生发出反对声。

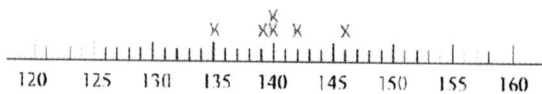

小牛：没有必要用这么麻烦的统计图，还有更简单的画图方法。如下图所示，我只要把数据分成三类来统计就可以了，将 120 厘米以下的写在最左边，120~150 厘米写在中间，150 厘米以上的写在最右边，然后在 120 厘米和 150 厘米正上方画上两条线，把 120 厘米以下和 150 厘米以上的数排除就是需要买半价票的人数了，即 48-5=43，说明我们班级有 43 人需要买半价票。

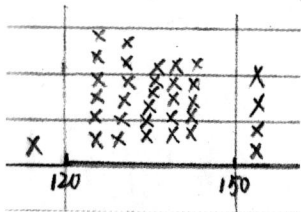

小刘：我觉得你画的"点线图"也太麻烦了，一个一个地打叉统计实在是浪费时间。其实很简单，你看这个表中大部分的学生身高在 120~150 厘米，所以，只要直接在表中把 120 厘米以下和 150 厘米以上的数据画掉，用总数减去画掉的数量就可以了。画掉了 5 个数据，所以剩下 43 人需要买半价票。

面对这两位同学的质疑，我愣住了，的确是这样的。学生分析得很有道理，我如何来说服他们用课本上的点线图呢？有的人肯定会说，那就不用课本上的。

但作为教材的编写者给出这样的点线图一定有他的意图：是想让学生经历数据的整理与表示的过程。然而，这样的意图有点一厢情愿，学生觉得没有必要，因为有更简单、更高效的方法。

面对这样的情况怎么办？作为教师总有尊重教材、尊重权威的想法，但这一例题真的适合用教材中的统计图吗？教材编写者是否考虑换一个例题，让统计图更有针对性地被运用？还是我理解教材的意图不够到位？

疑惑重重，希望能在时间的沉淀中慢慢弄明白吧。

长方形的面积

（写于 2020 年 7 月 7 日）

本节课的教学目标是经历探索长方形面积公式的过程，掌握长方形面积的计算。不管是成人、高年级的学生还是提前学过面积测量的学生，当被问到长方形面积的时候，都会脱口而出：长 × 宽，但当深入去问一个这样的问题：长和宽都是长度单位测量的结果，怎么相乘就变成了面积了呢？长度怎么会和面积混在一起呢？相信很多人就会哑然。

其实这也是学生在求图形周长或者面积时容易将两者混淆的重要原因。图形的面积和周长如同一对双胞胎，如影随形，有周长的图形必有面积，反之亦然。加之求长方形的周长或者面积时总会用到长和宽的长度，很多学生并没有从理解的角度来记公式。

所以，我将这节课的重点定位在通过探究活动，体会图形的面积就是图形所包含的面积单位的数量。

上课前我就让学生准备好三种面积单位：10 个 1 平方厘米的正方形、10 个 1 平方分米的正方形和 1 个 1 平方米的正方形。

上课伊始，我就揭示课题——长方形的面积。上节课就探讨了面积要用面积单位来进行测量，测量之前要想好测量工具和方法的选择。板书如下：

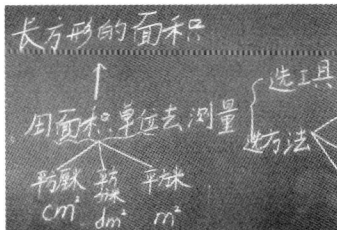

继而，进行测量任务的分配，学生要测量橡皮擦表面积以及课本第 53 页三个长方形的面积。孩子们在用面积单位铺面积的时候，我在黑板上画出了 3 组共 6 个长方形。这 3 组长方形，都是沿用课本上的长方形，只不过将面积单位换成了平方分米。整个测量活动分三个层次：

第一个层次：学生独自思考并测量长方形的面积。这里学生运用的是自己原有的理论知识、生活经验，有的孩子会铺，有的孩子并不会。我没有予以过多的指导。

第二个层次：以小组合作的形式来测量黑板上 6 个长方形的面积。有 6 个组能参与进来，并有意让不会测量的学生上台。这样一来，第一次活动中不会测量的学生在这一次的活动中能得到提升。

第三个层次：由动手转为动脑。当学生的测量活动结束后，在观察、对比中交流和思考测量的方法。

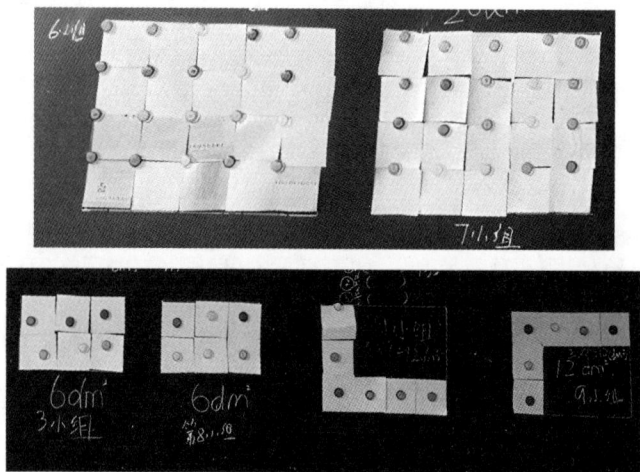

面对黑板上的作品，学生必然会产生质疑，于是抛出问题：

师：看到这些测量方法，你有什么疑问？

小刘：为什么有的铺满了，有的没有铺满？没铺满的怎么能测出这个长方形的面积呢？

师：你的意思是不铺满可以吗？如果可以又是为什么？

绝大部分学生知道不铺满是可以的，但不知道原因。

小余：不铺满是可以的，因为你看（最右图）一排铺了 4 个，说明第二排、第三排也一样是每排 4 个，所以没有必要铺满。

师：那这里算式 $3×4=12$ 中的 3 和 4 到底表示什么意思呢？

小张要求上来讲解，但上台却难以清晰地表达，不过他并没有放弃，而是在认真地思考，嘴里念念有词，突然大声说自己懂了：4 表示的是一排摆 4 个小正方形，有这样的 3 排，就是 3 个 4，所以三四十二。还可以表示 4 个 3，你看一列有 3 个小正方形，有这样的 4 列就是四三十二了。

小王请求上来补充，她将第一列下面的两个小正方形拿走，并说道：一排有 4 个小正方形，如果把这两个拿走，你就不知道有这样的几排了。所以竖着的这一排必须摆。

通过这样的交流，学生已经明白了可以不铺满的原因，以及为什么只要铺一条长和一条宽了。所以当我带领孩子们总结测量方法时，说到铺两边的时候，小叶指出必须是铺一条长和一条宽才行，否则并不知道有几排。显然他是听懂了小王之前的解释。

进展到这一步时，学生已经知道两种测量面积的方法，并知道还有简单的不用铺满的这一种，这时我进一步追问："还有更简单的测量方法吗？"

台下就有学生喊道："量。"

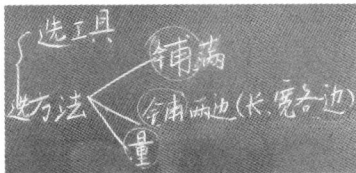

师：量？量哪里？

生：长和宽，然后相乘。

师：为什么？为什么两个长度相乘就变成了面积？其中有什么奥秘？

沉默了一会，慢慢就有学生发现，原来多长就表示可以摆多少个面积单位，宽表示的是可以摆这样的几排，长 × 宽求的是长方形包含的面积单位的个数，这样一来学生就将面积与长度进行了有效的结合，从而实现了对面积公式真正意义上的理解。

当然对面积公式的理解不是一蹴而就的，还需要长期的理解。今天的课初始虽然花了相当长的时间来感悟公式产生的过程，但未必每个学生都能理解，还需要一个相当长的消化过程。

如何使用导读单

（写于 2020 年 9 月 1 日）

今天开始了真正意义的开学第一天，非常繁忙。尽管上午只有两节课，但批改课堂笔记和导读单就花去了满满两节课的时间，仍然没有做完，这就是一线教师的工作状态啊，琐碎而又不得不做。

假期一直都在思考如何进行四年级的教学。看过的书中几乎都提到了要培养孩子的自主学习能力，作为家长的我也深有体会。女儿往往是我亦步亦趋地牵着学，但真正的主动学习能力尚未培养出来。

所以，这学期大胆尝试采用导读单的形式来培养孩子的自主学习。以往也在尝试让孩子自学课本，写出收获和问题，但发现收效甚微，只有学习好的孩子会写。于是，我就在思考如何指导孩子们阅读课本。基本过程有如下几步：

（1）通读课本，培养整体观（见下图）。导读单的形式很简单，主要是通过读"目录"，翻看每一个单元。写下每一个单元的收获，并标注自己最喜欢的单元。这样做会让孩子对课本有一个整体的感觉，当他以后学到每一个单元时就不会觉得陌生。

整本书（数学课本）阅读导读单

班级：_____ 姓名：_____ 学号：_____

亲爱的孩子们：

现在的你们已经是四年级的学生了，很多人对小学进行了这样的分段，将1-3年级定为小学低段，4-6年级定为小学高段。这意味着此后的三年你们将是小学高段学生，老师对你们会有更高的要求。本学期最重要的是要引导你们学会自我学习。老师采取的方法是阅读课本，通过阅读课本自己先吸纳一部分知识，将不会的做好标记，上课的时候重点就是听自己不懂的部分，这样你的学习才会有的放矢！希望这学期，我们能一起努力，共同进步！加油吧，小小少年们！

1.请先翻看"目录"，认真阅读，并把具体内容填写在下面表格中的"单元名称"栏目里。

2.认真翻看每一个单元，回答第二栏"你觉得这个单元主要学什么？"

3.你最爱的是哪个（些）单元，在相应的栏里面打 √。

单元	单元名称	你觉得这个单元主要学什么？（能写多少就写多少）	你最喜欢的单元是（请在相应的栏目里打 √）
一			
二			

（2）分单元导读，掌握具体的阅读方法（见下图）。

第一单元　《认识更大的数》导读单

班级：_____　姓名：_____　学号：____　获得星数：___

亲爱的孩子们：

　　之前我们已经从整体上读完了这本四年级上册的课本，这种广泛的、泛泛的阅读方法称之为"泛读"，要想对具体知识做深入地理解，我们还需要进一步地"精读"，所以接下来请孩子们按照老师提供的导读单进行第一单元的自学！希望孩子们能真正地走进课本，深入到知识的海洋，领略到它的深邃之美！

导读内容：

1. 本单元一共六节内容，请分别写在相应的栏目中。

2. 你觉得这节主要学什么，请写在相应的栏目里。

3. 阅读完这节内容，有什么疑惑，请写在相应的栏目里。

	名称	你觉得这节主要学什么？ （方法指导：仔细阅读书中的内容，从书中找出你认为最重要的一句话或者一段内容，抄写下来。）	阅读完这节内容，有什么疑惑，请写下来。 （方法指导：能自己提炼问题会更好，实在不会就将书上不理解的内容直接抄下来。）

　　这张导读单相比以往的预习，最大的不同就是提供了方法指导。北师大版的教材比较开放，家长们都很难从每一节中找到重点，更何况孩子。所以，提供具体的方法，能让孩子们有指向性地去看课本，他们会慢慢发现书中人物说的话往往是提供了解题思路，智者说的话往往是这节课的重点内容。

　　（3）回顾与反思。前面两个阶段，孩子们其实将每个单元都看过了两遍，肯定有一些自己的收获，再结合上课老师所讲的内容，必然会有一个提升，但在脑海中是一盘散沙，必须有一个回顾与反思的过程，要帮助孩子们将整个单元的知识形成一个知识结构网。

　　比如，今天上午带着孩子们复习的主题——单位，将一至三年级所学的单元全部串联起来，形成了一个结构网。接下来学习第一单元"认识更人的数"，只要稍作引导，孩子们必然将这一单元拉入这个"单位"主题网中（因为这个单元学的就是更大的计数单位）。

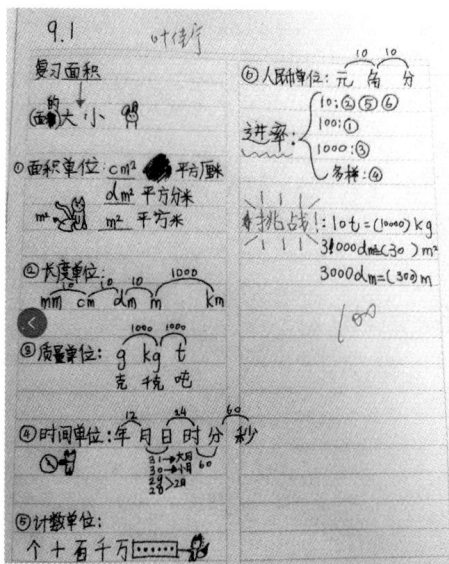

（4）多元化的评价。浙江一名特级教师俞正强说过一句话：教书表面上是我们怎么上课，骨子里是我们跟孩子们的关系。而评价最能增进师生之间的情感。当你的评价公正又有趣，如果还能个性化，对每个孩子的作业、课堂表现给出多元化的评价时，能够真正地看见儿童，那必然能得到孩子们的回应。他们的主动性才会真正建立起来。

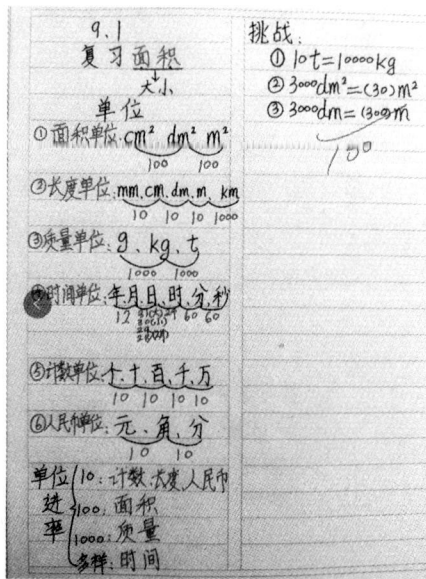

希望这学期能更好地"看见"儿童。

教与学的融合

（写于 2020 年 9 月 2 日）

趁着开学初的教研任务不是太繁重的时候，争取每天记录一下课堂。今天要记录两件令我印象深刻的事：一是学生的故事；二是教学的感悟。

上课伊始，我抽查孩子们背"单位"的情况，看到有些小朋友格外紧张，很怕被抽到。当问道"一共有多少种单位时"，有一个小孩没回答出所有的种类。正当我准备叫下一个同学的时候，小易大声地说："我可以背出来。"一向腼腆怕回答问题的他，居然主动要求回答问题，全班同学都惊讶也很高兴，大家情不自禁地用掌声来鼓励他。只见他小脸涨得红红的，但很流利地背出了六种单位。当他背完，全班又响起了雷鸣般的掌声，看得出孩子们为他的表现由衷地赞赏。那一刻，我内心非常感动，为小易感动，也为全班孩子的行为感动。

我越发觉得其实每个孩子内心都有一颗向上的心，只不过有一些孩子面对过多的学业压力，以及自身的学习能力不足时，被现实一次次地打击，从而慢慢地丧失了信心以及对学习的热情。作为老师需要关注到每一个学生，能让每一个学生的自信心建立起来，但是这谈何容易，因为你要关注的不止一个孩子，而是 50 多个孩子。不过，这样的事实并不代表老师可以不作为，可以忽视。恰恰相反，老师需要有方法来做，今天所受到的启发是可以阶段性地关注孩子，这周以某个孩子为关注点，多聊天，课堂多提问，帮他建立兴趣，下一周再关注另外几个孩子。依次类推，一个学期就能和所有的孩子建立亲密的关系了。有意识才会有行动，希望自己能坚持做到这一点。

另外，关于教学，越到高年级孩子要学的东西越多也越难。对于数学来说，要做到两点：一个是概念的厘清，要教会孩子用联系的思考方式将所学的知识串联起来，建立知识网；另一个是在练习中深化理解。数学不仅是要理解，更需要将你的理解付诸解题中，说白了就是要多做。这两者缺一不可。所以，从这学期开始有意识地增加练习。昨天就花了一节课的时间专门练习单位之间的换算，一部分孩子的学习通过那节课得到了巩固，但是还有少部分的孩子没有完全理解，所以今天课上的第一件事就是温故，通过这一环节进一步加深了记忆和理解，让少部分不理解的孩子有一个很好的过渡。

3平方分米＝（　　）平方厘米

2千米＝（　　）米

500厘米＝（　　）分米

4000平方分米＝（　　）平方米

13平方米＝（　　）平方分米

1000千克＝（　　）吨

紧接着是知新，"数一数"这节课的显性知识就是认识新的计数单位——"十万"，并会数数。隐性的知识就是培养学生的数感，教材从三个方面来进行数感的培养：

（1）通过计数单位模型来具体感受计数单位的形成过程以及十进制。即十个一是十，十个十是百，十个百是千，十个千是万，十个万是十万。

（2）通过拨计数器活动，让学生亲身经历数数的过程（一个一个地数、一千一千地数、一万一万地数）来感受位值的意义。虽然同样是拨一个珠子，但在不同数位上，其意义完全不同。

（3）通过生活中的实例来感悟十万。

从以上的分析中能看出这虽是一节活动课，但本质上是培养学生的数感。这是从教材的角度来解读的。从学生角度来分析，学生在上这节课之前已经知道了什么？从导读单的情况来看，他们通过阅读书本已经知道了"十个一万是十万"这句话，然而真正理解了背后的意义吗？显然未必，正如他们提的问题：

（1）十进制到底是什么意思？

（2）十万到底是多大？

所以，这节课我就围绕孩子的问题以及教学目标展开。

环节一：通过计数单位模型来具体感受计数单位的形成过程以及十进制。

首先抛出问题：通过预习，你知道了哪些知识？

生1：十个一万是十万。

师：还有吗？

生2：十万是计数单位。

师：原来你们通过预习知道了一个新的计数单位"十万"。那我们一起来回顾一下，到目前为止一共学了多少个计数单位以及它们是怎么产生的，好吗？

通过课件动态展示每个计数单位的产生，如下图：

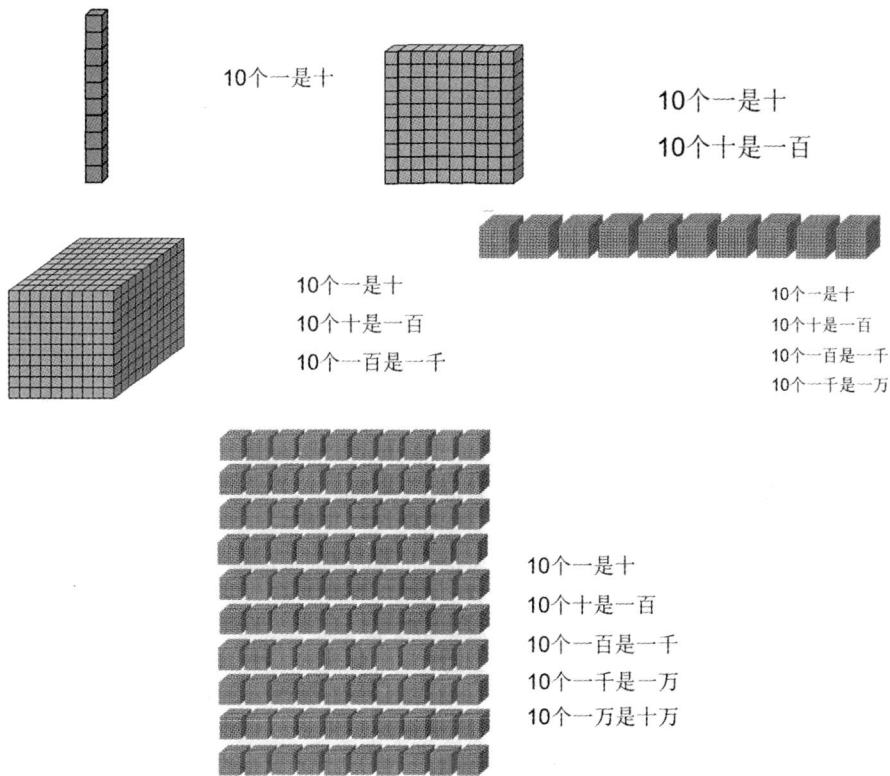

10个一是十

10个一是十
10个十是一百

10个一是十
10个十是一百
10个一百是一千

10个一是十
10个十是一百
10个一百是一千
10个一千是一万

10个一是十
10个十是一百
10个一百是一千
10个一千是一万
10个一万是十万

师：通过这一过程你发现了什么？

小杨：我发现每次都是十进制。

师：能用你的理解说说看什么是"十进制"吗？

小杨：就是"满十进一"。比如个位上满十，就要退掉这十个珠子，向十位拨一个珠子，这就是满十进一。

环节二：经历拨数的过程，实际感受位值的意义，进一步建立数感。

这个环节采用小组合作与班级汇报两种形式，只有充分地让学生来拨一拨、数一数，才能真正地体验到如何一个一个地数、一千一千地数以及一万一万地数。

（1）先全班齐读题目要求。

🔵 拨一拨，数一数。

一个一个地数，从一万零三数到一万零一十

一个一个地数，从九万九千九百九十六到十万

一千一千地数，从四万八千数到五万三千

一万一万地数，从七万数到十万

233

（2）小组分工。其中一个同学拨，另一个同学观察有无错误；反过来做同样的事情。小组长抽查某一个同学是否过关；我下去帮助一些需要帮助的同学。

（3）全班演示。请同学上来演示一遍，并总结：尽管拨的都是一个珠子，但在不同的数位上，其意义是不同的。

通过这一环节，我发现很多孩子不知道是一个一个地拨，看来在五班还要先做示范。

环节三：练习。完成课本上第 3 页的第 1、3 两题。

纵观整节课，感觉还是能达到自己想要的目标。看来只有真正地理解了教材的用意以及学生的学习起点，教与学才能融为一体，真正地享受到教学的愉悦，但愿学生也能和我有一样的体验。

"近似数" 的困惑

（写于 2020 年 9 月 15 日）

近似数是本单元的一个难点问题。不仅很多学生上完后一头雾水，甚至有些教师都没有弄明白。如果要弄明白"近似数"，得从三个核心问题开始思考，即什么是近似数？为什么有了精确数还要有近似数？怎么求近似数？

什么是近似数？近似数与精确数是一组相对概念。精确数指的是与现实生活完全符合的数，如学校人数等。

近似数就是一个大概的数，它的产生是社会的需要，因为在实际生活中，对有些对象或者事物，很难得到或者不需要得到精确数时，特别是用大数表述事物的数量时，用大概的结果来表示，这样的数就是"近似数"。

本节课的重点和难点就是求近似数的方法。如果单纯来讲什么是"四舍五入"，相信大部分人会说四舍五入到哪一位就看它的后一位，后一位大于等于五，就把后面的数全部变为零，再向前进一，但要真正搞明白这一方法后面的道理却并非易事，至少是很难说清楚的。

其实，"四舍五入"不能单纯讲方法，而是要讲它的道理。比如书上的233482 这个数为什么约等于 20 万？原因是现实问题中不需要用精确数表示的时候，人们习惯用一个与精确数比较接近的整十、整百、整千、整万的数来表示。为什么 233482 的近似数是 23 万而不是 24 万呢？书上的数线图解释得很清楚，因为它更接近 23 万。那如果问 233482 这个数更接近几万几千？那就是233000，为什么呢？因为 3 千后面的数是 4，它表示的是 400，它离 1000 更远，所以后面的这些数就忽略不计，直接取 233000。那大约是几十万几千几百呢？4 个百后面的是 80，它更接近 100，所以就是 233500，在这样的实际体验中学生会慢慢理解四舍五入到哪一位的真正意义。

教材上的三个问题分别对应了什么是近似数，直观感知用四舍五入求近似数的道理，以及通过数线进一步探索如何用四舍五入法求近似数。

对于第一个问题，学生通过预习基本上可以解决，所以对于它的处理，可以让学生大胆地举例表达，通过实际举例能更直观地理解精确数和近似数的意思。

第二个问题和第三个问题是同样的问题，就是探索四舍五入求近似数的方法，只不过第二个问题更为简单，因为它不涉及四舍五入到哪一位的问题，它取的近似数只能是万位上的。第三个问题更为复杂，它会涉及四舍五入到哪一位。教材的处理并不是太好，它与第二个问题有些雷同，只不过数字更为复杂。它并没有解决四舍五入到哪一位的问题，所以明天我要将重点放在这里，将这道题目不断进行变式，最后在变式的基础上提炼"四舍五入到哪一位"的真正内涵。特别注意的是，不能直接问孩子们四舍五入到哪一位，而是要跳出来，如果问这个数大概是几十万几千，你会说是多少？要以这样的问题形式来呈现，学生才会从理解的角度上来选取近似数。

但愿明天的课能达到这个效果。

求近似数的教学过程

（写于 2020 年 9 月 16 日）

如何求取近似数？相信老师们都会用到"四舍五入"的方法，但大部分学生只知道方法，而不知道其背后的道理，只知道"照葫芦画瓢"，这样的教学方式违背了数学教育的目标。数学应该是培养思维的，通俗来说数学是应该讲道理的。

正是基于这样的理念，我将这节课的重点放在了探索求近似数方法——"四舍五入"背后的道理上。

首先，出示课本的问题：巨幅画《江山如此多娇》的实际面积是 18000 平方米，但报道称"近 2 万平方米"，这里的"2 万"是如何得到的？我将这一问题抛给了学生，让学生用自己的方式阐述其中的道理，有的用竖线图，有的用横线图，还有的用文字来表示。如下图所示。

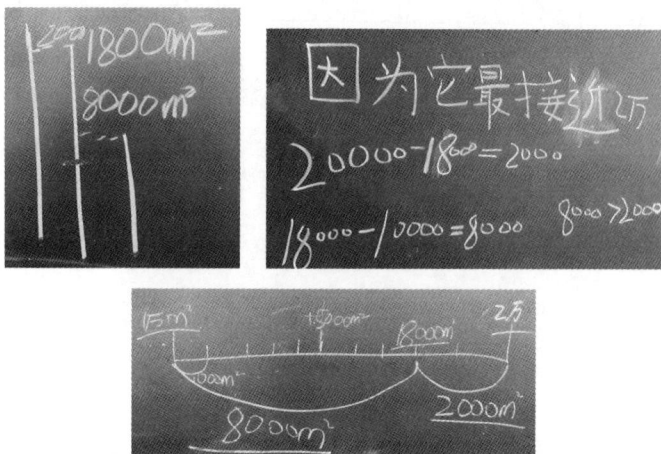

面对学生的作品，我提出了如下问题：这些图看得懂吗？你是如何理解的？

学生通过这些图形和文字以及小老师的讲解，基本能直观地明白为什么18000的近似数是2万而不是1万，因为它更接近2万。

但讨论并没有就此结束，而是进一步深入：

师：为什么第三位同学的图中有个15000，这是怎么来的？为什么要标出来？

生：因为它在正中间，可以把它作为一个标准。只要数在15000的左边，就说明它离1万更近；如果在15000的右边，就说明它离2万更近。

虽然，我并没有提及四舍五入这个方法，但这样的对话其实就是在讨论"五入"的道理。

其次，进一步探索求取近似数的方法。出示另一道题：参加国庆阅兵的精确人数是233482人，请问大约是几十万人？请你用画图或者文字的形式来表示你的思考过程。

有了前面探讨的基础，大部分学生会用图的方式表达自己的想法。如下图所示。

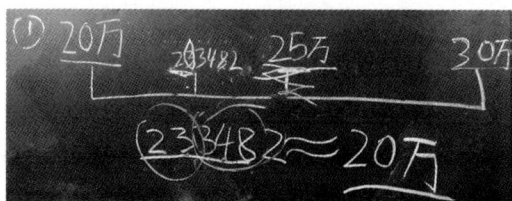

学生对这道题展开了讨论：

生1：为什么这道题的结果是20万，而不是23万呢？

生2：因为题目要求我们求233482大约是几十万，23万不是整十万的数，当然不行。

生1：线段图上的20万、30万，以及25万是怎么来的？

生2：因为与这个数相近的整十万数只有20万和30万，总不可能是40万吧。

师：也就是说这个数是在20万和30万两个整十万之间是吗？

生2：是的。

生1：那25万是怎么来的？

生2：因为25万是正中间的数，前面讲过，它是一个标准，在它左边说明离20万近，所以大约是20万。

在此基础上，我再一次抛出了另一个问题：233482大约是多少万？

师：有的同学心里肯定有疑问：老师怎么提出同一个问题呀？请问，这两个问题是同一个问题吗？

小朱：是，所以结果还是20万。

小冯：我不同意。它们两个不是同一个问题，前面问的几十万，后面问的几万，两个问题中的计数单位不同。

师：真是了不起，一针见血地指出了不同。请尝试画一画和写一写。

学生都有自己的想法，他们迫不及待地来探究，都画出了自己的想法（见下图）。面对这四幅作品，我让学生进行观察，仔细思考，提出自己的想法。果然，片刻思考之后，学生有了问题。

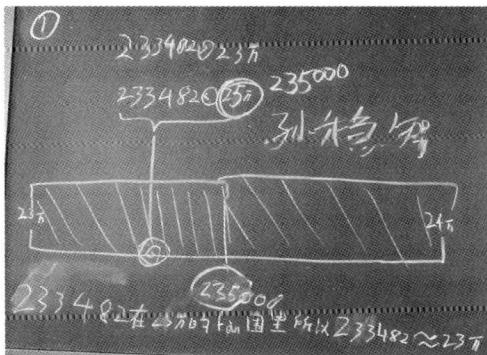

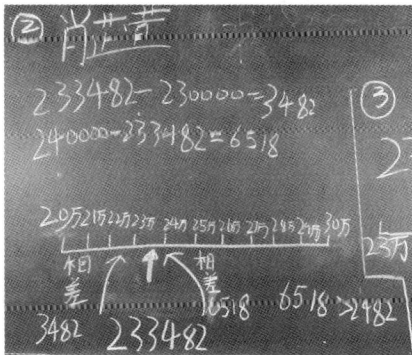

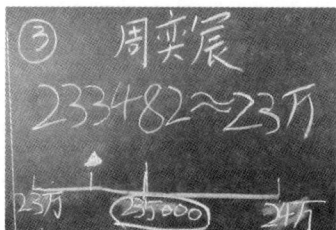

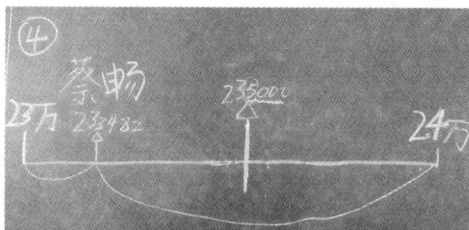

小孙：小周，你线段图中的 235000 是怎么来的？

小周：我还想问你线段图中的 25 万是怎么来的呢（被圈出的 235000 是修改后的），23 万和 24 万之间怎么会是 25 万呢？

只见小孙跑到台前，仔细看了看，羞羞地说了句：我错了。并立马将线段图中的 25 万改成了 235000。

小刘：小蔡，你的 22 万是怎么来的，有必要写上 22 万吗？

经过同学的点拨，小蔡发现自己的图画错了，于是去黑板上改成了上图。

生 1：小肖，你觉得你需要写那么多数出来吗？这个数不就是在 23 万和 24 万之间吗？为什么还要写那么多整万出来呢？

师：你同意他的建议吗？

小肖开心地点了点头。

小陈：小孙，你图里写的两个算式，比较大小的式子没有必要写下来，因为它已经是在 235000 的左边了，说明靠近 23 万，图已经很明白了，不需要写出来。

生 2：我觉得现在小蔡和小周画的图是一样的。

就这样你一言，我一语，学生们在对比优化中将这个线段图弄明白了。

我在此基础上问了一个问题。

师：你是怎么知道 23 万和 24 万之间的数是 235000 的？

小蔡：23 万和 24 万之间相差了 1 万，将 1 万平均分，一边不就是 5000 了吗？

师：很好，学会用推理方式来画图了。

最后，进行了第三次深入探究：233482 大约是几万几千？ 233482 大约是几万几千几百？ 233482 大约是几万几千几十？

师：还能不能往下提问？

生：不能了，再提就是精确数了。

师：非常好！能否将三个小问题用画图的方式表示出来，并求取它们的近似数？在做的过程中想一想，你有什么发现？

有了前面的探索经验，学生对这些题不再陌生，他们努力将自己的理解用图的方式表示出来。如下图所示。

小刘的作品：

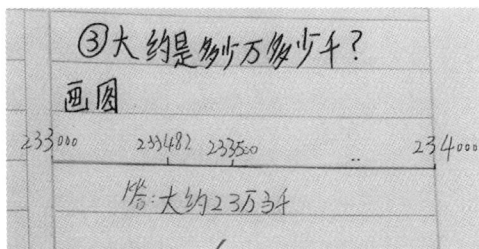

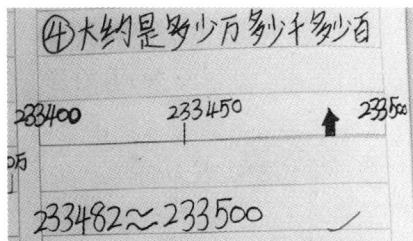

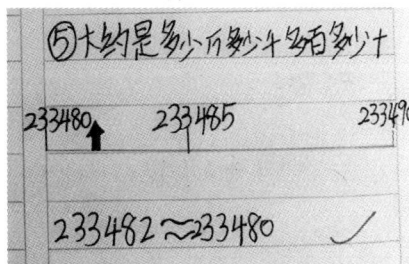

小冯的作品：

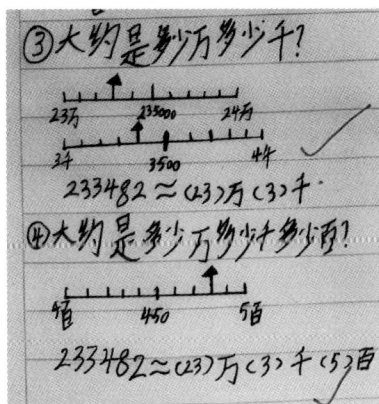

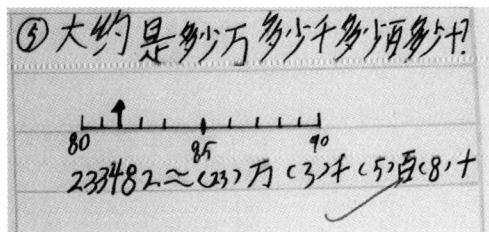

师：比较这两位同学的作品，你们有什么发现？

生：我发现他们两个画的不一样，小冯画得更简单，她没有把整个数都画出来，而是看近似数取到哪一位，取到百位，就画百位可能出现的整百数，然后判断 482 是接近 400 还是 500。

师：那判断 482 是接近 400 还是 500 又主要看哪一位呢？

生：看百位后面的"8"，"8"表示 80，肯定更接近 100，所以 482 约等于

500，最后 233482 就约等于 233500。

师：你们更喜欢哪一种？

生：更喜欢小冯，因为她的更简单。

师：你们还有什么发现吗？

生 1：我发现求近似数到哪一位只要看它的后一位就行，后一位数大于 5 就说明往前进一，这样才能更接近。

生 2：我还发现一个数的近似数不止一个，要看求取的近似数到哪一位。

师：你们的发现真好。希望大家能将这些发现运用到生活和学习中，现在我们来做一下相关练习。

整个过程，我没有提到"四舍五入"的方法，而是让他们通过画图理解求取近似数方法背后的道理。数学是思维的体操，而不是填鸭式的练习，这样的讲课方式进度虽然会慢一些，但能让学生静静地思考，体验思考带来的成就，从而提高思维水平，慢一些也是值得的。

线的认识

（写于 2020 年 9 月 27 日）

本节知识是第二单元"线与角"的起始课，本单元共分为两部分，即线的认识和角的认识。主要内容框架如下：

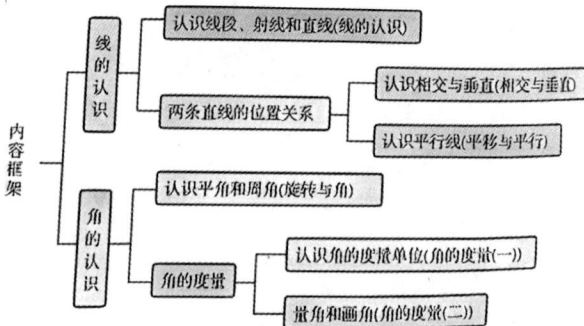

在"线的认识"这一节中，主要是认识线段、射线和直线这三种线，以及

三者之间的区别和联系，发展抽象能力；通过操作活动，体会两点间所有连线中线段最短，知道两点间的具体位置，发展空间观念。

这是一节概念课，如果单纯地去讲授，会有一些无聊。于是，我把课堂分成两阶段：前一阶段是让小组讨论，将自己的收获和问题写进小组汇报单中；后一阶段是让小老师来讲解自己的收获，在交流中深入认识三种线以及三者之间的区别和联系。

学生对小组合作收集问题和收获这样的一个新尝试非常感兴趣，尤其是漂亮的便利贴更是激起了他们的学习热情，所以都在积极地讨论，并写出了自己的问题和收获，小组呈现出来的结果非常令人惊讶，原来学生的小脑袋中藏着这么多的问题，如下图所示。

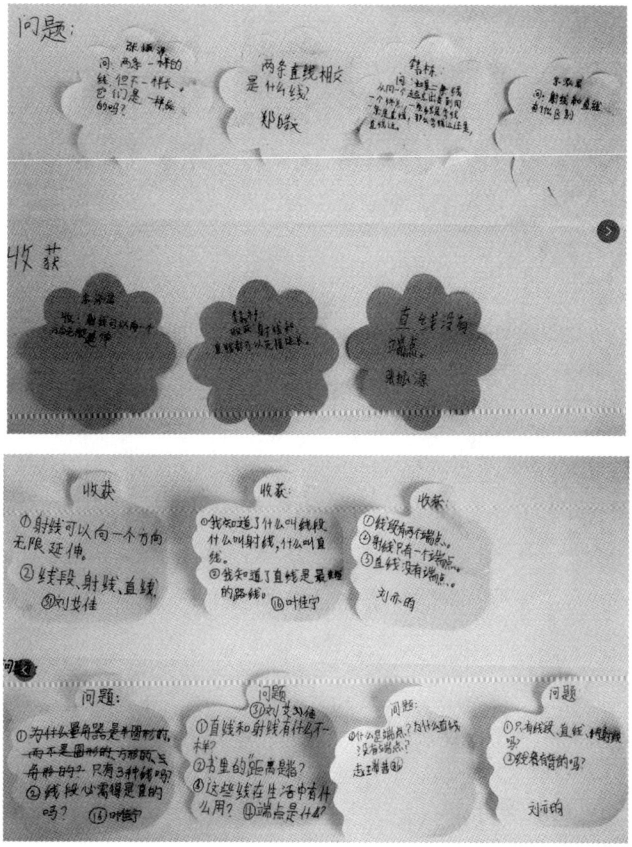

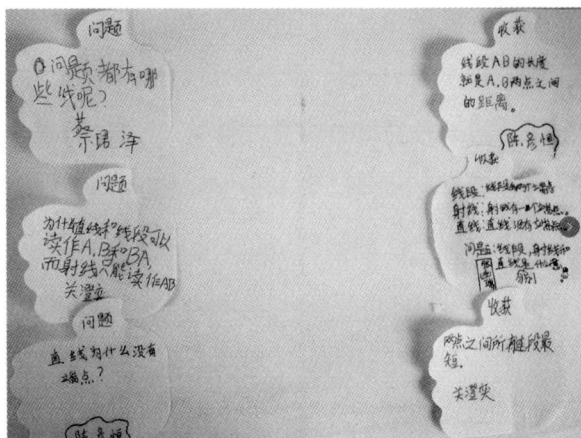

学生的问题，大致有如下几个：

（1）三种线的区别和联系。

（2）三种线在读法上的问题，如直线和线段可以读作线段（直线）AB 或 BA，为什么射线不可以？

（3）为什么要学这三种线？它们在生活中有什么用？

（4）除了这三种线，还有哪些线？

面对学生问题，我没有一一解释，而是让学生自己上来讲解对三种线的初步认识，进而在交流、讨论中解决如上问题。

以下是教学过程：

一、初步认识三种线

师：今天我们学习"线的认识"，小朋友们都写出了自己的收获和问题，现在请分享一下你们对这三种线的理解。哪位小朋友来介绍第一种线——线段？

生 1：（拿出粉笔和直尺在黑板上画出了一条线段，两端用上的是小圆点）这条线就是线段，它有两个端点。

生 2：你这端点太小了，要用大一点的圆点才能看得更清楚。

师：好，我们用一个小小的线作为它的端点标记。线段还有什么特点？

生 3：它有长度。可以拿尺子量出它的长度。

学生边说，老师边写。

师：很好！这两个端点为了区别，我们将它们各自命名为 A 点和 C 点。如果在这条线段之间标出一个 B 点，你又有什么发现？

生 4：我发现这条线段变成了两条线段。

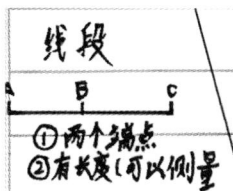

生 5：不对，是 3 条。

师：到底是几条？你是怎么理解的？

生 5：线段 AB 和线段 BC 是两条，但还有一条就是原来的线段 AC。

生 6：不对，它被切分成两条线段了，所以只有这两条。

生 7：并没有把线段 AC 切开啊，只不过在上面取一点而已，所以有三条线段。

师：大家同意吗？理由很充分，的确有三条线段。那每条线段中的端点是否发生变化？

生 7：当然有变化，线段 AB 的端点是 A 和 B，线段 AC 的端点是 A 和 C，线段 BC 的端点是 B 和 C。

生 8：我发现端点指的就是两端的点，线里面的点不能算是端点。

师：你的发现很好，把端点讲清楚了，下次其他同学就不会混淆了。

师：现在哪位同学介绍一下射线？

生 9：射线指的是有一个端点。

师：大家有补充吗？

生 10：它是可以无限延伸的。

师：无限延伸意味着什么？

生 11：意味着它是无限长的，不可以测量的。

生 12：而且它是只能向一端无限延伸，直线是可以向两边无限延伸的，所以直线没有端点。

生 13：射线不可能是向两端延伸的，你看过哪支激光笔是向两端延伸的？

师：射线没有长度吗？激光笔射出去的线碰到墙，那一点到端点不就是射线的长度吗？

生 14：不对，那只是射线上的一个点而已，它还能继续射出去。

二、深入认识三种线的性质

师：通过刚才的介绍，你觉得这三种线有什么共同点和不同点？

生 1：它们都是直线。

生 2：不对，它们都是直的线。因为都是直直的。

生3：它们的端点数量不同，直线是没有端点的，射线有一个端点，线段有两个端点，所以线段是可以测量的，其他两种线是无限长，测不出来的。

师：射线是一端无限延长，而直线是两端无限延长，是不是可以认为直线比射线长？

生4：是的，因为直线可以向两边无限延长，射线少了一端。

生5：不对，不管是向一端延长，还是两端延长，它都是无限长的啊，根本没有办法比较，所以不能这么说。

师：那线段比射线短是吗？

生5：也不对，你看黑板上的线段就比这条射线长。

显然这位学生还没有认识到射线的本质。

生6：射线可以延长啊，它只是没有画那么长而已，你拿尺子延长一下就知道了，它比线段长。

师：小朋友讨论得很激烈，相信在交流中将这三种线的特点弄明白了，但也有很多小朋友对它们还有疑问，比如读法问题，直线和线段可以读作线段（直线）AB 或 BA，为什么射线不可以？

生7：因为射线只能向一端延伸，而直线可以向两个方向延伸，所以交换过来读当然可以。线段也是，不管怎么读它都是这两个端点。

经过激烈的讨论，学生对三种线的性质、读法和联系有了更清晰的认识。以下是学生的笔记：

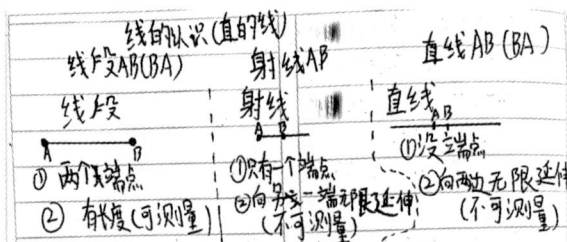

像这样先自学，再交流、探讨的方式会让学生的学习更有的放矢。明天的课堂我会继续这样做，但需要做进一步的反思与改进，至少可以从以下几个方面进行：

（1）学生提出的问题可以在第二节课中返还给学生，昨天的问题是否已经弄懂，如果弄懂了，用"√"表示，如果仍是不理解，可以用"？"表示。这样一来，学生就有了一个回顾与反思的过程。

（2）每一个环节的问题可以更开放，最好将一节课的核心问题重点解决，问题不能太琐碎。

（3）要更用心地倾听学生的对话，弄清楚学生要表达的意思。

希望明天的课堂能有进一步的改观。

建立联系，深入理解——相交与垂直

（写于 2020 年 9 月 28 日）

周一早上要去操场升旗，但因腰伤不能久站，就请假在办公室。难得有时间可以拿起杂志读起来。

其中蔡元培先生说的一句话让我铭记在心："我们教书，是要引起学生的读书兴趣，做教员（教师）的不可一句一句或一字一字地讲给学生听，最好使学生自己去研究，教员不讲也可以，等到学生实在不能用自己的力量去了解功课时，才去帮助他。"这更加坚定了我的教学信念：数学教学要为乐趣而教，为思维而教，不可一式一式或一题一题地讲解。

言归正传今天的课。

"相交与垂直"是第二单元第二节的内容，在备课的时候我将它与第三节"平移与平行"结合起来思考，因为它们表示的都是两条直线之间的位置关系，所以从整体上把握更利于教学有的放矢。下图是我的备课记录。

"相交与垂直"这节课主要围绕学生最关心的四个问题，即什么是相交和垂直、二者之间是什么关系、探究画垂线的方法以及垂线的性质。

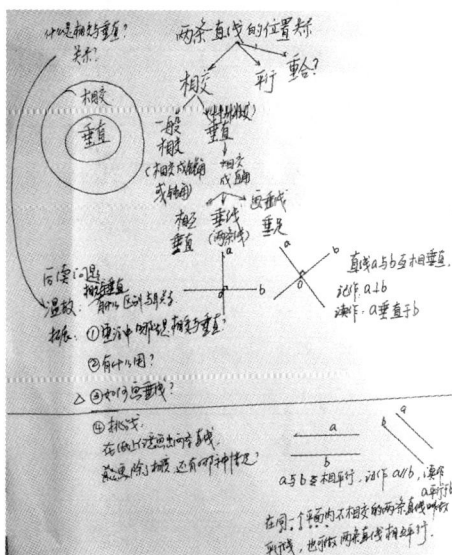

学生经过课前的预习，对这两者的概念有自己的认识，于是我再次让学生来表达自己的理解。在交流中，我发现大部分学生会将"相交"与"垂直"两个概念割裂开，认为它们是直线的两种位置关系，或者知道两个概念的意思，但不能将二者的关系厘清（见图1）。通过深入的讨论，学生逐步厘清了这二者之间的关系（见图2）。知道垂直与相交是一种包含关系，相交包含了垂直，垂直是一种特殊的相交。由此，很多学生还能联系到以前学过的知识，知道相交与垂直之间的关系类似于之前所讲的长方形与正方形之间的关系。

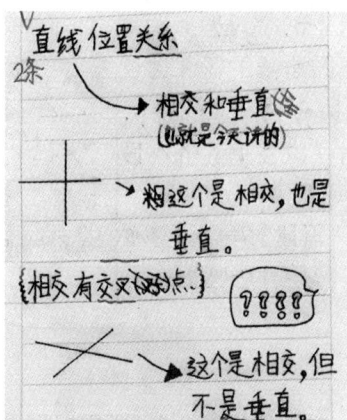
图1

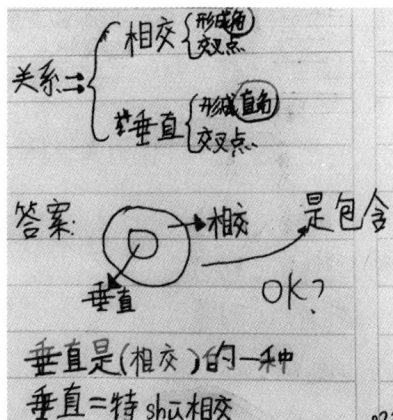
图2

紧接着，探究画垂线的方法。垂直之所以是相交的一种特殊形式，是因为交叉形成的是直角，直角就是一种特殊的角。通过三角尺画垂线我并没有告知学生具体的方法，而是放手让学生去"琢磨"画的方法，将三角尺上的直角与画垂线建立联系。学生在独立思考与全班展示交流活动时，明晰了画垂线的方法是借助三角尺上的直角，要将三角尺上的一条直角边与已知直线对齐（见图3），然后沿着另一条直角边画下来，画出来的就是已知直线的垂线。这种做法其实是将三角尺上的直角"复制"下来。

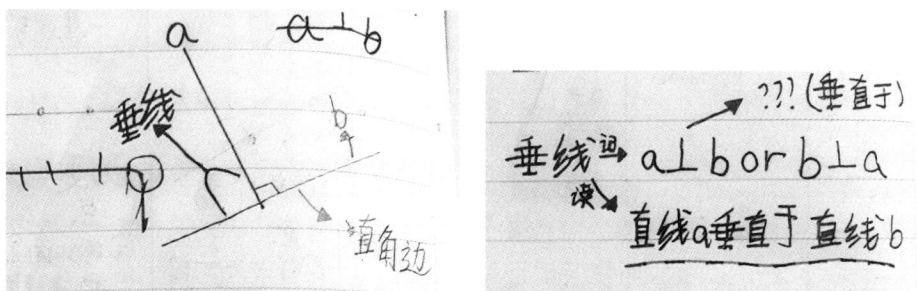

图 3

每节课我都会给学生提供一道挑战题，这节课的挑战题其实就是垂线段的性质，即从直线外一点到直线之间垂线段最短。我是通过一件有趣的事表达出来的：王老师要去深大文山湖钓鱼，A 点即王老师所在的位置，提供的如下路线中，王老师走哪条路线最省时？学生联系实际生活，很快理解到"垂线段最短"的实际意义。

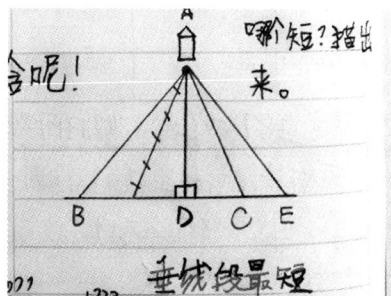

整节课下来，最深的感触是数学是讲道理的学科，我们要通过联系的方式将新知识纳入旧知识体系中，让学生明白所学的知识之间是有联系、合乎逻辑、层层深入的，这样的课才有意思、有意义。

以活动促发展

（写于 2020 年 10 月 19 日）

自从上了四年级，最大的感触是学习难度、学业压力增大，不管是教师还是学生家长都存在一定的焦虑。正是这样，我更要告诫自己，分数固然重要，但一定不能忘记分数背后的学生。我很怕学生对数学的兴趣减弱，更怕学生对数学形成一种固有的印象——做题、订正、做题、订正、做题……数学的美荡然无存。

但当前的评价制度并没有改变，数学每一册的知识点都会随着年级的增加而增多，难度也在上升。要想考出好的成绩，必须落实每一个知识点。这样一来又不得不多做题，如此矛盾，何去何从。

其实，跳出来看的话似乎就能找到方向，因为任何科目，发展学生的主动性、积极性是根本，只有学生自己爱上了学习，愿意去钻研，这样所达到的效果才会最大化。所以我果断决定以活动来促进学生的自我学习能力的发展。每一个活动内容还是围绕国家教材，这样既能改变以往的学生方式（班级授课），又能兼顾所要学的知识点。

以下是第一次书友队活动的方案：

一、活动目的

以活动促发展。课堂是数学学习的一个部分，发言参与讨论的仅为一小部分，只有通过小组合作、同伴互助等多元活动形式才能促进每一位学生的学习能力的提高。

二、活动名称

活动名称为栽培"智慧树"之"第一单元——生活中的大数"。

三、活动成员

以小组为单位成立书友队，各组组长即为书友队队长，每个小朋友都要参加。

四、活动时间

周六至周日上、下午或晚上任选一个时间段，组内协调时间。

五、具体要求

每个书友队集中讨论第一单元的学习内容，围绕以下四个问题：

（1）这个单元的收获有哪些？

（2）这个单元还有哪些不懂的问题？经过书友队集体讨论，解决了哪些问题？写下解决问题的思考过程。

（3）对于这个单元还有哪些拓展知识？（可以借助书籍或网络查找资料）

（4）写下1~3道题目考考其他书友队。

六、准备材料

（1）一张大白纸。

（2）便利贴，让孩子们将问题、收获、拓展知识等写在上面。

（3）双面胶，贴在便利贴后面，防止便利贴掉落。

（4）其他材料，书友队自己决定。

七、呈现成果

建议以树形建立思维导图，导图分为四个分支，就是如上四个问题；也可以是其他形式。

八、成果展示

张贴在班级墙上，供全班学生参观学习，并公布在公众号上，评选出一、二、三等奖。

九、评分标准

（1）围绕以上四大主题展开，每个主题都很完整、全面，提出的问题具有思考性，解决问题过程明了。

（2）书写工整。

（3）成员都参与活动。

没想到，每个小分队都积极主动地参加，尤其是每一位学生都积极地参与到讨论中，最后每一个小分队都勾勒出第一单元的"智慧树"。作品如下：

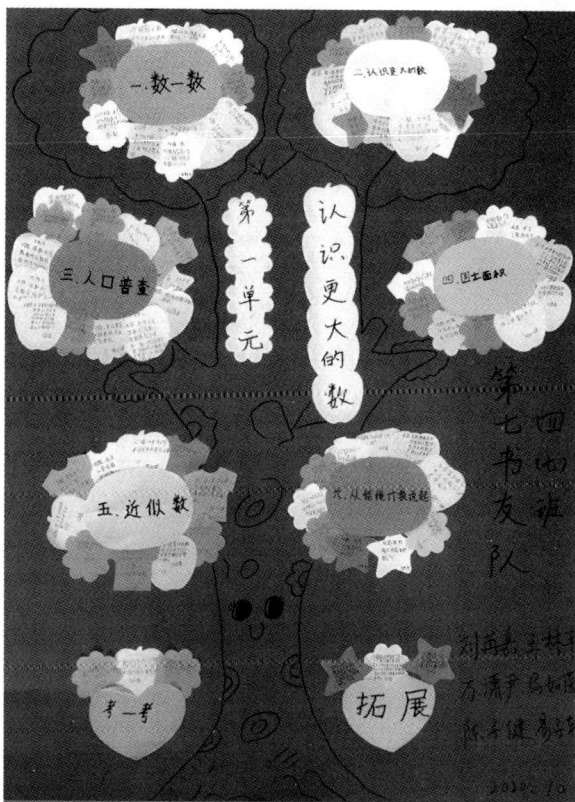

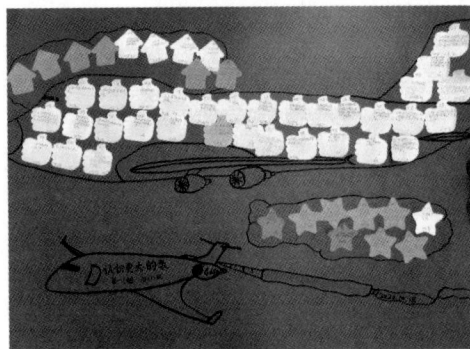

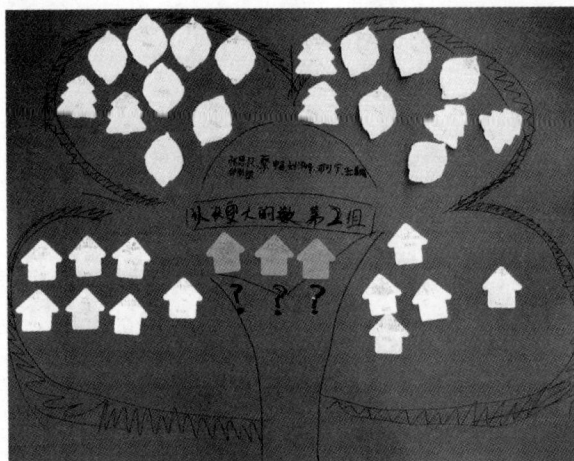

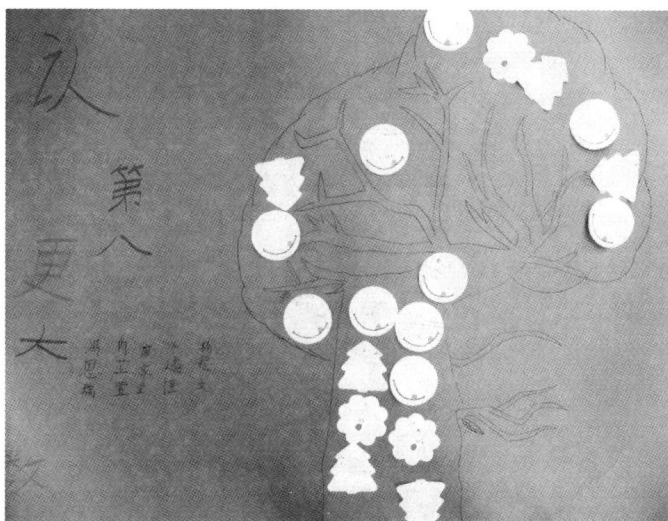

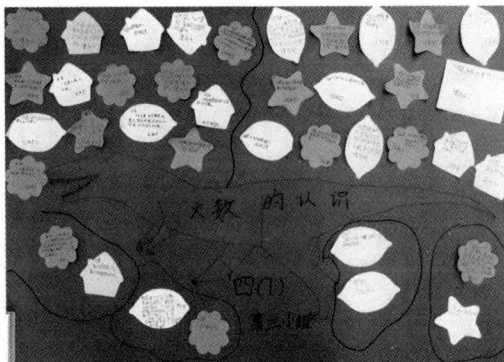

学生讨论的问题，大部分集中在这个单元的难点。对于难点问题，学生能通过自身的体验，提出具有共性的问题来加以讨论，如下图所示。

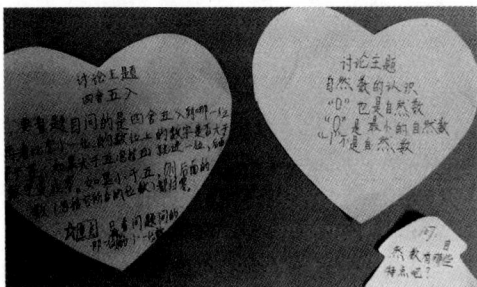

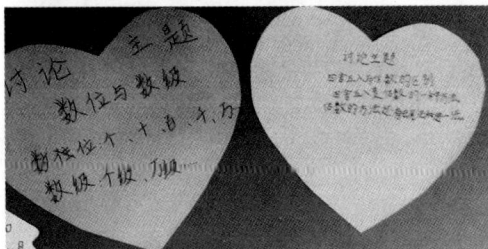

其中有一些书友队成员提出了很多有意思的问题，如下图所示。

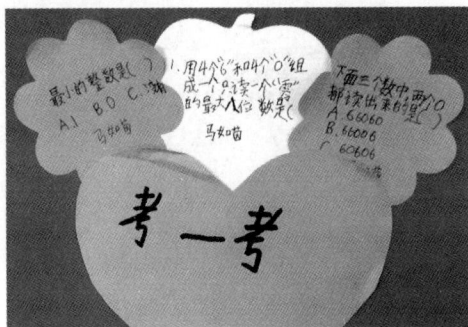

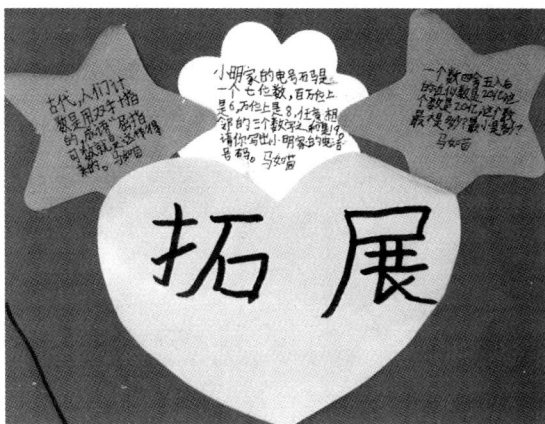

对于这次活动，最想听到的就是学生自己的想法，我并不希望活动是在被逼迫的状态下进行的。所以今天上课伊始就做了一个小调查，内容为"你喜欢书友队活动吗，想继续参加吗？说出理由"，调查的结果会直接决定这样的活动要不要继续进行，因为毕竟是需要花费时间的。没想到，班级 52 位学生中只有1 位学生说会浪费假期时间，其他学生都说想参加，理由大部分是既好玩又能学到知识。如下图所示。

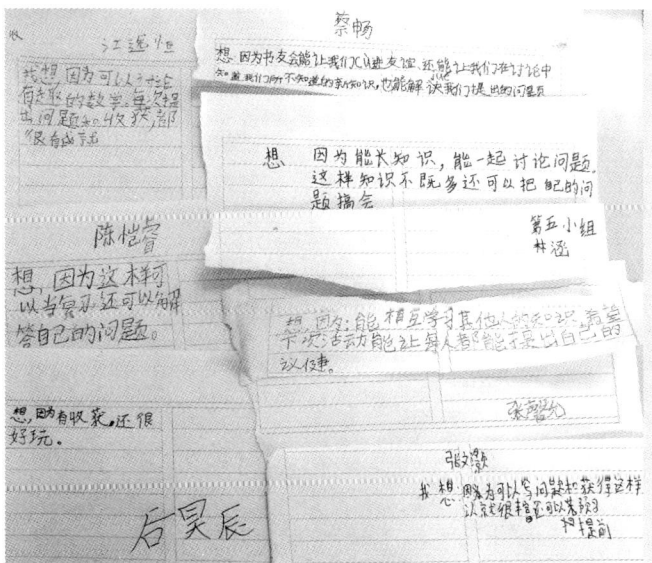

学生的反馈更加坚定我要将这一活动进行到底，相比之下家长的反馈更为理性，他们对本次活动给出了具体的建议，也为活动的后续完善与推进指出了

具体方向，令我非常感动。

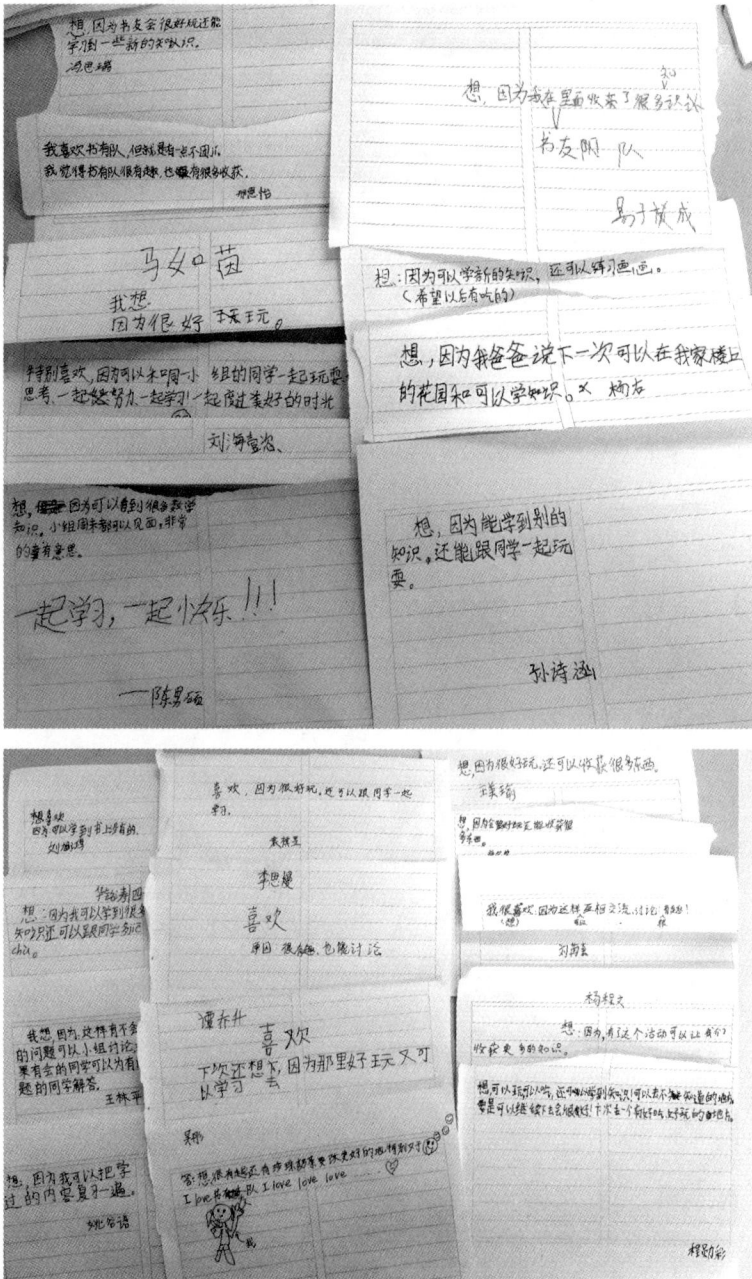

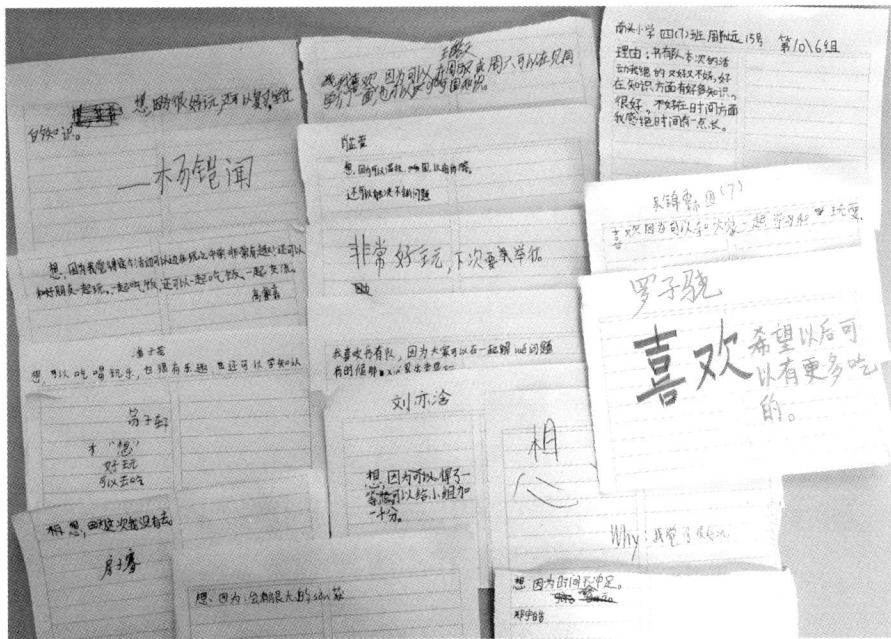

家长们的理性建议（见下图），主要有如下几点：

（1）活动时间的协调问题，争取小组的每一位成员参与。

（2）活动内容增加讨论、讲解错题部分，讲解的过程即为内化的过程。

（3）学生写的收获要具体化，最后举出具体的例子。

（4）教师可否提出一个大问题，让学生围绕大问题进行讨论，更有抓手。

希望我的学生，能通过这样的活动，真正爱上学习，爱上数学，成为真正的学习者。

通过这次书友会活动，小组队员又重新温习了第一单元的知识结构和注意细节，在分享自己学习心得的同时也收获了彼此在细节上的知识不足，讨论并解答，使之转化为自己的储备。说一点建议，能否在讨论内容上增加一个本单元错题自我解读的环节，把自己本单元有代表性或者本人认为需要讨论的错题拿出来，先自己解析，如果自己还没有理解得很清楚，小组队员可以讲讲自己的理解方式，感同身受的解答此类问题。第一次书友活动不仅收货了知识，而且加深了组内同学的感情，同时也锻炼了孩子们沟通和语言表达的能力，是一次很有意义的活动。

王老师，书友队的活动我有2点建议：1按照有相同时间段的同学重新组队。周末孩子基本上被各种辅导班都排满了时间，按照现在这种小组的组队能全队完全吻合时间的很难。2书友队的活动要求家长带孩子一起参与。主要因为安全问题。我们队这次活动的收获是把第一单元的知识又梳理巩固了一遍，通力合作做板报，增强了集体合作性。

五、 活动总结

通过约90分钟的知识碰撞，本次活动的目的基本是达成了。同学们都在此过程中加深了对本单元知识点的理解，也初步认识了组队学习的方法和好处。非常感谢王老师组织本次活动，家长和孩子都得到了长足的收获和成长。以下是我本人的一些建议，不代表第八小队：

1. 收获和问题，我认为可以作为活动前的准备让学生在家完成，家长可以考虑参与其中。观思瑞的准备工作，我认为收获未必比活动过程本身小。

2. 关于同学们写下的收获，我觉得均过于抽象，在应用中就有可能出现难以对号入座的现象，所以是否可以要求每条收获都列出十分具体的使用例子？

3. 大家几乎没提出太多值得讨论的问题。我认为讨论很能锻炼大家思考的能力，而无题可论恰恰又似乎是因为小学生的思考能力本身不健全。所以在这个版块是否能由老师或家长先提出一些论题，让学生现阶段在引导下慢慢学会观察和思考。

基于学情分析的课堂教学——四则混合运算的运算顺序教学

（写于 2020 年 10 月 26 日）

本节内容是四年级上册第四单元的第一节内容，本单元一共是七节内容（试一试为独立内容），之所以将运算顺序和运算律放在同一个单元，而且将四则混合运算顺序放在最前面，目的是突出运算顺序在运算中的必要性。运算顺序是关于运算的一般规则，运算如果不遵循运算顺序的一般规则，将会导致错误的结果。而运算律虽然改变了运算顺序，但运算结果并没有改变，而是使一些运算变得简便合理，它属于算式的等值变形。将两者放在一起编排是为了给学生一个关于"运算"的整体认识。

本单元把运算律安排在运算顺序的后面系统地学习，有利于学生理解整数四则混合运算的多样性，既可以遵循运算顺序运算，也可以根据算式特点选择更加合理简便的运算方式（运算律）进行计算。作为教师，要整体把握教材编排的意图，才能做到有的放矢。

第一节课"运算顺序"我并没有按部就班地去上，而是采用如下三个步骤进行：

首先，课上预习。当堂发下导读单，让学生预习课本第 47 页，寻找本节课的学习内容以及遇到的问题。

通过当堂预习，学生基本能找到这节课要学习的重点内容即为运算顺序。在问题栏中大部分学生存在如下疑惑：以前也学过混合运算的运算顺序，为什么还要学？这节课和之前所学的有什么不同？

其次，围绕学生的困惑点进行教学。带着学生一起梳理二、三年级所学的混合运算，梳理中学生发现现在要学的混合运算比以前的更难一些，是以往学习的升级版（学生语）。以往学的是两个运算符号的运算，其中包括同一级运算和二级运算，如果是同级运算，运算顺序就是从左到右，二级运算就是先乘除后加减，如有小括号就要先算小括号。四年级与以往所学的区别主要是运算符号的增加，通过梳理，形成如下板书：

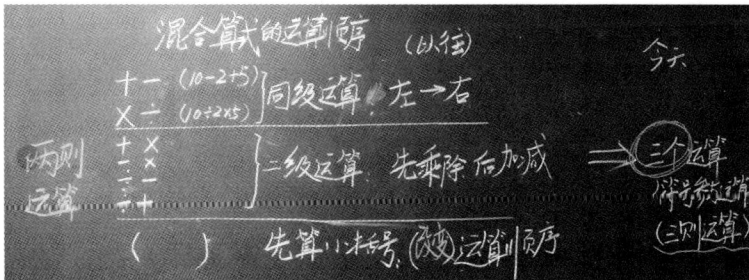

最后，实战练习。在比较中深化运算顺序的理解。在前面的回顾、整理的基础上，直接出示课本上提供的三道题，让学生独立思考并进行运算。在学生做题的同时，我进行观察，将不同的答案展示在黑板上。通过对比，发现每一题的错误点都不同。第一题的错误点聚焦在两个方面：一是运算顺序（见图1、图2），二是计算上（见图3）。其中，运算顺序错误率更高，出错的学生不约而同地认为这道算式中，谁简单就将谁放在一起运算，所以才会出现将40÷5和35+65放在一起运算。通过对比、辨析、交流产生错误的原因，让学生明白运算顺序是保证运算正确的前提条件。

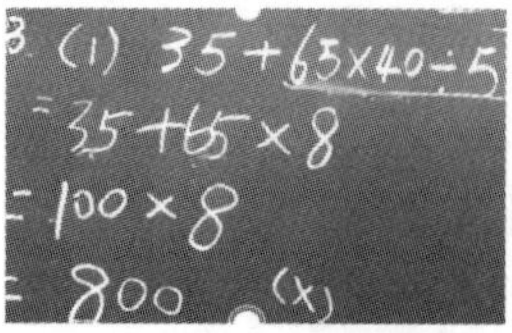

图 1 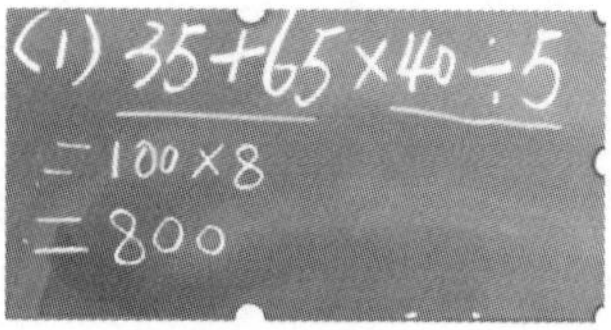　　　　　　　　　图 2 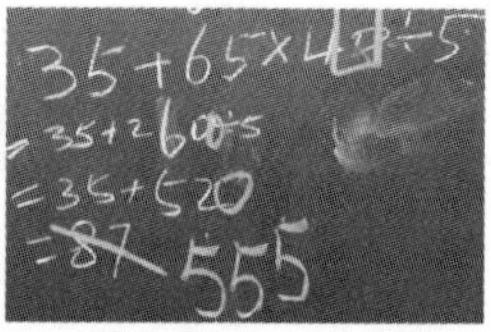　　　　　　　　　图 3

　　第二题因为出现了小括号，学生都知道有小括号就要先算小括号里面的，同级运算中谁在前就先算谁，另外算式中也并没有出现特别的数字可以用来简便计算，所以运算顺序都正确，但对除法运算，尤其是十位不够商 1 就商 0 的情况还不熟练，导致计算错误（见图 4）。

图 4

　　第三题出错最多的是将运算符号看错。有的是将 15+9 看成 15×9(见图 5)，有的是看成 15-9（见图 6）。

图 5

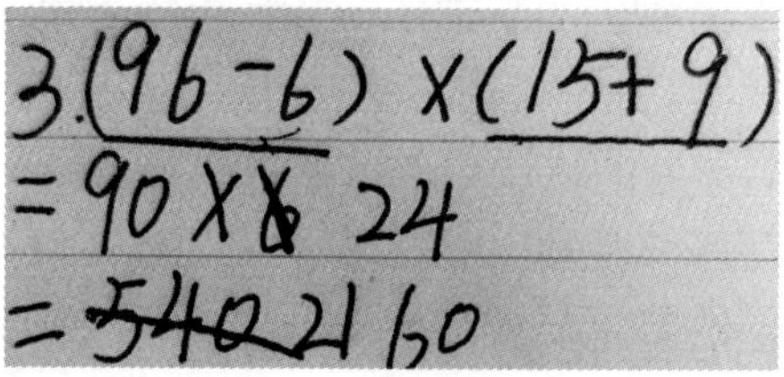

图 6

学生在对比、交流、辨析中发现自己的错误以及明晰运算顺序的重要性。整节课结构简单，问题指向明确，上下来也轻松。最大的感受是要把更多的时间交给学生，培养他们独立思考的能力，只要留足够的时间给他们，并将他们所遇到的问题作为重点来探讨，那他们所获得的会远远多于老师或小老师单纯的讲解。

对比中反思——三位数乘两位数教学

（写于 2020 年 10 月 27 日）

很久没有翻看杂志了，最近终得几分闲，看了《小学数学教师》2020 年第 10 期中的一篇文章——《从溯流而上到顺流而下》，副标题是"三位数乘两位数"教学实录。这节课我并不陌生，而且曾经还上过公开课，但现在再来看这节课，已经不太愿意接受曾经的上法，也就是说不是每次上这类计算课都要从情景开始引入，着力点可以放在前后知识之间的联系上，通过唤醒学生的旧知识，来建立新旧知识之间的联系，从而解决问题。而这篇文章与自己的想法如出一辙，所以格外亲切，但能从作者的设计中看出我的教学设计还可以进一步改进。

现对比分析如下：这篇文章的第一部分回顾三位数乘一位数、两位数乘两位数。在此，作者追问"230 为什么在竖式上只看到 23？""46 表示什么意思？"通过这两个问题落实到"46 表示 46 个一""23 表示 23 个十"。

一、溯源而上，回顾"理""法"

（出示）123×2=246　　23×12=276

$$
\begin{array}{r}
123 \\
\times\ \ \ 2 \\
\hline
246
\end{array}
\qquad
\begin{array}{r}
23 \\
\times\ 12 \\
\hline
46 \\
23\ \ \\
\hline
276
\end{array}
$$

师：这是我们以前学过的三位数乘一位数和两位数乘两位数。回忆一下，当时你是怎样算的？

我的教学第一部分也是做了回顾，但是，是从表内乘法开始回顾的，这样做的一个好处是对整个整数乘法有一个总体的认识，同时也会存在问题，耗费的时间太多，以至于没有时间探讨后面的重点内容，所以如果是现在，我会采用文章中的做法。

①表内乘法(二上)
2×3=6

②两位数×一位数(二下)
1. 20×3=60   2. 24×3=72
20×60 4 0 拆分

转化

③三位数×一位数(三上上)
1. 200×3=600   2. 240×3=720   3. 246×3=738
×246 优200 40 6
  3
738 化

④两位数×两*位数(三下)
20×30=600
24×30=720
24×35=
A. 拆24<20/4   20×35=700
               4×35=140
24   700+140=840
×35
120   B. 拆36

⑤三位数×两位数(四上)
114×12
表示:114个12相加.

第二部分:顺流而下,疏通"理""法"。本环节旨在通过给予学生足够时间思考、说理的时间,在观察对比、分享交流中对整数乘法计算方法做一个系统的总结。

二、顺流而下,疏通"理""法"

师:(出示:128×16)三位数乘两位数你会计算吗?尝试着算一算。

(生1板演)

```
  128
×  16
  768
  128
 2048
```

师:说一说,你是怎样算的?

生:先算6×128=768,再算10×128=1280,把它们加起来等于2048。

师:如果你是一名数学老师,你最想向她提什么样的问题?

师:观察、对比三位数乘两位数与两位数乘两位数的计算过程,你有什么发现?小组讨论一下吧。

```
    23              128
×   12            ×  16
    46  46个一     768  768个一
    23  23个十     128  128个十
   276            2048
```

生:个位去乘得多少个一,十位去乘得多少个十,最后把它们加起来。

生:个位去乘,所得积的末位与个位对齐;十位去乘,所得积的末位与十位对齐。

第三部分:构架模型,深挖本质。这里重点是挖掘计算的本质,即计算就是计一计、算一算有多少个这样的计数单位。

师:今天学习了三位数乘两位数,五年级呢?

生:三位数乘三位数。

师:六年级呢?

生:四位数乘四位数。

师:很遗憾地告诉大家,这是小学阶段整数乘法的最后一节课。为什么不再学了呢?

生:不管几位数乘几位数,计算的方法和道理都是一样的,所以不再学了。

师:能具体说吗?

生:不管几位数乘几位数,都是用个位去乘、十位去乘、百位去乘这样的方法来计算的。

(出示欧洲历史上的竖式)

```
      128
  ×    16
      48
      12
       6
       8
       2
       1
    2048
```

师:你能看懂它吗?

生:6×8=48,20×6=120,100×6=600,10×8=80,10×20=200,10×100=1000。

生:我要补充,这里的0也是省略不写的,12表示12个十,6表示6个百……

师:对比欧洲历史上的、过去学的和今天学的竖式,你有什么发现?

生:都是先分后合的,计算方法是一样的。

生:都是先用第二个乘数的个位去乘,得多少个一;用十位去乘,得多少个十……

师:有人说过这样一句话,计算就是计一计、算一算有多少个这样的计数单位。

对比中深化理解——加法结合律课堂教学

(写于 2020 年 10 月 30 日)

每一次教运算律都有着不一样的感悟,以往可能更多的是注重讲授的过程,而现在更关注重的是学生的想法。像之前一样,先让学生预习课本,将问题写在导读单上,在这个过程中逐步培养学生提出问题的能力,而且也发现学生真的很厉害,只要给予他们独立思考的时间和空间,他们会提出很多好问题,可以归结为如下几类:

第一类:什么是加法结合律? 有什么用? 如下图所示。

第二类:加法交换律和加法结合律的区别。如下图所示。

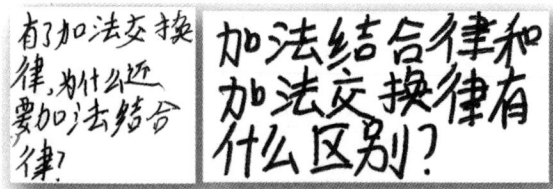

第三类：为什么没有减法、除法结合律？

基于这些问题，我进行了如下教学：

首先，带领全班厘清这节课的教学思路，重点解决第二类问题，即"为什么有了加法交换律还要学习加法结合律，它们之间的区别是什么？"反问学生，要解决这一问题，先要解决什么？学生都知道要先知道两个概念各自的意思，也就是"是什么"的问题，加法交换律已经学过，那就要先探讨什么是加法结合律，这样一来，形成了如下板书：

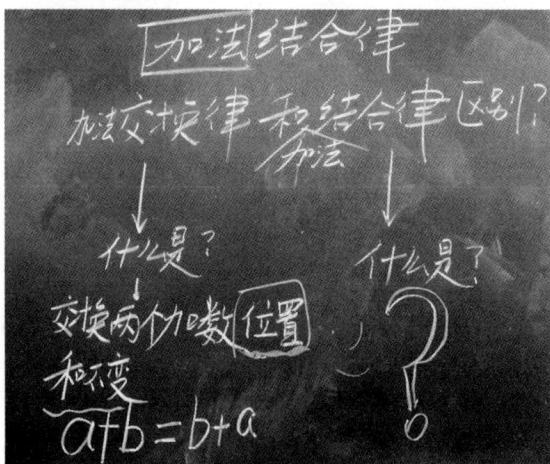

其次，让学生自己讲解对加法结合律的理解。其中一名学生通过一个事例完整地阐述了加法结合律的概念，即三个数相加先算前两个数或者先算后两个数，结果一样。于是，问学生："懂这句话的意思吗？能像这位同学一样举出一个例子来验证他说的话吗？"

抛出问题后，给学生足够的时间来验证，以下是学生呈现的算式：

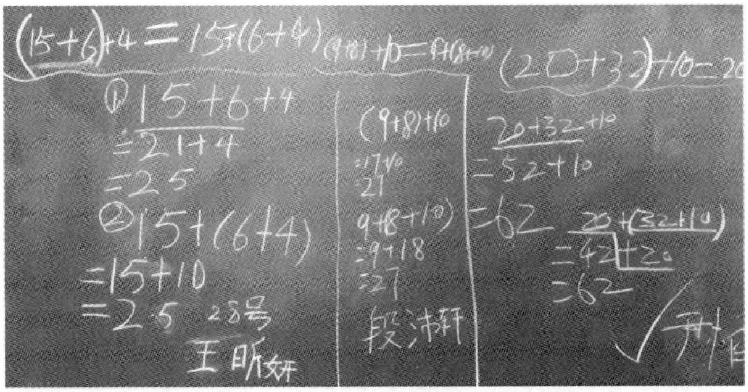

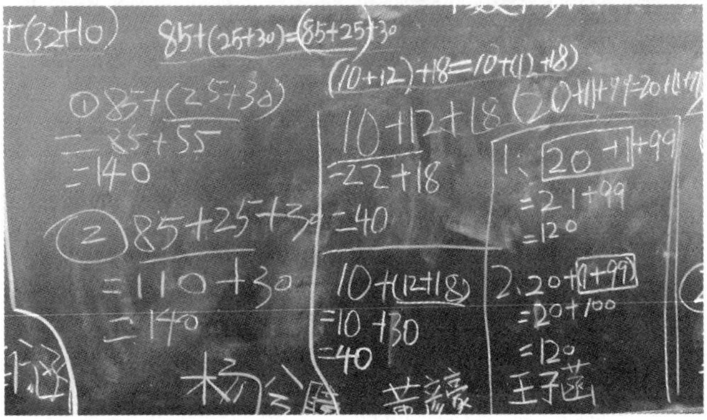

师：这样的算式写得完吗？你能有更好的表达方式吗？

生1：有，和加法交换律一样，用字母来表示：（a+b）+c=a+(b+c)。

师：那学加法结合律有什么用呢？

生2：可以让计算变得更简便。比如计算116+81+19，原本是先算前面的两个加数的和，但学了结合律之后就可以先算后两个数的和，等于100，再来与116相加，得到最后的结果是216，这样计算比之前的计算更简便。

师：说得非常棒。原来加法结合律和加法交换律有着一样的作用，它们都能使运算更简便。那加法交换律和加法结合律又有什么区别呢？

生3：加法交换律是两个数相加，而加法结合律是三个数相加。

生4：加法交换律是加数的位置交换了，而加法结合律中加数的位置不变，但运算顺序变了。

最后，进入练习阶段。出示课本的一道题，以及其两种运算方法，让学生来判断运用了什么运算律。如下图所示。

$$57 + 288 + 43 = \boxed{}$$

$$
\begin{aligned}
&57 + 288 + 43 \\
&= (57 + 43) + 288 \\
&= 100 + 288 \\
&= 388
\end{aligned}
\qquad
\begin{aligned}
&57 + 288 + 43 \\
&= 288 + (57 + 43) \\
&= 288 + 100 \\
&= 388
\end{aligned}
$$

第一种方法聚焦在后两个加数上，因为 288 和 43 交换了位置，再来按照从左到右的运算顺序，所以运用了加法交换律。而后一种方法，先是交换了 57 和 288 的位置，所以运用了加法交换律，然后并没有先算前两个数的和，而是先算后两个数的和，所以运用了加法结合律。因此，后一种算法运用了加法交换律和加法结合律。在实践中辨析，更能帮助学生把握两种运算律的区别，能更好地理解两种运算律的实质。

希望学生能在两种运算律的对比中真正地理解，并会正确地使用运算律。

"另类"的乘法分配律教学——从两位数乘两位数开始

（写于 2020 年 11 月 9 日）

我一直比较认同数学是通过新旧知识之间的联系，在原有知识结构的基础上来同化新的知识，而不是总要从生活原型中来重新建构知识。对于乘法分配律这一节内容更是如此。

北师大版的教材从"贴瓷砖"这样的生活情景入手，让学生米解答，继而从两种算式中发现规律、总结规律。

乘法分配律

卧房贴瓷砖。

● 贴了多少块瓷砖？说说你是怎样算的。

$$
\begin{aligned}
&3 \times 10 + 5 \times 10 \\
&= 30 + 50 \\
&= 80 \,(块)
\end{aligned}
\quad
\begin{aligned}
&(3 + 5) \times 10 \\
&= 8 \times 10 \\
&= 80 \,(块)
\end{aligned}
\qquad
\begin{aligned}
&4 \times 8 + 6 \times 8 \\
&= 32 + 48 \\
&= 80 \,(块)
\end{aligned}
\quad
\begin{aligned}
&(4 + 6) \times 8 \\
&= 10 \times 8 \\
&= 80 \,(块)
\end{aligned}
$$

答：

观察上面两组算式，你有什么发现？

我发现：
$3 \times 10 + 5 \times 10 = (3+5) \times 10$。

我发现：
$4 \times 8 - 6 \times 8 = (4+6) \times 8$。

其实我并不认同教材这样的编排，首先解题过程就需要花费大量的时间，而仅从两个等式中是很难发现具体规律的，而且例题中是从情景出发，但后面的练习涉及的又几乎都是简便运算，给予学生转换与内化的时间太少。最主要的是乘法分配律学生一直在接触，只不过换了一种形式来表述而已。

例如，25×43 这样的两位数乘两位数，其实用的就是拆分，将 25 拆分成 20 和 5，然后分别乘 43，或者将 43 拆分成 40 和 3，再分别去乘 25，这个过程写成算式的话就是如下过程：

25×43

$= (20+5) \times 43$

$= 20 \times 43 + 5 \times 43$

或者是如下算法：

25×43

$= (40+3) \times 25$

$= 40 \times 25 + 3 \times 25$

这两种算法不都是运用了乘法分配律吗？为什么我们讲这节课的时候还要再来开辟新的情景呢？这不是有违知识之间的联系吗？所以，上这节课，我舍弃了课本的设计，而采用了如下教学过程。

首先，板书标题，直接切入主题，今天所学的乘法分配律与之前所学的两位数乘两位数有很大的关系，我们先回忆一下两位数乘两位数是怎么计算的，举例如下：

师：你们是怎么计算 35×27 的？

生1：将 35 分成 30 和 5，然后分别乘 27。

生2：还有一种是拆 27，将它分成 20 和 7，然后分别乘 35。

师：我们先来看看第一种算法，具体的计算过程能写出来吗？

师生一起理出了三个计算步骤。

师：那现在换一种写法，将这三步变成 $30 \times 27 + 5 \times 27$，可以吗？

生3：可以，其实就是把分步算式变成综合算式。

师：是否可以写成这样的算式：$(30+5) \times 27$ 呢？

生4：也可以，这不就是变回去了吗？

师：是的，这些算式的最后结果是一样的，只不过算式书写形式发生了变化，在数学上我们把它叫作"等值变形"。你能将右边的算式也做这样的变形吗？

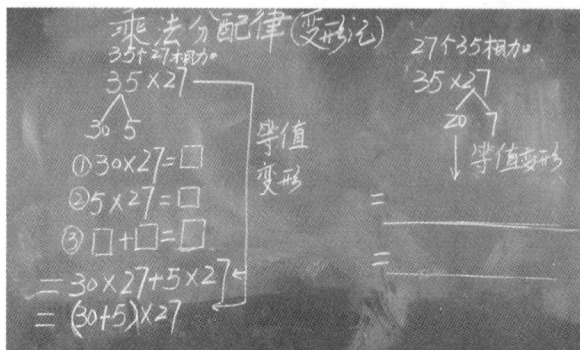

让学生进行了这样的尝试，在下面去帮助需要帮助的学生。因为有了前面的铺垫，学生完成这个任务不是太难。

紧接着，移去两位数乘两位数这样的"支架"，出示了三道题目，让学生来挑战，第一道是根据 $c×a+b×c$ 的算式来进行等值变形，第二道是根据 $(a+b)×c$ 算式来写出另一种形式，第一道是自己出一组类似的等式。学生将第一阶段的内容进行迁移，能在独立思考的基础上写出类似的等式，并将等式展示在黑板上，如下图所示。

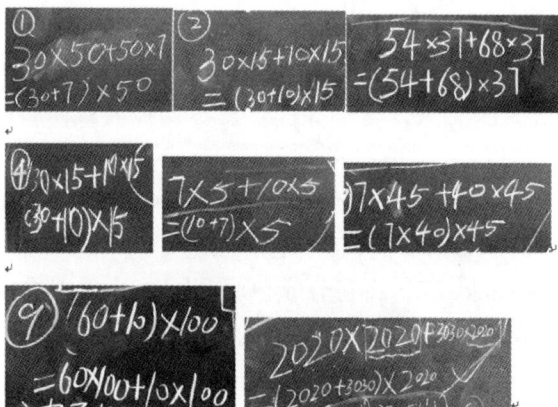

最后，交流总结。面对这些等式，师生之间进行了如下问题的探讨：

层次一：仔细观察这些等式，有没有错误的地方？

层次二：这些等式之间有什么共同点？

层次三：既然像这样的等式写不完，你能否用一个等式来表示所有的情形?

有了之前所学运算律的基础，大部分学生选择用字母来表示，出现了如下三种表达方式：

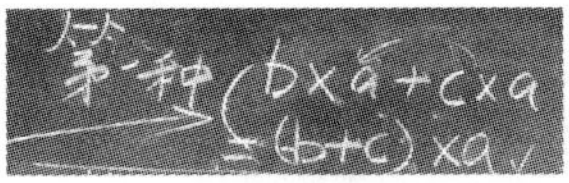

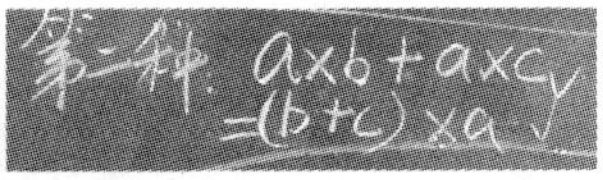

师：这三种表达方式都正确吗？你有什么话要说？

生：第一种和第二种都正确，只不过字母的顺序交换了，但实质上是没有改变的，但第三种就错了。

师：像这样的可总结为"两个数的和与一个数相乘，可以先把它们与这个数分别相乘，再相加，在数学中我们把这叫作乘法分配律"。学到这里，你对乘法分配律有什么想说的吗？

生：我觉得乘法分配律可以用十个字来概括，那就是"合起来乘等于分开来乘"。

其他学生在他的启发下，有的恍然大悟，有的进一步来表达。

生：我觉得乘法分配律和我们以前学过的两位数乘两位数很像，以前是用竖式来计算，现在是用综合算式来计算。其实它们的意义是一样的。

虽然这一节课很难让学生完全理解乘法分配律，但因为有了前后知识的链接，学生对这些知识的理解是一种网状结构，而不是分散的、碎片化的。长久地培养下去，对学生思维的发展必然大有帮助。正如以前七班的小马对我说的那句话：数学就是在原有圆形的基础上不断放大的。多么形象的比喻啊。

孩子需要你的温柔以待

（写于 2020 年 11 月 25 日）

最近都在记录教学上的问题，已经很少写与学生之间发生的事情了。其实，学生一直都是我心中的第一位，而且最近发生的一些"小事"更让我明白：在自己看来的小事，在学生心中却是大事。

仍然记得俞正强老师说的那句话：教书表面上是我们怎么上课，骨子里是我们跟孩子们的关系。

五班的一个小朋友小天，他昨天没有订正试卷，我让他到办公室来补上订正。补完之后，跟他聊天：小天，老师很爱你，你能感受到老师对你的爱吗？

小天摇摇头，失落地说道："没有。"

我很惊讶，心想怎么会没有呢？我真的很喜欢他，但仔细一想，自己在课堂上并没有表扬过他，而总是数落他不爱动笔，只爱动嘴。

于是，我真诚地跟他道歉："对不起，小天。可能是老师上课的时候总是对你提要求，很少表扬你。老师现在跟你道歉。从现在开始，就要争取做到让你感受我对你的爱。好不好？"

孩子似乎不敢相信地点了点头。我看到他是刚上完体育课来到我这儿的，满头大汗，就赶紧用纸巾帮他擦干，并开玩笑似的问他："现在能感受到我对你的爱了吗？"

孩子开心地点了点头，满心欢喜地走了。今天上课时，就能很明显地感受到他跟我之间眼神交流的不一样，他全情地投入，在满心地期待着我对他的爱。

上次第三、四单元的测试，小仁因为早训晚到，又因地面有水，弄湿了书包，一直在忙碌着，很焦躁的样子。我并没有催促他，而是帮他查看书包里面的书有没有弄湿，和他一起整理桌面，又发现他的上衣因为早训全部湿透了，又帮忙给他换衣服，我看到他还有些不好意思，但很开心地接受我的帮助。那次的试卷他书写整齐，正确率也很高。我想当时的他一定是怀着一颗宁静的心在书写。

小尹上次通过她的妈妈给我提建议：最好不要拖堂。回想自己的课堂的确是这样，挑战题总会在课堂的最后五分钟呈现，这样一来学生总是需要延迟几分钟才能下课，以前的我不正是和小尹一样最讨厌拖堂的老师吗？怎么时间久了，自己也成为那样的老师了呢？于是，跟小尹真诚地保证了，以后绝不拖堂。现在临下课我都会有意无意地看这个小家伙一眼，仿佛一个小督察在监督着我是否准时下课，感觉很有意思。

七班的轩轩总是有些小暴躁，会因一些"小事"和同学闹矛盾。今天走进教室发现他和同桌又发生了争执，起因就是地上的纸屑，同桌说是他扔的，他说是同桌扔的，彼此争论不休。班级有些同学就说是轩轩弄的，他伤心又愤怒地说了一句令我完全没有想到的话："你们就是因为我的成绩不好，才这样说我，总是说我。"

我想此刻不是分辨到底是谁扔的垃圾，而是要理解他。

我轻轻地抚摸着他的头，对他说："孩子，你怎么会这么认为呢？同学肯定不会这样做的。"

他仍然坚持说有同学这样对他。

于是，决定先不上课，拿出10分钟时间和孩子们一起探讨。我告诉孩子们，10个手指头也有长短之分，你能因为小指头的短小而嘲笑它吗？更何况，我发现轩轩并不弱，我辅导过他的数学，他的反应能力还可以，只不过是现在的教育太快了，就显得他弱了。我举了很多其他小朋友身上的例子，每举到其中一位，那个小朋友就很害羞地笑了。孩子们在这种代入感中慢慢地真正地理解了轩轩的心情。最后，我让所有的小朋友竖起大拇指，对轩轩说出：轩轩，相信你是最棒的。

虽然他没有给出言语的回应，但他的行为已经发生了很大的变化，且后面的30分钟课听得很认真。当同桌在用竖式计算80÷20，纠结4是商在个位还是十位时，轩轩居然帮助他，并且一语中的："当然是商在个位上，商在十位上就是40个20了，那就是800了，肯定不行。"说得多好啊。

今天自己写下的内容没有华丽的语言，更没有展示自己多么好，而是在提醒自己对学生时刻要温柔以待，要在意发生在他们身上的"小事"，要真正地去理解孩子。

我要经常提醒自己：教育不仅仅是教知识，更多的是育人，育在于心！与君共勉。

真的是书写格式出了问题吗

（写于2020年11月30日）

最近四年级的学生都在学习三位数除以两位数，其中除数是整十数的情况，看似简单的知识，但在练习中出现了各式各样的在老师们看来不可思议的问题，大概有如下三种情况（见图1至图3）：

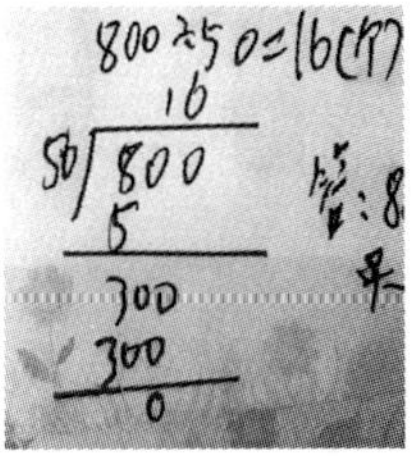

图1 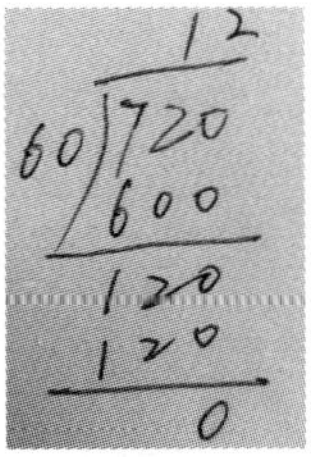　　　图2 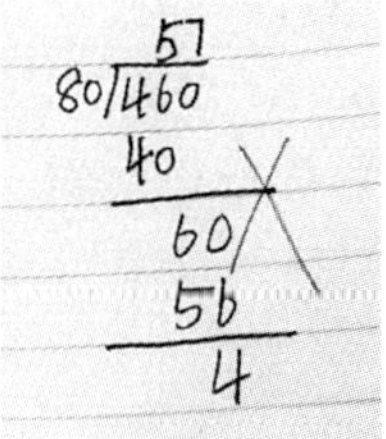　　　图3

这三种情况中，大部分人很容易就能判断出图3是错误的，但对于图1和

图2，很多年轻教师产生了困惑：这样书写到底对不对？于是问有经验的教师，大部分会认为是错的，因为格式不对。那到底对还是不对呢？我想不能断然地下定论，要从儿童思维角度找原因。

对于图1和图2两种写法，如果单纯从格式角度来说，的确是不符合教材上的写法，但我始终觉得数学是讲道理的学科，面对这样的写法，老师至少要努力做到两点：一是不宜轻易地去判错，而是要询问学生这样书写的原因，寻找学生的思维点；二是自己要弄明白为什么教材是这样的书写格式，我们要通过阐述让学生真正明白乃至最后接受，而不是一句硬性规定就了事。

所以对于前面两道题，我们最好问问学生是怎么想的。于是，我对学习能力高、中、低三类学生做了访谈。结果出乎意料，中低等类的学生对第一题的看法大多数认为是简写的结果，因为在两位数乘两位数或者三位数乘两位数的乘法竖式第二步的时候，也是将个位中的"0"省略，所以在这里也可以省略不写。而学习能力强的学生，考虑更加多元，其中一位学生（小刘）反问了我："老师，你得先告诉我这个学生学习成绩怎么样？"师："这与成绩好坏有关系吗？"小刘："当然有关系，如果是成绩好的学生，那他就是省略了后面的0不写，如果是成绩不太好的学生，他就是将商上面的'1'与除数中的'5'相乘，'一五得五'，直接写下来，根本没有看除数是50，所以他是碰运气的。"听完学生的想法，不禁大为赞叹，图3中的学生不就是犯了小刘所说的第二种错误情况吗？只将除数中的8和商相乘，所以才将"5"商在了十位上。

那么，对于这种现象，教师可以做两方面的处理：对于思维力强的学生我们要让学生明白商在十位上，我们是要算出分出去多少个"十"，所以计数单位为"十"。这样一来学生就会明白，要在十位上添加一个"0"。

对于第二种情况，处理起来要更加复杂一些，首先教师要清楚为什么学生会出现这样的错误呢？最主要的原因是学生没有完全掌握除法竖式的意义，不理解每一步的实际意义，只是将以往所学的知识（用乘法口诀写下积的结果）生搬硬套过来。所以，教师要从除法的意义着手帮助学生来理解，最好结合具体的问题，只有这样才能真正有效地解决这个问题。

同理，图2中的问题和图1类似，但问题没有图1严重，只需要让学生明白商在"十位"上，就要算出分出去多少个"十"，说白了就是个位没有参与运算，所以个位上的"0"不需要写。这样一来，学生知其然，还知其所以然。

还是那句老话：不仅要关注学生的错误，更需要关注学生错误背后的思维。

数学学习的关键能力：
打通前后知识之间的联系建构知识网
——四年级上"除法"教学有感

（写于 2020 年 12 月 1 日）

经过这么多年的教学，尤其是近年的钻研，我越发觉得数学学科的学习重在建构知识网，打通前后知识之间的联系，让学生能将以往所学的知识迁移到现在新的知识上。

四年级上第六单元的"除法"前半部分都在讲三位数除以两位数的除法笔算，但这三课内容各有侧重点，"买文具"重在定位商的位置、"参观花圃"重在调商，而"秋游"重点在试商，三课内容是层层深入，螺旋上升的。如果单纯地去看待每一节课，就会有一些琐碎和无聊，因为一直在做除法竖式计算，但如果从建构知识网的角度来看，感觉又会不一样，如同是带着学生在编织一张网，看着"那张网"在慢慢地扩大，还是很有成就感的。

在学习第一课时"买文具"时，我并没有将课本的情景运用进去，而是从问题入手，将学生引向深度思考。

师："除法"我们好像一直在学，以前也学过，为什么现在还要学呢？

生 1：现在学的更难。

生 2：现在学的肯定和以前不一样。

师：不一样在哪儿呢？先一起回顾一下以前所学的除法知识，再来猜一猜今天要学的内容。

生 3：以前学了表内除法，还有表外除法。

师：能更具体一点吗？

生 4：表外除法是两位数除以 位数，还有三位数除以一位数。

师：那你们觉得今天主要学习什么除法内容？

生 5：三位数除以两位数。

师：除数是两位数，又可以分为几种情况呢？

生 6：整十数和不是整十数。

师：整十数有哪些？不是整十数的又有哪些呢？

生 7：整十数就是 10、20、30、40、50 这些，而不是整十数的就很多。

师：是的，整十数就 10、20、30、40、50、60、70、80、90 这九个数，而不是整十数的数像 12、45 等有很多，在数学上我们把不是整十数的数叫作非整十数，相比整十数它比较一般，整十数就比较特殊。

在这样的交流中，我们形成了初步的知识网，如下图所示。

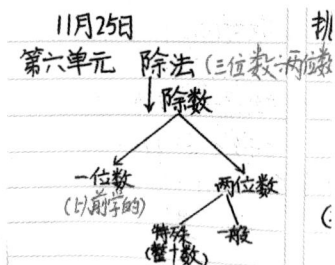

师：你觉得今天这节三位数除以两位数的起始课，应该从哪一类除数开始研究？

生：当然是整十数了，因为它更简单。

就这样，学生有着非常清晰的目标，即研究除数是整十数的除法。

师：我们先来一起回顾一下以前我们是怎么来做除法运算的。

再次和学生一起梳理，除法运算的规则如下：

（1）先判断商是几位数；在三位数除以一位数中，如果被除数的最高位大于或等于除数，那么商就是三位，如果被除数的最高位小于除数，商就是两位数。

（2）从高位算起。

（3）百位不够商1，就看前两位。

师：那这些规则能用在今天的学习中吗？我们一起来探究一下。首先，我们从最简单的情况开始研究，出示"买文具"中的第一个问题80元可以买多少个书包，对于算式80÷20=？我们来判断一下它的商会是几位数呢？说说你的理由。

……

通过"以前学过除法，为什么今天还要学习？""你觉得今天的除法主要学习什么？"，以及"以往所学的除法运算规则能用在今天的学习中吗？"这三个大问题将学生的思维逐步引向深处。要很好地回答这些问题，学生必须回顾以往的知识，按照一定的逻辑顺序进行推理，并将以往的知识迁移到新知识上来，整个过程学生不是被动接受，而是在主动建构。

第二课时"试一试"重点是探索商是两位数的情况。在第一节课商是一位数充分探究的基础上，第二节课更多的是在对比中建立联系，让学生明白商是两位数的除法竖式中，每一步的具体意思。这对于学生来说是一个难点，所以需要花一些时间，但学生脑海中的知识结构仍然是完整的。

第三课时"参观花圃",仍是先回顾之前所学的知识,形成一个网状知识结构,如下图所示。在此基础上让学生来推理本节课的学习内容,因为之前已经学完了除数是整十数的两种情况(商是一位数或两位数),那么学生自然会推测要学除数是非整十数的情况,同样也会研究商是一位数和商是两位数的情况(见图1),而且首先会研究简单的商是一位数情况。那如何将举例中的算式"157÷20"变成除数是非整十数的情况呢?学生会想到将20变成21~29,这样一来探讨157÷21就顺理成章了。紧接着,要帮助学生将157÷20与157÷21建立联系,学生会发现两者之间就是除数多一个"1",所以在上商时,可以先把21看成20来上商,但在具体计算时,又要将除数还原成21(见图2),这是一个认知冲突点,是需要在课堂上着力解决的。

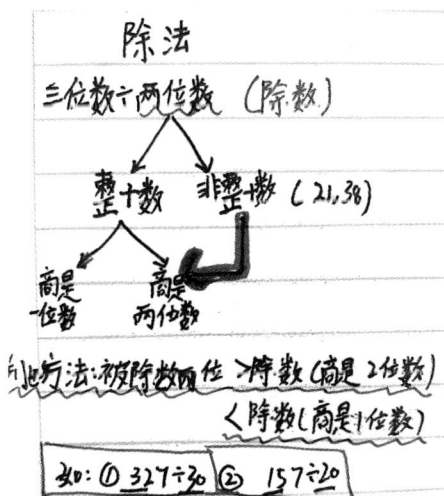

图1　　　　　　　　　　图2

第四课时"参观花圃"后的"试一试",开课仍是温故,回顾三位数除以非整十数,商是一位数的情况,通过举实例,梳理具体的计算过程,这样一来学生会有一个更加清晰的认知,紧接着进行新知识"商是两位数"的学习,学生通过对比会发现,这并不是一个新知识,只不过是对商是一位数的迁移运用(见图3)。

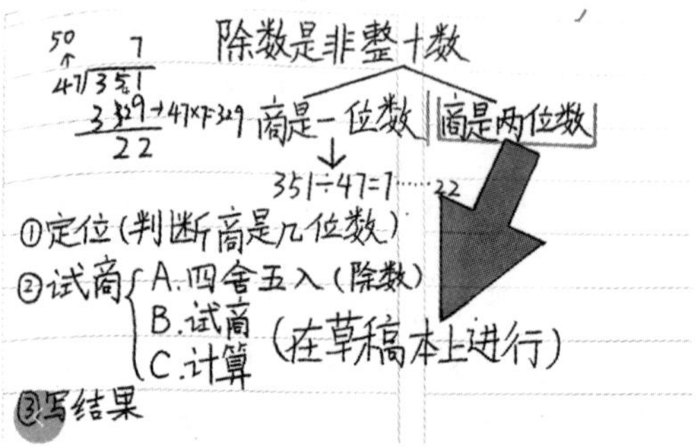

图 3

我进行一个示范讲解(见图4),大部分学生就能进行顺利的迁移,进入挑战环节(见图5),只有极少部分学生不理解,只需进行个别指导,一节课的难点便迎刃而解了。

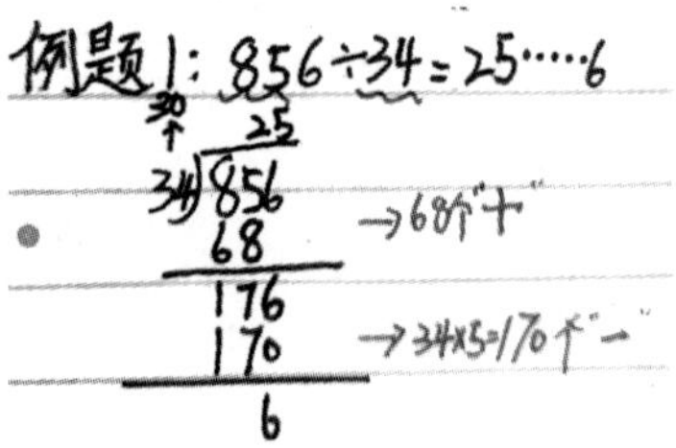

图 4

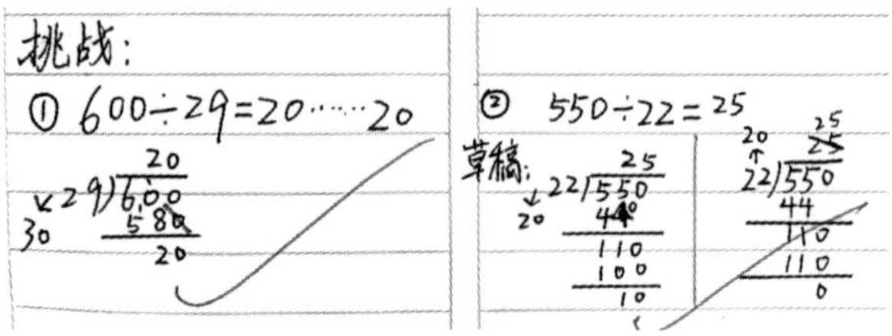

图 5

第五课时讲的是调商,我仍然是先带着学生复习前面的知识,但转变了之前的角度,从商是几位数开始复习,引出三次计算的相同点和不同点,让学生在回顾交流中总结出这些除法运算都是先要定位,只不过随着算式难度的增加,逐步由直接上商,转化成试商、验算再来上商,学生会发现除法运算的基本路径是一样的,只不过程序会稍微复杂一些。当总结完之前的知识,学生已经迫不及待地想知道今天要学习的知识。于是进行如下对话:

师:之前我们所学的除法计算试商过程都很顺利,会不会存在不顺利的情况?

生:当然会了。

师：如果试商不顺利怎么办？

生：那就换呀。大了就换小，小了就换大。

师：是的，在数学上我们称为"调商"。今天我们就一起来研究一下这个问题。

于是，有了如下的结构图（见图6）。

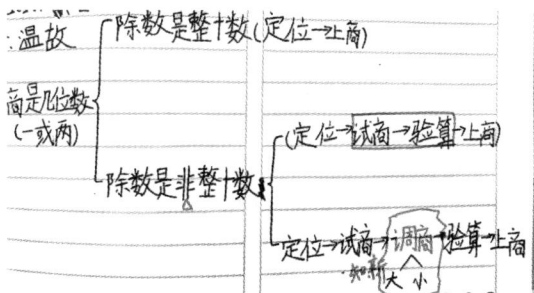

图6

花了 2 小时 20 分钟写完这篇文章，不禁感叹教学研究的无止境，这一单元在我目前的教学生涯中教了三次，每次都有不一样的感悟和理解，相信下次再教学本单元仍是这样的感悟，这是教学的最难之处，也正是教学的最大魅力之处，因为只要你愿意，它永远都会给你带来惊喜。

做老师挺好！

商不变的规律

（写于 2020 年 12 月 9 日）

商不变的规律历来都是教学的重难点，看似一句话来概括，实则抽象难懂。往年教学这一课时总在想怎么教，而这次我换了一个视角——儿童视角，重点观察学生是如何理解这个标题以及如何来寻找这一规律的。

环节一：交流标题

上课伊始，板书标题"商不变的规律"，然后展开如下对话：

师：从这个标题中你能获得什么信息？

生1：我知道这节课要找规律。

生2：我从"商不变"的"商"中知道是研究与除法有关的规律。

师：不仅会观察，更会思考，真是厉害。这里是研究与商有关的规律，那请小朋友进一步来思考一下，商又与谁有关系呢？

生3：与被除数和除数有关。

师：看来，今天要研究的是除法运算中被除数、除数、商之间蕴含的规律。板书如下：

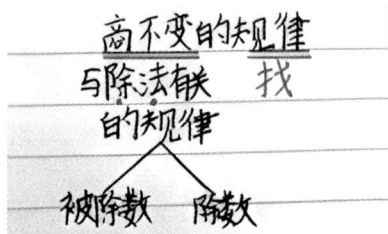

环节二：探索规律

师：这里已经提到了是研究"商不变的规律"，那如何做到商不变呢？举个例子：8÷4=2，能接着写一写商是2的算式吗？

生：能。80÷40=2，800÷400=2。

师：一起验证一下，40×2=80，400×2=800，商果然都是2，那你们能再写一组商是2的类似算式吗？

每位学生都投入思考，写下了很多组算式，我让几位学生板书在黑板上，一共有5组，如下图所示。

面对这些算式，与学生围绕如下问题进行了探讨：

师：仔细观察这些算式，有什么想法要表达？

生1：我觉得第5组和其他的组都不一样，不能算是同一类，不符合其他组的规律。

师：说说你的理由。

生2：第1、2、4组都是下面的被除数和除数比上面的被除数、除数扩大10倍。

生3：这么说第3组也不符合这个规律。第三个算式的被除数24和第二个算式中的被除数16没有任何关系啊。

生4：我不同意。你换一个角度来看，把下面两个算式都与第一个算式比较，就会发现16是8的2倍，除数8是4的2倍，24是8的3倍，除数12也是4的3倍。

学生边说，我边用箭头将二者的关系表示出来。

师：那第5组到底符不符合这个规律呢？我们暂且放到一边，先来讨论一下这个规律到底是什么？谁能用自己的语言概括一下？

小华：被除数乘多少，除数就乘多少，商不变。

师：还有吗？

小陈：被除数扩大多少倍，除数就扩大多少倍，商不变。

师：上面两种说法是将被除数和除数分开表述的，有没有更简洁的表述方式？

生1：被除数和除数同时扩大多少倍，商都不变。

师：那同时缩小多少倍，商会变吗？

生2：也不会，你看这几组算式就知道了，从上往下看是扩大，从下往上看就是缩小了。

师：非常好。从你们的表述中能看出你们对这一个规律有了自己的理解。商不变的规律就是你们所说的：被除数和除数同时扩大或缩小相同的倍数，商不变。那么这个倍数可以是什么数呢？

生3：整十数或整百数。

师：一定是整十、整百数吗？

生4：不一定。第三组算式里就不是，被除数和除数同时扩大2倍。

师：还可以是什么数呢？我们再回过头来看看第5组。大胆猜一下。

生5：会不会是小数呀？

师：为你的大胆猜想点赞。虽然你们没有学过这一知识，但老师可以帮你们算一算，看看这一组中的前两个算式的被除数和除数是否扩大相同的倍数。

经过计算，发现被除数和除数同时扩大了 1.5 倍，学生对这一结果非常兴奋，没想到他们的猜想是对的，更没想到扩大相同的倍数可以是小数。

师：看来被除数和除数扩大或缩小相同的倍数，这里的倍数可以是整数也可以是小数。

环节三：变式运用

师：有一位另类的小朋友写出了这样的一组算式，你看得懂吗？

6÷3=2

（6×10）÷（3×10）=2

（6×100）÷（3×100）=2

有了前面深入的交流，学生很容易地理解到这样的一组算式是被除数和除数扩大相同的倍数（10 或 100），商不变。

师：又有一位小朋友在做一道除法算式题，是这样做的，你看得懂吗？

400÷25

=（400×4）÷（25×4）

=1600÷100

=16

小刘兴奋地说道：老师，看到这个算式我终于明白了为什么要学商不变的规律，它能让运算更简便。

师：你能上来讲一讲吗？

小刘：原来 400÷25 很难算，要竖式计算，学了商不变的规律就简单了，25 的好朋友是 4，所以我将 25×4，除数乘 4，被除数也要乘 4，不然这个题目的结果肯定就变了。1600÷100 很容易就算出来是 16。

话音刚落，全班情不自禁地鼓起了掌声。

师：说得简单明了，原来商不变的规律也可以用来简便运算。你们能运用它简便计算下面这道题吗？

4000÷125

这节课上下来我和学生印象最深刻的就是交流学生对标题的理解、探讨第 5 组算式符不符合商不变的规律，以及对商不变规律的阐述，这三个过程我都没有直接地给予结果或者直接呈现商不变规律的概念，而是有意识地留出时间交给学生去思考、去交流，这样一来学生有了充分表达以及辨析其他同学观点的时间，收获的自然要深刻一些。

反思：五班的课设计得更为开放，没有限定商是 2 的情况，而是让学生自己选择商，然后写出一组算式。这样一来呈现的算式比较零散，对于学习能力强的学生还可以接受，但对于能力弱的学生，收获甚微，可能是一盘散沙。显然，如果能将两个层次先后呈现会更好，即先聚焦规定的商（七班的设计），再来让学生自由写出一组算式验证这个规律，课上得会更具有层次感。

我的孩子到底需不需要上辅导班

（写于 2021 年 2 月 22 日）

新的学期开始了，家长的焦虑感随着年级的上升而增长，很多家长忧心忡忡地来问："老师，我的孩子到底需不需要上辅导班呀？"说实话，面对这样的问题我有点无所适从，到底需不需要呢？这同样是我心中的疑惑，于是展开了一次调查，对两个班级共 89 名同学做了如下问卷调查：

四年级下学期问卷调查

班级：_____　　姓名：_____　　学号：_____

1. 你有有在外面上数学课外辅导班吗？你认为有没有必要去上课外辅导班，给出你的理由。

回答 1：_____

回答 2：_____

调查结果（见下表）显示，两个班的学生"有上辅导班"所占的比例略高于"没有上辅导班"的。但两个班的学生认为"没有必要上辅导班"的比例等于或略高于认为"有必要上辅导班"的。

问题 1 你是否在外面上数学课外辅导班？				
班级	有上辅导班	所占百分比	没有上辅导班	所占百分比
四（5）	23 人	52.27%	21 人	47.73%
四（7）	25 人	58.14%	18 人	41.86%
问题 2 你认为有必要上辅导班吗？				
班级	有必要	所占百分比	没必要	所占百分比
四（5）	22 人	50%	22 人	50%
四（7）	21 人	48.84%	22 人	51.16%

特别说明：四（五）班回收了 44 份问卷，四（七）班回收了 43 份问卷。

那不禁要问"是不是上了辅导班成绩就会好呢"？于是进行了下一步的调查，提取两个班级四年级上的期末成绩，将成绩优秀的学生人数（分数高于或等于 90 分）与上辅导班的人数进行对比分析。

班级	分数高于或等于90分			
	共 26 人			
四（五）	其中上辅导班的人数	所占百分比	不上辅导班的人数	所占百分比
	14 人	53.85%	12 人	46.15%
	共 24 人			
四（七）	其中上辅导班的人数	所占百分比	不上辅导班的人数	所占百分比
	12 人	50%	12 人	50%

　　结果显示，成绩优秀的学生并不都是上辅导班的或者说上辅导班与否和成绩的好与不好之间没有必然的联系。

　　相信很多家长看到这样的结果后，心中会有少许的安慰。对待是否要上辅导班可以更为理性了。

　　在理性的基础上客观地分析自己孩子的情况，再来做决定。要分析让孩子上辅导班的目的是什么，有如下几种情况可供参考：

　　（1）如果你的孩子专注力强，对数学有强烈的求知欲望，不满足于学校的课程，那可以考虑上，但如果孩子还有其他的兴趣比如科学探究、阅读、运动等，那可以果断不上。

　　（2）如果你的孩子专注力强，但对数学不够敏感，虽然上课很认真，但学习效果不佳，孩子想尝试通过其他途径改变这样的现状，那可以尝试，但辅导班优劣不同，慎重选择（父母是要花时间筛选的），适合孩子的才是最好的。

　　（3）如果你的孩子专注力不强，学习能力强，接受能力强，对数学很敏感，但考试成绩不拔尖，那我觉得探寻提高专注力的方法远比上辅导班更为重要。

　　（4）如果你的孩子专注力弱，学习能力弱，对数学不敏感，成绩总是不佳，那父母首先是要接纳孩子，然后要倾情投入，用多种方法来尝试改善，缓慢地提高成绩。

　　以上建议仅供参考，希望在孩子成长之路上，父母和老师能共同进步，做一个用心、善学习、善反思的陪伴者，而不是人云亦云的焦虑者。

立足整体结构，培养问题意识，促进思维发展

（写于 2021 年 3 月 2 日）

　　最近一直在思考数学教育的目标是什么？查阅了很多书籍以及杂志，包括《义务教育课程标准》，最核心的观点就是通过数学核心概念促进学生核心素养

的发展。课程标准还提出了十大核心概念，比如数感、符号意识、空间观念、几何直观、数据分析观念、运算能力、推理能力、模型思想以及应用意识和创新意识。核心素养的发展指的是学生适应社会需要的关键能力。

说实话，这些理论在一线教学面前显得空洞乏味，数学教育的目标能不能更为接地气一些？让一线教师更有可操作性、可实践性。通过不断地阅读，发现郑毓信教授的理念最为通俗易懂，他提出数学的教育目标就是促进学生思维的发展。何为思维的发展呢？就是我们应当帮助学生通过数学学会思维，并能逐步学会想得更清晰、更深入、更全面、更合理，包括由"理性思维"走向"理性精神"。这样一来，我们的教学就可以围绕这一个问题进行深入思考。

如何做到呢？我想只有让学生对数学知识有一个整体观，能用联系、发展的观点看问题，才会让学生想问题慢慢变得更清晰、更深入、更全面、更合理，进而促进思维的发展。于是，我改变了以往的教学方式，通过帮助学生建构本学期数学知识的整体结构以及培养提出问题的意识来促进他们思维的发展，具体有如下几个方面：

一、共读"目录"，建立整体观，提出新问题

学期伊始，我并没有从第一个单元的第一节知识开始教，而是带着孩子们一起阅读目录，让学生在目录中初步感知本学期要学习的内容。本学期目录共分为六个单元，分别是小数的意义和加减法、认识三角形和四边形、小数乘法、观察物体、认识方程、数据的表示和分析。

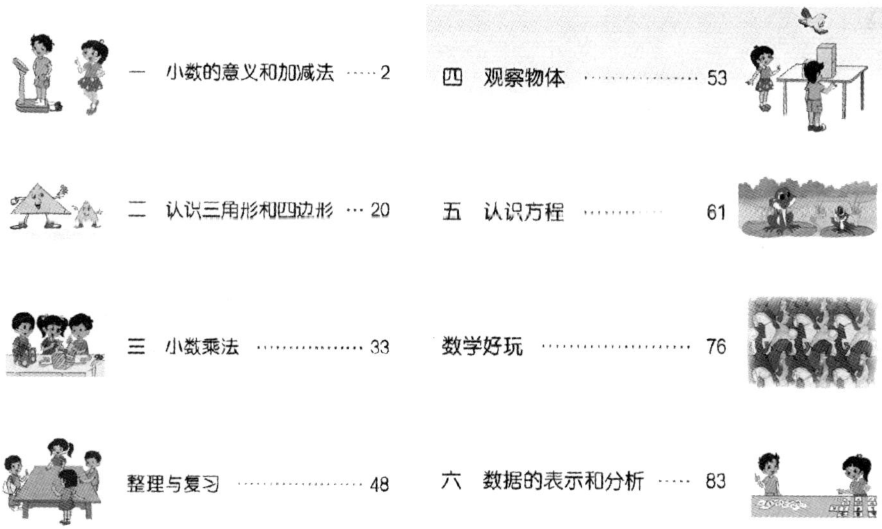

（1）共读目录，建立初步感知。学生通过阅读，第一感知是本学期的学习

内容比上学期要少两个单元。

（2）进行分类，形成基本知识结构。将这六个单元分为"数与代数""图形与几何""统计与概率"三部分，其中第一、三、五单元属于"数与代数"部分，第二、四单元属于"图形与几何"部分，第六单元属于"统计与概率"部分。

数与代数 1,3,5
图形与几何 2,4
统计与概率 6

（3）聚焦单元标题，建立联系，提出问题。紧接着和学生一起读每一个单元的标题，和以往知识建立联系，在此基础上提出新问题。比如第一单元：

师：同学们，我们一起来读一读第一个单元标题"小数的意义和加减法"。读完这个标题，有什么想法吗？

生1：老师，小数我们以前学过呀，为什么现在还要学？

师：能与以前的知识建立联系，真是了不起。谁能解答这个问题呢？

生2：我知道了，以前没有学过小数的加减法。

生3：学过，以前学过小数的加减法。

师：的确学过小数的加减法，比如 3.5 元 +0.7 元，8.9 元 –2.6 元。

（学生再一次陷入沉思，不一会又有学生举手）

生4：以前我们只学过元角分之类的小数，现在还有米、分米长度之类的小数。

生5：其实就是现在学的小数比以前的小数更广泛了。

师：是的，这一次我们学习的小数不仅是元角分背景下的，而是从更广泛角度来认识小数的意义以及加减法。

有了这段启发性对话之后，学生学会了用联系的观点看单元标题，并能提出一些启发性的问题。比如，看到第四单元的"观察物体"，他们会自然地问出：以前也学过观察物体，为什么现在还要学？两者之间有什么区别和联系？这样的问题同样能类比到第六单元"数据的表示和分析"。

二、泛读整本书，学会提取关键信息以及培养问题意识

当带领学生共读目录之后，学生必然有进一步探究的欲望，于是放手让学生来阅读整本书，要求每一个单元写下一个收获与一个问题。在此之前会引导学生如何提取关键信息。比如，让学生着重关注书中"智慧老人"说的话。当你做出了引导以及充分地信任学生，你会惊叹学生的能力，他们会提出很多好问题，以下是学生的部分作品：

第一单元
收获：更广泛的认识小数和它得加减法。
问题：1.小数和整数有什么区别？
2.已经有整数了，为什么还需要小数？

第一单元：
收获：知道了小数不仅仅是元角分，也可以是米厘米分米，比较，比如：2.9 ○ 3.1，认识了不一样的数位，十分位，百分位千分位万分位会了一些简单的加减法。
问题：小数的意义是做？

第二单元：
收获：我会了怎样将三角形与四边形更进一步分类以及各种四边形和三角形之间的关系。
问题：其它形状之间是否也有这么复杂的关系？

第三单元：
收获：学会小数的乘法，用格子图来计算乘法并关于小数点往左右移动后的变化，学会了乘法的竖式。
问题：整数乘法竖式和小数竖式有什么变化？

第五单元：
收获：认识了方程，方程里的数字要改成字母，如，x，m，z......学会了等量并系。
问题：方程和以前写的算式有什么区别？方程比算式简单吧

第六单元
收获：我知道怎样表示一些数据。
问题：什么是平均数？

第五单元：
收获：我学会了各种方程和方程中字母的意义。
问题：（为什么一定要用字母来代替数字？

第六单元：
收获：我知道了条形数统计图和折线统计图还有怎样求平均数。
问题：还有没有其它统计图？

三、单元预习，建立单元知识结构

当学生对整本书形成了初步的知识网络之后，再来聚焦每个单元，进一步深入建构知识网络。比如上第一单元之前，预习整个单元的七节内容，再次写出每一节的收获与问题。学生由之前的泛读转变为精读，需要进一步提取每一节的核心知识以及核心问题。这样一来，学生不会漫无目的地来预习，而是要做出深入的思考才能写出收获并提出问题。

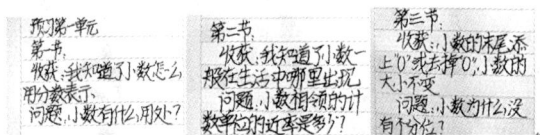

图 1

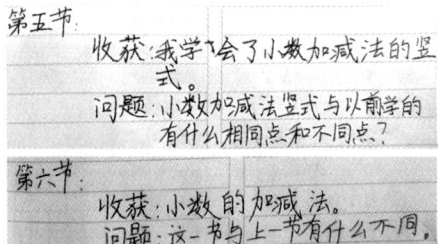

图 2

并不是所有的学生都会提出有质量的问题，于是，我将学生提出的问题进行对比分析。

师：同学们不仅要会提问题，还要学会提有质量的问题，请同学们对比图1和图2，你觉得这两名同学谁提出的问题更有水平？

生1：我觉得都很好，因为他们都能找到重点来提问题。

生2：我觉得第二个小学生提得更好，因为他能通过对比第五节和第六节两节内容来提问题，他的问题更有水平。

师：说得真好。提问题不仅可以单独就某一节来提，还可以跳出来站在更高的角度，通过对比的方式提出问题。

师：那能不能在此启发下，对第一、二、三节内容提出一个更有深度的问题。

（学生又一次陷入深思，不一会儿又有学生举手）

生3：为什么小数的意义要分三节来讲呢？它们之间有什么区别呢？

师：学习能力真强。会用前面我们提到的"对比"方式来提出问题，不再孤立地去看某一节内容，真是了不起。

四、聚焦核心问题，有针对性地思考

经过不断的交流与讨论，学生对第一单元的核心问题有了整体的了解，于是进行了如下梳理：

（1）小数的意义是什么？为什么要分三节来讲？它们之间的区别是什么？

（2）如何进行小数的比大小？它和整数的比大小有什么区别？

（3）为什么要用两节内容来讲小数的加减法竖式计算，两者之间有什么区别？

（4）小数的混合运算法则是什么？它和整数的混合运算法则一样吗？

这样一来，学生在没有正式学这些内容之前，就已经有了一个整体的认识，并且能聚焦本单元的核心问题上。当他们正式上课的时候，学习每一节内容都不会觉得陌生，而且会带着核心问题有针对性地听课和思考。

比如，学生会带着第一个核心问题"小数的意义以及三节内容之间的区别"来进行思考和交流，不再孤立地去看某一节内容。他们会主动发现这三节内容之间的不同点，如此一来，学习更为主动和有深度。

整个过程是在不断"收网"的，由整体结构到有针对性地思考每个单元的核心问题，再到聚焦某一个核心问题来探讨。整个过程就是在培养学生想问题更清晰、更全面、更合理和更深入，相信通过长时间的有意识的培养，学生的思维品质一定会有所提升。

核心问题引领下的儿童深度学习

（写于 2021 年 3 月 31 日）

打开文档，翻看上一篇的反思日志，发现自己竟然有近一个月时间没有更新，心中着实有些惭愧，好在一直在思考，给了自己少许的安慰。

思考什么呢？仍然是如何通过课堂教学来促进儿童思维的发展，进而培养理性思维和理性精神。但如何培养呢？只有儿童真正地思考了，才能谈得上思维的发展，如果连思考的时间都没有，何来的发展呢？正如我国著名的数学家陈省身先生所说："数学是自己思考的产物，首先要能够思考起来，用自己的见解和别人的见解交换，会有很好的效果。但是数学问题需要很长时间，我不知道中小学数学课堂是否能够提供很多的思考时间。"

课堂 40 分钟时间的确有限，不可能面面俱到，要有取舍。所以我将每节课分为三个部分：温故 + 核心问题思考 + 挑战。通过温故简短回顾之前学习的要点，之后进入新课，思考核心问题，在此基础上进行变式练习，即挑战部分。

这样一来，每节课大约能有 30 分钟的时间供孩子们思考与交流。当你舍得花时间思考，你收获的便不仅是惊喜，更多的是惊叹——惊叹儿童思维的创造性、多样性以及深刻性。

比如"比大小"这节课，我只出示一道题：如何比较 0.8 和 0.69 的大小？这道题从成人的角度来说很简单，但儿童会有疑惑，他们会将之与整数比大小建立联系，会认为位数越多的数越大，但当你让他写出完整的理由时，他不得不通过深入思考，寻找能说服别人的理由，于是就产生了自己的想法（见图 1 至图 5）。

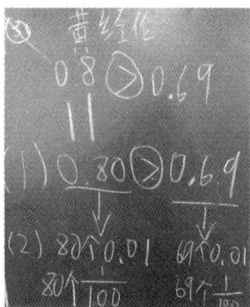

图 1

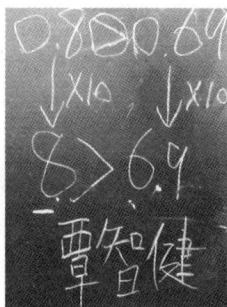

图 2

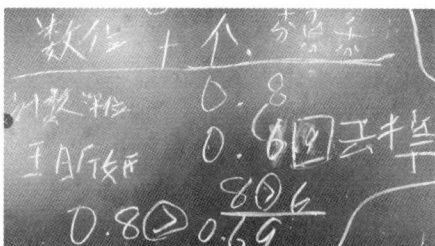

图 3

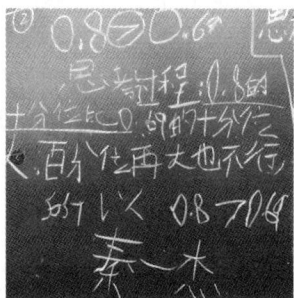

图 4

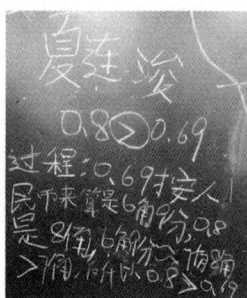

图 5

这些学生有的用计数单位的数量来进行比较（见图 1），有的将小数转化成整数再来比较（见图 2），有的通过小数中每个数的意义来比较（见图 3、图 4），还有的将这两个小数赋予现实意义（见图 5），看似形式不同，但孩子们的方法中蕴含的数学思想是一样的，即通过转化思想将未知的知识转化成已学的知识。这样一来，问题便迎刃而解。

经过思考、交流再来追问学生：为什么小数比大小不是位数多的数就大呢？学生就有话可说。

在第三单元"小数乘法"的学习中，第一课是学习整数乘小数，同样是运用了转化思想，将它转化成整数乘法来做，所以学习完这一课以及第二课"小数点搬家"之后，进行第三课"街心广场"的学习时，我并没有采用教材中从情景开始的角度进行教学，因为那样做又相当于从 0 开始，而是先回顾整数乘小数的内容，并引导学生进行猜测。

师：刚刚我们回顾了整数乘小数的计算方法，猜一猜这节课我们会学习什么？

生：小数乘小数。

师：很好，那你觉得小数乘小数会难吗？

生：不难，还是可以用转化思想来做的。

师：真的是这样吗？那老师先出一道简单的题目考考你们：$0.2 \times 0.3 = ?$ 请写出你的计算过程。

给了充分的时间让孩子思考并写下自己的想法，发现这一题的结果不外乎两种，即 0.6 和 0.06。于是，我将这两个结果呈现给孩子，让他们通过推理判断哪个答案是错误的。

师：这两个得数，你们觉得最先可以排除哪个？

生：0.6，因为之前学的 2 乘 0.3 就是 0.6，怎么可能 0.2×0.3 还是这个结果呢？不可能的。

师：有理有据，无懈可击。看来得数是 0.6 的同学，要反思自己错在哪一步，怎么改。

再给出时间让学生反思，并修改自己的计算过程。通过这样的过程，学生写出了很多的计算方法。如下图所示。

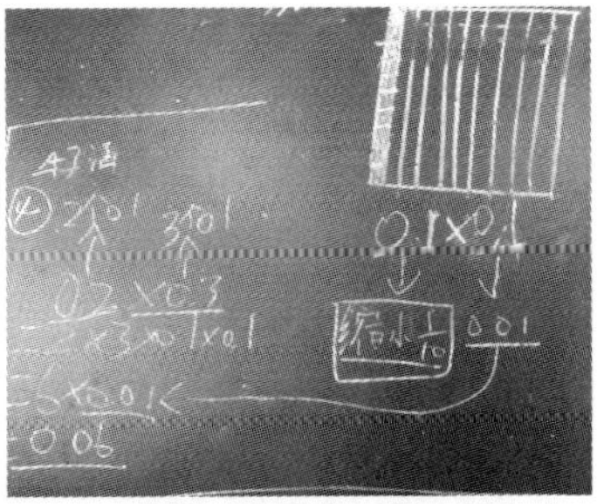

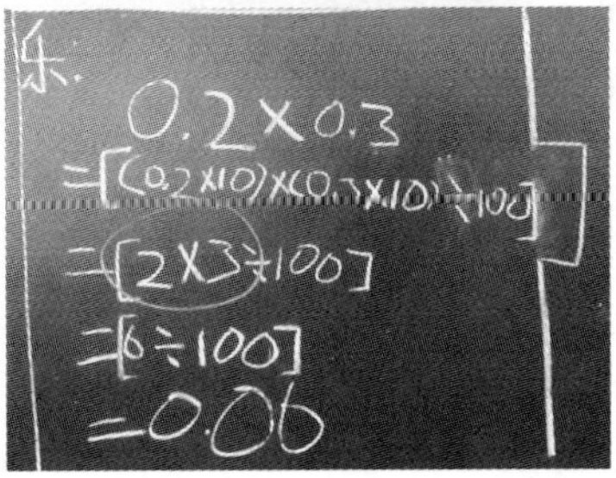

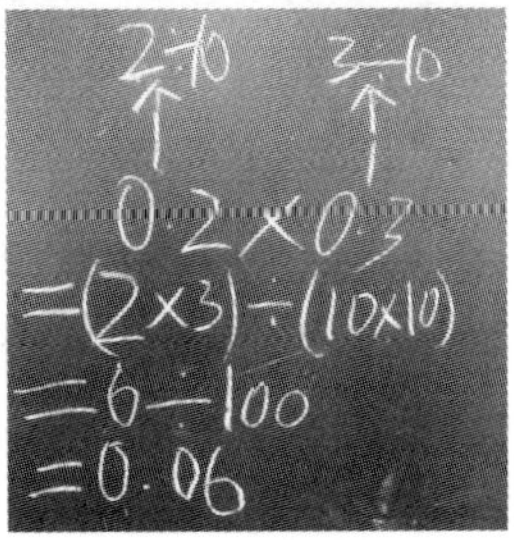

面对这些"作品"，我让学生仔细观察，选择自己最感兴趣的方法，让"作者"进行讲解，学生首先对小牛的方法很感兴趣，他们最疑惑的地方是为什么 $0.1×0.1＝0.01$？

小牛：可以把其中一个 0.1 看成是缩小 1/10，那 $0.1×0.1$ 就表示将 0.1 缩小成 1/10，得到的数就是 0.01。

这时还有一些学生产生疑惑，我通过画图的方式让学生看清 0.1 表示的是 10 份中取 1 份，而 $0.1×0.1$ 表示的就是将这 0.1 再平均分成 10 份，取其中的 1 份，那就是 0.01，这样一来学生结合图将这个结果真正理解了。

学生对最后一种方法也很感兴趣，重点想知道 $2×3$ 从何而来，为什么又要除以 $10×10$？这幅作品的小老师小刘解释了原因。

小刘：将 0.2 扩大 10 倍就是 2，将 0.3 扩大 10 就是 3，再将 $2×3$ 来计算就很简单了，但这两个乘数都扩大了 10 倍，积肯定就扩大了 100 倍，最后要还原回去的，所以要除以 100。

整个解释过程层次分明，阐述清晰，学生理解得特别透彻。于是在此基础上将这四种方法进行比较找出共同点和不同点。学生发现其实这些方法之间是相通的，都是用了转化思想，将小数乘小数转化成整数乘整数，再除以 100。

原本以为七班应该也是这样的计算思路，没想到小江同学有了新的想法。他并没有将其转化成整数乘整数，而是将它转化成整数乘小数，也就将 0.2 扩大 10 倍，0.3 缩小到原来的 1/10，即 0.03，这样一来 $0.2×0.3＝2×0.03＝0.06$，当其他学生在交流原有的方法之后，看到这种方法眼前一亮，原来还可以这样转化，而且他们还很喜欢这样的方法（可能是觉得同时扩大和同时缩小相同的倍数更好理解），在他们的笔记本上得以体现。如下图所示。

这些仅为教学的一小部分，课堂上有很多这样的精彩瞬间。其实数学的核心素养就是让学生学会思考，在独立思考与交流碰撞中进行深度学习，而核心问题的引领是最好的学习方式之一。希望自己能坚持做下去，让学生的思维得到绽放。

数学学习的关键能力——长时间思考和有序思维

（写于 2021 年 5 月 8 日）

最近在学生的作业或考试中总发现一些成人难以理解的情况，比如在给积添小数点的时候，明明知道积的小数位数是乘数的小数位数之和，那确定积的小数位数不就是将乘数的小数位数相加就行了，其实就是算 5 以内的加法，为什么还会出错呢？如下图所示。

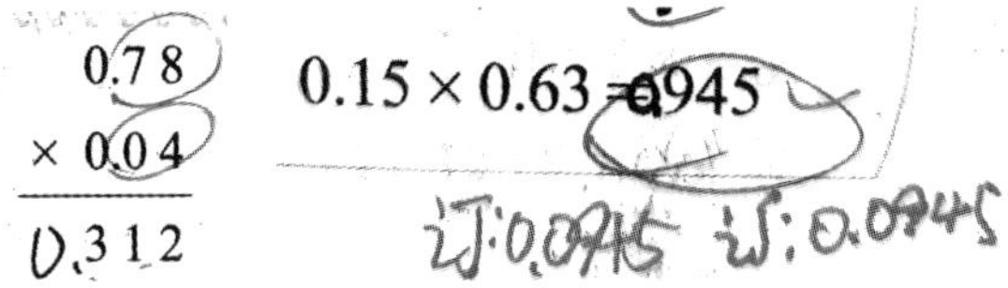

$$
\begin{array}{r}
0.78 \\
\times\ 0.04 \\
\hline
0.312
\end{array}
\qquad 0.15 \times 0.63 = 0.945
$$

订：0.0945 应：0.0945

比如，在小数的比大小中，很多学生不会比较 2155 米和 2 千米 17 米的大小时，将两者大小比错。如下图所示。

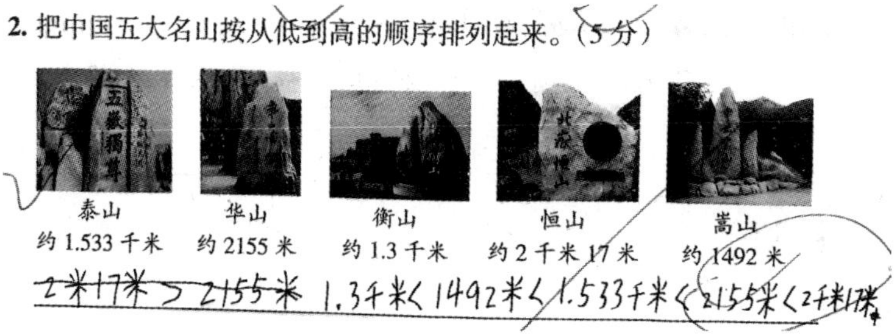

2. 把中国五大名山按从低到高的顺序排列起来。(5分)

泰山	华山	衡山	恒山	嵩山
约 1.533 千米	约 2155 米	约 1.3 千米	约 2 千米 17 米	约 1492 米

2米17米＞2155米　1.3千米＜1492米＜1.533千米＜2155米＜2千米17米

为什么会出现这样匪夷所思的错误呢？于是，我将这一问题抛给了学生，让学生来重述自己的思考过程。大部分学生因为刚学过小数，都是将这两个数转化成小数再来进行比较。

生：我是将这两个数都变成小数，再来比较。2155 米 =2.15 千米，2 千米 17 米 =2.17 千米，所以 2155 米是小于 2 千米 17 米的。

师：我们以前不是已经学过 2155 米其实就是 2 千米还余 155 米吗？而 2 千米 17 米却只是余下 17 米，155 米是大于 17 米的呀？

生：老师，我不是这么想的，我就是转化成小数再来比较的。

师：那你又是如何得到 2 千米 17 米 =2.17 千米的呢？

生：我没有怎么思考，就直接写出来的。

还有一道测试卷上的题目（见下图），其实这道题很简单，关键要看清楚题目要求，要清楚等腰三角形的特点是两边相等，这里已知了另外两条边，求取的第三条边就是与第一条或者第二条边相等。然而，学生更多的却是考虑三角形的三边关系。

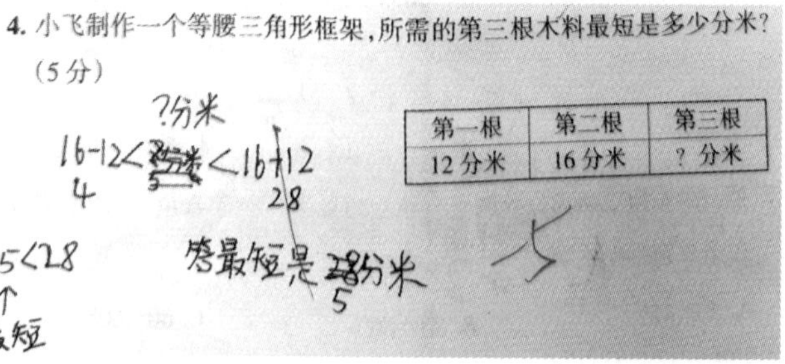

4.小飞制作一个等腰三角形框架,所需的第三根木料最短是多少分米？

(5分)

	第一根	第二根	第三根
	12分米	16分米	？分米

为什么会出现这些问题呢？很大程度上，学生是用直觉来解决问题的，而不愿意花时间进行有序的思考。比如，第一题确定积的小数位数时，想当然地认为积的小数位数不可能超过已有的数字位数；单位换算时，也是凭借直觉做出判断。

如何改变这一现状呢？我想要让学生的数学水平得到真正的提高，必须从两方面入手：

（1）培养长时间思考的习惯，有意识地去改变思考方式。

（2）培养有序思考方式。要让学生严格按照思考步骤来书写，而不要跳跃思维，包括计算。

接下来的教学，要紧紧围绕这两点展开，相信有意识就会有改变。

如何做到有效复习

（写于 2021 年 6 月 25 日）

每学期的最后一个月都是学生最辛苦的阶段，因为面临所有科目的复习，面对教育的内卷，学生的试卷满天飞，家长和孩子以及老师都是苦不堪言，面对这种情况怎么办呢？

我也是在不断地进行尝试。这次单项数学计算能力测试前的复习，偶然的机会让我和孩子们找到了复习的快乐。

上课伊始，我出了几道容易出错的简便运算题，如 5.2×101、5.2×99、5.2×101-5.2，然后让孩子们来黑板前做。这种方式属于教师的归纳总结，有些会了的学生就觉得很枯燥，不愿意听讲，于是干脆改变策略，让孩子们自己找出容易错的题写在黑板上，每人只写出一道，没想到孩子们热情非常高，都在积极地找试卷上错误的计算题，然后纷纷写在黑板上，如下图所示。

　　归纳总结最有意思，我让孩子们先找乘法分配律的算式，找到的同学都有奖励，孩子最喜欢挑战性，越到后面越有难度却找得越积极，我们一共找出了十几道算式，并进行了进一步的归纳，如下图所示。前两种是乘法分配律的基本形式，后两种是变式，这些都是孩子们自己总结出来的，远比老师的归纳总结更深刻。从黑板上的式子也能直观地感受到乘法分配律是计算中的难点问题。

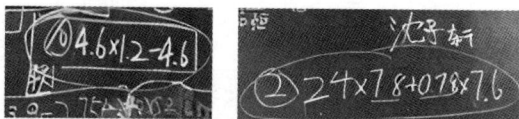

紧接着，一起寻找乘法结合律的式子（见下图）。孩子们大海捞针式地找到了两道算式，在对比中分辨出乘法分配律和乘法结合律的区别。

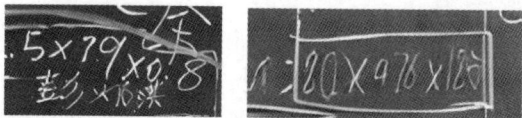

最后是口算类错题的收集，学生写出的容易错的题目正好也是我打算讲给孩子们的，比如：小数的加减法和乘法，学生很容易受到整数加减法的影响，将末位对齐，以及乘法计算中小数点向左或右移动两位以上。

还有一类错误就是加、乘混合，学生很喜欢按从左至右的顺序计算，而不管运算顺序，或者直接在加法算式上添加小括号。

最后一类是竖式计算中乘数中间有 0 的情况，如下图所示。

如此一来，时间过得特别快，学生的积极性也特别高，我也留意观察了一下那几个不愿意听课的学生也认真、积极地在听课，参与性特别高。而且我要复习到的重难点全部复习到了。

人们常说，内容比形式更重要。我想说的是，在小学阶段的学习中，内容与形式同等重要。换一种方式、换一种角度，你会得到意想不到的收获。

如何让学生学会自我学习

（写于 2021 年 9 月 2 日）

今天已是开学的第二天，因为之前一直教这两个班，所以开课很顺利，我和孩子们一如既往地默契。在整个假期的阅读中，一直都在思考如何让学生学会自我学习。得出的结论是要给予孩子们更多的时间来思考，要相信孩子们有这样的能力。开学第一课，我就告诉孩子们，五、六年级的学习更多的是靠自己，要充分发挥自己的能力，不懂的问题多问同学或者老师。这个建议相信很多老师都提过，但是要真正地落实，就要老师不断地引导，不断地强化。

昨天的作业是完成第一单元的预习，今天收上来查看，孩子们给了我无限的惊喜（因为时间紧张，只批改完七班的）。他们脑海里有很多的发现与问题，有些问题甚至是老师都难想到的，以下是部分优秀作品，如下图所示。

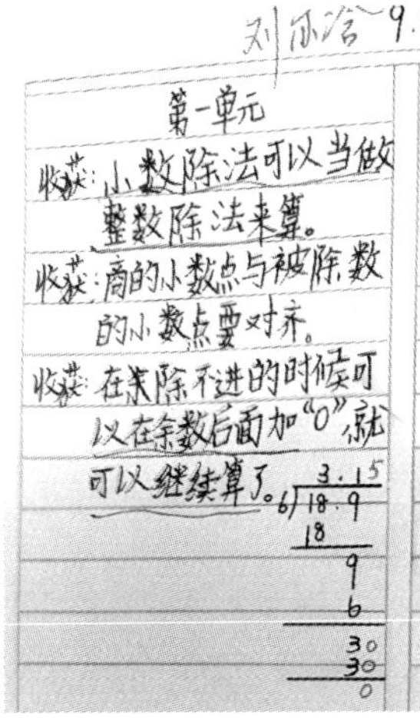

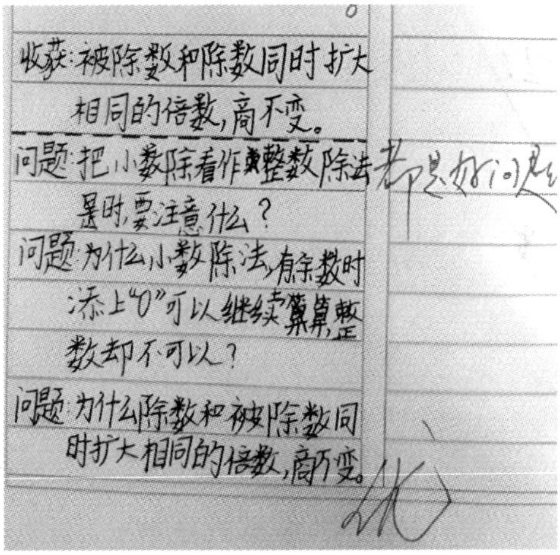

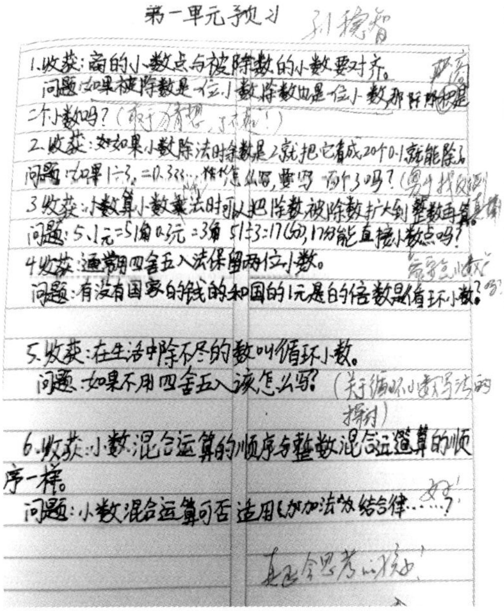

从孩子们写的收获中，能看出他们通过预习，发现如下知识：

（1）商的小数点要与被除数的小数点对齐。

（2）知道余数后面添0能继续往下除。

（3）知道小数除法要转化成整数除法来进行运算，而且知道可以通过商不变的规律来将小数转化成整数。

从他们的问题中也能发现孩子们的困惑点，比如：

（1）为什么商的小数点要与被除数的小数点对齐？

（2）余数后面添0，大小不会变，为什么还要添0？

（3）整数除法和小数除法的区别在哪里？

（4）为什么被除数和除数要扩大相同的倍数，可不可以不扩大相同的倍数？

（5）除了循环小数，还有什么小数？

孩子们提出的问题基本上都是教学的重难点，这样一来，上课时我们就可以做到有的放矢，孩子们也能带着问题走进课堂，听得自然会更加用心。

与此同时，也会面临其他问题，如有少部分孩子不会提问题，怎么办？压根儿不知道如何来预习，怎么办？尽管这是很少一部分孩子的问题，但仍然要想办法来解决。

或许这就是真实的教学，也是教学的复杂性。我们需要不断地面临新问题以及解决这些问题，这就是教师要做的，但愿自己能真正地引领着孩子们走上自我学习之路。

抓住核心问题，让课堂有的放矢

（写于 2021 年 9 月 7 日）

开学已经快一周，我与孩子们一起学习了小数除法中的前两节内容，或许有人疑问怎么会上得这么慢，一节一课不是很快吗？其实不然，要想让学生的思维得到真正的发展，就要在课堂上舍得把时间还给孩子，让他们来独立思考，这仅仅是促进学生思维发展的一个方面。另一方面，教师要学会抓住核心问题，引领学生朝着正确的方向思考，如此说来，教师或者学生提出的核心问题就尤为关键了。

比如，五年级上册第一课"精打细算"中，最核心的问题有两个：

（1）如何用转化思想来解决除数是整数的小数除法问题？

（2）为什么余数中不需要打小数点？

对于第一个核心问题，我在出示情景之后（改用了更贴近学生生活的买早餐情景），直接抛出问题，如何计算 $11.5 \div 5$？能不能把这个没有学过的知识转化成已经学过的知识？抛出问题后，给予学生足够的时间来思考，并把自己的想法写下来，而我要做的就是给予需要帮助的学生一点启发。学生呈现的方法有三种，其中竖式方法有两个不同的写法。

接下来，就是如何来交流这些方法。先聚焦第一、二种方法，我通过以下问题来引导学生思考：

（1）这两种方法是否看得懂？（聚焦到每一种算理的理解上）

（2）这两种方法有什么相同点和不同点？（这个问题显然比第一个问题更为深入，需要联系、比较两种方法）

对于第一种方法，学生提出了质疑：为什么要将 11.5 拆分成 10 和 1.5，而不直接拆分成 11 和 0.5？通过对比发现，原来后一种拆法并不好算，因为 11 不能整除 5。这样一来，学生明白不是随意地拆分，而是建立在好算的基础上。

通过对比，学生进而发现两种方法都用了转化思想，将小数除法转化成整数除法，只不过第一种是先拆分再转化，而第二种是直接转化。经过讨论、交流、表达，相信学生将转化思想深深地映入脑海里。

对于第三种方法——竖式，既要解决算理，又要突破余数不添加小数点这个难点，不过有了前面两种方法做基础，学生理解竖式每一步的意思会更为容易。难点在于为什么余数是 1.5，而竖式中有的学生却写成 15，这两种方法谁对？这又是一个思维点，我将问题抛给了学生。

经过一番独立思考、讨论后，七班的小张勇敢地站起来，进行了解释。

小张：我觉得不打小数点更好。因为前面我们都在运用转化思想来将小数除法转化成整数除法来计算，而如果这里写成 1.5，就又变成了 $1.5 \div 5$，仍然是小数除法，没有办法解决。

这位学生的解释，让其他同学恍然大悟，而且进一步发现，原来第三种竖式的方法也用到了转化思想，本质上这三种方法是一样的。将 1.5 个 1 转化成15 个 0.1 之后，就可以在十分位上继续除下去。

相信看到这里，很多人已经惊呼，看似简单的一道题居然蕴含了这么多的思考内容。这仅为教学过程的一部分，另一部分就是将所理解的算理运用到实际问题中，这样一来就需要练习。很多家长都会有这样的疑惑：为什么我的孩子一问都会，一做都不会？那是因为学生并没有将所理解的算理与所要练习的题目建立联系，或者说算理没有真正地内化于心，它仅限于老师所举的例子。

所以，数学才需要练习，要在变式练习中将所理解的算理真正地内化到大脑中。有的学生内化能力强，做的题就少；有的学生"联结能力"弱，需要多一些练习，才能将算理内化。

但不管哪一种学生，对于核心问题的理解都能促进思考能力，进而提高内化能力。

小学数学，简约而不简单

（写于 2021 年 9 月 8 日）

坐在电脑前，回顾这一周所学的内容，映入脑海里的一句话就是：小学数学，简约而不简单。

为什么这么说呢？如果你是照本宣科，按照课本上的例子一道道地示范，示范之后做练习，那你会觉得小学数学很简单，无非教材的复制品，但是如果你从学生的视角来看，让他们来解决这些问题，你会觉得很惊讶、很困惑，继而很惊喜，原来数学在学生思维的演绎下如此有意思。

让每个孩子被看见，让每个孩子能绽放

（写于 2021 年 9 月 9 日）

开学初，自上而下掀起了"双减"之风，或许很多人会抱怨、会担心，学生负担是减轻了，成绩下降了怎么办？中考仍然是不到 50% 的升学率怎么办？我想这是很多家长和老师们的心声。

诚然，一开始我也是抱着观望的态度，但随着开学"双减"的具体落实，我慢慢体会到国家的良苦用心。国家颁布的"五管""双减"等一系列政策的最终目的其实是让每位孩子能被看见，每个孩子能得到绽放。这是自己在落实"双减"过程中最深刻的体会。

如何让作业负担减轻，但学习效果不减，唯有两个途径：其一，提高课堂教学效率；其二，关注到每个孩子，尤其是中等偏下的孩子。这并不意味着要忽视优秀的孩子，这一类的孩子需要的是引领；而中等偏下的孩子需要的是实际的帮助，真正发现他们在学习中的问题，并针对性地帮助他们。

那如何让孩子们感受到被看见呢？有如下几个方面：

一、课堂上

（1）改变回答问题的方式。以往回答问题，总是让举手的孩子来回答，而现在我采取的是抽签的形式，当老师抛出一个问题后，不需要学生来举手，让每一位学生认真地思考，不再充当一个倾听者、旁观者。

（2）走近学生，关注学生真实的思考过程。

（3）关注课堂评价。采用小组加分制。

二、作业上

（1）在作业本上与学生对话。

（2）转化作业评价方式。变"被动订正"为主动订正，转"优"方式。

三、作业设计上

针对学生特点，进行作业分层设计。

小数除法错误原因分析

（写于 2021 年 11 月 16 日）

提笔看到自己已经快有两个月没有写教学反思了。内心无比愧疚，但也力不从心。自"双减"开始，学校有诸多的调整，很多事情都在从无序走上有序，这是需要时间的，10月整月都在备战"百花杯"，虽花了很多时间，但没能走到终点，身心俱疲。好在一切都过去了，我又可以安心教学了，安心研究我的学生了。

"小数除法"是北师大版五年级上册第一单元的内容。我们整个五年级的老师花了很长一段时间来和孩子们一起研究小数除法的运算法则，以及做出相应的练习，但是已经过去了半个学期，每次计算练习还是会出现各种各样的问题。

我将这些错误进行了如下罗列。

第一类错误：对于除数是小数的除法，没有将除数转化为整数，而是直接来除。

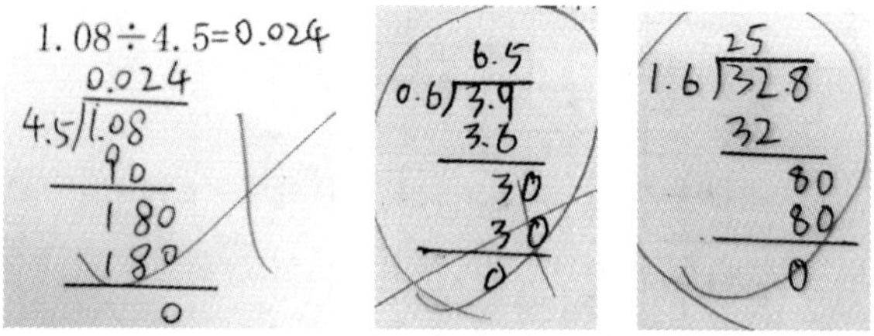

第二类错误：商用 0 来占位的问题出现混淆，不知道何时用 0 来占位。

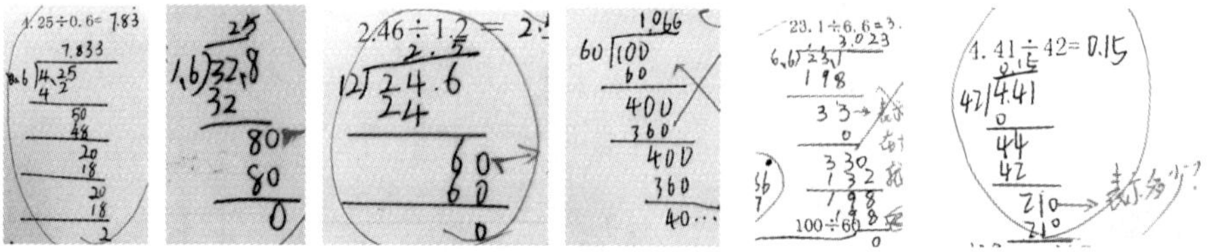

第三类错误：将被除数转化成整数，除数根据被除数来扩大相应的倍数（此方法并非错误，只不过运算会更为复杂）。

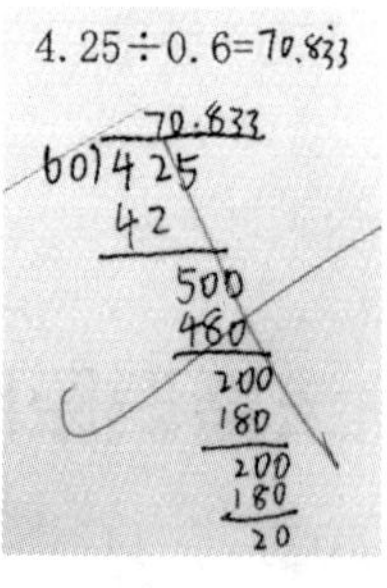

第四类错误：只将除数扩大成整数，而被除数保持不变。

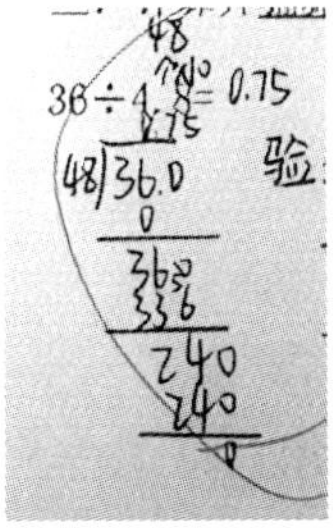

$$36 \div 4.8 = 0.75$$

第五类错误：小数点的位置出错或者漏打小数点。

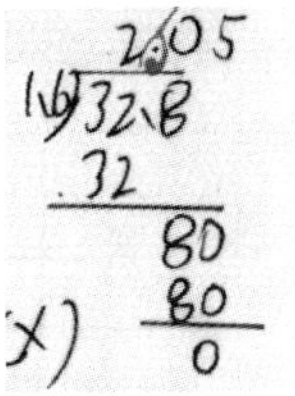

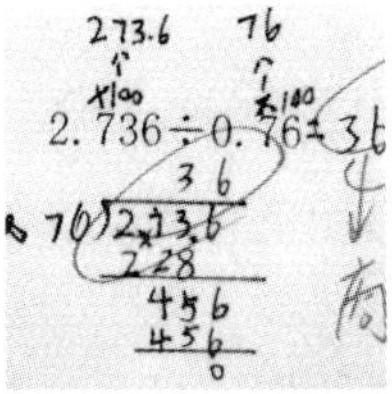

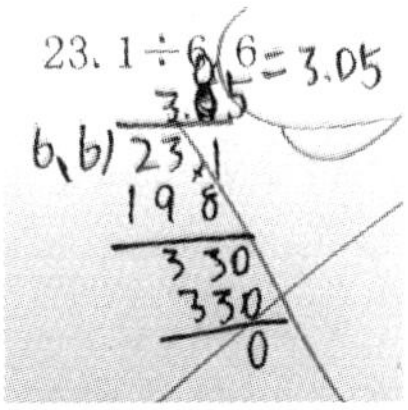

第六类错误：商上小了，导致余数大于或者等于除数。

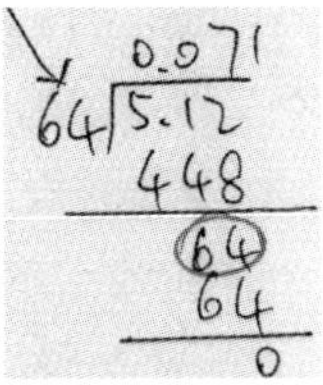

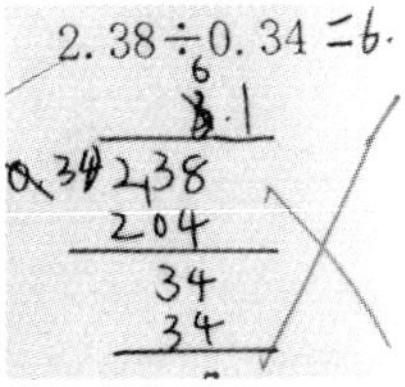

第七类错误：商的最高位写错位置。

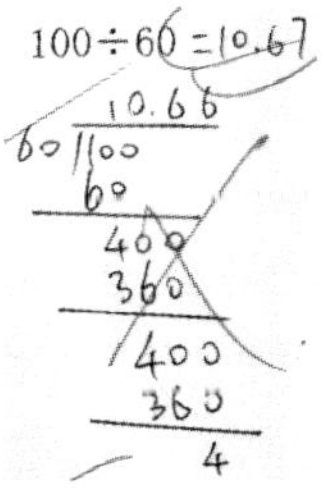

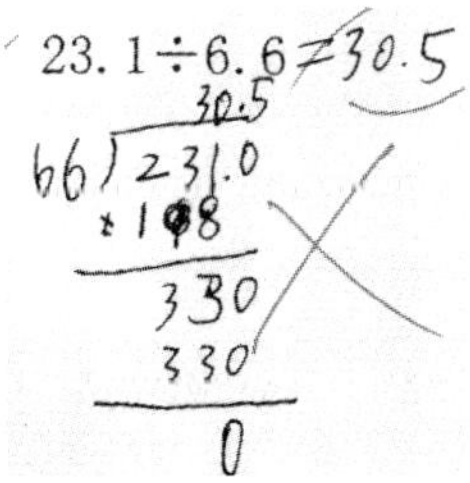

这些错误都与学生的认知有关系。学生的认知过程大致可以概括为三个阶段：一是感知，就是利用诸如眼睛、耳朵等感觉器官获取信息；二是对感知到的信息进行加工，这一阶段是在学生头脑中进行的；三是作为感知和加工结果的输出，通常表现为书面或口头语言的表达。输出既然是感知和加工的结果，那么其中出现的问题一定与感知和加工两个阶段有关，尤其是加工阶段。

学生对知识的加工主要受到原有知识经验的影响。

对于第一类型的错误，反映出这一类的学生受到整数除法以及小数除法中除数是整数的影响，把除数是小数直接看成整数进行运算，然后将商的小数点与被除数的小数点对齐。

第二类错误是所有类型中错误率最高的。究其原因主要是受到除数是整数、余数需要补0继续除的负迁移，因为在除数是整数的小数除法中，当余数不能继续除的时候就添0，完全没有思考添0之后计数单位发生变化以及余数的计数单位要与商的计数单位相一致。只是在机械地操作这一运算法则——余数添0继续除。

第三类至第七类错误主要反映出学生对以往学过的知识掌握不牢固，主要体现在如下方面：

（1）商不变的规律：一是对规律本身的不理解，不知道什么叫"商不变的规律"；二是不理解为什么要将这个规律运用到除数是小数的除法运算中。所以才会出现将除数扩大成整数，而被除数不变（第四类）；或者小数点的位置标错、漏掉的现象（第五类）。

（2）对除数是整数的小数除法掌握不牢固。没有体会到除数是整数时，只要将商的小数点和被除数的小数点对齐，其他和整数除法一样计算。而是将被除数变成整数，除数跟着被除数来扩大相应的倍数（第三类）。

（3）三位数除以两位数的整数除法掌握不足。三位数除以两位数上商的位置以及有时需要试商、调商，其内在的思维过程比较复杂，并不是所有的学生学完之后都能很好地掌握，所以当迁移到小数除法时就会出现第六类和第七类两类错误。

以上所有的错误都反映出小数除法运算的复杂性。在小数除法的运算中，学生要在大脑中进行一系列的加工，如商不变的规律运用、商几、商的小数点位置、三位数除以两位数以及不够商1就商0等。

那么，如何降低这些错误的发生率呢？最有效的方式有如下几个方面：

（1）唤醒旧知。在学习小数除法之前，要将"商不变的规律"和"三位数除以两位数"进行有效回顾。

师：同学们，你们还记得四年级所学的"商不变规律"吗？能举例来说明吗？为什么乘法运算中一个乘数扩大多少倍，另一个乘数就要缩小相应的倍数，积才不会改变，而在除法中除数和被除数都要扩大或者缩小相同的倍数，商才不会发生改变呢？

通过讨论和交流，学生发现乘法和除法之间的不同，不仅知其然还能知其所以然。

师：三位数除以两位数的除法，同学们还记得吗？（PPT展示上商、试商、调商的例题）你们觉得在上商过程中要注意什么？

生：余数要小于除数。

师：为什么呢？

生：要从最高位除起，不够商 1 就商 0。

（2）比对中辨析。

1）"商要不要上 0"的问题。大部分学生都知道余数添 0 后可以继续除下去，但只知道单纯地去除，而并不清楚或者并不思考添 0 后计数单位发生变化，商的位置是与计数单位一致的，所以才会出现商中"0"的位置总是出错。如果在对比中让学生来辨析，学生就能体会到计数单位的重要性。

师：同学们，请看下面这两道题，请仔细观察，同样是在余数添 0 后继续往下除，为什么第一题商中不用加 0，而第二题的商却需要加 0 呢？

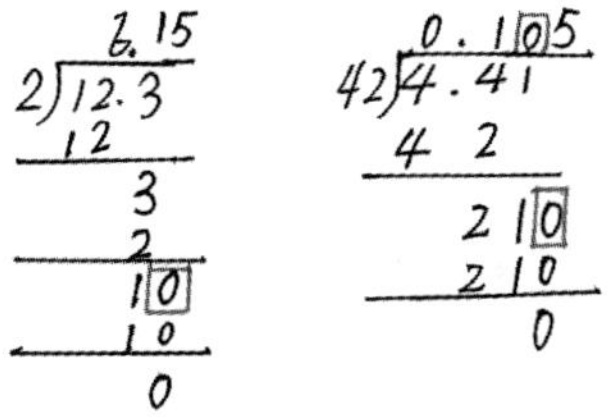

生：因为第一题中余数添 0 后表示 10 个 0.01，商需要上在百分位上，10 个 0.01 平均分成两份，每一份就是 5 个 0.01，十分位上已经商 1，所以不用 0 来占位。而第二题中余数添 0 后表示的是 210 个 0.001，商 5 要上在千分位上，表示 210 个 0.001 平均分成 42 份，每一份 5 个 0.001，而百分位上是空着的，要用 0 来占位。

师：余数添 0 后继续除下去要注意什么问题呢？

生 1：余数的计数单位。

生 2：商要与余数的末位相对齐，中间商是空着的时候就要用 0 占位。

2）"除数是小数为什么要转化成除数是整数"的问题。很多小朋友在做除数是小数的除法计算时，用小数直接来除，而不转化成整数，他们认为去掉小数点的过程太复杂。如何能让学生感受到将"除数是小数的除法"转化成"除数是整数的除法"的必要性呢？

师：同学们，请仔细观察这两种计算方法有什么不同？如下图所示。

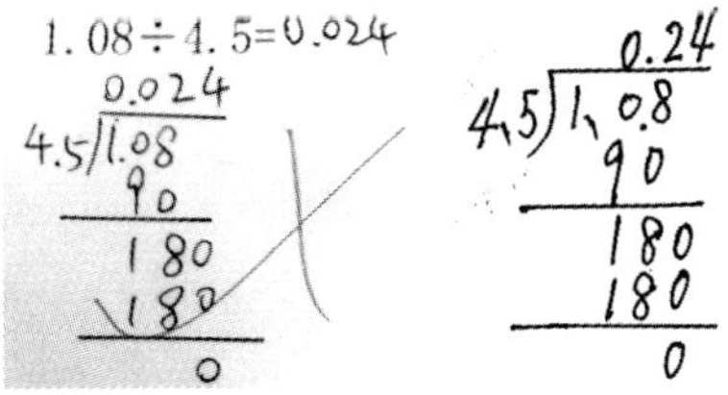

生：第一个没有去掉小数点直接除，第二个是用商不变将除数的小数点去掉。

师：两种方法都可以吗？为什么？

生1：第一种方法不对。可以用验算的方法证明，0.024×4.5 的结果肯定是四位小数，去掉末位的 0 也一定是三位小数，但被除数是 1.08，它是一个两位小数，所以不对。

生2：商中的 2 表示 2 个 0.01，用它来乘 4.5 结果是 0.09，表示的是 9 个 0.01 而不是 90 个 0.01。除非写成 9.0，那这样一来有好多个小数点出现在除法算式中，太混乱、太麻烦了。

总之，教师对学生出现的错误不能单纯只做批改与订正，而是要将错误进行归纳总结，找出错误背后的认知原因，进而运用针对性的措施来改进。当你以研究的视角看待学生的错误，你就会更加心平气和地理解学生了。

唤醒学生生活经验与知识经验，化繁为简

（写于 2021 年 12 月 6 日）

相信讲过分数与除法的老师都有这样的感受，对谁是谁的几分之几这样的问题很难讲清楚。比如，有这样一题：小新家养鹅 7 只，养鸭 10 只，养鸡 20 只。鹅的只数是鸭的几分之几？

还有北师大版的如下两道题：

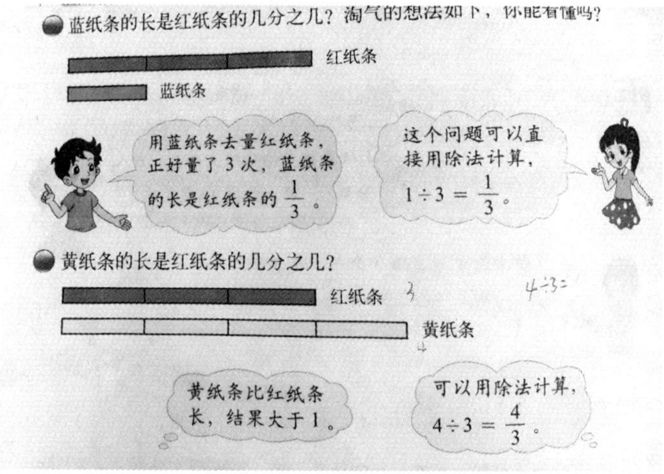

老师们的感觉是无论怎么讲，最后都很难把道理讲清楚。

但如果换一种思路，先唤醒学生的生活经验和知识经验，再来探索其中的道理，会不会让这个难题逐步化解。于是我采用了如下的教学过程：

一、唤醒学生已有的知识经验

1. 知识的初步唤醒

师：小吴有 4 个苹果，小叶有 2 个苹果，你能根据这两个信息提出一个数学问题吗？

生 1：两人一共有多少个苹果？

生 2：小吴的苹果比小叶的多几个？

生 3：小叶的苹果比小吴的少几个？

生 4：小吴的苹果数量是小叶的几倍？

师：这些问题都提得不错，但你们有没有发现这几个问题其实都是一、二年级就学过的。能不能结合我们现在所学的知识提出一个数学问题？

生：那就反过来问：小叶的苹果数量是小吴的几分之几？

师：非常好，孩子们的思维逐步打开了。那小叶的苹果数量是小吴的几分之几呢？

生：1/2 或者 2/4。

师：你能列出算式吗？

生：2÷4=2/4

学生在交流的过程中，逐步感受到原来谁是谁的几分之几和以前所学的"倍"是一样的，只不过以前是大的数是小的数的整数倍。

2. 在变式中进一步理解并发现算式的特点

变式一：改变其中的一个条件。小叶的苹果变成了 3 个，那么小叶的苹果数量是小吴的几分之几了？

3÷4=3/4

变式二：改变另一个条件，即小吴的苹果数量增加了，变成 14 个苹果了，请问小叶的苹果数量是小吴的几分之几？

这时候，学生的算式出现了两种情况：3÷14 和 14÷3，围绕这个问题，师生再次展开交流。

师：这两个算式你同意哪个？

小郑：我同意前一个。因为你们仔细观察，这个问题始终没变都是问：小叶的苹果数是小吴的几分之几？每次都是小叶的苹果数量作为被除数，所以不管数量发生了什么变化，都是这样的一个规律，前面的数是后面的数的几分之几时，前面的数都是做被除数，后面的数是除数，和以前学的谁是谁的几倍其实是一样的。

在他的说明之下，很多同学都恍然大悟。

课上到此成了新旧知识的完美衔接，学生不再感觉它很难了，但我们只是完成了知其然的过程，还要进行"知其所以然"。

二、用分数的意义来理解

师：为什么都是用前面的数 ÷ 后面的数呢？小叶的苹果数是小吴的几分之几到底是什么意思？

生：小叶的苹果数占到了小吴苹果数的几分之几。比如第一道题里，其实就是问 2 个苹果是 4 个苹果的几分之几。

师：是的。把 4 个苹果看成一个整体，平均分成 4 份，每份 1 个苹果，2 个苹果就是这个整体的 2/4，根据分数与除法的关系，求 2 个苹果是 4 个苹果的几分之几，又可以写出 2÷4。

到这里，这个问题才是真正地得到解决，学生能从实际生活经验、原有知识经验以及分数与除法的关系三个维度，层层深入地将此问题真正弄明白。

数学是抽象的，教师所要做的就是架桥梁，让抽象的事物能简单明白地得到解释，这样一来数学就不再是那么的枯燥、苦涩，而是与生活息息相关、充满趣味性的。

多元化的作业

（写于 2022 年 4 月 19 日）

教师的成长如同学生，要始终保持爱学习、爱探究的状态。

数学小实验在之前十多年的教学中很少被运用到，但这次于道莉老师最开始把它运用到班级中，深受学生喜爱，于是五年级的老师学习到这一点，都运用到自己学生身上。让每个学生在操作过程中加深对概念的理解。

在学完五年级下册第四单元第一课"体积与容积"后，利用周末时间要求学生完成如下三个小实验：

第一个实验：证明物体有体积，体积有大有小。

第二个实验：证明物体的容积有大小。

第三个实验：证明同一个物体的体积大于容积。

主动思考，撬动思维

（写于 2022 年 5 月 10 日）

不管是最新出台的义务教育数学课程标准倡导的让学生有更多的时间主动思考，还是之前的深度教学，其实都是要让学生有更多的机会来思考问题，来阐述解决问题的过程，而不仅仅是结果。

多年的教学经验使我深知单纯地看结果是看不出学生的思维层次水平的，而是要在活动中，看到学生的思维过程，才能对思维水平做出判断，进而找出改进思维层次水平的方式方法。

最近都在教分数除法，以下几个教学事例都能反映出这一点。

事例一：分数除法（一）中，围绕一个主问题：把一张纸的 4/7 平均分成 2 份，每一份是这张纸的几分之几？

很多孩子要么在外面的辅导班学过，要么依据以前的分数乘法，类推出是 2/7。

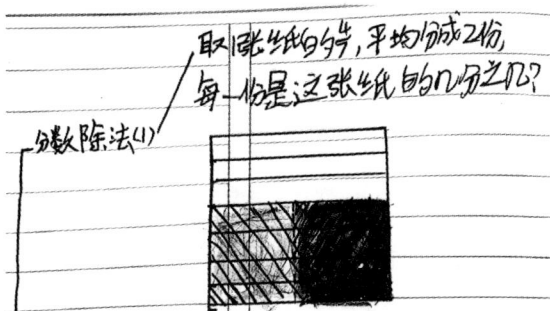

但让学生用画图的方式呈现算理时，学生就有各种画法，其中一种如上图所示。乍一看并没有什么问题，将整张纸看成单位 1，然后平均分成 7 份，取其中的 4 份就是这张纸的 4/7，再涂出 4/7 的一半，涂的并没有错。然而，从这幅图中并不能看出取的部分占到整张纸的几分之几。所以，这个学生并没有真正地理解到图和算式之间的联系。从得数中并不能看出学生的思维水平。

事例二：学生在学完分数除法（一）和（二）之后得出了一个结论：除以一个不为 0 的数就相当于乘以这个数的倒数。在分数除法计算中也一直在用这个法则，然而，学生真的明白这句话的内涵吗？他能自己举例说明吗？北师大课本五年级下册第 58 页"练一练"中的第 2 题计算要学生说明理由。然而，大部分学生无从下手，两个班级只有极少数的同学能用举例的方式说明理由，从以下一位同学的举例中，就能发现这位学生的思维层次水平比较高，因为他能完整地阐述、清晰地表达。如下图所示（五班小余的方法）。

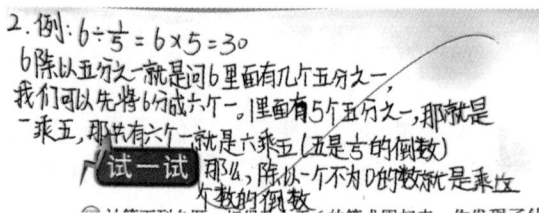

事例三：知能第 49 页最后一题"买 2/5 千克观音茶叶要用 80 元，买 1 千克茶叶要用多少元？"这一道看似平淡无奇的题，大部分的同学会算出结果是 200 元，然后学生到底是怎么做出来，他们是如何思考的呢？通过探究、讨论、交流，学生迸发出很多方法。最常规的是第一种，用总价 ÷ 数量 = 单价来解决这个问题。

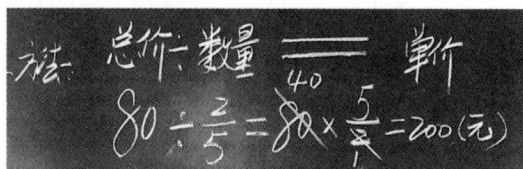

有的同学找出了 1 千克和 1/5 千克之间的关系，先求出 1/5 千克的茶叶价钱，再来求出 1 千克的茶叶价格。如下图所示（七班小程的方法）。

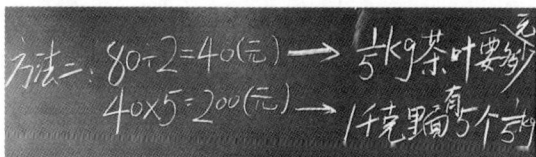

有的同学找出了 1 千克和 2/5 千克之间的关系，先求出 1/5 千克茶叶的价格，再来加上两个 2/5 的茶叶价格就是 1 千克茶叶的价格。如下图所示（七班小江的方法）。

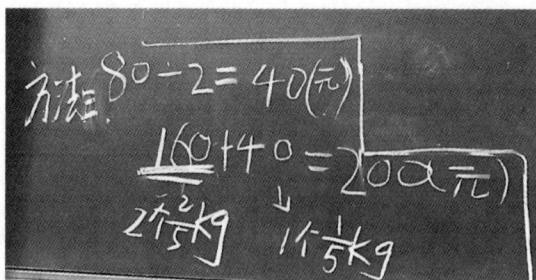

在上面三位同学的启发下，又出现了另外两种方法：

一是先求出 2 千克茶叶的价格，再来求单价（小张的方法）。

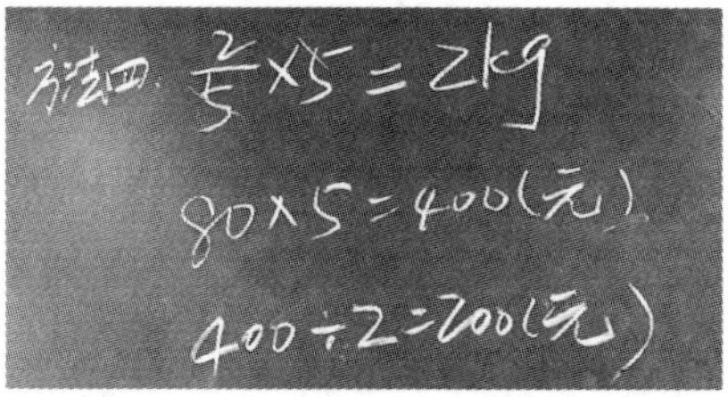

方法四　$\frac{2}{5} \times 5 = 2kg$

$80 \times 5 = 400$（元）

$400 \div 2 = 200$（元）

二是将 2/5 转化成小数，看 1 千克里面有几个这样的 2/5 千克，再来算 1 千克茶叶的价格（小罗的方法）。

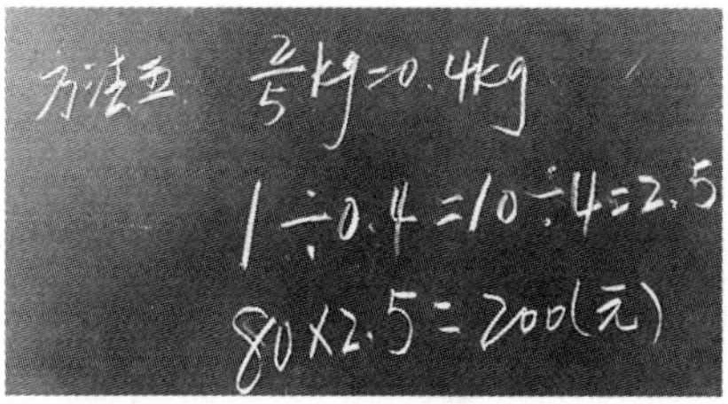

方法五　$\frac{2}{5}kg = 0.4kg$

$1 \div 0.4 = 10 \div 4 = 2.5$

$80 \times 2.5 = 200$（元）

如果教师真的舍得花时间来让孩子思考问题、表达想法、交流思想，你会发现真的有很多意想不到的收获，你会发现原来数学题这么有趣，它是灵动的、它是富有创造力的，它是能给孩子们和老师们带来成就感的。然而，数学所带来的一切美好的前提就是要给学生主动思考的时间、主动表达的机会以撬动学生的思维。

从学生角度来思考课堂教学

（写于 2022 年 5 月 23 日）

当前的教育教学理论层出不穷，但有一点是达成共识的，即关注学生是如何思考问题的，如何通过课堂上的思考与交流达到真正理解。所以，现在我也逐步养成了从学生角度来思考我的教学设计。

在学生进行第六单元"确定位置"的学习时，无疑会产生这样的疑问："确定位置"不是早就学过了吗？为什么还要学？这一单元与之前所学的有什么不同？据此，我首先带领着学生回顾了之前所学的知识，然后让学生围绕如下两个问题进行自学。

（1）这节课与之前所有的知识有什么不同？

（2）为什么要有这个不同之处？

当学生带着问题自学，就会具有很强的导向性和目标性，他们非常专注地阅读课本，想从中找到答案。在此基础上，我再让小组进行交流，将同桌、同组的观点纳入自己的思维体系中，最后全班汇报交流，采用抽签的方式，这样每一组都有可能被抽中，将课堂融入一些刺激元素，对保持注意力又有帮助。

抽中的是第八小组，小刘和小杨被选为发言人，上台汇报。

小刘：这节课与之前确定位置的课不同在于加了方向，为什么要加方向呢？我举个例子，熊猫馆在喷泉广场的东北方向，与此同时狮虎山也在喷泉广场的东北方向，那怎么区别呢？只有将方向标注得更具体才能区分得开。

师：观点清晰、完整，非常棒。那熊猫馆在喷泉广场的什么方向？你能用今天的知识完整地表达出来吗？有请另一个发言人小杨来回答。

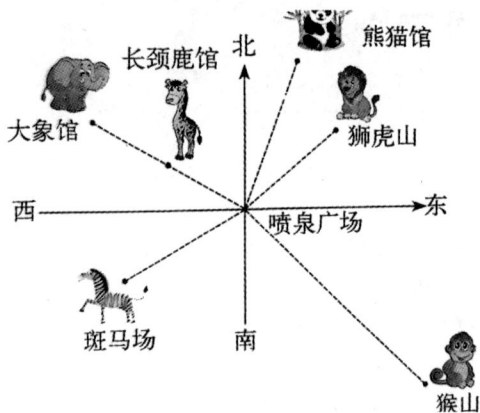

小杨：（观察片刻）熊猫馆在喷泉广场的北20°方向。请问有需要补充的吗？

小高：我有补充，不应该这么说，因为熊猫馆不在正北方向，它偏了一点，所以应该说熊猫馆在喷泉广场的北偏20°方向。请问有需要补充吗？

小余：我有补充，你说的北偏20°还不够完整，因为北偏可以向左偏，也可以向右偏，到底是往哪边呢？还是不清楚。

师：你的意思是北偏20°可以是北往东偏20°，也可能是北往西偏20°对吗？

小刘：我明白了，那我再来完整地表述一次，熊猫馆在喷泉广场北偏东20°方向。

师：同学们在交流中慢慢地把方向表述得更具体、更完整，非常了不起。针对"熊猫馆在喷泉广场的什么方向？"你还有什么问题要问吗？

全班同学都摇头，觉得已经解决了这个问题。

师：没有问题就是最大的问题。如果你们想不出来，那我有问题。

我的一句话再次激发了学生的思考欲望，学生们都不要我来说，要让他们想一想。紧接着，就有学生举手。

小段：老师，我有一个问题，我可以说熊猫馆在喷泉广场的东偏北 70° 方向吗？

全班再一次掀起了激烈的争论，有的说可以，有的说不可以，于是又进行了一次小组讨论。最后选出正反两方同学上台辩论。

小余：我觉得可以，因为既然可以说熊猫馆在喷泉广场的北偏东 20°，那当然可以说它在喷泉广场东偏北 70° 了，只是从相反的方向说位置，最后还是这个位置，所以说是可以的。

小牛：我不同意，照这样说我还可以说熊猫馆在喷泉广场的南偏北 20° 呢。

很多同学表示反对，主要理由是南偏北多少度的话，它的位置其实还是确定不了。最后的结论是，两种说法都可以，既可以说熊猫馆在喷泉广场的北偏东 20° 方向，也可以说是在喷泉广场的东偏北 70° 方向。

师：约定俗成的说法是第一种。那又有问题了，为什么通常用的是第一种表述方法，而不用第二种呢？

学生又一次陷入思考中，不一会儿有同学站起来大胆猜想：可能与指南针上只显示南北两个方位有关。

师：敢于大胆猜想，具有科学家一样的思维品质。我们接下来就需要对这一猜想进行验证了，这是我们项目学习主题探究的问题，请小组用两周时间探寻这个问题。（完整的问题是：确定位置中为什么习惯说北偏东或北偏西方向，这一约定俗成的规定起源于什么时候，怎么产生的？查知网、查书籍，切记不要查百度）

这样的一堂课可能算不上完美，但令人欣慰的是它能让学生愿意思考，通过层层思考与对话，最后将知识的理解从表层引向了深层。

我再次深深地感受到：好的课堂应该是思维碰撞的课堂；好的课堂应该是有数学思想、人文性甚至数学美的课堂；好的课堂应该是从学生出发的课堂……好的课堂，是需要老师来探寻的。

这一节课之前是在七班上的，正是在他们的课堂上出现了争议，出现了令我和学生都困惑的问题，由此引发了我的进一步思考，才有了五班这节课的思考。感谢我七班的孩子们，你们的执着、你们的思考在促使着老师一步步前进。感谢拥有你们。

"以学定教"的魅力

（写于 2022 年 10 月 9 日）

开学一多月这是我第一次有时间打开我的文档来静下心写东西了。相信很多一线教师和我是一样的感受，那就是太忙了。可能很多人都会有这样的疑问，一个小学老师能有多忙，不就是每天上两节课吗？其实，并非如此，现在的小学老师几乎每天都要上 3 节以上的课，还要每天批改作业，这至少要花上满满的两节课时间，这样一来一天基本结束了，可是还要备课呢。于是，要不加班备课，要不带回家备课，总之，你要想成为一名对得起学生的好老师，你就得像陀螺一样不停地转。

我想表达的是累吗？或许有，但更多的是无奈，我想不仅是老师累，医生也累，做企业的也累，总之，当今社会的我们都有着诸多的无奈，这已然是社会问题，我们无力改变。

好在我从事的是阳光事业，我面对的是一群天使，在课堂上和他们在一起是我一天中最开心的时候。

我是带完五年级之后来带这两个新的班级的，之前的两个班是我从一年级开始带的，五年的点滴，现在想起来仍然动情不已，对他们我有着无限的思念与不舍。与此同时，带的这两个新班我是全身心投入，因为我知道他们现在是我生活以外的全部，我爱他们就如同爱我以前的学生，这已然成了一种本能。

我曾经带过四年级，但每带一次都会有不同的感受。最近在看贲友林老师的教学专著，他里面也有同样的感受，就是以前的我们总是喜欢关注教什么、怎么教，而现在我们更想知道学生在学这个新的知识之前已经知道了什么，他们对这一个新的知识会产生怎样的疑惑，然后老师是要在这个知识经验的基础上进行教学的。正是基于此，我才想到了要用预习研究单。因为研究单的理念就是先引导学生一步一步地自学，然后收集他们在自学中遇到的问题，上课进行有针对性的教学，这才是真正的"以学定教"的课堂。

曾经的我也知道要让学生自学，但这一次的预习比以往宽泛的预习更有指导性，我希望孩子们通过这样的过程真正地学会自主学习。

比如，今天上的第四单元第一课"买文具"，学生在预习单中就写出了很多我没有预想到的问题。

比如：学生问道"为什么要先乘除，后加减？"（见下图）我们习以为常的运算规则怎么会有为什么呢？所以，我们在课堂上就要着重通过书上提供的例题，即先求 3 个计算器的总价钱，再求出 1 支钢笔的钱数，最后相加，用这个分步解决问题的思路来帮助学生理解四则混合算式——22×3+24÷4 的运算顺序。让学生明白如果你先加，再来乘或者除，这个算式就失去了意义。

(2) 我的疑惑：为什么要先乘除,后加减?

还有的学生提出来四则运算是什么？那么在书写标题的时候，就可以有意识地指出四则指的就是加、减、乘、除四种运算符号。

(2) 我的疑惑：四则运算是什么?

孩子们在写"这节课讲了什么"时都会有自己的初步感悟，虽然写的不是那么完整，但是他们有了初步感悟之后，再来体会四则混合运算顺序的合理性以及最终掌握运算顺序就会更加地顺畅和深刻。

以下是大部分学生对这节课所讲内容的概括，虽然说法不一，但共同点都说到了运算顺序，真的非常有意思。

(1) 这节课讲了：运算的顺序

(1) 这节课讲了：数的运算顺序

(1) 这节课讲了 加减乘除的运算顺序

另外，我在翻看孩子们预习单中三道题的运算顺序时，也发现了我从没有想到过的事情，在我看来这三道题侧重点不同，但我并没有想到学生在第一题上出的问题最多。

三道原题分别是：35+65×40÷5、12×（153–83）÷8、（96–6）×（15+9）。

很多孩子在做第一道题的时候出现如下情况：

第一题：先算(40÷5)，再算(65×8)，最后(35+520)

还有的孩子是先算 35+65，后来我和孩子们一起分析，他们为什么这么做，孩子们还是最理解自己的，他们总结出这两种错误的共同点就在于他们并没有关注正确的运算顺序是什么，而是看到哪一个算式好算就先算哪一个。这样的讨论，让孩子们明白了运算顺序的重要性。

通过这样的课，我会觉得非常有趣，我的课也不再是按部就班，而真的是指向学生遇到的核心问题。这也是为什么我喜欢在课堂上，因为和他们在一起，我收获的永远都是意想不到的。我会惊叹儿童的思维真的是了不起。

这或许就是"以学定教"教学方式的魅力所在吧。我享受这样的课堂，我也希望我的孩子们能享受这样的课堂。

学生在学习加法结合律时的困惑

（写于 2022 年 10 月 14 日）

尽管每天的课很多，今天又是四节，但每次在批改学生的预习单和作业以及上完课时，都有一种想记录的冲动，今天这篇文章就是见缝插针地分三次完成：

"加法结合律"看似不难，但其实对于学生来说要做到真正的理解并非易事。主要有两大困惑点：①到底什么是加法结合律，它和加法交换律的区别是什么？②为什么要学加法结合律？很多同学知道为了使运算更简便，但在运用过程中又将其与加法交换律混淆。

于是，我上课的重点主要聚焦在什么是加法结合律，以及它与加法交换律的区别是什么，这两个大问题上。

上课伊始，我开门见山问学生：你知道什么是加法结合律吗？请你举出一个例子来说明什么是加法结合律？学生独立思考，并将举例写在一号本上，然后请四位同学上台展示（见图 1 至图 4）。

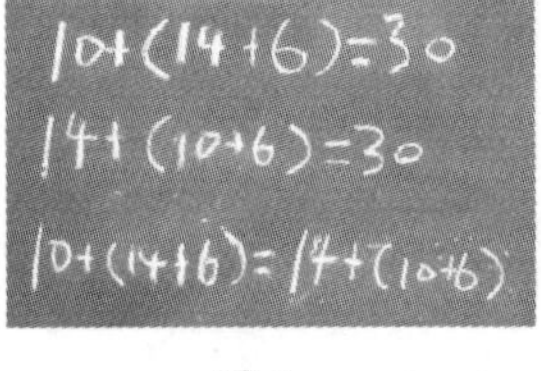

图 1 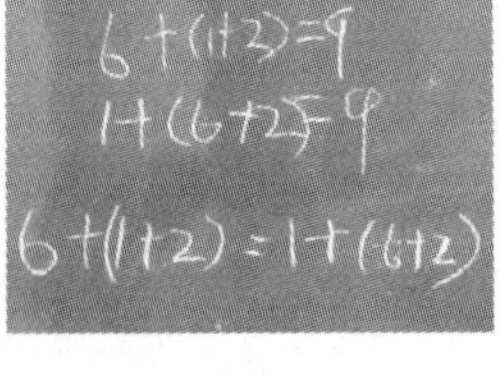　　　　　图 2

| 图 3 | 图 4 |

继而让学生独立观察，找一个认为正确的例子来解释什么叫加法结合律。五班的小阮勇敢地站在讲台上，讲解了第三个例子。

小阮：第一个算式是先算 3 和 6 的和再来加上 4 得到的结果是 13，第二个算式是先算 6 和 4 的和，再加上 3 得到的结果也是 13，所以说（3+6）+4=3+（6+4）。

让学生来表达这个过程非常重要，是要将他脑海里的思维可视化的过程。这个学生的表达非常有序也很完整。

紧接着，我又抛出了一个问题：你觉得这上面的例子有哪一个或者哪几个是和第三个例子相同的。大部分学生选择了第四种，我又进一步追问：那这两个例子有什么相同点呢？

生 1：小括号的位置发生了变化。

生 2：结果都没变。

生 3：运算顺序变了。

师：仔细观察这两个例子，它们还有什么相同点，有谁还能补充？

生 4：我发现了，它们数的位置没有变化。

师：你太厉害了，这么隐蔽的相同点都能被你找出来。这三个加数的位置并没有发生变化。我们一起来梳理一下加法结合律中到底有什么特点。

板书：（1）小括号的位置变了。

（2）运算顺序变了。

（3）加数的位置不变。

（4）最后结果不变。

师：现在你能结合你的发现以及这两个例子来说说到底什么叫加法结合律吗？

（这又是一次让学生自我构建加法结合律的过程，学生需要结合这两个例子将加法结合律用自己的语言表达出来，可能并不是太完整，但是非常有必要）

生 1：不管是先算前面的还是先算后面的，结果一样。

师：你说的前面和后面各指的是什么？

生 2：不管是先算前面两个数，还算先算后面两个数，结果一样。

师：仔细对照例子看看，还有同学补充吗？

小刀：前提是"三个数相加"。

师：有了你的补充，什么是加法结合律就完美地呈现出来了。三个数相加，先算前两个数的和或者先算后两个数的和，结果不变。

（在学生自我建构的基础上再来理解这个抽象的定义，会容易很多）

师：我们回过头再来看前面这两个例子（图1和图2），你们有什么修改意见吗？能不能自己上来修改一下？

我非常清楚地记得第一个是小雷，第二个是小张所写，两个孩子都将后一个算式中加数的位置做了调整，调整为和第一个算式相同的顺序，这样一来在错误与正确、反思与追问中完成了对加法结合律的理解。

师：我们解决了第一个大问题：什么是加法结合律，现在一起来探讨一下为什么要学加法结合律，很多同学在预习单中都写是为了运算简便，并举例，我们一起来看看这些例子到底是不是运用了加法结合律。

一开始大部分学生会认为只要加了小括号就一定是加法结合律，而忽略了加数的位置发生了变化。经过交流，学生明确了只要加数的位置交换了，就一定是用到了加法交换律，而这里到底有没有用到加法结合律存在着争议。比如第二个例子，有的老师认为之所以交换了加数65和69的位置就是为了将35和65结合起来算，运用交换律的目的就是使用结合律让运算更简便；但也有老师认为运用交换律之后，直接按照正常的运算顺序先算35+65，也达到了使运算简便的目的。这两种观点的共同点都是使用了交换律。如果通过讨论交流让学生明白了这一点，就已经达到教学目标了。

看似简单的一个运算律蕴含了很多深度的思考，需要教师不断地思考和探索。引导学生探索、交流达到真正理解的这个过程其实是非常有意思的。这就是我所期望的有趣、有数学味、有成就感的数学课堂，但愿我的学生也能有这样的感受。

乘法分配律的再思考

（写于 2022 年 10 月 20 日）

乘法分配律指的是两个数的和与一个数相乘，可以先把它们与这个数分别相乘，再相加。用字母表示为（a+b）×c= a×c+b×c，其中 a、b、c 是任意实数。相反地，a×c+b×c=（a+b）×c 叫作乘法分配律的逆运用（也叫提取公因数），它指的是在求几组两个数乘积的和时，如果这几组的两个数中有一个相同，则可以把另一个不同的数加起来，再乘以这个相同的数。它是乘法三大运算律之一，与乘法交换律、结合律只包含单一运算相比，乘法分配律含有乘法与加法两种运算，思维含量较高，是一种非常重要的数学运算定律。然而，在长期的教学实践中发现，不管是学生还是教师，都觉得理解和运用乘法分配律很难，差错很多。

为什么学生会这么难学这一知识呢？这不仅与乘法分配律自身的结构有关，还与它有很多的变式有关，归结起来它存在以下四种类型。

类型一：乘法分配律的基本形式，即（a+b）×c= a×c+b×c。

如（40+8）×25=40×25+8×25

125×（80+8）=125×80+125×8

类型二：乘法分配律的逆运用，即 a×c+b×c=（a+b）×c。

如 24×35+76×35=35×（24+76）

类型三：乘法分配律基本形式的变式运用。

可以分为如下两种情形：

变式 1：

（40-4）×25=40×25-4×25

变式 2：

56×102=56×（100+2）=56×100+56×2

56×99=56×（100-1）=56×100-56×1

类型四：逆运用的变式。

变式 1：

63×143-63×43=63×（143-43）

变式 2：

67×99+67=67×99+67×1=（99+1）×67

学生要在很短的时间内接受这么多种类型的乘法分配律知识，当然会非常难。与此同时，不管教师怎么努力去教授乘法分配律，都会无奈地接受这样的现实：当学生同时面对乘法结合律和分配律时，仍然会将二者混淆。这与教师的教学水平无关，这是心理学上的系列位置效应现象，即学习材料性质越相似，抑制越严重，而不同性质的材料之间，抑制就会相对较少。乘法分配律和乘法结合律的结构形式非常相似，加之教材的编排上又是前后相随，学生出现混淆自然也在情理之中。

但这一切并不代表教师在教学上可以不作为，恰恰相反，教师自己对乘法分配律要有一个结构化的认识，才能在乘法分配律的教学中做到有的放矢。

那么如何来突破这个难点呢？我通过如下几次来分散难点、突破难点。

第一次在学"三位数乘两位数"时，碰到了如下这道题（见下图），我并没有安逸于让学生仅用竖式来计算，而是进一步追问：你还有更简便的方法吗？这一问题激发了学生的探究欲望，孩子们都在努力地想各种方法。

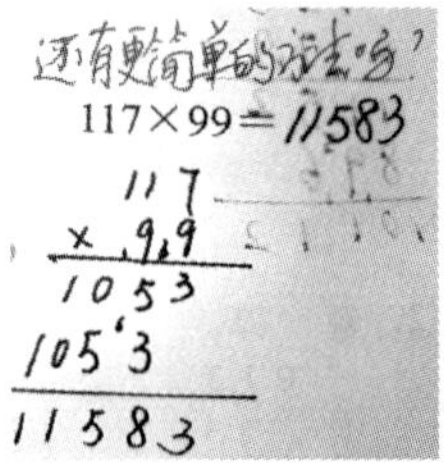

大部分学生想到了先算 117×100，再用它的结果减去 117，他们的思路是先把 99 个 117 估成是 100 个 117（正好第三单元学了估算），算出来之后再减去多出来的 117，这个过程其实运用的就是乘法分配律。这也是我第一次有意识地为乘法分配律做铺垫。

紧接着，我再顺势趁热打铁，在此基础上出了三道题，分别是：

117×101   117×99+117

117×101-117

学生在原有 117×99 的基础上再次进行深度思考，出现了各种各样的写法。但做这三道题时共同点都是先算 117×100，再来对 1 个 117 做增减。

通过与他们的交流，我也终于明白了以前学生用乘法分配律做 117×101-117 时，为什么总是这样写：117×100+117-117 了，他们这样写的思路是先把 117×101 估成 117×100，少算了一个 117 就加 117，再原题抄下减 117，最后算的结果还是 100 个 117，即 11700。但这种写法的学生和直接写出 117×100 的学生思维过程和思维水平都是不一样的。

正式进入乘法分配律的教学时，我又进一步采取了以下几个步骤：

第一，学生先预习。提供了一个完成的预习单给学生，不管预习的结果如何这是他们运用自己已有的经验初识乘法分配律，每个学生在正式学习之前，都应该具备一些前概念、前知识。

第二，正式上课。正式上课中运用了三节课完成所有有关乘法分配律的教学。

第一节课：完成以下三道题，每道题用两种方法解决。之所以没有用课本的例题，主要是学生缺乏这样的情景经验，所以从课本练习和知能中找出了以下三道贴近学生生活经验或者以前学习的内容。这个环节花了大约20分钟，就让学生安静地思考，并写出自己的解题过程。

1. 学校要给28个人的合唱队买服装，请你算算买服装要花多少元？

2.

每辆车装24筐苹果和26筐橘子。

一头装满25辆车。

一共有多少箱水果？

46元　54元

3. 一个长方形花圃，长是28米，宽是22米，在四周围上篱笆，围这个花圃需要多长篱笆？

后面的20分钟就是用来交流这三道题中每一种的解题思路，充分地表达每个算式的实际意义，如此一来，学生在实际意义中初步建构乘法分配律的模型。

这节课的课后作业就是让学生来依照以上的三道题，自己编出一道题，并写出两种解题思路，最后依据这些算式，写出自己的发现。

学生编题与解题完全是两回事，编题需要有提出问题的能力，这个过程是学生运用实际问题来建构乘法分配律的，更加有深度。学生举的例子无外乎如下两类：

第一类：图形类的问题。

一共有多少块瓷砖？

4×7+9×7　(4+9)×7　我发现：
=28+63　=13×7　a×b+c×b=(a+c)×b
=91(块)　=91(块)
4×7+9×7=(4+9)×7
答：共有91块瓷砖。

共有多少个长方形？

$4 \times 5 + 4 \times 6$ $4 \times 5 + 6)$
$= 20 + 24$ $= 4 \times 11$
$= 44 (个)$ $= 44 (个)$

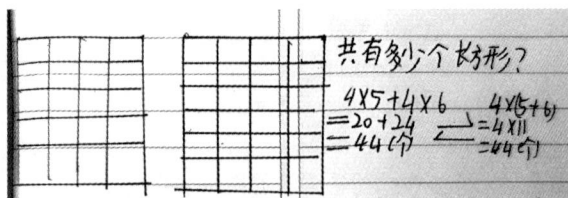

第二类：生活中的问题。

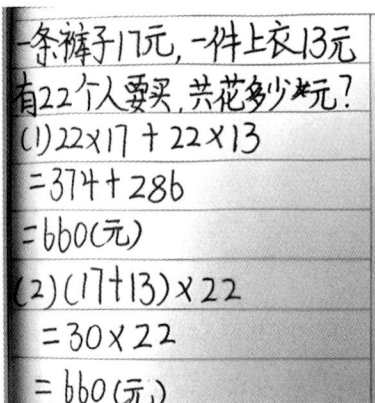

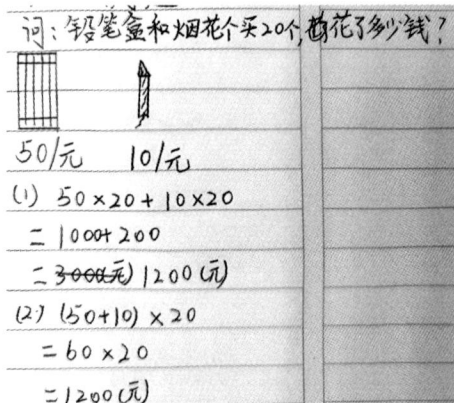

一条裤子17元，一件上衣13元，有22个人要买，共花多少钱？

(1) $22 \times 17 + 22 \times 13$
$= 374 + 286$
$= 660 (元)$

(2) $(17 + 13) \times 22$
$= 30 \times 22$
$= 660 (元)$

词：铅笔盒和烟花个买20个，花了多少钱？

50/元   10/元

(1) $50 \times 20 + 10 \times 20$
$= 1000 + 200$
$= 3000 (元) 1200 (元)$

(2) $(50 + 10) \times 20$
$= 60 \times 20$
$= 1200 (元)$

第二节课：展示学生的作品，将所有的题目中的两个算式从题目中剥离出来，正式抽象出乘法分配律的模型。先在黑板上梳理出如下这些等式，然后进行了如下对话：

$4 \times 7 + 9 \times 7 = (4 + 9) \times 7$

$5 \times 4 + 6 \times 4 = (5 + 6) \times 4$

$17 \times 22 + 13 \times 22 = (17 + 13) \times 22$

$50 \times 20 + 10 \times 20 = (50 + 10) \times 20$

……

师：仔细观察：这些等式都有什么共同点？

（让学生充分地表达。这个过程就是让学生用自己的语言来概括乘法分配律）

生1：右边的算式中，乘数变少了一个，但结果却不变。

生2：我发现把两个数加起来乘另一个数，和把这两个数分别乘那个数，得数一样。

生3：我发现两个数相乘加相乘，如果它们中间有一个相同数，那么用这个相同数乘另外两个数的和，答案相同。

生4：如果一个乘法算式里有两个相同的数，就只用它乘以前两个数的和，结果不变。

生 5：两个数分别乘第三个数相加的和等于这两个数相加乘第三个数。

师：像这样的等式写得完吗？能不能用字母表示出这样的规律？

学生在前面四种运算律、预习以及课堂上交流的基础上很快总结出：

$a×c+b×c=(a+b)×c$

至此，学生完成了用语言到数学符号表达的过程，揭示出乘法分配律。

师：为什么左边的算式和右边的算式并不相同，结果却相同呢？你能结合 $4×9+6×9$ 这个算式说明乘法分配律是成立的吗？

这个过程旨在让学生在说理的过程中再次体会上面所发现的规律。

这个发言过程中，两个班的学生中有几个学生的发言令我印象深刻。

小张、小吴（两个学生虽不在一个班，但发言内容几乎一致）：我选择用乘法的意义来解释，$4×9$ 表示的是 4 个 9，$6×9$ 表示的是 6 个 9，合起来就是 10 个 9，那这个 10 是怎么来的呢？就是 4+6 得到的，所以 $4×9+6×9＝（4+6）×9$。

整个过程表达得非常清晰。另一个学生是四（一）班的小朱，她是在课下给我解释的，她选择了点子图。

小朱：左边的点子每行 4 个，一共有 9 行，就是 $4×9=36$ 个点子，右边每行 6 个，有 9 行，就是 $6×9$，一共 54 个点子，合起来就是 90 个点子。它也可以这么理解，一行有 10 个点子，一共 9 行，也是 90 个点子。10 个点子就是 4+6 得到的，所以 $4×9+6×9＝（4+6）×9$。

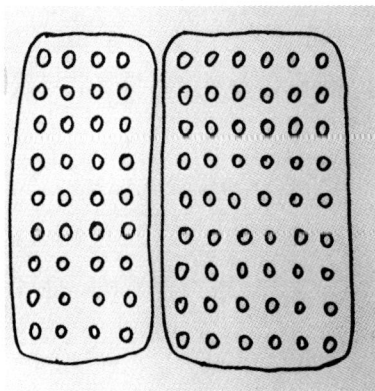

至此，第二节课完整地阐述了什么是乘法分配律、乘法分配律的特点及用乘法的意义来解释为什么这个运算律是成立的。

关注学生错误的原因

（写于 2022 年 10 月 26 日）

乘法分配律的第三节课，我主要是让学生自己观察算式的特点并完成以下两道挑战题，学生是最喜欢接受挑战的，所以他们对这两道题格外上心。这两道题就是课本乘法分配律中的"试一试"。

（80+4）×25　　　　　　34×72+34×28

从学生的做题结果来看，第二道题错误率很低乃至没有，而第一道题的错误率有近 1/3，这些错误的共同点就是只将 4×25，然后将 80 直接照抄下来，如图 1 所示。我将正确与错误答案并列在一起，让学生对比分析到底哪一个是正确答案，学生讲了很多理由来说明这种做法是错误的。理由无外乎以下几点：第一，用乘法分配律字母表达式来解释，(a+b)×c=a×c+b×c, 在这个算式中 25 是 c，所以除了 4×25 之外，80 也要乘 25。第二，用乘法的意义来解释。这个算式的意思是（80+4）个 25，拆开来算是 80 个 25 加 4 个 25，所以 80 也要乘 25。第三，用验算来证明。84×25 竖式计算的结果是 2100，所以这个结果就是错误的。在这样对比、交流中你肯定会觉得学生一定是掌握了这个知识点了，如果这样想，那就太低估了教与学的复杂性了，但并不是说这样的过程是无效的，通过这样的辨析与交流一定有学生掌握了这个知识点，但与此同时，一定还有没有掌握的。所以在进入练习环节后，让学生完成课本第 59 页中的第 3 题时（见图 2），错误率最高的仍然还是（125+17）×8，其次就是（125×25）×4，而且类似的错误还会在知能上出现，面对这样重复的错误，老师应该怎么办呢？

$85×82+82×15$	$5×289×2$	$(125×25)×4$
$(125+17)×8$	$25×97+25×3$	$378+527+73$
$167+289+33$	$58+39+42+61$	$76×25+25×24$

图 1　　　　　　　　　　图 2

我觉得可以采用如下方法：

（1）让学生搞清楚自己这样做的原因：我将同一个类型的三个错误做法并列呈现在学生面前，让他们寻找错误的共同点，以及让他们站在做错题的学生的角度来说说他们这样做的思路是什么。这是继上一次对比之后的又一次对比。

第一种错误类型：

第二种错误类型：

学生发现这些错误类型都是先把两个好算的数相乘，再将另一个数照抄下来。那为什么会这样做呢？通过与他们交流，明白了这样做的原因就是之前学的知识对他们产生了负迁移，因为不管是交换律还是结合律，都是先把好算的两个数相乘或者相加，然后把不参与运算的照抄下来。而第二种错误类型就是把乘法结合律与乘法分配律相混淆。

（2）让学生找对症方法。面对这样的错误，下次如何避免呢？又一次将这个球抛给学生，他们必须思考如何避免错误。最后通过讨论、交流，得出以下几种避免错误的方法：

1）记住这几种运算律，尤其是乘法结合律与乘法分配律的字母表达式，以及会用语言表达出来。

2）看到题目后要仔细读题，大脑中回忆出几种运算律，看题目适用哪一种运算律（完成好这　步的前提是要做好第　步）。

3）从乘法的意义本身来解读。

比如第二种类型中，$125×25×4$，它表示的就是这三个乘数相乘的积，如果再多乘一个乘数4的话，就意味着在原来积的基础上扩大了4倍，$125×（8×4）$表示的也是这三个乘数相乘，如果再多乘一个125的话，就意味着在原有积的基础上扩大了125倍（这些在课堂上都要和学生重点探讨）。

同理（$80+4$）$×25$，它表示的是84个25（当然也可以表示25个84），拆分来算就是80个25加上4个25。

（3）教师收集这些高频错题，适时进行复习与强化。

（4）个别辅导。即使完成了以上3步，还是会有极少数的学生不会，这时就需要个别辅导。

教学无止境，只有以研究的态度才能将这些顽固的教学难点予以突破，而突破的重点就是找准背后的错误原因。但愿乘法分配律不再是痛点……

一周总结

（写于 2022 年 11 月 4 日）

10月的最后一周主要是带着学生学习第二单元"线与角"，有了第四单元预习单的经验，我将第二单元的预习研究单大大缩减了，这样一来预习不至于成为学生的一种负担，另外我要将预习研究的重点聚焦在提升学生阅读课本（文本）的能力以及学会提出有效的数学问题上。而且最主要的是上课能围绕学生提出的核心问题来研究，教学效率能大大提高。

有的老师或者家长一定会认为，即使没有预习单，我也知道每节课的重点是什么，还有必要让学生预习吗？我想说的是，这是站在教师教的角度上来看的，而站在学生学的角度来看，他对这一知识是空白的，当然有的学生提前学过，这又另当别论。我非常认同这句话：教学艺术的全部真谛，在于支持和促进学生的学习有效发生。有引导性的预习就是让学生自己主动来学习，上课带着问题来学习，这样才能是真正的有效学习。

上一周因为各种原因没能写总结，这一周如果再不写内心会很愧疚。回首这一周，我对自己的工作满意吗？有什么需要改进的吗？

这一周上的印象最深的两节课，分别是线的复习课，以及角的第一节内容。之前没有想过要用一节课的时间来复习"线"，这也是得益于五班一位家长的反馈，从她的反馈中，我意识到相交、垂直与平行这些概念虽然每一节课都讲得自认为很清楚，但当三者合在一起时对于学生来说是极容易产生混淆的，所以我采用抢答的方式来和学生一起复习这节课。

师：我们之前一直在学一个字，谁能猜出来？

生：线。

师：这个问题比较简单，那再来第二个挑战，请问我们学了"线"的什么内容？能不能用两句话来概括。

这时候，答案就有很多了，有的说相交与垂直、平移与平行，有的说直线、射线与线段，有的说相交与平行，有的说垂直与平行，整个回答是处于散状的，这就说明学生对前面所学的知识是分散的，不具有结构性，所以需要进一步启迪。

师：请翻翻你的课本，或者你的笔记，我想这样你们的回答会更完整。

这时，学生仍然处于挑战的状态，所以他们特别积极地在寻找这个答案，慢慢地就有学生在查看笔记的过程中，梳理出两个内容：线的认识和两条直线的位置关系。

师：那"线的认识"中你学到了什么？它们各有什么特点？

学生从端点和长度两个维度梳理出三种线的特点。进而又来回顾两条直线一共有几种位置关系。经过梳理，学生更加明确两种位置关系，即相交与平行，垂直只是一种特殊的相交，所以这三者的关系是，相交包含垂直，它们是一种包含关系，而相交与平行是一种互斥关系。

整个过程层层递进，学生在写笔记的时候很辛苦，但整个过程下来他们也觉得很有成就感，如同小戴所说"这节课过得真快啊。一张思维导图就下课了，但是很有必要做这样的整理。"我想这是学生的心声。

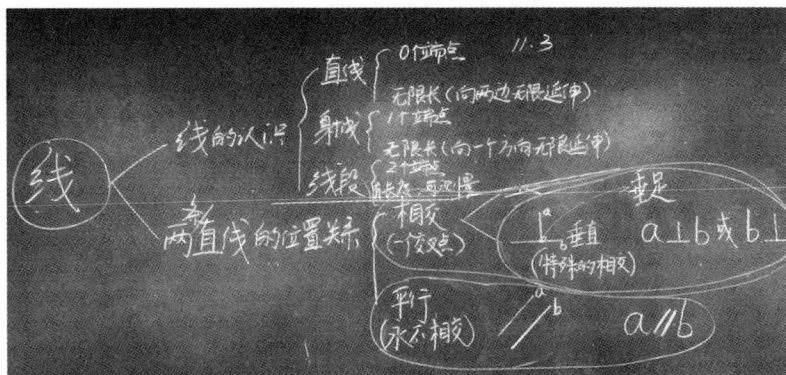

学生的笔记如下：

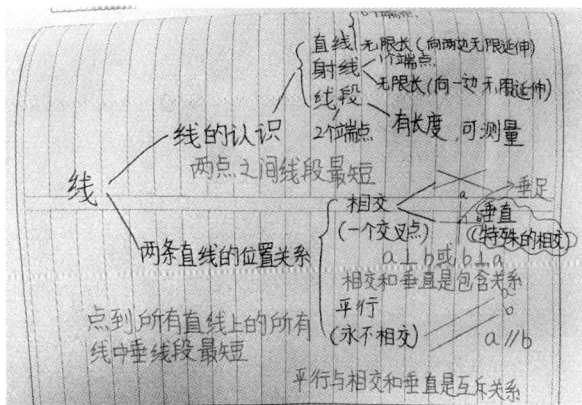

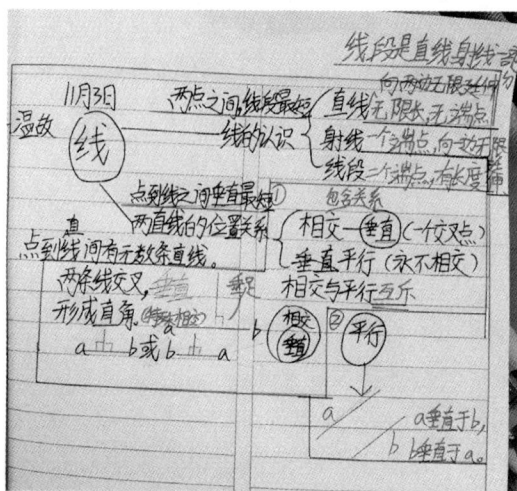

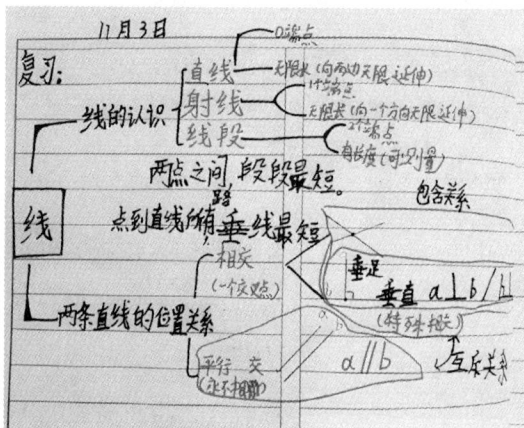

　　另外一节课就是"旋转与角"，这节课以前我并没有太在意用活动角这个教具，而是直接上来给角进行分类。而这一次重新研读教材，发现这是很有必要的，我们需要通过直观过程让学生感受到这几类角的形成过程。在一班因为忘记带活动角，只有在班级现场做了一个活动角，学生觉得很有意思，很快就将学生的积极性调动起来，然后在整个活动角旋转过程中学生观察得也很认真。一开始两条边是重合的，有的学生就以为是周角，而更多的学生知道还没有经过旋转，所以这仅仅是两条重合的射线。

　　通过旋转得到了五类角后，直接抛出一个大问题：仔细观察旋转的过程，你发现了什么？这个过程仍然需要学生来充分表达，言语表达的前提一定是进行充分的观察与思考。果然学生能说出开口越大，角越大，角的大小与边的长短无关。

紧接着，研究学生最关心的第二个问题：这些角有没有像直角那样特殊的角，它们之间又有着怎样的关系？

两个班的学生都是在观察、操作、交流的过程中发现了直角、平角和周角之间的关系。如下图所示，周角、平角中的虚线都是学生上黑板操作的，通过这样的操作他们就能清楚地看到一个平角里面有 2 个直角，一个周角里面有 4 个直角。

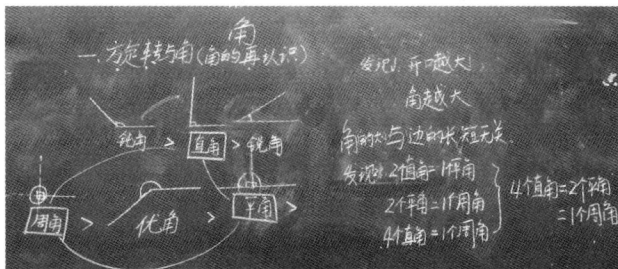

这个发现并不简单，通过这样的课堂我越发明白教参上所说的观察、操作、交流不是一句口头用语，而是要真正落实到课堂之中，真正让学生用心观察、动手操作，并用言语表达出来。

然而，这一周不是完美的，课堂上有瑕疵是必然的，还需要再改进，只不过我未曾想到一个特别需要改进的点。另外，最令我苦恼的是如何关注到每一个学生，尤其是需要帮助的学生，虽然我所带的这两个班是全年级最好的班，但仍然有一部分学生需要一对一的帮助，而我的时间非常有限，不是上课就是听课，或者改作业，课间的时间又很有限，学生上一趟卫生间五分钟就过去了，他们还需要放松，总不能连课间的五分钟也要被剥夺吧。还有优秀的学生如何让他更加往前迈一步？这都是需要不断思考的问题。

我想到的改进措施有如下三点：

（1）每天在备忘录上写出需要帮助的学生姓名（三个以内），数量少才能真正落实。

（2）唤醒家长们对自己孩子的有效帮助。因为以我一己之力很难做到有效关注到每个孩子，所以需要家长的帮助。而现状是学得好的孩子，家长抓得很紧，学得弱的孩子，家长的关注度反而不够，或者说没有做到有效的帮助。

（3）课本、知能或阳光上的难点题让优秀的学生上来解决，给他们更多的机会表达。

如同著名教育家于漪老先生所说的，"我一辈子在当老师，一辈子在学做一个好老师"。

所思所想

（写于 2022 年 11 月 21 日）

本来每两周的第二个周五都要写出反思的，但上周五因为各种原因没有写。昨天是周日，上午陪儿子参加班级活动，下午就在家里静静地看了两个小时的杂志，这本杂志是《小学教学》（2022 年 9 月），看的时候内心就很不平静。一方面，看到这些文章内心很激动，因为给了我很多的教学灵感，也给了我很多的启发；另一方面，让我内心非常不安，因为最近我还没有写文章，没有写反思，当天晚上一个个片段映入我的脑海，所以今天我一定要趁热打铁记录下来。

回顾前两周的教学，现在还能记住的一定是最深刻的。主要是第二单元。

在教学第一课"线的认识"，我和学生探讨完三种线的特征之后，一个小举动，让学生眼前一亮，我在一条直线的上面点了一个点，抛出一个问题。

师：仔细观察，你有什么新发现？（见下图）

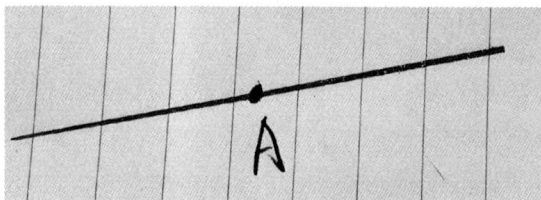

生 1：我发现这里还有射线。

生 2：我也发现了，而且还有两条射线。一条是从端点 A 向左边无限延伸，另一条是从端点 A 向右无限延伸。

师：同意吗？那这么说射线和直线有什么样的关系呢？

生 1：我觉得射线是直线的一个部分。

师：同样的道理，我现在再在这条线上找到一个点 B，你又发现了什么？如下图所示。

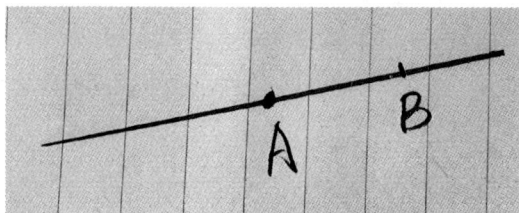

生 1：我发现线段 AB 是射线的一部分。

生 2：我有补充，线段 AB 还是这条直线的一部分。

师：那你们现在对线段、射线和直线之间的关系有什么新的认识吗？

生 1：原来线段是射线和直线的一部分，射线又是直线的一部分。

通过简单的两个点，将三者之间的关系简单地阐述清楚，理解透彻，学生真的很厉害。

当然，我还有疑问：能说这三者之间是包含关系吗？可以说直线包含了射线和线段吗？这两种说法有什么不同呢？值得再探究。

师：如果我再找出一个点 C，请问这里面一共有几条线段？几条射线？几条直线？

学生非常激动，因为他们发现原来这么有趣，增加了一个点又有了这么多的挑战。都在台下积极思考，并将结果写出来。

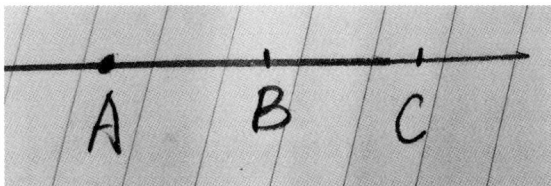

对于有几条线段和几条直线，经过简单的讨论就得出结果，但对于几条射线，学生之间产生了分歧，可惜因为时间有点久，忘记了具体过程。但在这一个过程中，培养了学生的有序思维，通过交流、辩论，学生知道了正确数线段、射线或者直线的方法了。比如一个学生是这样数里面有多少条射线的：

生 1：我是从 A 点开始数的，以 A 为端点，分别向左右两个方向无限延伸，这样就产生了两条射线。同样的道理，以 B 点为端点，分别向左右两个方向无限延伸也产生了两条射线，从 C 点开始也能产生两条射线，所以这里面 共有 6 条射线。

师：按照他的方法，如果我再加一个点 D，那会有多少条射线呢？如下图所示。

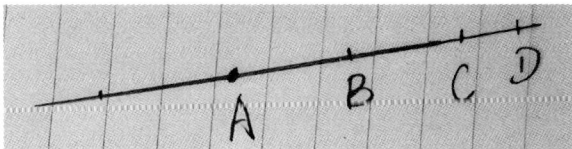

生 1：再增加了两条射线。

师：那要是再加一个点呢……在这条直线上，点的数量与射线的条数有什么样的关系呢？

学生再一次沉思，他们需要将具体的这些例子抽象成言语表达，这个过程其实是有难度的。但有了具体例子的支撑，大部分学生是能表达出来的。

生1：射线的条数是点数的2倍。

生2：把点的个数乘2就是射线的数量。

生3：因为一个点可以产生两条射线，那么N个点就能产生N乘2条射线。

师总结：原来一条直线上，射线的条数等于这条直线上点数的2倍。

学习者视角下的课堂教学

（写于2022年12月1日）

最近都在学三位数除以两位数，这一单元是本册的重难点，里面有定商、试商、调商三个主要知识，每一届四年级除数是两位数的除法都有很多的错误，如何来减少学生这方面的计算错误一直是我的思考重点。

这一次我尝试着从学生的视角来观察他们的思考过程。

学生在学第二课"参观花圃"时，首先读数学信息，继而在信息的基础上提问，如果是以前，我会让这个过程很快就过去，但这一次我选择了三种层次的学生来问问题，慢的学生梳理信息的过程会慢一些，所以出现提问有停顿的现象，这个时候我也并没有着急，而是静心地等候，当他不连贯地把问题提出来后，我又让第二层次的学生来复述这个问题，最后让第三层次的学生完整地复述这两个问题，通过这样的三次提问，不会提问的学生会提问了，会提问的学生也会倾听别人的问题，继而去做补充。

这两个除法问题设计得非常巧妙，一个是平均分，另一个是包含除。学生分别解决这两个问题，其中一个问题就是：平均每个花坛有多少盆牡丹花？

当他们发现除法算式是 $154 \div 22$ 时，有点无从下手（除了提前学过的学生），这时我进一步启发他们。

师：能不能将之前所学的知识运用到其中？如果这道题变成什么样子，你就会计算了？

生1：如果除数是20，我就会计算了。

生2：如果除数是20，被除数是150，我也会计算了。

师：那请你尝试进行算一算。

其中一个学生（一班小晏）的作品令我印象深刻，如下图所示。

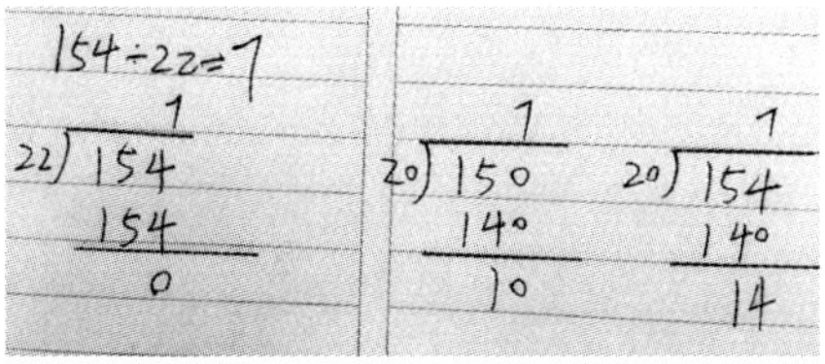

师：请问你们看得懂这位同学写的竖式吗？看得懂他的思路吗？

生：他先将 154 看成 150，22 看成 20，然后得到的结果是商 7 余 10，他又接着试，154 不变，把 22 看成 20，得到的结果是商 7 余 14，最后他回到了第一个竖式，除数是 22，直接商 7，得到的结果正好没有余数。

师：说得真好。那他算 154÷22 为什么要有三个竖式呢？

生：前面两个竖式都是在试。

师：其实就是在试着上商，我们把这个过程叫作试商，这也是我们今天学习的重点。

通过这样的过程，学生将除数是整十数的计算方法顺利迁移到除数是一般的两位数上来。

从学生的课后作业来看，很多学生受到了小晏的启发，将试商的过程完整地呈现出来（见下图），这是我以往教学中从没有出现过的。这样的过程有一个最大的好处是将学生在大脑内部的思维可视化，学生的思维过程没有被打包压缩，这样一来，整个推理过程非常的直观、清晰，学生出错的概率就会大大降低。当然经过一段时间的沉淀、消化后学生在进行除法竖式时，不会再这样写了，因为麻烦，但这样的过程在初学时非常有必要。

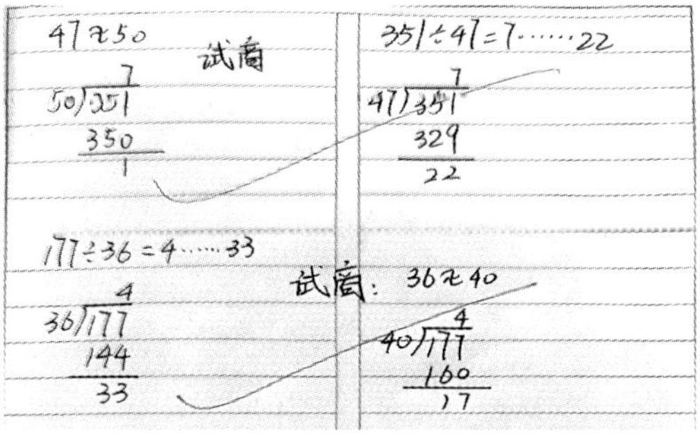

还有学生有其他的写法。我都没有否定他们，因为这是知识学习的再创造过程，他们有这样的探索精神和思考方式是非常令人惊喜的。学生不像我们的思维被固化了，一个除法算式就只有一种除法竖式，所以以这样的视角来看待学生的作品，我每天收获的都是惊喜，发自内心地欣赏学生的思维。

比如图 1 是五班小王的作品，仔细分析你会发现，他的计算过程是有道理的。他先将除数 31 估成了 30，再来上商，然后用口算的形式来计算出 2 个 31 或者说 31 个 2 是多少，最后用总数 70 减去用掉的 62 就得到了余数。只不过，我们要在明确学生想法的基础上，告知他这样写的问题，如除数是 31，用掉的是 2×31 的结果，而不是 2×30 的结果，除非将除法算式中的除数换成 30，并且通过对比的方式让他看到他的写法比较麻烦，可以有更简洁的方法。如此一来，他更加明确了正确除法算式的算理。

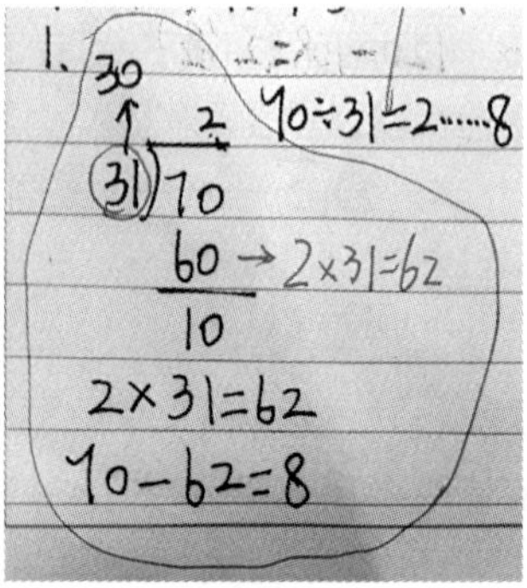

图 1

图 2 是小张的作品，你会发现他也很有想法，先算估计的结果，然后将它们相差的数减或者加进去，他其实是真正理解了除数是 21 与除数是 20 之间的联系。如果没有读懂他的想法，也很容易否定他、批评他，但读懂了，就可以在此基础上给出建议，比如最后相差的数是加还是减，这样写没有统一的书写形式，以及每次都要想是加还是减相差数也很麻烦，让他能感受到这种麻烦，他就能体验到现有除法竖式的优越性了。

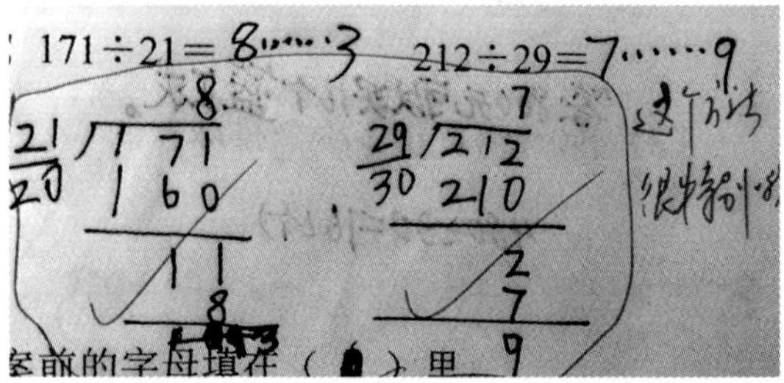

图 2

在"参观花圃"第二课时"试一试"中，商是两位数，也就是说要试商试两次，是第一课时的双倍难度。那如何来化解这个难点呢？

以往的我也从没有想过这个问题。这一次也并没有特别去钻研，只不过在学生做题的时候，我仔细观察了部分学生的计算过程，以及五班小侯上完这节课发出的感叹：老师，我觉得这个知识好难，要试两次，好复杂啊。她在班级中学习力还可以，如果她都有这样的困难感，那还有相当一部分学生是也有这样的困惑的。于是，在第二节课上，我做了一次梳理，分三步来完成这样的除法计算：

第一步"判"：先判断商是几位数，括号里要写出判断依据。

第二步"算"：从高位往低位一步一步往下算。

第三步"验"：用除数 × 商 ＋ 余数检验结果是否正确。

学生在这样严密的逻辑关系下，一步步往下做，不能做任意的跳动，做到有序、有理。

在此基础上，重点突破第二步"算"。比如在计算 989÷43 时，我和学生一起算到第一步后（见下图），启发学生：如何来减少错误或者降低难度呢？

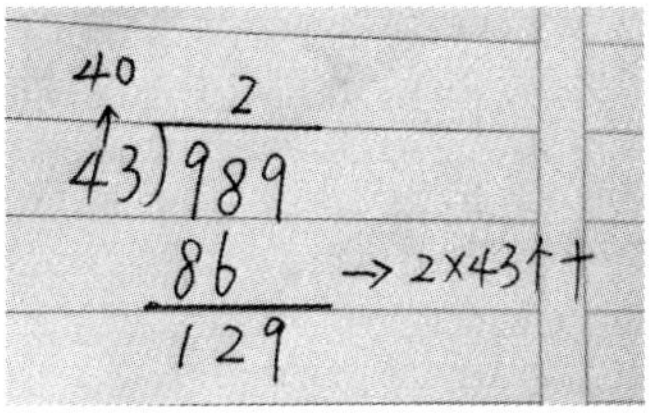

最有效的方式就是分开来计算，将这一步算完后，重新列出一个除法竖式来计算 129÷43，这样一来，一个繁杂的问题就用了两个相同的步骤来完成，如下图所示。

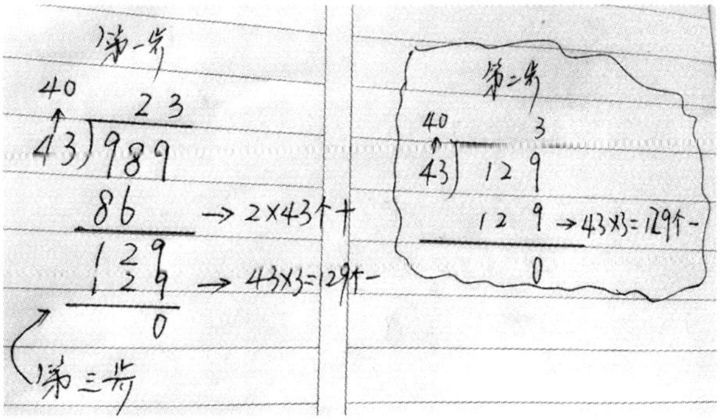

通过这几次教学，我深感在教学过程中，我们不能过早压缩学生的思维过程，不要理所当然地认为这些内容都很简单。简单的前提是因为我们成人已经会了，知道这样的运算规则了，而对于学生，他们是第一次面对这样的问题，所以要有一个展示他们思维的过程，让他们在对比中慢慢地吸收，从而最终由直观走向半抽象及最后的抽象算式。

总之，这个过程需要老师转化角度，从学生真正学习的视角来入手，读懂学生的想法，这样才能真正地帮助他们，而不是填鸭式地灌输。教师本人通过这样的过程也会深感教学的丰富性、创造性，也不至于过早地出现职业倦怠了。

教师要学会多问几个"为什么"

（写于 2022 年 12 月 7 日）

今天难得的周三下午不需要教研，作业也批改完了，终于有时间来写一下这几天的教学反思。

我最想表达的观点是要想培养学生发现问题、提出问题的能力，教师首先得学会问问题，小学知识看似简单，但其中蕴含的道理并不是那么简单，尤其是要把道理讲得让小学生能听明白，并非容易之事，所以教师自己要有一个好问之心。

比如在第六单元除法中，学生在写 $800 \div 40$ 的竖式时，多写了一个"0"，这个 0 有和没有到底有什么区别？其实，仔细思考你会发现，这个 0 添加后虽然结果是没错的，但是从运算过程来看，先看被除数的前两位，80 除以 40，在十位上商 2，这时候用掉了 2×40 个十，也就是 80 个十，而 800 表示的是 800 个一，虽然结果相同，但计数单位是不同的，在十位上商后，就要算出用掉了多少个十，这就是二者最本质的区别，一旦把道理想明白，讲清楚，学生也就不会多写出这个 0。这和乘法竖式是一样的道理，当第一个乘数与第二个乘数十位上的数相乘时，就是算出一共有多少个十，所以个位上的 0 是不用写的。

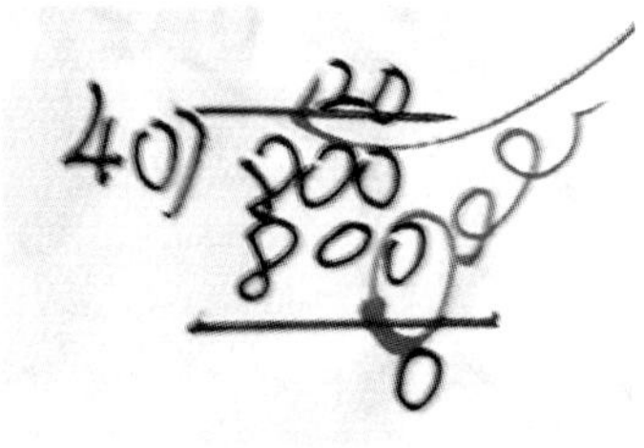

什么是真正的素养课堂

（写于 2023 年 2 月 22 日）

自从 2022 版新课标出台以后，各门学科谈论最多的就是核心素养，通过各个学科来促进学生的核心素养。那么什么是学生的核心素养呢？目前专家没有一个统一的界定，所以要使这一理念真正落地，我想还要很长一段时间。

核心素养在课堂上落地，自然就要想到打造素养课堂。那么什么是素养课堂呢？我想不管名词怎么变更，在数学课堂上做到让学生愿意思考、写下自己的思考过程，并从与教师、学生之间的质疑、交流中对原有的认知进行修正、提升，最后通过数学学会真正的思维，通过数学使学生想问题更清晰、更合理、更深入、更全面，这就是真正的素养课堂。好在这一理念已经是深入人心。我的课堂自始至终在朝着这个方向努力。

在学第一节"小数的意义（一）"时，通过几个核心问题来让学生探究，达到知识的结构化认识。

教学片段：

核心问题一：你能用你学过的知识说一说，1.11 元是什么意思吗？ 1.11 米呢？同学们可以借助课本第 105 页的附页一，做一做，想一想，再来说一说。开始吧。

生：1.11 元表示 1 元 1 角 1 分，1.11 米表示 1 米 1 分米 1 厘米。

师：说得非常好。(结合图) 1.11 元表示 1 元 1 角 1 分，1.11 米表示 1 米多出 1 分米和 1 厘米，从这儿到这儿那么长。我们已经知道了 1 元等于 10 角，那反过来 1 角等于多少元呢？ 1 元 = 100 分，那 1 分等于多少元呢？可以用已经学过的分数来表示，也可以用小数来表示，试试看。

紧接着对这三幅学生作品进行探讨，通过交流，学生就会发现原来同一个数不仅可以用分数表示，还可以用小数来表示。至此，他们的思维水平就上了一个台阶。

然后，结合面积直观模型，脱离现实元角分与长度的背景，进行十进制分数与小数之间的转化，进而通过类比迁移认识三位小数。然而，在类比迁移中，有的学生就会出现错误（见下图）。

把"1"平均分成 1000 份，其中的 1 份是 $\frac{1}{1000}$，也可以表示为（0.001）；其中的 59 份是 $\frac{59}{1000}$，也可以表示为（0.059）。

出现错误，一定不能回避，或者认为改过来就可以，而是要在对比中产生认知冲突，学生自然会来研究到底谁对，为什么 0.059 是正确答案呢？孩子们真的很会观察，也很会讲道理，其中一个学生的发言令我印象深刻。

生 1：把"1"平均分成 1000 份，1000 中的 1 就是在千位上，可以不看小数点，这样一来后面的三位依次是百、十和个，其中的 1 份是 0.001，那 59 份就占到了个位和十位，百位上就是 0 了，所以就是 0.059。

这个孩子就是通过 1 份就是 0.001 与 59 份建立联系进行类推的，是有非常强的逻辑推理能力的，但我们常常会发现一个问题：上课无论辩论得多么好，理解得多么深刻，到了做练习的时候，总是还会有错误。比如，学生在做知能第 2 页时，仍然会出现这样的错误。

在下面的括号里填上适当的小数。
7 元 5 角 6 分 =（7.56）元　　2 元 5 角 5 分 =（2.55）元
2 千克 12 克 =（2.12）千克　　5 千克 60 克 =（5.6）千克

这一类学生最大的问题是，他们喜欢凭借直觉来做题，而不是通过严密的逻辑推理过程来完成，而课堂上我们是要求必须写出完整的思考过程的，所以才会有了以上现象的出现。为了避免这样的问题反复出现，一是要强化学生做练习时的习惯，尽量将思考过程可视化，这样就能减少凭直觉做题的习惯；二是对于错误不能简单地订正，而是要写出完整的推理过程，这样也能避免类似的问题反复出现。

从这个简单的例子中我们能明白，为什么说小学阶段，习惯的培养是如此重要。数学并不是一味地做难题，而是要在思考过程中形成有序的思维、类比思维、逻辑推理思维，思维的培养是需要付出时间的。

最后，我和孩子们喜欢在结束一节课或者开始新课的时候回顾一下：这节课（上节课）到底学了什么？这个过程非常重要，是由厚到薄的过程。他们需要把一整节课做提炼。在此也不能低估学生的实力，他们能提炼出第一课学的就是分数和小数的互相转化，只不过老师在此基础上要进一步修正为十进制分数与小数的互化。

在第二课"小数的意义（二）"中，我们通过现实情景的引入：一块黑板长3米87厘米，如果我们要用米来作单位，那么黑板有多少米呢？

一个核心大问题产生了，学生需要将以往所学的知识与这个问题建立联系。经过一番思考，学生写的思考过程非常令人惊喜，我甚至在想如果是成人来思考，他们是否能有这么多的方法。

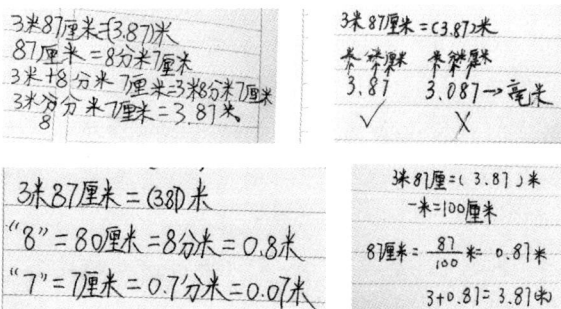

这四幅作品中，学生都会用联系的观点看问题，但表现出的思维水平还是不一样的，前三幅作品是同一思维水平，他们是类比前面一课中1.11米=1米1分米1厘米，所以先将80厘米转化成8分米，然后3米87厘米转化为3米8分米7厘米，最后就类推成3.87米。而最后一幅作品，思维水平会高一个层级，他并没有借用分米为桥梁，而是直接建立米和厘米之间的关系，然后运用十进制分数与小数之间的互化，将分数转化成小数。他运用的是第一课的知识，而前面三位同学运用的还是三年级已学的知识。

学生在完成这一课挑战题"0.3时是多少分？"时，也让我收获了巨大的惊喜。

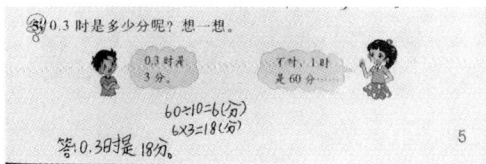

尤其是第三幅作品，如果不是他讲出来，乍看这个过程我都没能明白，为什么要这么写？他认为，0.3 时是多少分不好算，但 3 时是多少分好算，所以先将 0.3 时扩大 10 倍，就是 3 时了，3 时 =180 分，再将它缩回去 10 倍，也就是 18 分，所以 0.3 时 =18 分。再次惊叹孩子们的思维力，我们成年人的思维容易固化，喜欢学什么就用什么来解决问题，而孩子的思维是发散的，具有创造力、令人惊叹。

在第三课"小数的意义（三）"中的"试一试"，小数大小不变的性质中，我们还是以一个大问题做引入：小熊商店每条毛巾 5 元，小狗商店每条毛巾 5.00 元，他们的价格一样吗？为什么？

说出结论简单，但要说出道理，并非易事。于是又将这个大问题抛给学生来思考，学生写出的想法非常有意思。

四（五）班小徐作品

四（一）班小马作品

忘记了姓名

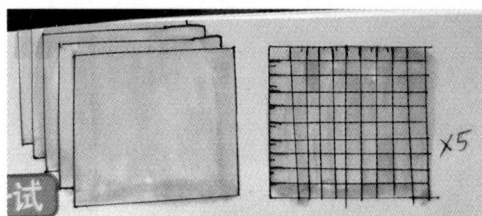

四（五）班小张作品

这四幅作品中，小马对 0 在整数和小数中的不同做了非常清晰的解读，他的解读让很多同学心中的疑惑释然，那就是为什么 0 在整数的时候那么有用，我们不能说 5=500，而在小数末位的时候，却表示没有呢？主要的原因就是 0 在整数中起到占位作用。而 0 在小数末位时，并不能改变 5 的位置，它仍然在个位上，表示 5 个一。

而其他三位同学都是从意义上进行了解读，小徐发现了 5.00 其实就是 500 个 0.01，而小张通过图直观地看到 5 其实就等于 5.00，只不过计数单位发生了改变。

这样的课堂例子不胜枚举，只要在课堂上舍得花时间让学生思考，你会深刻发现现今的教学真的与我们的学生时代大有不同，不再是灌输、接受式地学习，而是主动地、探究地、质疑地、反思地学习。我想这应该就是真正的素养课堂吧。

课堂永远都有惊喜

（写于 2023 年 3 月 31 日）

翻开上一次的反思，是 2 月 22 日，已经有近一个月没有写反思了，内心非常愧疚。其实这一个月中和孩子们一起有很多值得记录的东西，但因为时间关系都没能记录，现在已经遗忘殆尽了。

在此也不想过多地抱怨自己有多忙，因为从目前社会状态来看，没有不忙的人，学生在不断地写作业、上课、补课，教师在不停地上课、改作业、做活动，所有人被卷进巨大的旋涡而不能自拔，抱怨也无济于事。我现在想做的就是力所能及地让自己感受到自己所做的工作是充满价值的，让我的孩子们能在我的课堂上至少不觉得那么枯燥和痛苦，仅此而已。另外，我特别期待能出现一个伟人拯救这个"生病"了的教育。钟泉水先生或许能改变一点，他创办的零一学院目前是我心中的一道光，但愿这道光能一直照耀，最后能改变整个教育评价系统，能有多元的评价，让孩子们有更多的选择。

回到我的课堂。有人会说教师的工作很枯燥，12 本教材反复教，教几十年很无聊，这也是很多教师产生职业倦怠的重要原因，但是如果将焦点从教材转移到孩子身上，你会发现每一年的教学都很有意思，因为每一届学生都不一样，即使是同样的学生每一年每一学期都不一样，你细心观察、用心体会，就会觉得每天都有惊喜。

今天在五班上"包装"一课，这节课重点是学习小数乘法的竖式计算，其中要解决的一个问题是：买包装纸需要多少元？

学生们对这一个核心问题进行了独立思考，并写出了自己的思考过程，我挑选了三个有代表性的作品，如图1至图3所示（分别是小戴、小希和小邓的作品）。

图1　　　　　　　图2　　　　　　　图3

其中图1和图2的计算思路是一样的，只不过书写形式不同，另外图2在写最后一步的时候出现了错误，将208÷100写成了208÷10，图3用的是竖式，但因为是第一次用竖式计算小数 × 小数，会有一些问题。我将这三幅作品同时呈现出来，让学生来观察、对比、辨析。前两幅作品中的问题学生很快就能找出来，图1的学生是单位写错（已改），但图3有争议，有的学生认为是对的，有的学生认为是错的，可能成人觉得这有什么好争议的，就是错的，但是儿童有自己的想法，我们要用道理说服他，或者说我们要在辨析的过程中明晰小数乘小数竖式计算每一步的道理。

小邓这样阐述自己的观点：我先把它转化成整数乘法，26×8=208，再看小数乘法中的两个乘数都是一位小数，所以积的小数位数就是2位，我在208上打上小数点就是2.08。道理说得很清楚，一开始质疑他的小陈觉得有道理，想"倒戈"小邓，好在下面还有不同的声音，他们的理由很一致：明明写的是26×8，它的结果就是208，怎么可能是2.08呢？小邓继续反驳：可是我已经用标注把小数点搬下来了呀。

这时候的我鼓励在台上的小陈可以大胆反驳小邓。小陈咬住了他原先的理由：你写的竖式就是26×8，结果不可能是2.08，尽管你做了解释，但是从竖式上是看不出的。就这样一来二去的对话，小邓接受了小陈的观点，进行了二次修改，如下图所示。

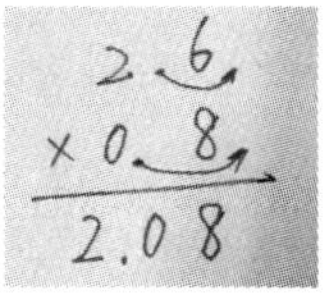

师：为什么又改成这样呢？

小邓：因为这样大家就能看出算的是 2.6×0.8。

师：那打箭头是什么意思？

小邓：把小数点移走。

师：移走的话，你其实算的是谁？

小邓：26×8。

师：那结果是 2.08 还是错误的。这个算式怎么改进是对的呢？

最后在大家一致商议下，将这道题的竖式进行了如下改进：

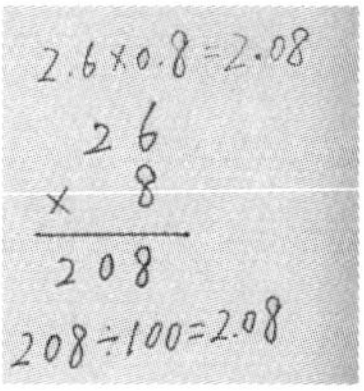

师：这个过程就看得很清楚，首先把它转化成整数乘法，然后将积缩小到原来的一百分之一就是得数了。那有没有更简便的竖式写法呢？

生：直接把小数写在竖式里，按整数计算，再打上小数点就可以了（见下图）。

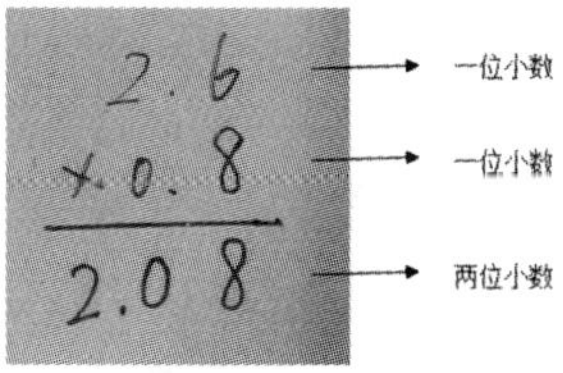

按理说这个过程应该很顺利地过去了，这节课最核心的内容也解决了，但这时小许站起来反驳：这个写法是错误的，8 应该写在百分位上，怎么能在十分位上呢？

在台上的我顿时一愣，孩子居然有一个我从来没有想过的疑惑。8 和十分位对齐，这样不可以吗？当然是可以的，但要跟学生怎么讲清楚这个道理呢？孩子很明显是受到小数加减法的数位对齐的影响才提出这个问题的。

我最后给出的解释是，因为 8 在小数点的右边第二位，它仍然是表示 8 个 0.01，只不过它与乘数中的十分位对齐，但因为时间关系我没有进一步解开孩子心中的疑惑：8 明明是在百分位上，怎么与乘数的十分位对齐？这是我下节课想跟孩子们探讨的问题（这个问题家长们也可以思考：8 怎么与乘数中的十分位对齐了呢？）。

下午，在四（一）班上第一节课，因为"街心广场"讲的是乘数小数的位数与积的小数位数之间的关系，这节课很重要，所以我让学生在后续的练习中进一步巩固这个知识点。于是将课本第 39 页的第 2~5 题进行练习和讲解，因为周五下午学生都很疲惫，所以我让学生自己上台讲解，这样台下的学生会更有兴趣。当讲到第 4 题的时候，以为很快就能过掉，因为在我看来很简单，没有太多的想法。但学生给了我惊喜（见下图）。

> 4. 明明每天上学和放学都要乘坐一次公交车，每乘一次公交车花 0.2 元。明明的公交卡里还剩 3 元，够他一周 5 天上学和放学用吗？

我用抽签的形式叫到了小东上台讲解，平时的他不怎么说话，我有时也不太敢叫他，但这次我想要鼓励他。没有想到他的思路特别清晰。

小东：因为明明是每天上学和放学都要坐一次公交车，所以我先用 0.2×2=0.4（元）算出一天要花的钱，再将 0.4×5=2（元），算出的就是一周五天要花的钱，再来比较：3＞2，所以够他一周用。

他的话音刚落，班上响起了雷鸣般的掌声。紧接着，又有学生说有不同的思路，想讲解。这次上台的是小黄。

小黄：我先算出他一周五天共坐几次公交，一天 2 次，五天就是 10 次，5×2=10（次），一次要花 0.2 元，那么 10 次就是 0.2×10=2 元，再来比较就可以了。

她的思路让我们惊讶，因为很少有学生是这么想的，我自己也没有这样想过，她给了其他学生太大的惊喜，于是又响起了雷鸣般的掌声。

原本以为结束了，结果小洪也要求上来讲解，他还有不一样的思路。

小洪：我是先算出一周五天上学坐公交要花的钱：5×0.2=1 元，放学要花的钱与上学是一样多的，用 1+1=2 元，再来比较。

又有了不一样的想法，真是太好玩了，一道题居然有这么多种方法，最后小邓做了总结：虽然思路不一样，但最后写出的综合算式都可以是：5×0.2×2，只不过乘数的顺序不一样。

这道题给我的触动很大，不管是成人还是孩子如果按照固定的思维模式来进行思考，是很容易形成思维定式的，如果我们愿意分享、倾听、交流、辨析，那我们的思维会得到发散，不再是一个固定的思考路径。这就是学习的真正意义。数学真的不仅是解题，而且是在解题与交流中提升你的思维，让你变得更加有智慧。

做个有心人，课堂永远都会有惊喜在等着你。你会觉得一切都是充满生机的……

开放，就会有惊喜

（写于 2023 年 5 月 8 日）

最近在学方程，等量关系和方程紧密相连。随着岁月的变迁，自己也成熟了不再那么急于要结果，更想看到孩子们的思维过程。"等量关系"这一课，教材通过三个问题来解决，首先是直接呈现一个跷跷板由不相等到相等的过程，从而得到"这只鹅的质量相当于 2 只鸭子和 1 只鸡的质量"，教材出跷跷板是让我们找到体现等量关系的生活原型。所以，我就直接出示这个例子让孩子们来感受从不相等到相等的过程，从而直观感受什么时候相等，即初步感受等量关系。第二、三个环节主要是解决这样的一个问题：请你表示出妹妹的身高与姚明、笑笑身高的关系（见下图）。

当你真正放手让学生去思考了，他们就会有很多自己的想法，以下是孩子们的作品（见图 1 至图 4）：

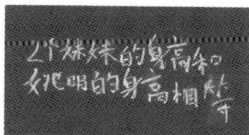

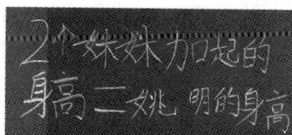

图 1　　　　　　　　　图 2

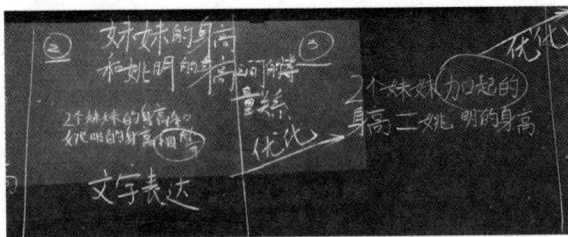

图3

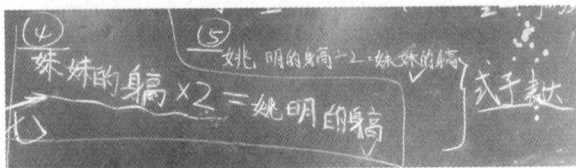

图4

经过交流，学生能感受到相比文字表达，式子表达更为简洁，但是在我和学生的心中其实都有这样的疑惑：虽然式子表达更为简洁，但文字同样能表达出等量关系。所以，当学生在完成知能上的练习时，还是会出现以下情况：

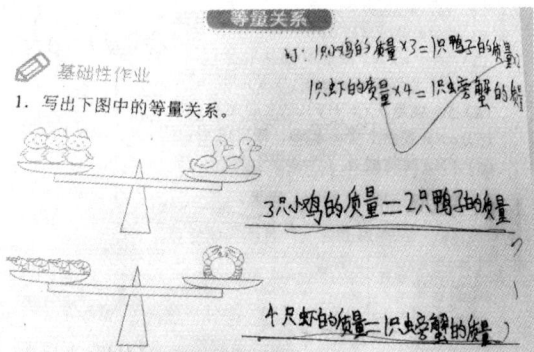

图5

我们的老师看到这种情况，可能又只是在进一步强调：我们应该用式子表达，而不是文字表达。当我解不开心中的疑惑时，我就想听听学生的看法，于是带着这个问题走进课堂。

首先出示图5，让学生自己来说一说：为什么这样写不行呢？

大部分学生是按照我之前说的套路来说，即我们要用数学的式子来表达它们之间的等量关系。

这时，四（一）班的小宗高高举起手。

小宗：你们看图就知道了，如果只写3只小鸡的质量 =2 只鸭子的质量的话是不正确的，因为这样一来每只小鸡的质量不一定相等，只要满足它们的质量之和等于 2 只鸡的质量就可以了，然而图上显示的每只小鸡的质量是相等的，所以这样写出的等量关系并不能准确地表示出图中的意思。而 1 只小鸡的质量 ×3=1 只小鸭的质量 ×2 就能清晰地看出这 3 只小鸡的质量是相等的。

这个孩子实在是太厉害了，他的发言让我醍醐灌顶，解开了我多年的疑惑。我真的无比激动。

他的解释能解开所有的问题，比如为什么姚明和妹妹身高之间的等量关系不能写成如下形式（因为这样的等量关系中存在歧义，会产生两个不同的妹妹身高，这样一来其实就有两个不同的未知数）：

还有知能上的一道题，为什么不能这么写？也是因为这样写就会存在一种歧义：6 把椅子的价格不一，那么就会存在多个未知数了，也与题目实际表达的意思有出入。

（3）买一张桌子和 6 把椅子共用去 770 元。
一张桌子的价格 + 6把椅子的价格 =770元

在"方程"这一课中，我是从"="入手的，以往学过等式中的"="号，它具有方向性，强调的是"结果"，并举例说明。而现在学的"等量关系"中的"="，更多的强调"相等"，不具有方向性。可能有的老师会认为这样讲解太理论化了，孩子们能听得懂吗？其实我们完全低估了四年级的孩子，只要你结合举例，调动他们已有的学习经验，他们就能清晰地理解这"="的两种不同意义，因为孩子们的发言就能说明一切。

当我们在探讨以下事例的等量关系和方程时，有两种不同的写法，如下图所示。

刚好倒满2个热水瓶和1个水杯

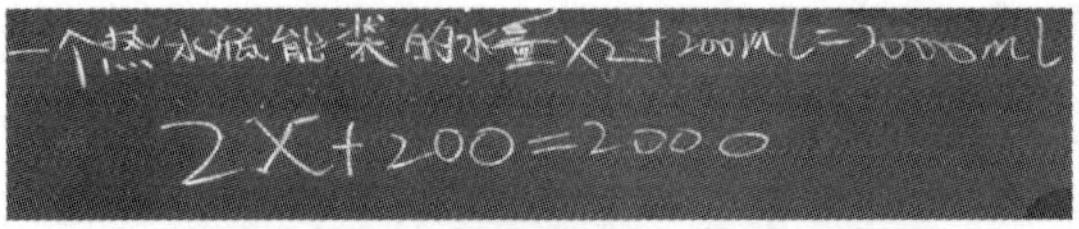

第一种

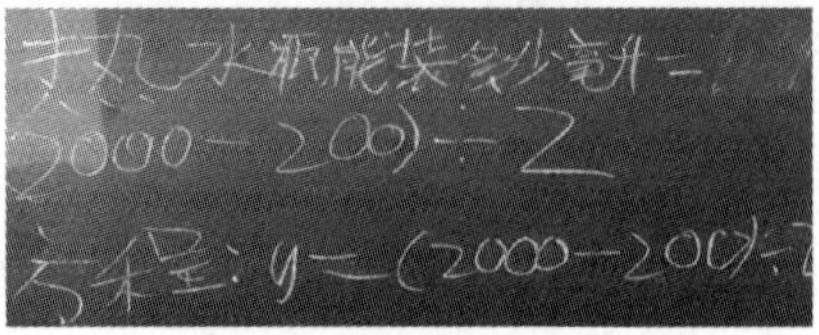

第二种

作为老师心里肯定都很清楚，列方程是顺向思维，第二种虽然看上去是方程（因为定义是含有未知数的等式叫方程），但其实用的思维方式还是算式思维方式，本质上算不上方程。那我们如何让学生感受到这一点呢？我还是选择相信学生，让他们自己讨论，并发表见解。

四（五）班的小侯就阐述得非常好。

小侯：第二种中的"="具有方向性，它更强调结果，而方程是含有未知数的等式才叫方程，在我看来这个 y 可以不算是未知数，因为我能立马算出它的结果。

这两个例子给了我无限的惊喜，又有很多的启发。首先，作为老师一定要善于思考，要有独立思考的能力，我想虽然我有这个意识，但并不能做到每节课都有更深刻的思考，有的课还是停留在吃老本的状态，要进一步学习。其次，我们要给学生更多的空间，要相信他们，当有深刻思考和深度对话、有真正交流和反思的时候，思维水平就在渐进式提升。

数学的学习，就是思维能力的心得。

教学需要慢一点

（写于 2023 年 5 月 30 日）

最近有几件课堂教学之事，印象深刻，也深受启发。在此一一记录下来。

教学一：天平的数学

在以往教学过程中，重在运用等式的性质解方程，而这一次教四年级有不一样的感受。我发现天平在帮助学生解方程上有很大的作用，因为等式的性质很抽象，但它来源于天平平衡，保持天平的平衡其实就是等式仍然成立，所以教材从跷跷板生活原型过渡到天平再到等式的性质是非常有意义的。

以往学生在解 $x+20\times2=70$ 这样的方程时，和现在的学生一样，总会出现这些的解法，如图 1 和图 2 所示：

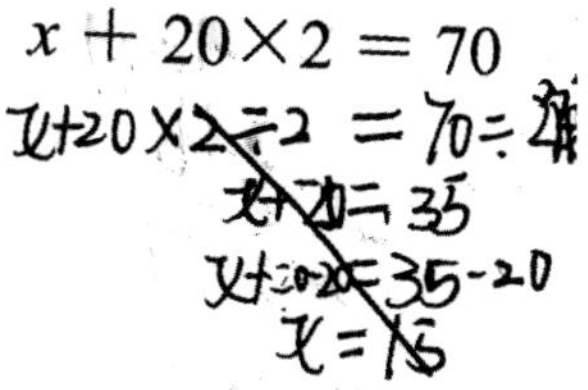

$$x+20\times2=70$$
$$x+20\times2-2=70-2$$
$$x+20=35$$
$$x+20=35-20$$
$$x=15$$

图 1

$$x+20\times2=70$$
$$解：x+20\times2-20\div2=(70-20)\div2$$
$$x=25$$

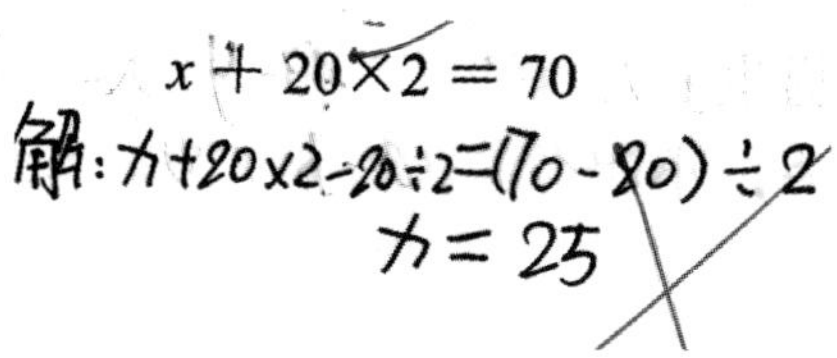

图 2

每当看到这样的解法时，我们老师总是喜欢这样引导：先把能算出来的算出来，根据等式的性质，我们需要把左边的 -40 去掉，那只有 -40，要保持等式仍然成立的话，右边也要 -40。然而下次很多学生仍然不会解这样的方程。

这一次教学我并没有这样做，而是借助天平，把这个等式想象成一个平衡的天平，天平的左边是什么呢？右边呢？

当学生看到这个天平时，他就立马明白要想得到 x 是多少克，先需要从天平的左端拿掉 2 个 20 克的砝码，此时天平不平衡了，要想天平再次平衡，右边也要拿掉 40 克的砝码。所以得到 $x=30$ 克。借助天平，学生就能很好地理解解方程的过程。

通过这一题，我看到了天平的真正意义，当学生在解不出方程时，我就建议他们用天平将方程表示出来。比如这一道题：$(x-7)\times3=24$，学生画出怎样的天平呢？

教学二：奥运中的数学

往年在教这一课的时候，都觉得没有什么可教的，无非小数加减法知识的回顾，而这次也是受新课标、新理念的影响，要让学生感受到奥运中数学的趣味性并以探究的方式真正解决奥运中的数学问题。

以"跳水"为例。我先给孩子们讲了全红婵的故事，继而呈现如下信息和问题，让学生独立思考并完成。这个过程，我并不急于说出结果，而是慢慢等待学生呈现他们的思考过程。

● 跳水。

2020 东京奥运会女子单人 10 米跳台决赛中，全红婵以领先第二名陈芋汐 36.00 分的优势进入到最后一跳，陈芋汐领先澳大利亚选手梅丽莎·吴 44.40 分排在第二。

下面是这三名运动员最后一跳的得分。

全红婵：96.00 分　陈芋汐：91.20 分　梅丽莎·吴：81.60 分

1. 最后一跳前，梅丽莎·吴落后全红婵多少分？
2. 谁是第一名，谁是第二名，谁是第三名？

其中四（一）班的小黄上台的讲解让我记忆犹新。她是边讲解边画图的，如下图所示。

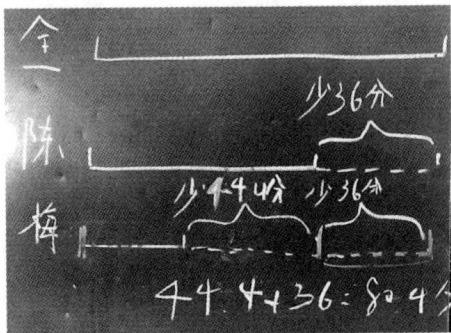

这样的图一出现，学生立马就能直观地看出梅丽莎落后全红婵多少分了。数形结合得妙不可言。

在第二问中，大部分学生知道排名，但如果要给出理由，很多学生就会"缺胳膊少腿"，写不出完整的答案，然而下面两位同学（小王和小吴）呈现出了完整的演绎推理过程，如下图所示。

（2）
最后一跳前：①全红婵
②陈芋汐
③梅丽莎·吴

最后一跳：①全红婵
②陈芋汐
③梅丽莎·吴

全红婵两次都是no.1，
一定为第一。陈芋汐两次
都是no.2，梅丽莎·吴
两次都是第三，必为第三。

答：全红婵是第一，陈芋
汐是第二，梅丽莎吴是第三。

明在最后一跳之前全红婵就已经领先，而且没有超过的情况。
（2）96 > 91.20 > 81.60
全红婵 > 陈芋汐 > 梅丽莎·吴
（第一名）（第二名）（第三名）

从这个推理过程中，学生也能清晰地知道要想说明全红婵是第一，不仅要看最后一跳，还需要看最后一跳前的结果，只有两者相结合才能得到最后的排名。

我和学生们都从慢中尝到了甜头，在射击这一个主题里面，仍然沿用了这种方式，让学生充分地思考并独立来解决问题。学生得到的结果有好几种，有的是10.4，有的是10.5，还有的是10.6和10.7，这样的不同是非常有意思的，我让学生将这些结果的过程全部在黑板上呈现出来，然后一起讨论。

🔘 射击。

2012伦敦奥运会女子10米气手枪决赛时，打过7枪后，中国选手郭文珺比法国选手格贝维拉总成绩落后0.2环。下面是两人第8枪和第9枪的射击环数。

郭文珺	9.8环	10.4环
格贝维拉	10.4环	10.1环

单枪最高环数是10.9环。

1. 第10枪郭文珺打出了10.8环，格贝维拉至少需要打多少环才能获得冠军？

经过讨论，学生发现最大的疑惑是对于0.2环的理解，以及前7枪的结果并不知道，如何来求出最后的总得分。但如果将这道题转化成一个表格的话（见下表），上面的疑惑就迎刃而解了。

	前7枪	第8枪	第9枪	第10枪
郭		9.8	10.4	10.8
格	+0.2	10.4	10.1	?

打过7枪后，郭文珺落后0.2，就是格贝维拉领先了0.2，我们不需要知道前7枪的总成绩，只知道她们的相差数，仍然可以解决问题。

这两道题用了整整两节课，然而它是值得的，正如学生自己的笔记本中写的收获：有的说从中学会了数形结合思想，学会了如何正确地推理，学会了画图、学会了表格法，等等。我想数学学的不是解多少道题，而是解题背后的数学思想或者解题策略，数学思想和策略是可以迁移的，而思想和策略的形成一定是要经过长时间思考才能获得的，这就是慢的价值。

教学三：平均数

平均数是学生感觉很抽象的一课，对于平均数，大部分孩子学过之后更多的是停留在平均数的算法上，平均数＝总数÷份数，但对于它本质意义，即"平均数是一组数据平均水平的代表"这句话很难做到真正的理解。因为很多学生在上平均数这节课之前就已经在外面或者父母那里得知了平均数的算法，但是对于为什么要这么算，学生并不能给出合理的理由，所以，再一次慢下来，让学生重点探讨"淘气能记住几个数字"，将算法忽略。

每 3 秒呈现 10 个数字，看一看每次可以记住几个数字。

8426351693

淘气 5 次记住数字的情况统计表

次数	第1次	第2次	第3次	第4次	第5次
记住数字的个数	5	4	7	5	9

⚫ 淘气能记住几个数字？

学生在思考、交流和辨析之后，有如下的选择，即 5、6、7。

首先，排除了 4 个和 9 个，给出的理由是，选择淘气能记住 4 个数字的话，淘气肯定不服气，但如果选择记住 9 个数字，其他人肯定又不服气，觉得不公平。

其次，就是在 5 个和 7 个里面选择。有学生认为选择 5 个比较好，因为 5 个数字出现了两次，频率比较大，更能代表淘气的水平，这时候学生的交流已经在慢慢趋向平均数的本质了，但仍然有反驳声：虽然 5 个出现了两次，但 7 个和 9 个也出现了，而且都比 5 个高，怎能说 5 个代表了淘气的水平呢？但对于选择 7 个也有反驳声，认为 4 个和 5 个都比 7 个低，而且一共出现了 3 次。

最后，6 个的呼声就慢慢高起来了，记得是一班的小邓，他借助磁力片在黑板上展示了如何将多出来的部分移到少的部分，这样一来，所有的次数都变成了 6，那么 6 个就能代表淘气记住数字的水平。

教学四：引导的力量

从教 14 年来，现在越来越能感受到为什么有那么多的老师会有职业倦怠之感。或许是对自己工作现状的不满，或者是对自己教学成果的不满，或许是在跟同龄教师的比较中感受到不满，等等。其实，现实是有诱惑的，也是有攀比的，要想做学问研究是真的要耐得住坐冷板凳的。每当自己内心摇摆不定的时候，只有学生能让我心静。因为当真的走进他们的内心时，我会发现自己的工作非常有意义，数学教育中有太多值得去探究的地方，比如：

如何让我的每一位学生爱上数学课？

如何让我的学生在数学课上获得成就感？

如何让学生的思维得到真正的发展？

如何让学生的书写漂亮？

数学课上要培养学生的哪些习惯？

如何让课堂上"吃得饱"的学生得到更高的发展？如何能让"吃不饱"的学生吃得饱？等等。

我想每个问题都值得深入学生、深入课堂慢慢观察、深入思考。

四（一）班的小安，每次写的字总是蜷缩一团，上课无数次提醒他要好好书写，然而仍是这样，我想并不是孩子不愿意改，而是他不知道如何来改，于是决定每周一花一点时间来教他写字。我发现这孩子太聪明了，几分钟的时间就能掌握基本的笔法。那一天在我办公室写的字非常漂亮，然而几天之后又慢慢变回原形了。我又一次让他来办公室书写，现场圈出哪些是漂亮的字，哪些是需要改正的字。我发现他又很快纠正过来了，但我知道一旦放任又将变回原形，于是我跟他讲了一个心理学的故事，简言之，即一个好习惯的养成需要21天，从这一天开始，每天我都要在他的作业上，写上"书写养成第（　）天"，并用☆来评价，今天是坚持的第二天，我相信坚持到第21天定会有质的改变。我粗略地算了一下两个班级书写不合格的学生有十来个，如果同步用上这样的方法，相信都会有所改变。

在比较中反思前行

（写于 2023 年 9 月 5 日）

今天开始了五年级（上）的第一课教学，"精打细算"这节课的内容是除数是整数的小数除法。主要学习目标是借助已有的知识和生活经验，经历探索除数是整数的小数除法算法的过程，掌握小数除法的计算方法。并能正确用竖式计算小数除法解决一些简单的实际问题。

两个班看似同样的教学过程，但上完后感觉第二节课还是在五班上得更好。回顾整个过程，如下：

一、出示情景，并引导学生提出核心问题

师：这节课的课题就是"精打细算"，你能尝试提出一个与精打细算相关的数学问题吗？

生：去哪家店买牛奶更划算？

师：这是一个很好的问题。我们买东西要学会货比三家，那这个问题的解题思路是什么？谁来说一说。

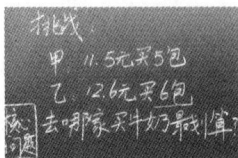

小阮：先分别算出甲、乙两家商店牛奶的单价，再来比较哪个小，哪家店的牛奶就更便宜。

她的发言非常完整、清晰，其他同学听得十分认真。原本计划就此解决这个问题，可是课堂永远不是你预设的，小韦举手表达了另一个解题思路。

小韦：还有一种方法，只需要算出甲店牛奶的单价，再将5包牛奶的价格加单价来和乙商店6包牛奶的价格进行比较。

师：你真是一位具有创新力的孩子，为其他同学提供了一种全新的思路，非常好！

小刀：那也可以只算出乙店牛奶的单价，再用乙店6包牛奶的价格减去它的单价来和甲店5包牛奶的价格进行比较，同样能得到哪家店牛奶便宜。

这个过程非常安静，其他同学都在倾听，能感受到师生彼此均融进课堂里了。

二、独立思考，解决问题

接下来把时间交给了学生，让他们安静思考。几分钟后，让几位同学在黑板上写下自己的思考过程（见下图）。

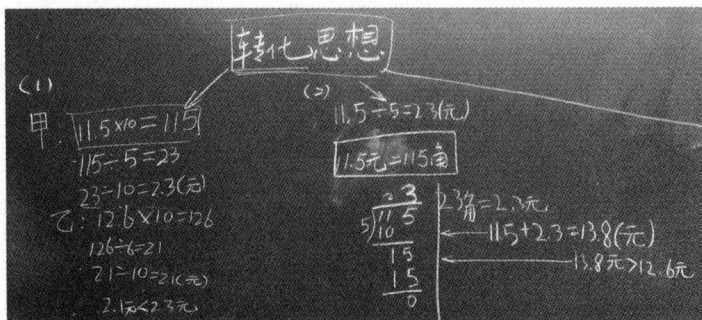

图1

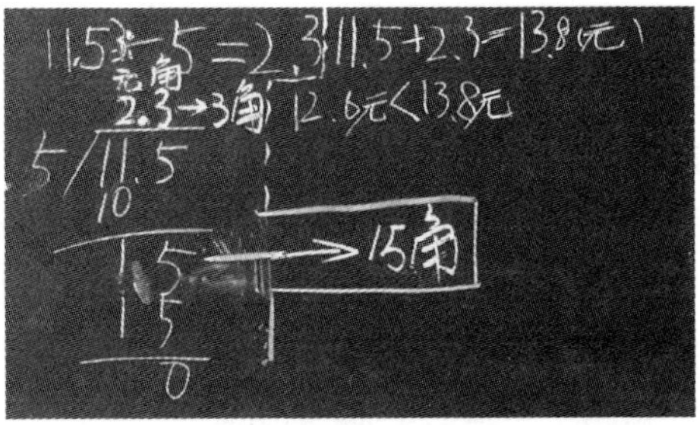

图 2

图 1（1）的方法是将小数扩大成整数，所得的结果再来缩小到相应的倍数，可见一个好的方法能产生神奇的效果，根植在学生的心里。图 1（2）用的是同样的方法，只不过是通过单位换算的方法将小数转化成整数。两种方法共同之处就是运用了转化思想，将小数除法转化成整数除法，将未学知识转化成已学知识。在这个讲解过程中，小雷的讲解令人印象深刻，他像一个老师一样和台下学生互动，并且切中要害，强调商 23 表示的是 23 角，非常好。

图 2 直接运用了小数除法竖式，虽然写对了，但是我知道很多学生是提前预习了，于是重点突破一个难点，即余数 1.5 怎么变成了 15？

两位学生的回答令人印象深刻，过程如下：

小肖：我觉得可能是像小数乘法一样，先看成整数，再来确定小数点的位置。

小潘：还有就是 1.5 除以 5 不够除，所以要换成 15 角。

生反驳：1.5 除以 5 得到 0.3，够除呀。

师：小潘的意思是 1.5 表示的是 1.5 元，除以 3 时，在"元"的位置上不够商 1，只有在更小的数位"角"商 3，表示 3 角。

生：1.5 除以 3 是 0.3 元，"元"上已经有 2 了，不能再上商了，只能转化成角，在"角"的位置上商 3，表示 3 角。

几位同学都能用自己的语言表达出不加小数点的原因，尤其是小肖会用迁移的方式，将小数乘法运算法则迁移到小数除法，这都是我未曾想到的，真是非常了不起。

对比两个班的教学过程，反思之所以一班教学效果没有五班的好，主要还是因为自己有如下几点没有做好：

（1）在情景引入之后，没有给出时间让学生交流解题思路，而是直接解决问题，自然就不能出现创新思路。

（2）没有走到台下去看学生的作品，只是叫了其中一位同学上来讲解她的竖式计算，过程太随意。

（3）余数 1.5 怎么变成了 15？这个交流过程不够，加之没有让多个学生来说，自然出不来精彩的对话。

总的来说，给予学生的空间不够，太急于出结果了。

教学真是一门艺术，一门学问，一门专业，不能随意、马虎，要有大空间的教学设计。希望自己不要再犯这样的错误。

教学，真的是一直在路上，学无止境。

在比较中优化

（写于 2023 年 9 月 13 日）

今天在五（一）班上了"谁打电话的时间长"中的"试一试"，开课还是一如既往地先温故之前所学的知识，将前三课进行了串联，重点是运用了转化思想，将除数是整数的小数除法转化成整数除法，以及将除数是小数的除法转化成除数是整数来计算，并举例阐述（见图 1 和图 2），继而进入挑战环节，也就是对转化思想的运用。

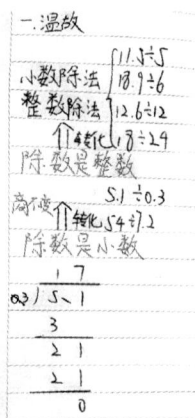 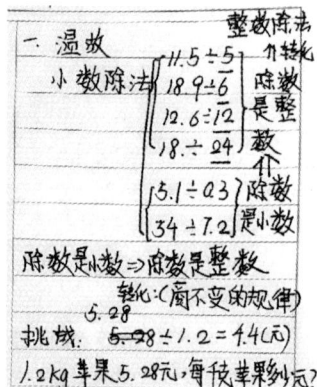

图 1　　　　　　图 2

在挑战环节，只出示一个大问题：1.2 千克苹果 5.28 元，每千克苹果多少元？然后给予学生充分的时间独立思考完成，学生都有自己的想法，主要算法有如下几种：

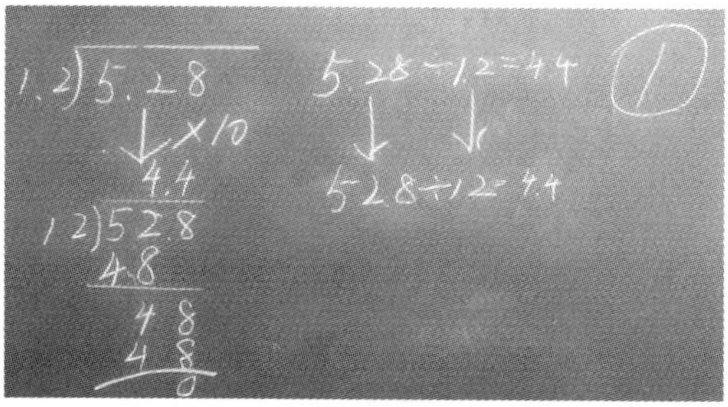

小王

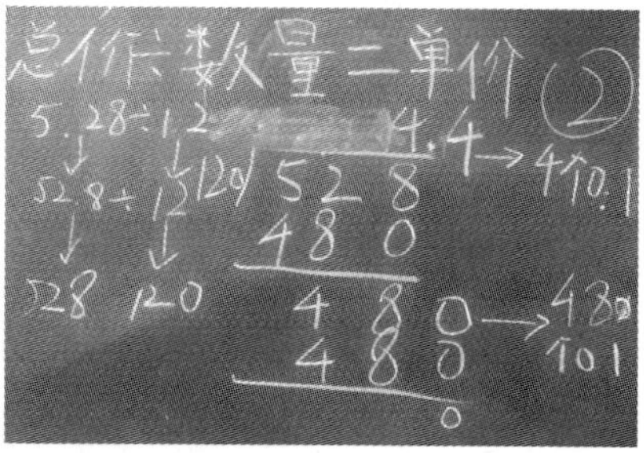

小邓

小顾

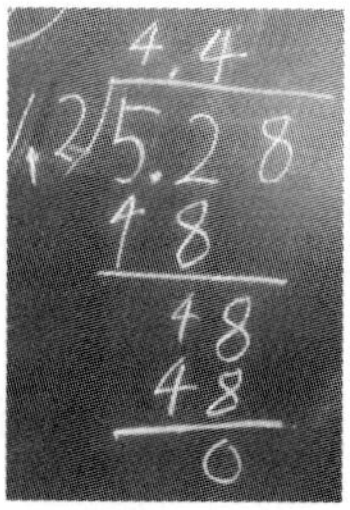

小郭

针对以上四幅作品，师生以及生生之间进行了如下对话：

师：仔细观察，对比以上四幅作品，你有什么想法要表达？

小吴：我想评价小顾的算法，他将除数扩大 10 倍变成了 12，将被除数扩大了 100 倍，所得的商应该是 44，商的位置上错了，而且商也变大了，应该还要用 44÷10＝4.4。

师：为什么要用 44÷10 呢？

小吴：被除数扩大 100 倍，除数扩大 10 倍，所得的商就扩大了 10 倍，所以商要缩小 10 倍才是最后的答案。

师：如果是被除数和除数同时扩大 10 倍，商不变，而被除数扩大了 100 倍，除数只扩大 10 倍，那商肯定是扩大了 10 倍，解释得非常清楚，很了不起（如下右图是修改后的作品）。

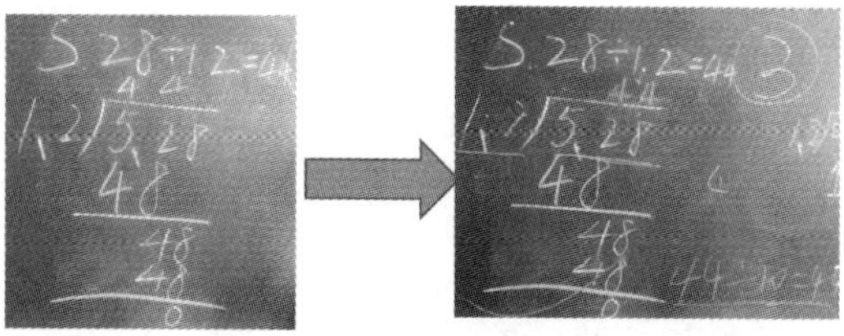

小马：我不同意小吴的说法，小顾把被除数扩大了 100 倍，那除数应该也扩大

100 倍，变成 120 才对。也就是小邓的算法（见下图）：

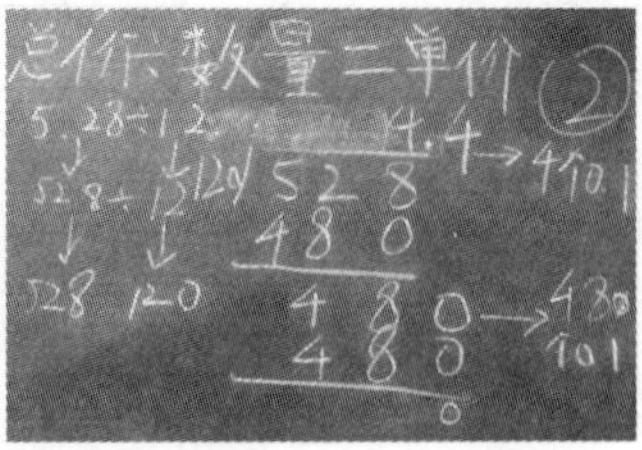

师：为什么要把除数变成 120 呢？

小马：因为只有被除数和除数扩大相同的倍数，商才不会变。

师：很好。你和小吴用了两种不同的思路来解决这个问题：一是商不变的规律；二是被除数、除数扩大不同的倍数时，商的变化规律，两种都能解决问题。

小陈：我来讲第四种小郭的方法。他是将除数扩大 10 倍，被除数不变，那这样一来商的位置也上错了，个位 5 不够除以 12，要商 0，最后的结果应该是 0.44，除数扩大 10 倍，被除数不变，那商就缩小了 10 倍，所以最后要将 0.44×10（说完进行了修改，如下右图）。

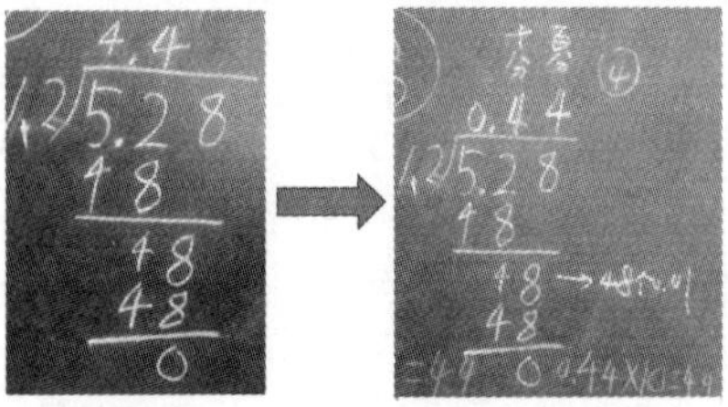

师：思路和第三种方法正好相反，除数缩小 10 倍，商就要扩大 10 倍。特别感谢小顾和小郭两位同学提供了特别好的学习资源。我们不用害怕出错，其实错误就是最好的学习资源。

接下来谁来说说小王的算法（小邓被指名回答）。

小邓：小王是把 5.28 扩大 10 倍变成 52.8，把 1.2 扩大 10 倍变成 12，再用 52.8÷12。

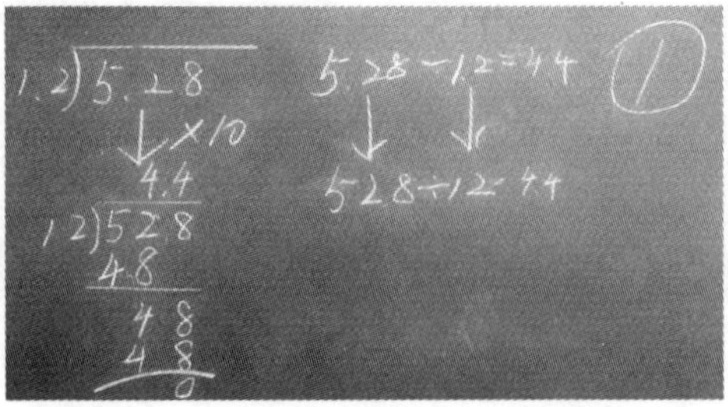

师：他为什么要这么做呢？

小林：为了好算，把除数还是小数的转化成整数就好算了。

师：用转化的思想将没有学过的知识转化成已经学过的知识，特别好。那这四种方法有什么相同点和不同点呢？

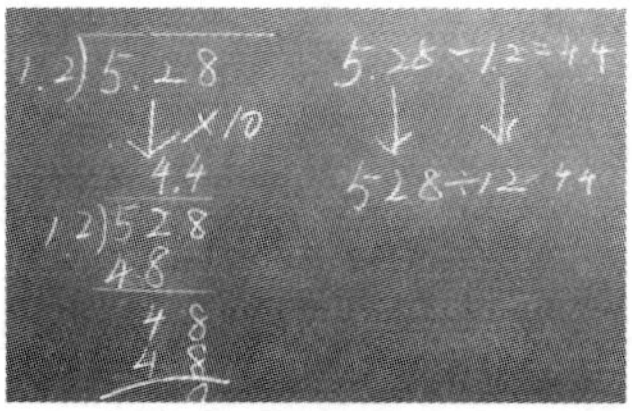

第一种

第二种

第三种

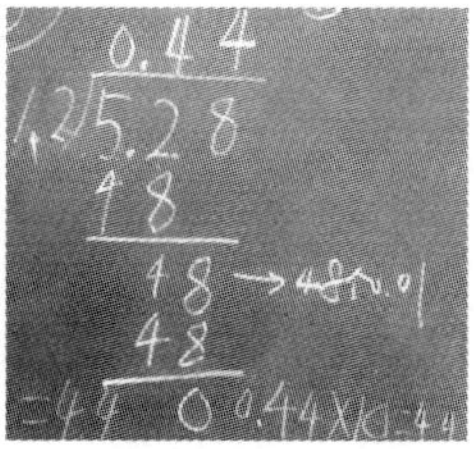

第四种

小晏：它们都运用了转化思想，不同点是有的是把除数转化成整数，有的是把被除数和除数全部转化成整数。

师：现在我们需要回顾并对比一下这四种方法，你觉得哪些方法更简单呢？

学生都不约而同地说第一、第二两种方法更简单。通过这一个过程学生充分体会到将被除数和除数扩大相同倍数的优势。

今天这节课，我感触最深的就是思维碰撞的魅力，以往教这一课的时候，虽然也给予时间让学生思考并独立完成，但在汇报展示时缺乏让学生充分交流的过程。而今天这节课我更耐心地倾听学生的想法，才会有小吴和小陈表达想法的机会，从而真正地将小顾和小郭两位同学的错误算法转化成有效的学习资源。让学生在充分的比较、辨析中自觉地优化算法。

当然，这节课也有不足，比如在四种方法对比的过程中给予学生表达的机会过少，导致老师帮助总结。还有四种方法的共同点——把除数是小数转化成整数以及内在原因没有强调，使学生更多地处在"悟"的阶段。

总之，课永远都是需要在思考中前进的！

学生的困惑点

（写于 2023 年 9 月 25 日）

翻开反思本，已经好久没有记录了，但学生在学习中的困惑点，至今我还是记在脑海中的。今天有时间，特意记录下来，以促进更加深刻的思考与反思。

在小数除法运算中，余数补 0 继续除的问题学生在单独解决时，不会有太大的困难，但是在遇到商也要补 0 的情况时，学生就产生了困惑：为什么有的时候余数补 0 继续除时，商不用商 0，而有的时候余数补 0 继续除，商却也要商 0，如何区分这二者？

通过对比，学生发现两个竖式中的不同：第一个算式中落下来的余数够在该数位上商 1，十分位上的 9 除以 6，够在十分位上商 1，剩下的余数添 0 继续除，而第二个竖式中的余数 6 除以 12 时，不够在十分位上商 1，所以要商 0，余数添 0 之后 6 个 0.1 转化成 60 个 0.01，可以继续在百分位上商 5。

学生在学习"人民币兑换"时，通常存在这样的问题：什么时候用乘法，什么时候用除法？

汲取往年的教学经验，我努力思索，如何解决这个难点问题？这学期我尝试了新的方式，首先从学生的生活经验入手，让学生感知到人民币的兑换问题与我们的生活息息相关。

师：孩子们，你们有出国的经历吗？

生：有。

师：在国外买过东西吗？谁来说一说？

小李：我去过西班牙，在西班牙花 3 欧元买了一把扇子。

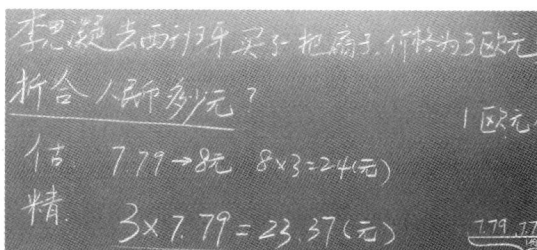

师：那这把扇子折合人民币是多少元呢？

生：老师，你得先告诉我们1欧元等于多少元吧？

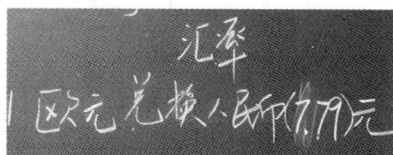

于是，我顺势将欧元与人民币的汇率写出来。

生：那很简单，折合人民币24元。

生：算一下就知道了3×7.79=23.37元。

师：那为什么用乘法呢？这里的3×7.79表示什么意思？能不能尝试用画图的方式表示出来？

展示环节：

   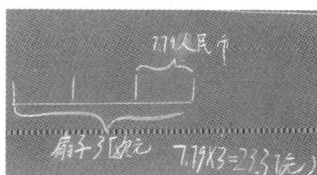

作品1   作品2

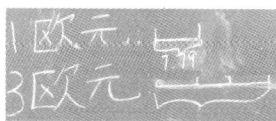   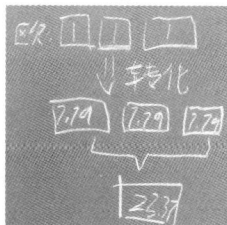

作品3   作品4

师：从这4幅作品中你能看出什么相同点和不同点吗？

生：相同点就是能看出 3 欧元就是 3 个 7.79 元，所以用乘法。不同点就是有的用一条线段表示，有的用长方形表示。

当此问题解决之后，小雷同学又提出了一个新的问题：我去泰国花了 3000 泰铢买了一个金色礼物，那这个金色礼物折合人民币是多少呢？（100 泰铢兑换人民币 20.32 元）

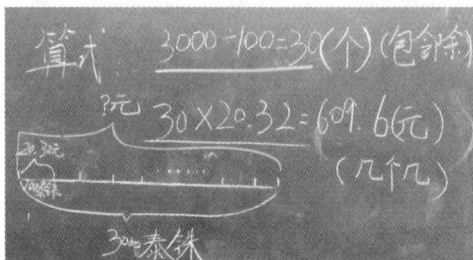

绝大多数同学在前面一道题的启发之下，都能写出算式，画出图，并能结合图来解释每一步算式的意义。第一步算式是先算出 3000 泰铢里面包含了多少个 100 泰铢，第二步再算出 30 个 20.32 元，即为 3000 泰铢等于多少元。这是人民币兑换中乘法问题的延伸。

人民币的兑换不仅有乘法问题，还有除法问题，当除法问题出现时，学生就会产生混淆，不知道该用乘法，还是除法。如下题：600 元人民币可以兑换多少美元（1 美元兑换 6.31 元）？学生在解决这个问题时，存在如下两种情况：

师：那到底是用乘法还是除法呢？

学生给出了两种解题思路。

小陈：应该是用除法，因为美元比人民币贵，600 元兑换出来的美元应该是比 600 元要小的，但第一个算式居然说 600 元是 3786 美元，怎么可能呢？

师：你是通过推理得到的结论，非常棒。

小邓：通过画图（见下图）我们可以把 1 美元看成 1 份，一份的数量是 6.31 元，而总数是 600 元，那么总数 ÷ 每份的数量就是总份数，一个 6.31 元相当于 1 美元，算出了总份数就知道几美元了。

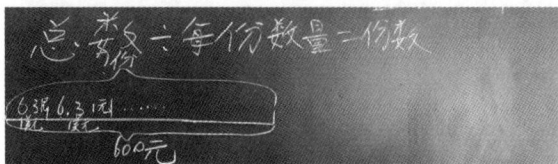

师：能通过图来阐释用除法的理由，真是了不起啊。

在人民币兑换中还会遇到更为复杂的问题，比如下一题：

试一试

学校科技小组去日本参加活动，为学校图书室购买少儿读物，老师到银行把 5000 元人民币兑换成日元，能兑换多少日元？

（100 日元兑换人民币 7.89 元）

根据学生原有的学习经验，很多同学是如下做法：

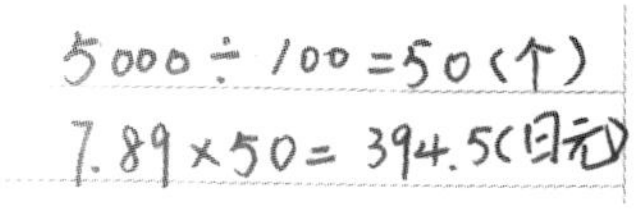

$$5000 \div 100 = 50（个）$$
$$7.89 \times 50 = 394.5（日元）$$

但立即有学生反驳。

生：100 日元才能换 7.89 元，说明日元比人民币便宜，5000 元应该能换到更多的日元，怎么可能最后才换到 394.5 日元呢？

师：你的推理有道理，但是他这样写哪里不对呢？之前求 3000 泰铢兑换多少人民币不就是这样做的吗？

学生再一次陷入沉思。

过一会，小韦（上面两步是他板书在黑板上）自己发现了问题出在哪。

小韦：我发现了之前的 3000÷100 是问 3000 泰铢里面有多少个 100 泰铢，而现在是 5000 元除 100 日元，没法除，是没有意义的除法。

师：那该怎么做呢？

经过一番思考，两个班中出现了如下解题思路：要先算出 5000 里面有多少个 7.89，就意味着有多少个 100 日元，然后再将结果乘 100。但又有了疑惑声。

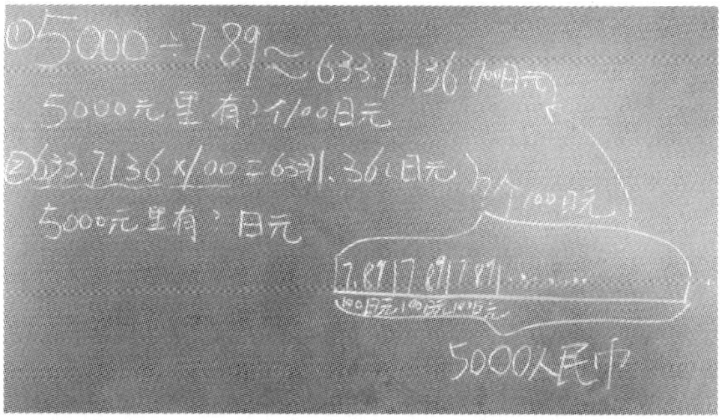

小刀：为什么要乘 100 呢？

经过讨论发现，前面求出的是多少个 100 日元，是以 100 为单位的，而我们要求的是多少个日元，是以 1 为单位的。我们通过自己国家的 100 元和 1 元作对比，瞬间明白了二者的区别。

如何成为一名好老师

（写于 2023 年 11 月 3 日）

翻开上一次的反思，发现已经有一个多月没有更新了，我自己也知道很久没写了，但并不代表没有思考。最近一个多月主要做了如下两件事：

第一，提升自己。教师唯有多读书、多钻研才能跟上时代的步伐，才能让自己的教学对得起学生，这样的意识越来越强，感觉自己要学习的东西太多，所以在疯狂输入。首先，阅读专业书籍，做好阅读笔记，每天阅读 20 页；其次，听公开课，听学校老师的公开课，听网上名师的讲座和公开课，主要是找一些学习点；最后，看《读者》，《读者》这本杂志我爱不释手，里面各种类别的内容都有，每次读完总觉得心灵得到了洗礼。

第二，思考如何改进自己的教学，让学生学得更好。我们总觉得自己教得很清楚了，但为什么测试起来学生考得不尽如人意？又有的人会说学习不是为了考试，那么重视分数干吗？理论上是这样，分数一定不是唯一的，但我们面临的问题是：学生学得那么努力，结果还没有考好，付出跟收获不成正比，这对他们来说是一个打击。对于学生来说，最直观的评价方式就是分数，面对分数，我很难用一个他们能接受的方式来让他们相信他们是能学好数学的，或者这么说，学生是需要用分数来证明自己能把数学学好的。

基于这样的思考，我在日常教学中做了如下改进：

第一，在课前 3~5 分钟，增加了"温故"，让一些基础知识循环滚动，这样孩子们每天回忆一点点，不至于到了最后知识积压在一起（见下图）。

温 故　找倍数

5的倍数特征：个位上是0或5的数

2的倍数特征：个位上是2,4,6,8,0的数

2的倍数也叫偶数，不是2的倍数也叫 奇数

3的倍数特征：各个数位上的数字之和是3的倍数

既是2的倍数又是5的倍数特征：个位上是0

温 故

倍数和因数是一对依存关系

(3) 因为3×8=24，所以3和8是因数，24是倍数。　　　（ ✗ ）

改为：因为3×8=24，所以3和8是24的因数，24是3和8的倍数。

知能P29

　　第二，落实过程评价。过程评价是培养学生养成良好习惯的最佳方式。一方面，很多学生的学习没有太多动力，我们可以根据儿童的特点予以奖励。比如学校给孩子们的学科章。积极完成作业的孩子就能得到相应的学科章。另一方面，学生中不愿意认真对待订正，也可以通过学科章来鼓励积极有效的订正。光有鼓励远远不够，还需要注重细节，我采取的方式就是将没有订正的学生的学号写在黑板上，毕竟孩子们小，下课只顾玩，但当黑板上出现了自己的学号，大部分孩子能有意识地去订正。

　　第三，备好课。我现在越发意识到教师要想上好课，必须认真对待备课，要自己先把知识研究透，才能把课上明白。五年级（上）第三单元的"倍数与因数"是概念最多的单元，很多孩子上得云里雾里。于是有了下面的梳理过程（见下图）。

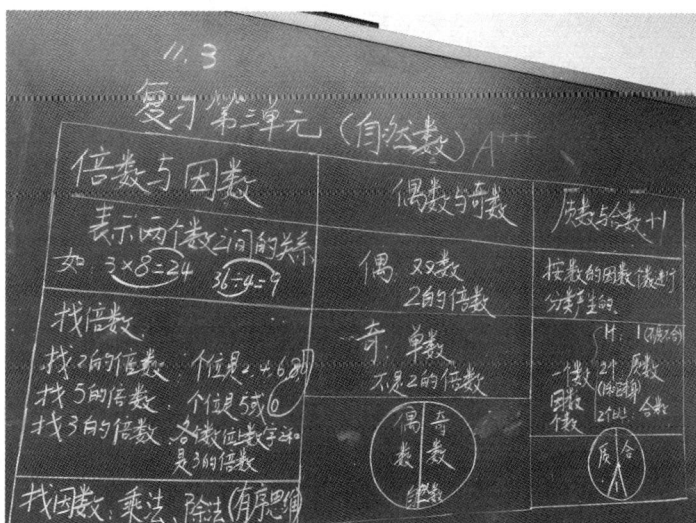

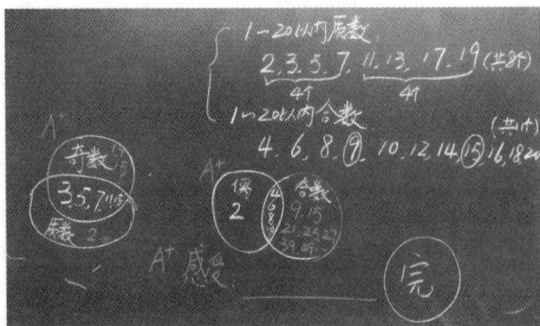

1~20以内质数
2. 3. 5. 7. 11. 13. 17. 19 (共8个)
1~20以内合数
4. 6. 8. 9. 10. 12. 14. 15. 16. 18. 20

奇数
3.5.7.11.13
质 2

偶 2

合数
9.15
21.27
39.45

A⁺感受

完

11月3日

复习第三单元（自然数）

倍数与因数	偶数与奇数	质数与合数
表示两个数之间的关系 3×8=24 36÷4=9	偶：双数 2的倍数	按数的因数个数进行 分类产生的
找倍数	奇：单数 不是2的倍数	一个数 因数 个数 ⎱ 1个：1（不质不合） 2个：1和它本身（质数）2个以上：合数
2的倍数，个位是2.4.6.8.0		
5的倍数，个位是0.5		
3的倍数，各个数位上的数 字相加，是3的倍数	偶数 奇数 自然数	
找因数 方法 ⎱ 乘法 除法 画图法	奇数 偶数	1~20以内质数：2, 3, 5, 7, 11, 13, 17, 19 (共8个)
有序思维	偶数 合数	1~20以内合数：4.6.8.9.10.12. 14.15.16.18.20

感受：原来偶数与奇数、质数合数有这么多关系啊！
还可以用图表示

A⁺⁺⁺⁺⁺

11.3
复习第三单元（自然数）

倍数与因数
表示两个数之间的关系
如：3×8=24
36÷4=9
找倍数
找2的倍数
个位是2.4.6.8.0
找5的倍数
个位是5.0
找3的倍数
各个数位上的数
字之和是3的倍数
找因数乘法、除法

11.2 把一个数按因数的个数进行分类
1个：1
2个：质数
2个以上：合数

偶数与奇数
偶：双数
2的倍数
奇：单数
不是2的倍数
奇数 偶数
奇数 质数
偶数 合数

质数与合数
按数用因数个数进行分类产生的
一个数因数个数
1个：1（不质不合）
2个：质数
2个以上：合数
1~20以内质数：
2.3.5.7.11.13.17.19
1~20以内合数：
4.6.8.9.10.12.14.15.16.18.20

感受：
这次王老师带着我们把这个单元的知识讲得很清楚，让我大脑里的思路清楚了很多。

完

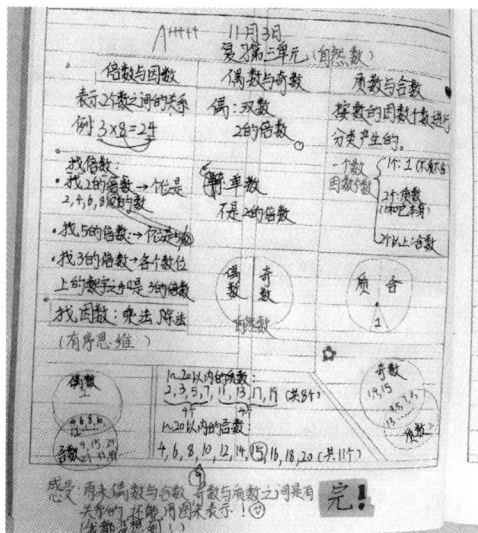

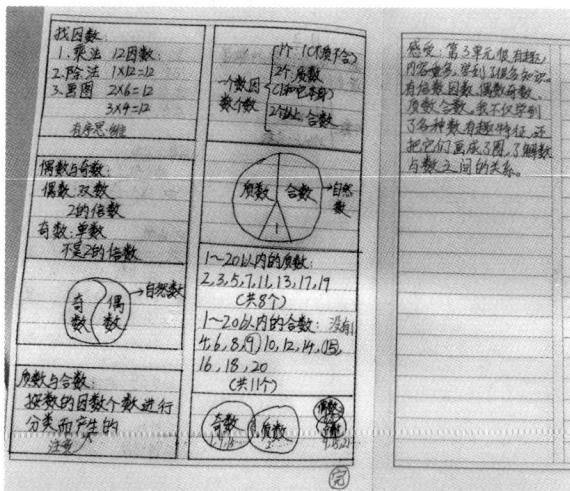

学生边思考边梳理还要做笔记，虽然很累，但是都有满满的成就感。他们都舍不得擦掉黑板上的内容，让我把它们拍下来。孩子们的感受，更加坚定了我的想法与做法。教学真的不能一劳永逸，要不断地探寻。

零散的思考与记录

（写于 2023 年 11 月 20 日）

翻开上一次反思又有近半个月没有记录，不得不感叹时间如流水般流逝。

最近一直在上"多边形的面积",这一个单元的学习显然比上一个单元更为有趣。主要有以下几个片段仍然在自己的脑海中挥之不去。

片段一：认识底和高

在这一节中，最难的就是理解高与画高。说实话也是在这一届教学中让我对高的理解更为清晰，主要原因是我开始对学生耐心地倾听。

我和学生在课上最重要的讨论就是"你认为限高指的是哪一条线段的长度"（见下图）。

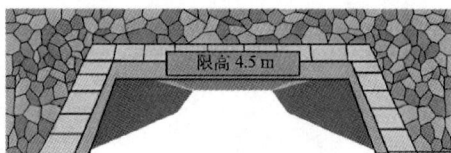

你认为"限高"指的是哪一条线段的长度？画一画。

学生出现了两种画法：一种认为两边的斜线是限高的长度，另一种认为中间的垂线段才是它的长度（见下图）。

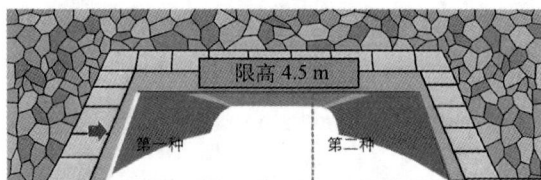

那哪一种是正确的呢？于是展开了辩论。最为深刻的一种解释就是一位学生上台用几本课本做演示，如果左边的这条线用一本课本表示，上面也用一本课本表示，当左边的课本与地面的课本垂直时，显然它的高度就是左边这本课本的高度，但是当左边的课本是倾斜的，那上下之间的高度就没有这本课本那么高了，说明左边这条边的长度不能代表限高的长度，如下图所示。通过这位学生直观的演示，让学生感知到限高指的就是上下两边之间的垂线段。

在画高环节，我让学生自己尝试去画，在画平行四边形的底边相应的高和三角形底边对应的高的过程中会出现很多有趣的画法，当然这些有趣的画法如果教师认为是一种很有意思的探究的话，会觉得学生的画法烦琐，多样得让人头疼。

我将学生的作品一一展示出来之后，再一次画到黑板上（见图1至图4），让他们对比辩论，看到底哪些画法是正确的，这个过程是对高本质意义的理解。

 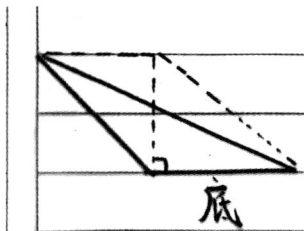

图1   图2

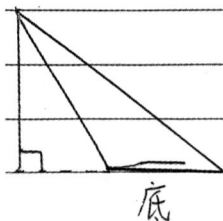 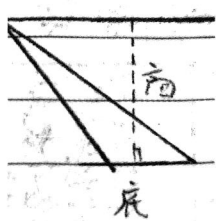

图3   图4

学生对此又有很多观点，经过辩论之后学生明白了，画这个底对应的高其实就是问以这条边为底面，这个三角形有多高。有的学生上台比画，都是从最高点到底面之间的垂线段。另一个观点就是，图2至图4画的高都是一样的，只不过是经过某个高平移得到的，还有学生发现只要是上下两条平行线之间的垂线段都是这个底的高，它可以画出无数条。

在这个倾听的过程中，我自己对如何让学生理解高的本质意义有更清晰的解读，即画高就是这个图形有多高，对于不会画高的学生，就可以先不急于让他去画，而是问他：你觉得这个图形有多高呢？请你用手比画出来。你能把你比画出来的高度画出来吗？"比画"这个操作过程，让抽象的画高有了一个支架，化难为易。

接着，我们一起探讨了优化，这三种画法你觉得哪一种最简单呢？学生又一次进行对比、辨析，最终达成了共识：图3画法最简单，因为它只需要延长底边，然后从对应的顶点做底的垂线段就可以，而其他两种还要画平行线，相比而言延长底边显然会更简单一些。

片段二：梯形的面积

在进行梯形面积的探索过程中，五班的学生（一班还没有上）又给我带来了惊喜，当给出大问题"如何求出这个梯形的面积？"之后，他们都在进行认真的思考，全情投入，最后呈现出很多有意思的解决办法（见下图）。

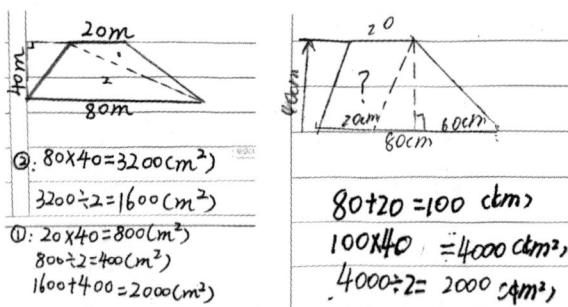

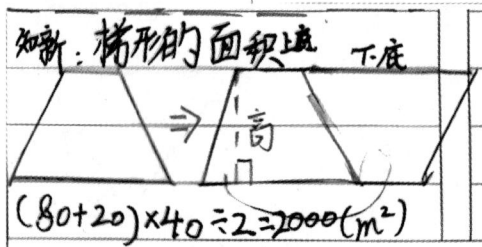

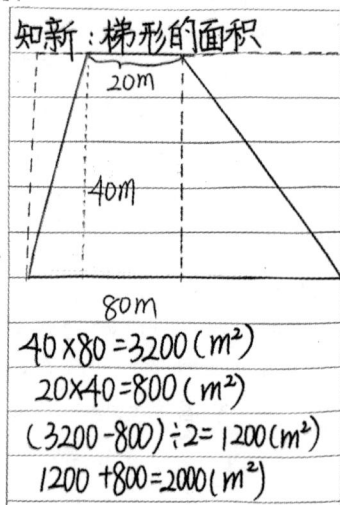

$②: 80 \times 40 = 3200 (m^2)$

$3200 \div 2 = 1600 (m^2)$

$①: 20 \times 40 = 800 (m^2)$

$800 \div 2 = 400 (m^2)$

$1600 + 400 = 2000 (m^2)$

$80 + 20 = 100 (cm)$

$100 \times 40 = 4000 (cm^2)$

$4000 \div 2 = 2000 (cm^2)$

知新：梯形的面积 下·底

高

$(80 + 20) \times 40 \div 2 = 2000 (m^2)$

知新：梯形的面积

$40 \times 80 = 3200 (m^2)$

$20 \times 40 = 800 (m^2)$

$(3200 - 800) \div 2 = 1200 (m^2)$

$1200 + 800 = 2000 (m^2)$

第一种方法是转化成两个三角形，第二种是转化成平行四边形和三角形，第三种是转化成平行四边形，第四种是转化成长方形和三角形，虽然解决途径不同，但运用的数学思想一样，都是运用了转化思想，将未学的转化成已学的。

前三种方法学生更容易理解，但在第四种方法的运用上，很多学生进行了尝试，都遇到了阻碍，主要的阻碍就是我们并不能分别求出两个三角形的面积。然而小戴将此问题顺利化解，她先求出大长方形的面积，然后求出中间小长方形的面积，再将二者相减剩下的面积就是两个三角形面积之和的两倍，这样一来，我们并不需要分别求出两个三角形的面积，而是将两个三角形的面积和求出就可以了。这是对割补思想的深度运用，这样的孩子思维水平是很高的，通过这样的交流与分享，她的思维可以引领其他学生的思维，让一部分接近这个思维发展区的学生受益很大。这也就是我们课堂上交流、辨析的最大意义了。

片段三：对细节的关注

这么多年越发觉得要想做好教学真的是要不断地反思。对学生的要求更加具体、更为严格，学生就会做得更好。这次 1~3 单元的测试，一班考在前，在订正上我没有做过多的要求，仅要求订正；而在五班我针对一班出现的订正问题，做了进一步的要求，就是要对每一题不仅要订正还要写出反思，这样的要求可能对少部分孩子没有作用，但对绝大部分学生来说，找到了正确订正的方向，他们不仅要知道正确答案，还要对自己的错误进行再认识：当时为什么错了呢？如何避免这样的错误呢？这样他们就会主动去思考、去反思。以下是五班部分学生的订正，做得非常好。这给了我很大的触动。

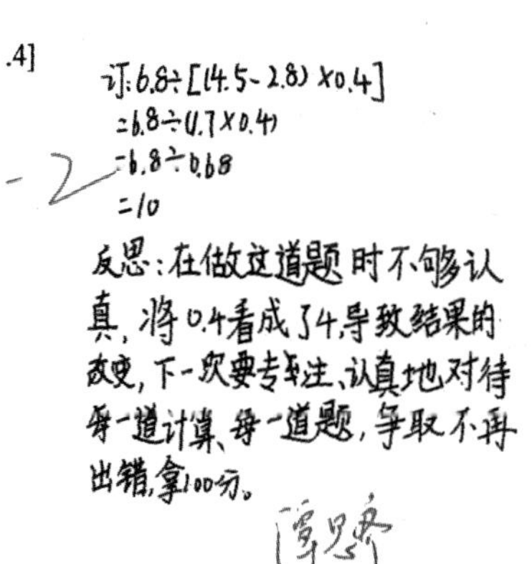

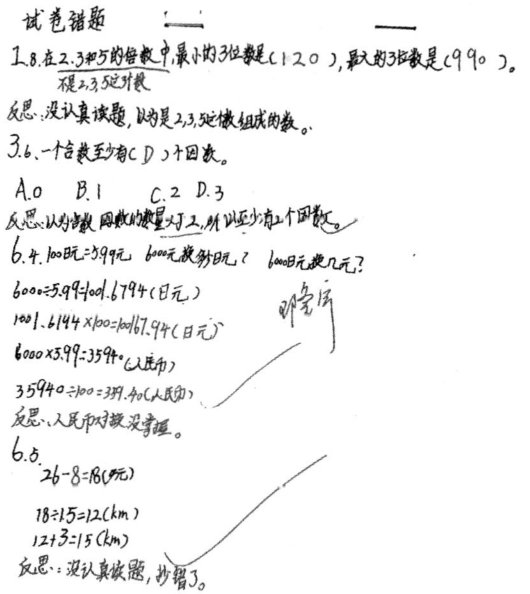

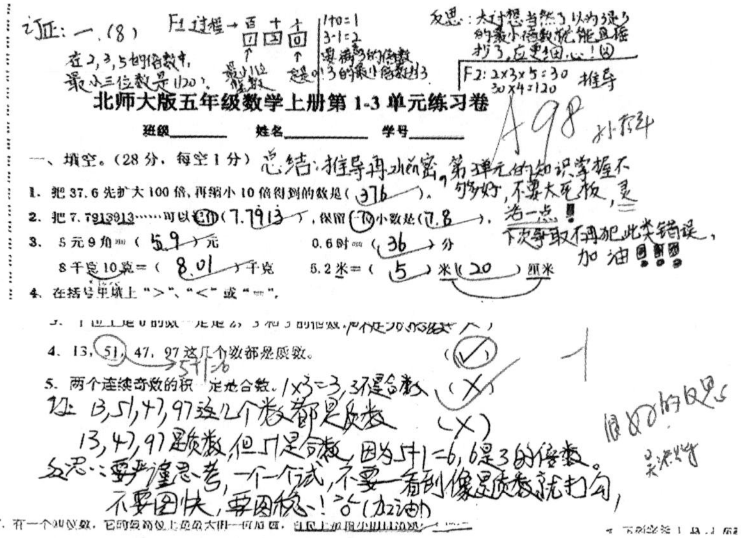

北师大版五年级数学上册第1-3单元练习卷

班级＿＿＿＿ 姓名＿＿＿＿ 学号＿＿＿＿

一、填空。(28分，每空1分)

1. 把37.6 先扩大100倍，再缩小10倍得到的数是（376）。
2. 把7.79139013……可以记作（7.7913），保留两位小数记作（7.8）。
3. 5元9角＝（5.9）元　　0.6时＝（36）分
　　8千克10克＝（8.01）千克　　5.2米＝（5）米（20）厘米
4. 在括号里填上">"、"<"或"="。

4. 13，51，47，97这几个数都是质数。（✗）
5. 两个连续奇数的积一定是合数。1×3＝3，3是质数（✗）

片段四：从作业中看思维的缜密度

从最近两个班的作业中都能发现这样的问题：最简单的题也会有孩子做错，这是为什么呢？我想这是一个很值得研究的问题，或许能从作业的留痕中能找出原因。

出错的作业：

错误1：

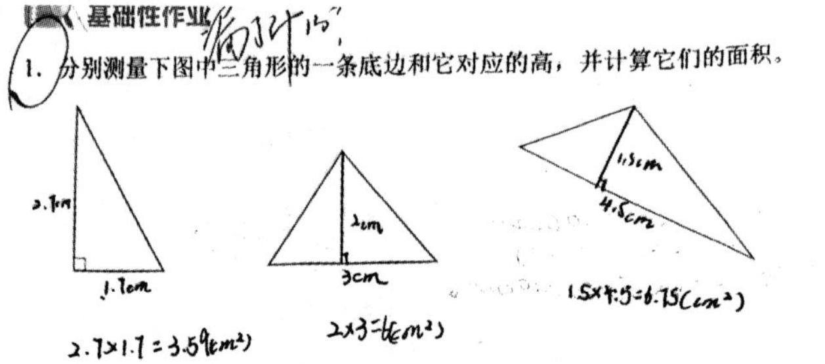

1. 分别测量下图中三角形的一条底边和它对应的高，并计算它们的面积。

错误2：

2. 在方格纸上画3个不同的三角形，使每个三角形的面积与已知平行四边形的面积相等。（每个小方格的边长表示1厘米）

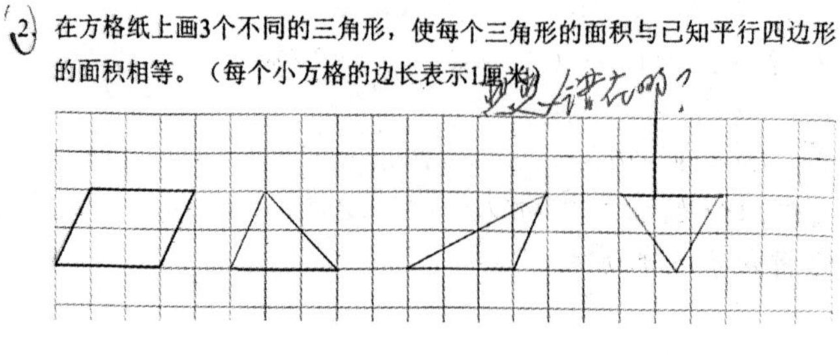

出错3：

3. 如下图所示，三角形的面积是1.05平方分米，底是3分米，求它对应的高。（用方程解决）

解：设三角形的高为x，则1.05÷3=x
1.05÷3=x
0.35=x
x=0.35

答：它对应的高是0.35分米。

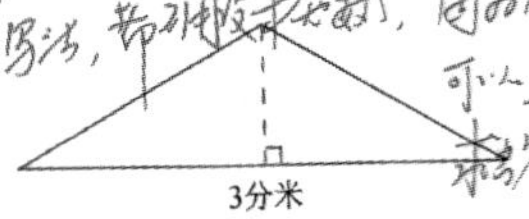

解释说明：另法，带3除以底太麻烦，因为1.05÷3可以直接求出高。

3分米

优秀作业如下：

📖 **基础性作业**　　底×高÷2

1. 分别测量下图中三角形的一条底边和它对应的高，并计算它们的面积。

2.8cm
1.7cm

1.9cm
3cm

1.5cm
4.5cm
4.5×1.5÷2 = 3.375(cm²)

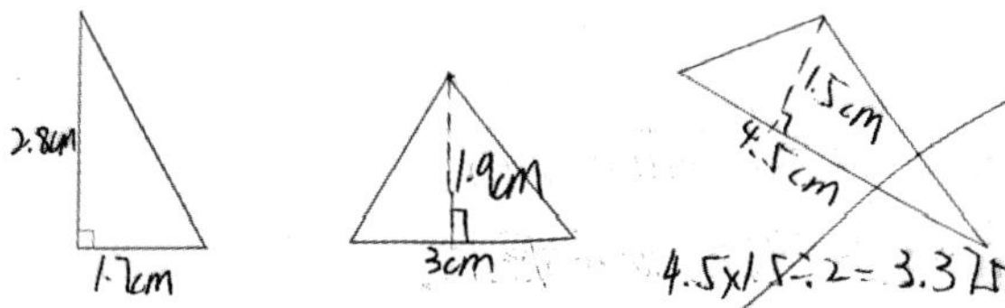

1.7×2.8÷2=2.38(cm²)

1.9×3÷2=2.85(cm²)

2. 在方格纸上画3个不同的三角形，使每个三角形的面积与已知平行四边形的面积相等。（每个小方格的边长表示1厘米）
底×高÷2都是12，12=1×12=2×6=3×4

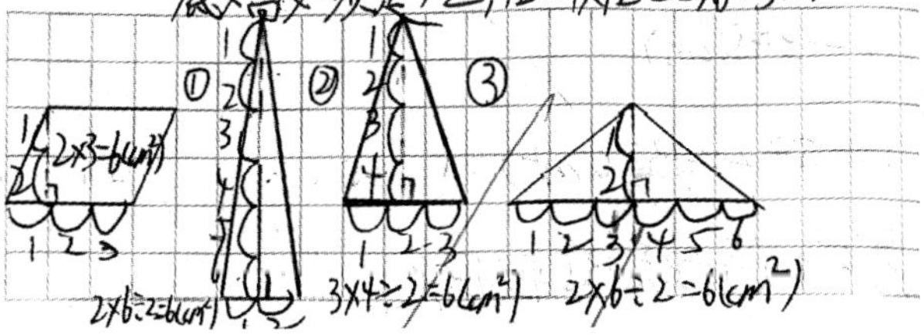

① 12×3=6(cm²)
2×6÷2=6(cm²)

② 3×4÷2=6(cm²)

③ 2×6÷2=6(cm²)

📖 **基础性作业**　　S=底×高÷2

1. 分别测量下图中三角形的一条底边和它对应的高，并计算它们的面积。

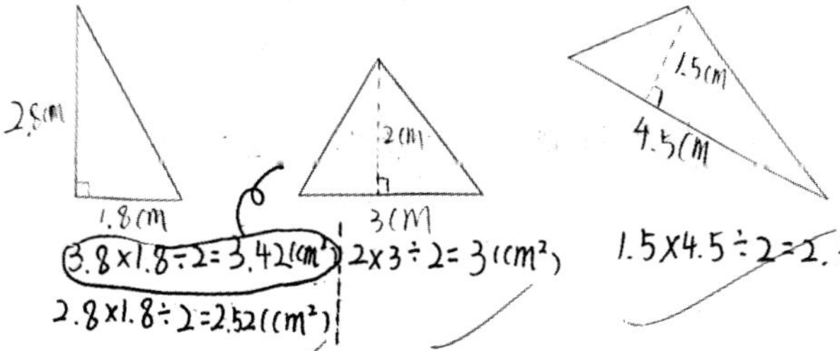

2.9cm
1.8cm
3.8×1.8÷2=3.42(cm²)
2.8×1.8÷2=2.52(cm²)

2(m)
3(m)
2×3÷2=3(m²)

1.5(m)
4.5(m)
1.5×4.5÷2=2.375(m²)

2. 在方格纸上画3个不同的三角形，使每个三角形的面积与已知平行四边形的面积相等。（每个小方格的边长表示1厘米）

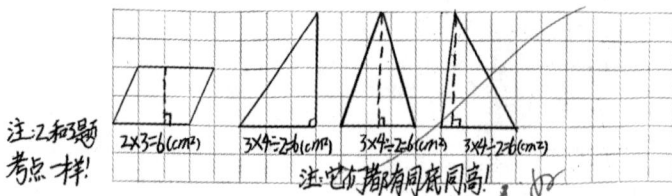

注2和3题考点样！

$2×3=6(cm^2)$　　$3×4÷2=6(cm^2)$　　$3×4÷2=6cm^2$　　$3×4÷2=6cm^2$

注它们都有同底同高！

拓展性作业

1. 填表。$S=底×高÷2$　　$底=S÷高×2$　　$高=S÷底×2$

底/厘米	6	4	8.4
对应的高/厘米	5	3	3
三角形的面积/平方厘米	15	6	12.6

$5×6÷2=15(cm^2)$　$6÷4×2=3(cm)$　$12.6÷3×2=8.4cm$

2. 如下图，三个相同的长方形中，涂色部分甲、乙、丙的面积相比较，（ D ）。

A. 甲面积大　　　　B. 乙面积大　　　C. 丙面积大　　丙底=甲乙高
D. 一样大　　　　　E. 无法比较　　　　　　　　　　丙高=甲乙底长

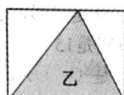

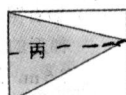

3. 如下图所示，三角形的面积是1.05平方分米，底是3分米，求它对应的高。（用方程解决）

底×高÷2=三角形的面积

从两者对比中，或许能找到答案：

优秀作业上面有更多的留痕，学生愿意将自己的思维过程展现出来，或者说他们知道题目对应的知识点是什么，从而将这些最重要的知识点写出来，以备自己来用。比如，这几份优秀作业中都有三角形的面积＝底×高÷2，有的作业上还有它们的逆运用公式，比如底＝面积÷高×2，高＝面积÷底×2，等等。而容易出错的作业上往往什么都没有，没有审题的过程，你就能想象出当时他们在写作业的情景，或许他们想到的只有一点，那就是：我要快速把它写完，至于写的是什么，我并不知道。对知识的理解始终处于一知半解上，不愿意做深入的思考。这是一种思维的习惯，一旦形成，便难以改掉，结果就是很难把数学学好、学明白。

如何改进呢？于我而言，可能还是要对学生做作业提出具体的要求：

（1）必须把作业中要考查的知识点罗列出来。

（2）要圈出重点词句。

（3）要写出每道题容易掉进的陷阱。

最后总结出两点：

（1）课堂上要做到开放，提供大空间给学生充分的思考。

（2）作业上要严谨，要把作业当成思维训练的工具，而不是完成任务。

基于学情发展思维
——以"多边形的面积"单元整理复习为例

（写于 2023 年 12 月 1 日）

单元整理复习是实现数学教学从单一知识的"碎片化"走向单元知识的"系统整合"的有效途径，是构建数学系统化学习，提升学生核心素养的重要载体。教学中，教师习惯通过自己的梳理来带动学生将知识系统化，而忽略了学生在自主整理过程中就有很强的知识系统构建能力，只不过教师要学会以问题引领的方式来引导学生梳理知识，并关注学生梳理后产生的真问题，再基于真问题来进行单元复习课的整理与深化，走向深度教学，真正落实到学生的核心素养。下面，以北师大版《数学》五年级上册第四单元"多边形的面积"整理复习为例，谈谈如何基于学情来进行单元整理复习。

一、自主整理，初步构建单元知识体系

课前要求学生围绕如下三个问题来进行自主整理。这个环节是学生在课前要完成的任务。

（1）请你用思维导图或其他形式对第四单元进行知识梳理。

（2）通过梳理，你对这个单元有什么样的"再"认识？

（3）在梳理过程中，你还存在哪些疑惑，请写下来。

二、展示交流，深化知识之间的联系

课中交流主要围绕如下几个问题进行。

（1）呈现学生的思维导图，在交流中优化。教师展示优秀的思维导图，让学生来发现这些导图的优点，然后优化自己的思维导图，在交流中进一步完善单元知识体系。

师：今天老师展示两张最具有代表性的作品，一起来看看第一幅导图它好在哪里？有什么值得借鉴的地方？

这些思维导图好在哪里？ 数学思想

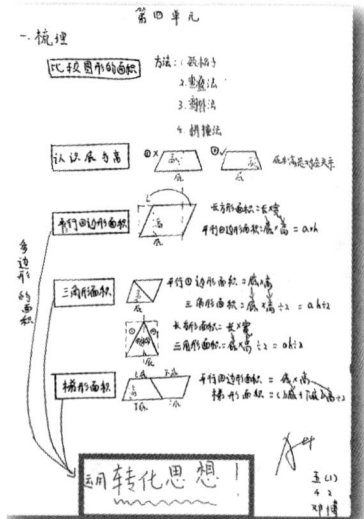

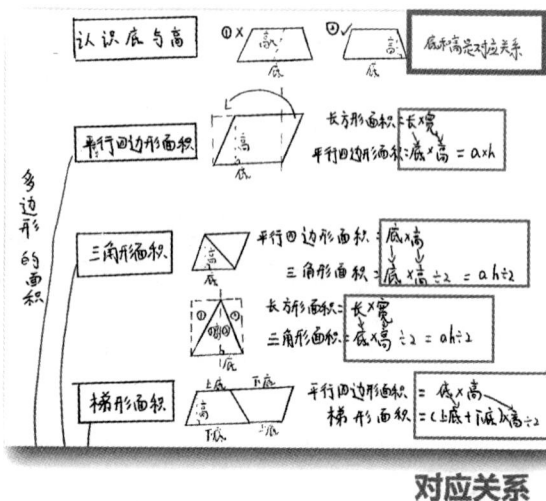

对应关系

生1：第一个作品它好在通过画图展现了平行四边形、三角形和梯形的推导过程，看得很清晰。

生2：它把转化过程写得很清楚。

生3：它在每一个推导公式的过程中，都写清楚了谁对应了谁，比如平行四边形转化成长方形之后，平行四边形的面积就等于长方形的面积，长方形的长对应平行四边形的底，长方形的宽对应平行四边形的高，所以平行四边形的面积是底乘高。

师：说得非常清楚。谁还能像这位同学那样，对照这幅导图将三角形面积公式推导过程完整地说出来？

生4：将这个三角形复制一个出来，拼成一个平行四边形，这样三角形的面积就是平行四边形面积的一半。平行四边形的底正好是三角形的底，平行四边形的高正好是三角形的高，所以三角形的面积是底乘高除以2。

生5：同样的道理，复制一个同样的梯形，将梯形转化成平行四边形，这样梯形的面积是平行四边形面积的一半，平行四边形的底对应了梯形的上底和下底之和，平行四边形的高正好就对应梯形的高，所以梯形的面积是上底和下底之和乘高除以2。

师：说得真好。这幅导图中呈现的转化思想和对应关系被你们完整地表达出来了。那第二幅思维导图又好在哪呢？

这些思维导图好在哪里？ 数学的简洁美

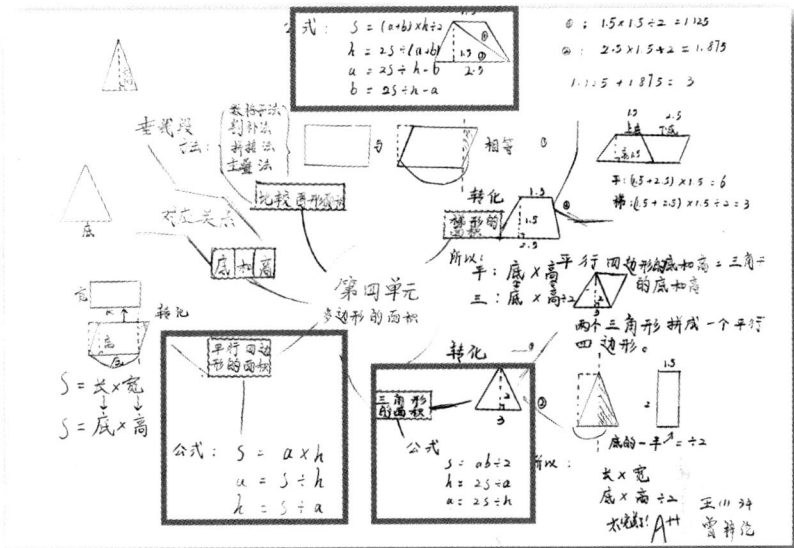

生1：它也有转化思想，还有对应关系。

生2：它用字母表示多边形面积公式。

生3：这个思维导图写得更全面，它还有平行四边形和三角形面积公式的逆运用。

师：孩子们观察得非常仔细，这幅思维导图不仅有多边形面积公式的推导过程，还有很强的符号意识，将多边形面积中所有涉及的公式都用字母表示出来，展现了数学的简洁美。现在请孩子们根据这两幅导图来修改、完善自己的思维导图。

（2）呈现学生的"再认识"，在分享中深化。学生在自主整理过程中，需要梳理知识体系，教师还要通过问题引领来唤醒学生的再认识，促进他们深入思考。所以完成知识梳理后，学生需要围绕"通过梳理，你对这个单元有什么样的再认识"这个问题进行反思、总结，在交流分享中深化理解。

通过收集上来的作品，发现约90%的学生都对转化思想有更深入的理解，作品如下。

① 以前我只知道这几个图形的面积怎么求，从来没想过是怎么出来的。

我们以前都学过和用过"转化思维"，当时学的是计算方面的转化，学完四单元后，我知道了原来"转化思维"可以用在各种各样的题目。

还有的学生对三角形和四边形有更深的理解，他们理解了基本图形的重要性（见下图）。

通过把这些图形转化成基本图形，我懂了"基本图形生万物"

（3）呈现学生的"疑惑"，在拓展中解惑。从学生的作品中感受到学生具有很强的迁移能力，如他们会提出如何计算五边形和六边形的面积、不规则图形的面积以及圆的面积。有学生疑惑为什么平行四边形面积、三角形面积有逆运用，梯形面积却没有逆运用，于是提出如何求出梯形的高，或者如何解决梯形逆运用的问题。

基于学生提出的疑惑，教师进行了如下教学。

师：老师在收集学生作品中，发现孩子们特别会思考，提出了很多有价值的问题，老师进行了分类，呈现了三类问题，我们分别来看看。

第一类是关于其他多边形、不规则和圆的面积如何求的问题。其中不规则图形的面积第六单元会讲，圆的面积在六年级上册第一单元会讲，有兴趣的孩子可以提前去探究。

剩下来只有五边形、六边形等多边形图形面积如何求的问题。你们觉得课本上会专门安排一个单元来学习它吗？

五边形、六边形等更多边形的图形面积如何计

1. 不规则图形如何计算它们的面积

2. 圆如何计算面积？

生1：不会再安排专门的单元来学习了，因为他们都可以通过转化思想转化成所学的图形。

生2：比如这个五边形可以转化成三角形面积和梯形面积之和，这个六边形可以转变成两个梯形的面积之和（见下图）。

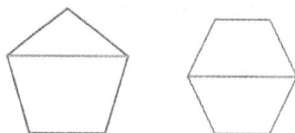

转化思想

师：是的，这也再一次验证了前面一个同学提到的"基本图形生万物"的道理。通过转化思想我们就能将这些多边形面积转化成所学的三角形、平行四

边形、梯形等图形的面积。所以无须再安排单元来学习了。

再来看第二类问题：如何求梯形的高，或者梯形面积的其他逆运用的问题。

（手写）本来梯形是如何求高的？

（手写）梯形的逆思维还是不懂

（手写）解：（老师）XX！ AP

如何来求梯形的高呢？以这个为例：一个梯形的面积是 39 平方厘米，它的上底与下底的和是 12 厘米，这个梯形的高是多少厘米？请你尝试完成。

学生独立完成，教师收集学生作品，将作品呈现出来。一共有 4 种做法，分别是：

作品 1：设梯形的高为 h 厘米。

$12h \div 2 = 39$

$12h = 39 \times 2$

$h = 78 \div 12$

$h = 6.5$

作品 2：$39 \div 12 = 3.25$

作品 3：$39 \times 2 = 78$

$78 \div 12 = 6.5$

作品 4：$39 \times 2 \div 12 = 6.5$

师：仔细观察这些作品，你看得懂吗？有需要对哪个作品提意见的吗？

生 1：我对作品 1 有疑问，$12h$ 表示什么意思？

生 2：我可以来解答，12 表示的是梯形上底和下底之和，h 表示的是梯形的高，上底、下底之和乘高再来除以 2 就是梯形的面积公式。直接套公式就可以求出高了。

生 3：我觉得作品 2 有问题，应该先用 39×2 才对。

生 4（作品 2 的作者）：为什么呢？请你解释一下。

生 3：我画图来告诉你吧。先复制一个同样的梯形，再将它转化成平行四边形，这样求梯形的高就转为求平行四边形的高了。梯形上下底之和是 12，也正是平行四边形的底。所以先用 39×2 求出平行四边形的面积，再用它的面积除以 12 就得到了高。

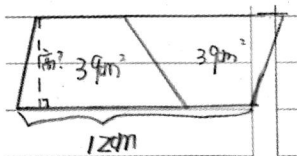

师：用数形结合的方式完整地解释了为什么要先用39×2，真的很了不起。

生5：作品3和作品4其实是一样的思路，只不过一个用分步算式，另一个用综合算式。

师：现在如果让你来用公式表达出梯形的高，你会吗？

生齐声：梯形的面积×2÷底。

师：非常好。我们再来一起看看第三类问题。这位同学特别爱思考，也会思考，提出了一个很有挑战性的问题：还有其他计算多边形图形面积的方法吗？

疑问：还有其它计算多边形图形面积的方法吗？

生1：是不是可以用三角形的面积来求出其他图形的面积呢？

生2：那可不可以用梯形的面积来求出其他图形的面积呢？

师：敢于大胆猜想是学好数学的关键。我们先以梯形为例看看能不能求出其他图形的面积好吗？请你在方格纸上画出高为4厘米，面积为20平方厘米的梯形（每个小正方形的边长为1厘米）。

要求：

（1）画出3个不一样的梯形。

（2）观察你所画的梯形，有什么发现？请写下来。

学生完成后，进行展示汇报。

师：我们要想画出不一样的梯形，有什么好办法？

生1：可以先求出上底和下底之和。用刚刚学的梯形面积×2÷高就是上底和下底之和，它们是10，这样一来就可以画出很多不一样的梯形了。

生2：上底是1，下底就是9，依次推下去，上下底可以分别是2和8、3和7、4和6。

师：从左往右观察这4个梯形，你有什么发现？

生3：梯形的上底逐渐减小，下底逐渐增大。

师：如果梯形上下底不局限于整厘米数，按照从左往右的规律会怎么变？

生4：上底会越来越小，最后变成0，这样就成了一个三角形了。

生5：我还发现如果反过来观察从右到左的话，那上底就逐渐增大，下底逐渐减小，这样就成了上底和下底都是5的长方形或者平行四边形了。

生6：这样一来，梯形的面积公式可以用来求三角形的面积和平行四边形的面积了。

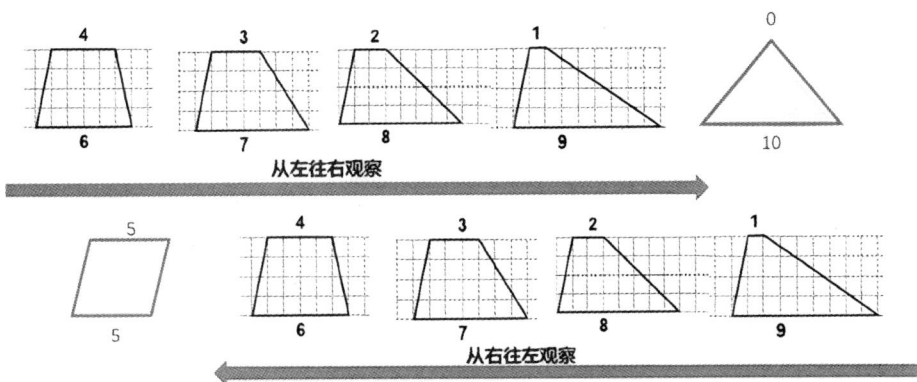

师：你们真是太棒了，不仅有一双发现问题的眼睛，还有解决问题的能力。

三、回顾反思，实现再认识

师：通过这节复习课，你又有了哪些"再认识"呢？

生1：我觉得很神奇，原来梯形面积公式这么强大，能算出三角形和平行四边形的面积。

生2：我终于知道怎么求梯形的高了。

生3：我还有问题，梯形的面积可以求出长方形和正方形的面积吗？

师：在新的认识上再产生新的问题，特别了不起，我们今天的作业就是继续探讨这个问题。

这次基于学情的单元复习课给我最大的触动就是要相信学生的学习能力。作为教师习惯站在教的立场上去做复习课，这其实是一种"一厢情愿"的单向输入，我们需要转变观念，要真正做到基于学生的问题来做复习。学生提出的问题大部分是老师想在复习课上解决的，当学生看到自己心中的疑惑被老师重视，并一起来交流解决，这会更加促进他们积极主动发现问题、提出问题、分析问题继而最终解决问题，从而也能真正落实到核心素养的培养上。

思维导图中的学生思维

（写于 2023 年 12 月 26 日）

通过这么多年的实践探索，让我对思维导图有了不一样的想法。其实思维导图不仅可以让知识结构化、网状化，也可以走向深度。这个学期我一直让学生围绕三个大问题进行单元知识的梳理，分别是：

（1）请用你喜欢的方式整理出本单元的知识内容。

（2）通过梳理你对本单元知识实现了怎样的再认识？

（3）通过梳理你还产生了哪些疑惑？

后面两个问题就是将学生的思维引向深度，不仅要做梳理，关键是梳理后能否实现再认识和产生新的疑惑。在导图背后也能看出学生的思维水平，一般有如下三类：

（1）应付型。这类学生只为完成任务，思维水平停留于浅表层。

（2）中等型。这类学生会很认真地完成老师布置的知识梳理任务，梳理的内容也很全面，但仍然停留在知识梳理层面，很难突破原有的思维水平。

（3）探究型。这类学生有两个特点：

一是很有自己的想法，即使老师布置的是同样的任务，他们也会用自己的想法来诠释，让人眼前一亮。比如小胡的思维导图，他的导图特点不仅是复制课本或者笔记本上的内容，还会有自己探索的成果，这一点非常了不起。

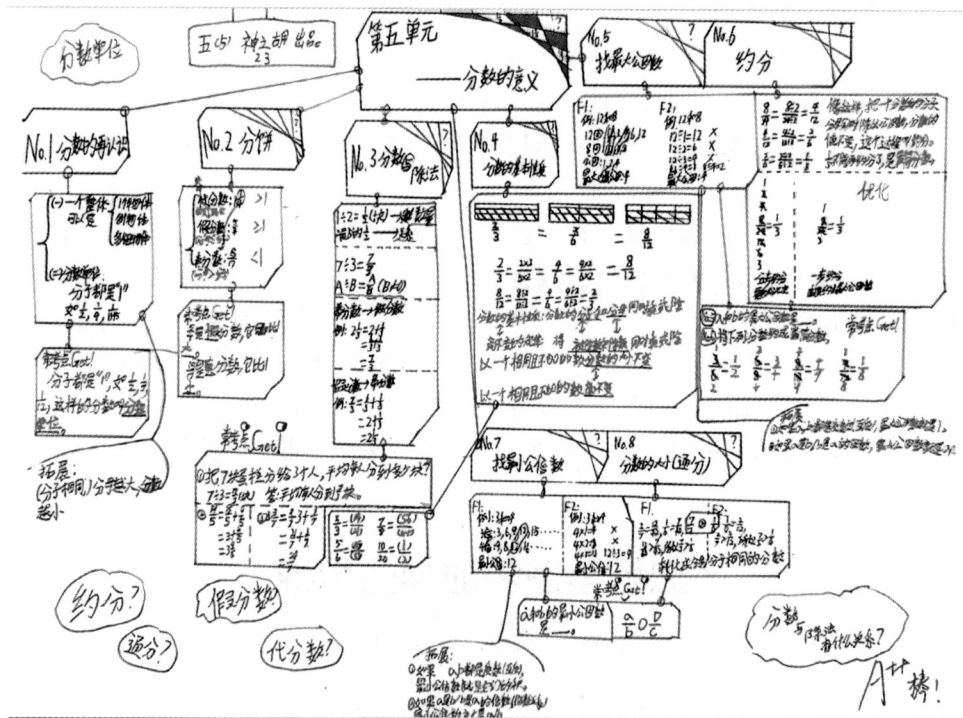

比如小吴的"再认识"。小吴的导图写成了"小作文"，我们能从她的"小作文"中看到她对分数的看法在不断发生变化，能真正实现对分数的再认识。

再认识：

　　小时候，我就比较害怕分数。早在二三年级时，就认识了分子与分母。但那时可真不容易，有时题目指问："号读作什么？"正确答案本应该是三分之二。可我在写时，总会写成二分之三，我没办法，只能在检查时对自己提出警告："2<3，分子永远不可能比分母大！"可如今，想起这事时，我总会暗暗发笑，这不就是假分数吗？假分数分子就是大于或等于分母的呀！我对分数有了一个再认识。

　　后来才发现，其实分数也不是那么的枯燥乏味，可我还是比较喜欢简单有趣，还带一些解压"之感的——约分。你想想，在考试时，精疲力滔的你已经做了好几十道数学小难题，而此时眼前却出现了一道简单好玩的约分题，怎能不让人眼前一亮？你将分子与分母除以公因数，一约，好玩！再约，还是很好玩。又一约，"腾"的一下这道题你就算了一个满分！这时的它，恰似一股沙漠中的甘泉，你走过时，那心里便充满了喜悦之情。

　　后来我才知道了，一件事情的毕业，永远是另一件事情的开启。其实，我们长大之中，总是会学到新的知识，而与之前学过的知识的缘分，都会慢慢消失。而它离去时，也会用自己独特的方式告诉你："不必追。"

　　二是有很强的问题意识，能将新旧知识建立联系或者对知识进行延展想象。比如小祝、小邓、小张、小杨的问题，他们能自主将分数与以往的小数建立联系。

我的问题是：分数又可以代为小数，号可以是0.5，那为什么要有分数呢？问题提得特别好！

祝瑾悦　2班

3.疑惑：

既然有了神通广大的分数，那小数是来干会的？

再认识：原来约分也没那么难。

疑惑：分数是万能的吗？

再认识：之前学习了一个物体表达分数，现在学习了用多个物体，多组物体来表达。还学习了公因数，公倍数，约分……更深入的了解分数。

疑问：除了这些，还有没有关于分数的知识？分数和小数有什么关系或不同吗？

　　还有小戴、小谭的问题，能自主迁移到分数的运算。

分数该怎么乘除呢？

疑惑、分数有加减乘除吗？应该怎样算呢？

还有一种是将分数与生活建立联系，如小陈的问题。

疑惑：可以在生活中开什么吗？

这样一来，学生的问题自然就聚焦到如下三点：

（1）小数和分数的关系是什么？为什么有了小数还要有分数，或者说为什么有了分数，还要小数？

（2）分数的加减乘除运算法则是什么？

（3）分数在生活中到底有什么用？

复习课不是按照老师想教什么来上，而是要真正基于学生的问题来上，解决的是学生最想解决的问题。

当前数学学习中的一个最大的问题就是学生缺乏发现问题、提出问题的引导，更多的教学方法是在引导学生解决问题。然而任何创新的出现都是源于问题的发现，所以从这个角度来看我们数学教师的使命任重道远。

希望通过一次次的梳理、探索、发现问题、解决问题，真正让学生感受到数学的魅力，真正爱上数学，而不仅仅是提高考试的分数。也希望能进一步引导应付型思维、中等型思维的学生在一次次的梳理、探索中慢慢改进自己的思维模式，勇于突破自我。

折纸问题

（写于 2024 年 2 月 21 日）

"折纸"中学生遇到的问题：

（1）在 $\frac{1}{2} + \frac{1}{4}$ 的运算中，对画图中的 $\frac{1}{2}$ 怎么变成 $\frac{2}{4}$ 不理解，要进行师生之间的有效交流。

（2）能算出结果，但对于计算的过程，存在逻辑混乱现象，等号随意乱写，教师要予以明确的指导。

（3）对于两个存在倍数关系的分母仍然找不到它们的最小公倍数，下节课可以直接提出两个分母是倍数关系，那么最小公倍数就是最大的那个分母。在五班已经做了特别的强调。

启发：两个班的孩子对挑战题都有着很高的期待，因为五班是第二次上这节课，比在一班的处理更为成熟，探究完核心问题"笑笑和淘气一共折了这张纸的几分之几？"之后，就进入挑战环节，设计了如下三个层层深入的挑战题：

（1）计算：$\dfrac{1}{2}-\dfrac{1}{4}$。

（2）计算：$\dfrac{5}{6}-\dfrac{2}{3}$。

（3）自己出一道计算题，要求既不能超出今天的学习范围，又要有一定的难度。

孩子们非常喜欢挑战（3），因为要自己出题目，在这个过程中有的孩子能发现今天的异分母分数加减法的分母之间是有倍数关系的，如右图所示。

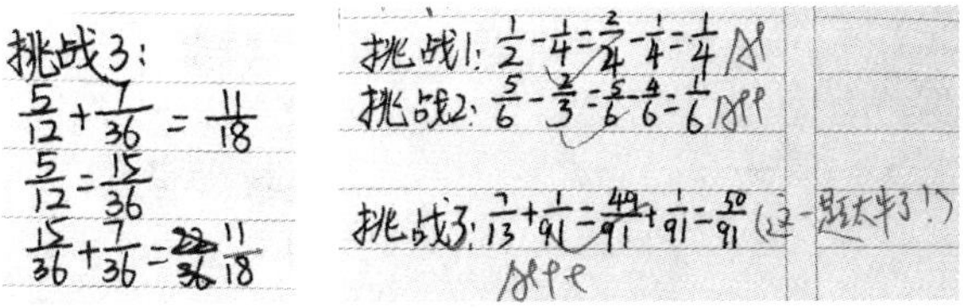

异分母加减法

（写于 2024 年 2 月 22 日）

昨天的课上主要讨论了异分母分数加减法中分母具有倍数关系的情况，那么今天的课就引导学生进一步思考：还有什么类型的异分母加减法呢？请尝试举出一个例子。呈现部分学生的作品如下图所示。

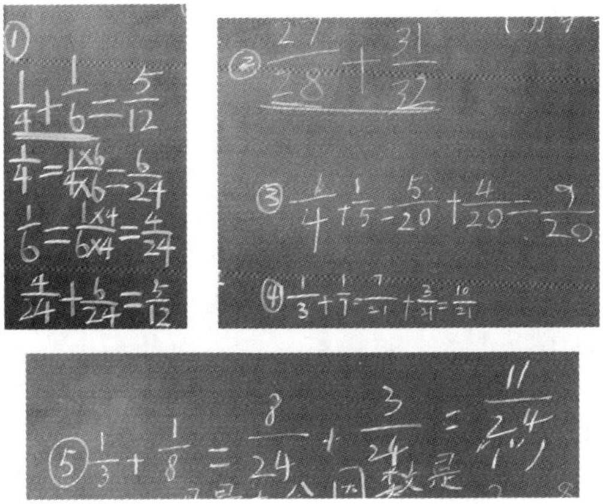

这个问题对于大部分学生来说有一些难度，但可能是问题指向不清晰，应该更聚焦地问：之前讨论的异分母分数加减法，分母是存在倍数关系的，那分母除了有倍数关系，还存在什么其他的关系吗？请尝试举一个例子。把聚焦点指向异分母中两个分母之间的关系，可能会更好。

问题是数学课堂的核心，问题提得不好，自然教学效果也不会好。

长方体的认识

（写于 2024 年 3 月 1 日）

这节课解决的核心问题有两个：一是长方体和正方体各有什么特点？二是正方形是特殊的长方形，正方体是特殊的长方体吗？但一节课下来只解决了第一个问题。

两个班的教学中做得比较好的地方是，让学生动手操作，并尝试记录长方体和正方体的特点。做得不好的地方主要有如下几点：

（1）汇报时，不应该从头到尾地汇报，而应该聚焦关键问题，如长方体面的形状、面的大小关系、棱的长度关系，应该在观察学生的学习时就梳理出要交流的问题。

（2）最不当的处理就是没有把学生记录的表格展示出来，如果展示出来，让学生来提问题：你对哪一个结论有异议？这样一来，教师就可以在汇报前将有代表性的几幅作品拍下来，一起呈现给孩子们，让他们进行辨析。比如辨析的第一个点：长方形面的形状，给出三种学生的作品：长方形、长方形和正方形、长方形或正方形，让学生大胆辨析。对于面的大小也是同样的道理。这样就不会浪费那么多的时间了。

（3）对于核心问题下的问题串根本就没有细致考虑，以至于临时抛出的问题：长方体一共有 6 个面，每个面 4 条棱，一共应该有 24 条棱，为什么最后却只有 12 条棱？这个问题很好，但是因为之前没有做好备课，导致自己都没有想好如何表达。

总而言之，这节课对我来说是一节失败的课。在备课上要更下功夫才行。

"分数乘法（三）"教学中的预设与生成

（写于 2024 年 4 月 7 日）

今天上的这节课是分数 × 分数，如果单纯从法则上来看就很简单，即两个分数相乘，只要分子乘分子，分母乘分母就可以了，但是要探讨其背后的道理并非易事，可喜的是现在的孩子真的是很聪明，能给到我们教师很多的惊喜。比如今天探讨的如下问题：

用一张长方形的纸折一折，想一想，算一算。

$$\frac{3}{4} \times \frac{1}{4} =$$

大部分孩子的思路是先把这张长方形纸张看成整体 1，折出它的 $\frac{3}{4}$，然后再将这 $\frac{3}{4}$ 张纸看成一个整体，再折出它的 $\frac{1}{4}$。在五班，小韦将这两次整体 1 阐述得非常清晰（见下图），但小肖对他的作品提出了质疑。

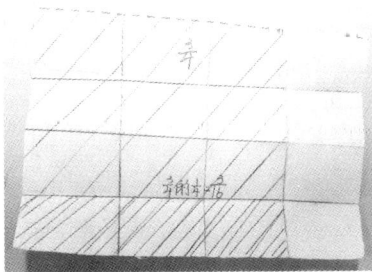

小肖：我觉得这里看不到 16 份在哪里，你应该将剩下的 $\frac{1}{4}$ 中的折痕也描出来，让大家一目了然是从 16 份中取 3 份。

师：明明是从这张纸的 $\frac{3}{4}$ 中取出它的 $\frac{1}{4}$，很明显地看到了分了 12 份，取了

3 份，为什么结果不是 $\frac{3}{12}$，而是 $\frac{3}{16}$ 呢？

陈思宇：很明显 $\frac{3}{4} \times \frac{1}{4}$ 的结果是小于 1 的，因为 $1 \times \frac{1}{4} = \frac{1}{4}$（这位同学的数感很好）。

原本以为到此结束，没有想到还有同学想出了其他方法，比如小谭的方法（见下图）。

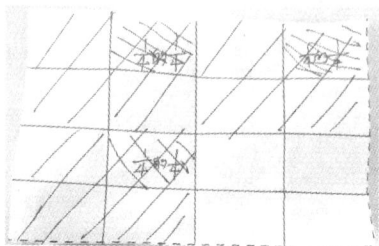

他是这样阐述他的折纸过程的：

小谭：我是将这张纸先横着对折一次，再竖着对折一次，把这张纸平均分成了 4 份，取其中的 3 份就得到了 $\frac{3}{4}$，但当我要折出这 $\frac{3}{4}$ 的 $\frac{1}{4}$ 时，不好折，所以我先折出每个 $\frac{1}{4}$ 的 $\frac{1}{4}$，这样一来就有 3 个这样的 1 份，一共平均分成了 16 份，这 3 份就是 $\frac{3}{16}$。

真的是很会想办法。

这两种方法至少在我的预设之内，但一班的小张想到的方法，真的是出乎我的意料，他是这样折的（见下图）。

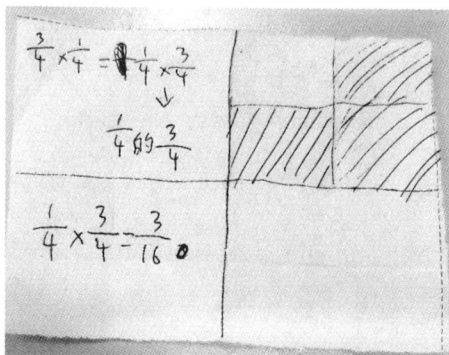

小张：我发现这个算式还可以表示成 $\frac{1}{4}$ 的 $\frac{3}{4}$，这个比 $\frac{3}{4}$ 的 $\frac{3}{4}$ 更好折，我先把这张纸的 $\frac{3}{4}$ 折出来，然后将这个 $\frac{1}{4}$ 的 $\frac{3}{4}$ 表示出来就可以了。

然而，这样一来也会带来问题：就是看不出这张纸被平均分成了几份，涂色部分占到了几分之几。于是我和孩子们一起做了如下优化，将折痕全部画出来，就能很明显地看出结果是几分之几了（见下图）。

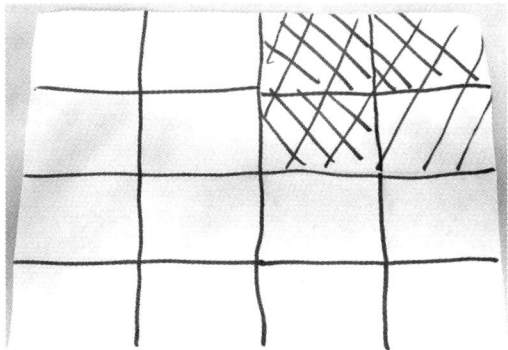

一点感悟

（写于 2024 年 5 月 11 日）

翻开上一次的教学反思，已有一个多月没有提笔写了，内心还是十分忐忑和愧疚，因为我越发觉得如果不写东西，久了可能就会没有新的想法，或者说及时性的灵感就会稍纵即逝。这一个多月我的一些想法已经模糊了，所以一定要写出来。

从开学以来，有如下几点感悟最值得永记心中：

（1）眼里要有学生，要充分地信任他们。记得开学初我都做调查，看看他们对数学课的喜爱度以及给数学课提建议，我都能深深感受到学生的伟大，他们提的建议都是我的课堂需要进一步改进的。比如有的孩子提到课堂上新课前的复习不能太久，上课要用学具来辅助理解，尤其是图形几何类的知识等。反思上个学期课堂中的确存在这两个问题，于是在这个学期进行了改进，新课上得就不会那么慢了；通过学具的展示，让学生尤其是弱的学生通过直观操作真正理解了知识。

（2）课堂要慢下来。越发觉得课堂要给予学生更多的思考空间，要让更多的学生去沉下心来思考。

比如"分数除法（三）"中的核心问题：有 6 名同学在跳绳，是操场上参加活动总人数的 $\frac{2}{9}$，操场上参加活动的一共有多少人？

有的学生看到这道题不知道怎么下手，有的学生提前学过了直接写算式，这都不是真正的思考，真正的思考是要寻找题目中的数量关系，而寻找数量关系的最有效、最直观的方式是画图，于是我给学生提供了如下"支架"：画图、算式和结果，按照这样的逻辑顺序逐步厘清数量关系，并解决问题，然后走到学生中间去看孩子的思考情况，帮助一些需要帮助的孩子，同时让不同想法的孩子将自己的解题过程呈现在黑板上（见下图）。

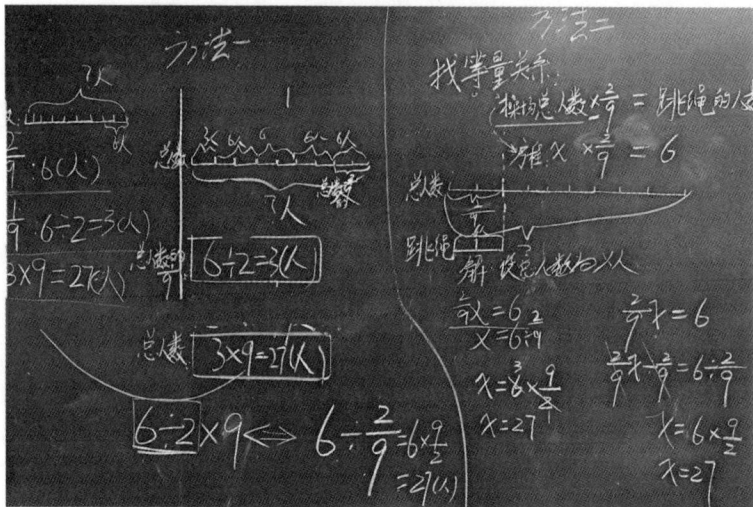

第一种方法：通过画图，学生都能写出 6÷2=3（人），3×9=27（人）并能给出合理化的解释，即将操场上参加活动的总人数看作整体 1，平均分成 9 份，跳绳人数占到总人数的 $\frac{2}{9}$，也就是其中的两份，所以用 6÷2=3 得到的就是每一份的人数，然后算出 9 份的人数就是操场上参加活动的总人数。

这只是第一个层次，第二个层次是进一步抽象形成综合算式：6÷2×9，让学生进一步理解它的意义。最后上升到分数除法算式，让学生明白原来 6÷2×9 这样的算式是可以用分数除法来表示的，即 6÷2×9⇔6÷$\frac{2}{9}$=6×$\frac{9}{2}$=27（人）。此次学生的思维水平上到了一个新的台阶。这对我来说也是一次突破，记得以前的教学是直接聚焦在 $6 \div \frac{2}{9}$ 算式上，这一个算式很难理解它的意义，而在学生慢慢思考的过程中，我也逐渐领悟到这两者之间的联系。

第二种方法：看似很简单，用方程来解决。其实并非如此，学生对其中的等量关系是模糊的，我们需要聚焦学生对这个方程的解释，今天明白列方程最重要的一点是找出数量关系，并将其中的未知数设为 x 再来建立方程，并解方程求出未知数。

这仍然是第一层次的发展，要进入思维的深度，就需要将两种方法进行对比，理解算术思维与方程思维的不同，并感受到方程这种顺向思维在解决问题中的优越性，并愿意用方程来解决问题。

（3）关注学习能力较弱者。这也是我一直以来很在意的事情。因为在我看来学生都是鲜活的生命，而不是分数的代言人，教师首先要关注的是生命教育，其次才是教学。这或许与我个人的经历有很大的关系，小时候的我并非一开始就是学霸，曾经也是学习弱者，但随着心智的成熟，我逐渐体会到学习的重要性，知道为什么而学，所以奋发向上，一路高歌。我知道小学只是人生长河中的一点星辰，我不能以分数给学生们下定论，他们未来有无限可能。另外，我本科和研究生学的是教育和心理，我非常庆幸自己学到这两个专业，让我有很好的同理心，能从学生的角度理解他们。所以，在日常的教学中，我更多倾向的是唤醒学生对学习的求知欲，通过让他们上课感受到数学的魅力。而学习弱者却很难通过上课感受到数学的魅力和以此带来的成就感，那我需要独辟蹊径，让他们建立对数学的信心。平常，我最喜欢和孩子们聊天，因为我是一班的副班，大课间活动是我带的话，就是我与学生逐个沟通的最好时机，觉得越沟通就越能理解他们，也越能拉进我和他们之间的距离，因为孩子们是最能感受到爱的。五班我也是利用所有能利用的时间与他们逐个交流，争取一个学期下来与每一个学生都沟通一次，让他们感受到老师对每一个学生的关爱。

（4）不要做低级的说教。在班级中与学生交流时我发现学生并非不喜欢讲道理，而是不喜欢听重复的、低阶的道理，比如你要好好读书啊，只有好好读书才能考上好大学、找到好工作，这样的道理学生听得耳朵起茧，那如何能做到不低级地说教呢？老师要有远见，要有广阔的视野，其实家长也是如此，随着孩子年龄的增长，不要再用重复的说教来教育孩子，而是要提高自我认知，不断学习，能够跟上孩子的认知，能学会平等对话，做孩子真正的朋友。

以上是近来一点小小感悟，愿自己能在不断的反思、感悟中做到更好，真正成为影响孩子一生的良师。